Baruch Spinoza

TRAITÉ

THÉOLOGICO-POLITIQUE

CONTENANT

PLUSIEURS DISSERTATIONS

où l'on fait voir

QUE LA LIBERTÉ DE PHILOSOPHER

NON-SEULEMENT EST COMPATIBLE AVEC LE MAINTIEN DE LA
PIÉTÉ
ET LA PAIX DE L'ÉTAT,
MAIS MÊME QU'ON NE PEUT LA DÉTRUIRE
SANS DÉTRUIRE EN MÊME TEMPS ET LA PAIX DE L'ÉTAT
ET LA PIÉTÉ ELLE-MÊME.

———

Traduit par Émile Saisset

© 2024, Baruch Spinoza (domaine public)
Édition : BoD • Books on Demand GmbH, In de Tarpen 42, 22848 Norderstedt (Allemagne)
Impression : Libri Plureos GmbH, Friedensallee 273, 22763 Hamburg (Allemagne)
ISBN : 978-2-3225-5061-6
Dépôt légal : Octobre 2024

SOMMAIRE

« Nous connaissons par là que nous demeurons en Dieu et que Dieu demeure en nous, parce qu'il nous a fait participer de son esprit. »
(J , *Ép. I*, ch., v. 13.)

Traité Théologico-Politique

Préface

Chap. I. De la prophétie

II. Des prophètes

III. De la vocation des Hébreux, et si le don de prophétie leur a été propre

IV. De la loi divine

V. Du véritable objet de l'institution des cérémonies religieuses ; de la croyance aux récits historiques, sous quel rapport elle est nécessaire, et a quelle sorte de personnes.

VI. Des miracles

VII. De l'interprétation de l'Écriture

VIII. On fait voir que le Pentateuque et les livres de Josué, des Juges, de Ruth, de Shamuel et des Rois, ne sont point authentiques ; on examine ensuite s'ils sont l'ouvrage de plusieurs ou d'un seul, et quel est cet unique écrivain.

IX. On fait quelques autres recherches touchant les mêmes livres, pour savoir notamment si Hezras y a mis la dernière main, et si les notes marginales qu'on trouve sur les manuscrits hébreux étaient des leçons différentes.

X. On examine les autres livres de l'Ancien Testament comme on a fait précédemment les douze premiers

XI. On recherche si les apôtres ont écrit leurs épîtres à titre d'apôtres et de prophètes, ou à titre de docteurs ; on cherche ensuite quelle a été la fonction des apôtres.

XII. Du véritable original de la loi divine, et pour quelle raison l'Écriture est appelée sainte et parole de Dieu ; on prouve ensuite qu'en tant qu'elle contient la parole de Dieu, elle est parvenue sans corruption jusqu'à nous.

XIII. On montre que l'Écriture n'enseigne que des choses fort simples, qu'elle n'exige que l'obéissance, et qu'elle n'enseigne sur la nature divine que ce que les hommes peuvent imiter en réglant leur vie suivant une certaine loi.

XIV. On explique la nature de la foi, ce que c'est qu'être fidèle, et quels sont les fondements de la foi ; puis on sépare la foi de la philosophie

XV. Que la théologie n'est point la servante de la raison, ni la raison celle de la théologie ; pourquoi nous sommes persuadé de l'autorité de la sainte Écriture.

XVI. Du fondement de l'État ; du droit naturel et civil de chacun, et du droit du souverain

XVII. Qu'il n'est point nécessaire, ni même possible, que personne cède absolument tous ses droits au souverain. — De la république des Hébreux ; ce qu'elle fut du vivant de Moïse ; ce qu'elle fut après sa mort, avant l'élection des rois ; de son excellence ; enfin, des causes qui ont pu amener la ruine de cette république divine, et la livrer, durant son existence, à de perpétuelle séditions.

XVIII. Quelques principes politiques déduits de l'examen de la république des Hébreux et de leur histoire

XIX. On établit que le droit de régler les choses sacrées appartient au souverain, et que le culte extérieur de la religion, pour être vraiment conforme à la volonté de Dieu, doit s'accorder avec la paix de l'État.

XX. On établit que dans un État libre chacun a le droit de penser ce qu'il veut et de dire ce qu'il pense

NOTES MARGINALES DE SPINOZA

PRÉFACE

Si les hommes étaient capables de gouverner toute la conduite de leur vie par un dessein réglé, si la fortune leur était toujours favorable, leur âme serait libre de toute superstition. Mais comme ils sont souvent placés dans un si fâcheux état qu'ils ne peuvent prendre aucune résolution raisonnable, comme ils flottent presque toujours misérablement entre l'espérance et la crainte, pour des biens incertains qu'ils ne savent pas désirer avec mesure, leur esprit s'ouvre alors à la plus extrême crédulité ; il chancelle dans l'incertitude ; la moindre impulsion le jette en mille sens divers, et les agitations de l'espérance et de la crainte ajoutent encore à son inconstance. Du reste, observez-le en d'autres rencontres, vous le trouverez confiant dans l'avenir, plein de jactance et d'orgueil.

Ce sont là des faits que personne n'ignore, je suppose, bien que la plupart des hommes, à mon avis, vivent dans l'ignorance d'eux-mêmes ; personne, je le répète, n'a pu voir les hommes sans remarquer que lorsqu'ils sont dans la prospérité, presque tous se targuent, si ignorants qu'ils puissent être, d'une telle sagesse qu'ils tiendraient à injure de recevoir un conseil. Le jour de l'adversité vient-il les surprendre, ils ne savent plus quel parti choisir : on les voit mendier du premier venu un conseil, et si inepte, si absurde, si frivole qu'on l'imagine, ils le suivent aveuglément. Mais bientôt, sur la moindre apparence, ils recommencent à espérer un meilleur avenir ou à craindre les plus grands malheurs. Qu'il leur arrive en effet, tandis qu'ils sont en proie à la crainte, quelque chose qui leur rappelle un bien ou un mal passés, ils en augurent aussitôt que l'avenir leur sera propice ou funeste ; et cent fois trompés par l'événement, ils n'en croient pas moins pour cela aux bons et aux mauvais présages. Sont-ils témoins de quelque phénomène extraordinaire et qui les frappe d'admiration, à leurs yeux c'est un prodige qui annonce le courroux des dieux, de l'Être suprême ; et ne pas fléchir sa colère par des prières et des sacrifices, c'est une impiété pour ces hommes que la superstition conduit et qui ne connaissent pas la religion. Ils veulent que la nature entière soit complice de leur délire, et, féconds en fictions ridicules, ils l'interprètent de mille façons merveilleuses.

On voit par là que les hommes les plus attachés à toute espèce de superstition, ce sont ceux qui désirent sans mesure des biens incertains ; aussitôt qu'un danger les menace, ne pouvant se secourir eux-mêmes, ils implorent le secours divin par des prières et des larmes ; la raison (qui ne peut en effet leur tracer une route sûre vers les vains objets de leurs désirs), ils l'appellent aveugle, la sagesse humaine, chose inutile ; mais les délires de l'imagination, les songes et toutes sortes d'inepties et de puérilités sont à leurs yeux les réponses que Dieu fait à nos vœux. Dieu déteste les sages. Ce n'est point dans nos âmes qu'il a gravé ses décrets, c'est dans les fibres des animaux. Les idiots, les fous, les oiseaux, voilà les êtres qu'il anime de son souffle et qui nous révèlent l'avenir.

Tel est l'excès de délire où la crainte jette les hommes. La véritable cause de la superstition, ce qui la conserve et l'entretient, c'est donc la crainte. Que si l'on n'est pas satisfait des preuves que j'en ai données, et qu'on veuille des exemples particuliers, je citerai Alexandre, qui ne devint superstitieux et n'appela auprès de lui des devins que lorsqu'il conçut des craintes sur sa fortune aux portes de Suse (voyez Quinte-Curce, liv. v. ch. 4). Une fois Darius vaincu, il cessa de consulter les devins, jusqu'au moment où la défection des Bactriens, les Scythes qui le pressaient et sa blessure qui le retenait au lit, vinrent de nouveau jeter dans son âme la terreur. « Alors, dit Quinte-Curce (liv. VII. ch. 7), il se replongea dans les superstitions, ces vains jouets de l'esprit des hommes ; et plein d'une foi crédule pour Aristandre, il lui donna l'ordre de faire des sacrifices pour y découvrir quel serait le succès de ses affaires. » Je pourrais citer une infinité d'autres exemples qui prouvent de la façon la plus claire que la superstition n'entre dans le cœur des hommes qu'avec la crainte, et que tous ces objets d'une vaine adoration ne sont que des fantômes, ouvrage d'une âme timide que la tristesse pousse au délire, enfin que les devins n'ont obtenu de crédit que durant les grandes calamités des empires et qu'alors surtout ils ont été redoutables aux rois. Mais tous ces exemples étant parfaitement connus, je ne crois pas nécessaire d'insister davantage.

De l'explication que je viens de donner de la cause de la superstition, il résulte que tous les hommes y sont naturellement sujets (quoi qu'en disent ceux qui n'y voient qu'une marque de l'idée confuse qu'ont tous les hommes de la Divinité). Il en résulte aussi qu'elle doit être extrêmement variable et inconstante, comme tous les caprices de l'âme humaine et tous ses mouvements impétueux, enfin qu'il n'y a que l'espérance, la haine, la colère et la fraude qui la puissent faire subsister, puisqu'elle ne vient pas de la raison, mais des passions et des passions les plus fortes. Ainsi donc, autant il est facile aux hommes de se laisser prendre à toutes sortes de superstitions, autant il leur est difficile de persister dans une seule ; ajoutez que le vulgaire, étant toujours également misérable, ne peut jamais rester en repos ; il court toujours aux choses nouvelles et qui ne l'ont point encore trompé ; et c'est cette inconstance qui a été cause de tant de tumultes et de guerres. Car ainsi que nous l'avons déjà fait voir, et suivant l'excellente remarque de Quinte-Curce (liv. VI. ch. 18) ; « *Il n'y a pas de moyen plus efficace que la superstition pour gouverner la multitude.* » Et voilà ce qui porte si aisément le peuple, sous une apparence de religion, tantôt à adorer ses rois comme des dieux, tantôt à les détester comme le fléau du genre humain. Pour obvier à ce mal, on a pris grand soin d'entourer la religion, vraie ou fausse, d'un grand appareil et d'un culte pompeux, pour lui donner une constante gravité et imprimer à tous un profond respect ; ce qui, pour le dire en passant, a parfaitement réussi chez les Turcs où la discussion est un sacrilège et où l'esprit de chacun est rempli de tant de préjugés que la saine raison n'y a plus de place et le doute même n'y peut entrer.

Mais si le grand secret du régime monarchique et son intérêt principal, c'est de tromper les hommes et de colorer du beau nom de religion la crainte où il faut les tenir asservis, de telle façon qu'ils croient combattre pour leur salut en combattant pour leur esclavage, et que la chose du monde la plus glorieuse soit à leurs yeux de donner leur sang et leur vie pour servir l'orgueil d'un seul homme, comment concevoir rien de semblable dans un État libre, et quelle plus déplorable entreprise que d'y répandre de telles idées, puisque rien n'est plus contraire à la liberté générale que d'entraver par des préjugés ou de quelque façon que ce soit le libre exercice de la raison de chacun ! Quant aux séditions qui s'élèvent sous prétexte de religion, elles ne viennent que d'une cause, c'est qu'on veut régler par des lois les choses de la spéculation, et que dès lors des opinions sont imputées à crime et punies comme des attentats. Mais ce n'est point au salut public qu'on immole des victimes, c'est à la haine, c'est à la cruauté des persécuteurs. Que si le droit de l'État se bornait à *réprimer les actes, en laissant l'impunité aux paroles*, il serait impossible de donner à ces troubles le prétexte de l'intérêt et du droit de l'État, et les controverses ne se tourneraient plus en séditions.

Or ce rare bonheur m'étant tombé en partage de vivre dans une république où chacun dispose d'une liberté parfaite de penser et d'adorer Dieu à son gré, et où rien n'est plus cher à tous et plus doux que la liberté, j'ai cru faire une bonne chose et de quelque utilité peut-être en montrant que la liberté de penser, non-seulement peut se concilier avec le maintien de la paix et le salut de l'État, mais même qu'on ne pourrait la détruire sans détruire du même coup et la paix de l'État et la piété elle-même. Voilà le principe que j'ai dessein d'établir dans ce Traité. Mais pour cela j'ai jugé nécessaire de dissiper d'abord divers préjugés, les uns, restes de notre ancien esclavage, qui se sont établis touchant la religion, les autres qu'on s'est formés sur le droit des pouvoirs souverains. Nous voyons en effet certains hommes se livrer avec une extrême licence à toutes sortes de manœuvres pour s'approprier la plus grande partie de ce droit, et, sous le voile de la religion, détourner le peuple, qui n'est pas encore bien guéri de la vieille superstition païenne, de l'obéissance aux pouvoirs légitimes, afin de replonger de nouveau toutes choses dans l'esclavage. Quel ordre suivrai-je dans l'exposition de ces idées, c'est ce que je dirai tout à l'heure en peu de mots ; mais je veux expliquer avant tout les motifs qui m'ont déterminé à écrire.

Je me suis souvent étonné de voir des hommes qui professent la religion chrétienne, religion d'amour, de bonheur, de paix, de continence, de bonne foi, se combattre les uns les autres avec une telle violence et se poursuivre d'une haine si farouche, que c'est bien plutôt par ces traits qu'on distingue leur religion que par les caractères que je disais tout à l'heure. Car les choses en sont venues au point que personne ne peut guère plus distinguer un chrétien d'un Turc, d'un juif, d'un païen que par la forme extérieure et le vêtement, ou bien en sachant quelle église il fréquente, ou enfin qu'il est attaché à tel ou tel sentiment, et jure sur la parole de tel ou tel maître. Mais quant à la pratique de la vie, je ne vois entre eux aucune différence. En cherchant la cause de ce mal, j'ai trouvé qu'il vient surtout de ce qu'on met les fonctions du sacerdoce, les dignités, les devoirs de l'Église au rang des avantages matériels, et que le peuple s'imagine que toute la religion est dans les honneurs qu'il rend à ses ministres. C'est ainsi que les abus sont entrés dans l'Église, et qu'on a vu les derniers des hommes animés d'une prodigieuse ambition de s'emparer du sacerdoce, le zèle de la propagation de la foi se tourner en ambition et en avarice sordide, le temple devenir un théâtre où l'on entend non pas des docteurs ecclésiastiques, mais des orateurs dont aucun ne se soucie d'instruire le peuple, mais seulement de s'en faire admirer, de le captiver en s'écartant de la doctrine commune, de lui enseigner des nouveautés et des choses extraordinaires qui le frappent d'admiration. De là les disputes, les jalousies, et ces haines implacables que le temps ne peut effacer. Il ne faut point s'étonner, après cela, qu'il ne soit resté de l'ancienne religion que le culte extérieur (qui en vérité est moins un hommage à Dieu qu'une adulation), et que la foi ne soit plus aujourd'hui que préjugés et crédulités. Et quels préjugés, grand Dieu ? des préjugés qui changent les hommes d'êtres raisonnables en brutes, en leur ôtant le libre usage de leur jugement, le discernement du vrai et du faux, et qui semblent avoir été forgés tout exprès pour éteindre, pour étouffer le flambeau de la raison humaine. La piété, la religion, sont devenues un amas d'absurdes mystères, et il se trouve que ceux qui méprisent le plus la raison, qui rejettent, qui repoussent l'entendement humain comme corrompu dans sa nature, sont justement, chose prodigieuse, ceux qu'on croit éclairés de la lumière divine. Mais en vérité, s'ils en avaient seulement une étincelle ils ne s'enfleraient pas de cet orgueil insensé ; ils apprendraient à honorer Dieu avec plus de prudence, et ils se feraient distinguer par des sentiments non de haine, mais d'amour ; enfin, ils ne poursuivraient pas avec tant d'animosité ceux qui ne partagent pas leurs opinions, et si en effet ce n'est pas de leur fortune, mais du salut de leurs adversaires qu'ils sont en peine, ils n'auraient pour eux que de la pitié. J'ajoute qu'on reconnaîtrait à leur doctrine qu'ils sont véritablement éclairés de la lumière divine. Il est vrai, je l'avoue, qu'ils ont pour les profonds mystères de l'Écriture une extrême admiration ; mais je ne vois pas qu'ils aient jamais enseigné autre chose que les spéculations de Platon ou d'Aristote, et ils y ont accommodé l'Écriture, de peur sans doute de passer pour disciples des païens. Il ne leur a pas suffi de donner dans les rêveries insensées des Grecs, ils ont voulu les mettre dans la bouche des prophètes ; ce qui prouve bien qu'ils ne voient la divinité de l'Écriture qu'à la façon des gens qui rêvent ; et plus ils s'extasient sur les profondeurs de l'Écriture, plus ils témoignent que ce n'est pas de la foi qu'ils ont pour elle, mais une aveugle complaisance. Une preuve nouvelle, c'est qu'ils partent de ce principe (quand ils commencent l'explication de l'Écriture et la recherche de son vrai sens) que l'Écriture est toujours véridique et divine. Or, c'est là ce qui devrait résulter de l'examen sévère de l'Écriture bien comprise ; de façon qu'ils prennent tout d'abord pour règle de l'interprétation des livres sacrés ce que ces livres eux-mêmes nous enseigneraient beaucoup mieux que tous leurs inutiles commentaires.

Ayant donc considéré toutes ces choses ensemble, savoir, que la lumière naturelle est non-seulement méprisée, mais que plusieurs la condamnent comme source de l'impiété, que des fictions humaines passent pour des révélations divines, et la crédulité pour la foi, enfin que les controverses des philosophes soulèvent dans l'Église comme dans l'État les passions les plus ardentes, d'où naissent les haines, les discordes, et à leur suite les séditions, sans parler d'une foule d'autres maux qu'il serait trop long d'énumérer ici ; j'ai formé le dessein d'instituer un examen nouveau de l'Écriture et de l'accomplir d'un esprit libre et sans préjugés, en ayant soin de ne rien affirmer, de ne rien reconnaître comme la doctrine sacrée que ce que l'Écriture elle-même m'enseignerait très clairement. Je me suis formé à l'aide de cette règle une méthode pour l'interprétation des livres sacrés, et une fois en possession de cette méthode, je me suis proposé cette première question : qu'est-ce que la prophétie ? et puis, comment Dieu s'est-il révélé aux prophètes ? pourquoi Dieu les a-t-il choisis ? est-ce parce qu'ils avaient de sublimes idées de Dieu et de la nature, ou seulement à cause de leur piété ? Ces questions résolues, il m'a été aisé d'établir que l'autorité des prophètes n'a de poids véritable qu'en ce qui touche à la pratique de la vie et à la vertu. Sur tout le reste leurs opinions sont de peu d'importance. Je me suis demandé ensuite pour quelle raison les Hébreux ont été appelés élus de Dieu. Or, m'étant convaincu que cela signifie seulement que Dieu leur avait choisi une certaine contrée où ils pussent vivre commodément et avec sécurité, j'ai appris par là que les lois révélées par Dieu à Moïse ne sont autre chose que le droit particulier de la nation hébraïque, lequel par conséquent ne pouvait s'appliquer à personne qu'à des Juifs, et auquel même ceux-ci n'étaient soumis que pendant la durée de leur empire. Puis, j'ai voulu savoir si l'on peut inférer de l'Écriture que l'entendement humain soit naturellement corrompu ; et pour cela j'ai recherché si la religion catholique, je veux dire, la loi divine révélée par les prophètes et par les apôtres à tout le genre humain, est différente de celle que nous découvre la lumière naturelle. Ce qui m'a conduit à me demander si les miracles s'accomplissent contre l'ordre de la nature, et s'ils nous enseignent l'existence de Dieu et la Providence avec plus de certitude et de clarté que les choses que nous comprenons clairement et distinctement par leurs causes naturelles. Mais n'ayant rien découvert dans les miracles dont parle l'Écriture qui ne soit d'accord avec la raison ou qui y répugne, voyant d'ailleurs que les prophètes n'ont rien raconté que des choses très-simples dont chacun peut facilement se rendre compte, qu'ils les ont seulement expliquées par certains motifs, et embellies par leur style de façon à tourner l'esprit de la multitude à la dévotion, je suis arrivé à cette conclusion que l'Écriture laisse la raison absolument libre, qu'elle n'a rien de commun avec la philosophie, et que l'une et l'autre doivent se soutenir par les moyens qui leur sont propres. Pour démontrer ce principe d'une façon irrécusable et résoudre à fond la question, je fais voir comment il faut interpréter l'Écriture, et que toute la connaissance qu'elle donne des choses spirituelles ne doit être puisée qu'en elle-même et non dans les idées que nous fournit la lumière naturelle. Je fais connaître ensuite l'origine des préjugés que le peuple s'est formés (le peuple, toujours attaché à la superstition et qui préfère les reliques des temps anciens à l'éternité elle-même), en adorant les livres de l'Écriture plutôt que le Verbe de Dieu. Puis, je montre que le Verbe de Dieu n'a pas révélé un certain nombre de livres, mais seulement cette idée si simple, où se résolvent toutes les inspirations divines des prophètes, qu'il faut obéir à Dieu d'un cœur pur, c'est-à-dire en pratiquant la justice et la charité. Je prouve alors que cet enseignement a été proportionné par les prophètes et les apôtres à l'intelligence de ceux à qui le Verbe de Dieu se manifestait par leur bouche ; et cela, afin qu'ils pussent le recevoir sans aucune répugnance et sans aucun trouble. Après avoir ainsi reconnu les fondements de la foi, je conclus que la révélation divine n'a d'autre objet que l'obéissance, qu'elle est par conséquent distincte de la connaissance naturelle tant par son objet que par ses bases et ses moyens, qu'ainsi donc elles n'ont rien de commun, que chacune d'elles peut reconnaître sans difficulté les droits de l'autre, sans qu'il y ait ni maîtresse, ni servante.

Or l'esprit des hommes étant divers, celui-ci trouvant son compte à de certaines opinions qui conviennent moins à celui-là, de façon que l'un ne trouve qu'un objet de risée dans ce qui porte un autre à la piété, j'aboutis finalement à cette conséquence qu'il faut laisser à chacun la liberté de son jugement et le pouvoir d'entendre les principes de la religion comme il lui plaira, et ne juger de la piété ou de l'impiété de chacun que suivant ses œuvres. C'est ainsi qu'il sera possible à tous d'obéir à Dieu d'une âme libre et pure, et que la justice et la charité seules auront quelque prix.

Ayant ainsi montré que la loi divine et révélée laisse à chacun sa liberté, j'arrive à l'autre partie de la question, c'est-à-dire à faire voir que cette même liberté peut être accordée sans dommage pour la paix de l'État et les droits du souverain, et même qu'on ne pourrait la détruire sans péril pour la paix publique et sans dommage pour l'État. Pour établir cette démonstration, je pars du droit naturel de chacun, lequel n'a d'autres limites que celles de ses désirs et de sa puissance, et je démontre que nul n'est tenu, selon le droit de nature, de vivre au gré d'un autre, mais que chacun est le protecteur né de sa propre liberté. Je fais voir ensuite que nul ne cède ce droit primitif qu'à condition de transférer à un autre le pouvoir qu'il a de se défendre, d'où il résulte que ce droit passe tout entier entre les mains de celui à qui chacun confie son droit particulier de vivre à son gré et de se défendre soi-même. Par conséquent, ceux qui occupent le pouvoir ont un droit absolu sur toutes choses ; eux seuls sont les dépositaires du droit et de la liberté, et les autres hommes ne doivent agir que selon leurs volontés. Mais comme personne ne peut se priver du pouvoir de se défendre soi-même au point de cesser d'être homme, j'en conclus que personne ne peut se dépouiller absolument de son droit naturel, et que les sujets, par conséquent, retiennent toujours certains droits qui ne peuvent leur être enlevés sans un grand péril pour l'État, et leur sont toujours accordés par les souverains, soit en vertu d'une concession tacite, soit en vertu d'une stipulation expresse. Après cela, je passe à la république des Hébreux, afin de montrer de quelle façon et par quelle autorité la religion a commencé à avoir force de loi, et je m'étends en passant à plusieurs autres choses qui m'ont paru dignes d'être éclaircies. Je prouve enfin que les souverains sont les dépositaires et les interprètes, non-seulement du droit civil, mais aussi du droit sacré, qu'à eux seuls appartient le droit de décider ce qui est justice et injustice, piété ou impiété, et je conclus que pour garder ce droit le mieux possible et conserver la tranquillité de l'État, ils doivent permettre à chacun de penser ce qu'il veut et de dire ce qu'il pense.

Tels sont, lecteur philosophe, les objets que je propose à vos méditations ; je m'assure que vous y trouverez de quoi vous satisfaire, à cause de l'excellence et de l'utilité du sujet de cet ouvrage et de chacun de ses chapitres ; et j'aurais sur ce point bien des choses à dire encore ; mais je ne veux point que cette préface devienne un volume. Je sais d'ailleurs que je m'entends au fond, pour le principal, avec les philosophes. Quant aux autres, je ne ferai pas grand effort pour leur recommander mon Traité ; je n'ai aucun espoir de leur plaire ; je sais combien sont enracinés dans leur âme les préjugés qu'on y a semés à l'aide de la religion ; je sais qu'il est également impossible de délivrer le vulgaire de la superstition et de la peur ; je sais enfin que la constance du vulgaire, c'est l'entêtement, et que ce n'est point la raison qui règle ses louanges et ses mépris, mais l'emportement de la passion. Je n'invite donc pas le vulgaire, ni ceux qui partagent ses passions, à lire ce Traité, je désire même qu'ils le négligent tout à fait plutôt que de l'interpréter avec leur perversité ordinaire, et, ne pouvant y trouver aucun profit pour eux-mêmes, d'y chercher l'occasion de nuire à autrui et de tourmenter les amis de la libre philosophie. Je dois pourtant faire une exception pour un seul point, tous les gens dont je parle étant convaincus que la raison doit être la servante de la théologie ; car je crois que par cet endroit la lecture de cet ouvrage pourra leur être fort utile.

Du reste, comme plusieurs n'auront ni le loisir ni l'intention de lire tout mon Traité, je suis obligé d'avertir ici, comme, je l'ai fait aussi à la fin de l'ouvrage, que je n'ai rien écrit que je ne soumette de grand cœur à l'examen des souverains de ma patrie. S'ils jugent que quelqu'une de mes paroles soit contraire aux lois de mon pays et à l'utilité publique, je la retire. Je sais que je suis homme et que j'ai pu me tromper ; mais j'ose dire que j'ai fait tous mes efforts pour ne me tromper point et pour conformer avant tout mes écrits aux lois de ma patrie, à la piété et aux bonnes mœurs.

---

1. ↑ Cette préface est de Spinoza.

CHAPITRE PREMIER

DE LA PROPHÉTIE.

La prophétie ou révélation est la connaissance certaine d'une chose, révélée aux hommes par Dieu. Le prophète, c'est celui qui interprète les choses révélées à qui n'en pouvant avoir une connaissance certaine n'est capable de les embrasser que par la foi. Chez les Hébreux, en effet, prophète se dit *nabi*[1], c'est-à-dire orateur, interprète dans l'Écriture, il désigne exclusivement l'interprète de Dieu, comme on peut le voir dans l'*Exode* (ch. VII, vers. 1), où Dieu dit à Moïse : *Et voici que je te constitue Dieu de Pharaon, et Aharon ton frère sera ton prophète*. Comme s'il disait : Puisque Aharon, en interprétant à Pharaon les paroles que tu prononceras, remplira le rôle de prophète, tu seras donc en quelque façon le Dieu de Pharaon, c'est-à-dire celui qui remplira à son égard le rôle de Dieu.

Nous traiterons des prophètes dans le chapitre suivant, il ne s'agit ici que de la prophétie, et déjà on doit conclure, de la définition qui vient d'être donnée, que la connaissance naturelle peut être aussi appelée prophétie, car les choses que nous savons par la lumière naturelle dépendent entièrement de la connaissance de Dieu et de ses éternels décrets[2] ; mais comme cette connaissance naturelle, appuyée sur les communs fondements de la raison des hommes, leur est commune à tous, le vulgaire en fait moins de cas ; le vulgaire, en effet, court toujours aux choses rares et surnaturelles, et il dédaigne les dons que la nature a faits à tous. C'est pourquoi, dès qu'il est question de connaissance prophétique, il exclut aussitôt la connaissance naturelle, bien qu'elle ait le même droit que toute autre, quelle qu'elle soit, à s'appeler divine. En effet, elle nous est comme dictée par la nature de Dieu, en tant que la nôtre en participe, et par les décrets divins ; et elle ne diffère de la connaissance que tout le monde appelle divine qu'en cet unique point, que celle-ci dépasse les limites qui arrêtent celle-là et ne peut avoir sa cause dans la nature humaine considérée en elle-même. Mais la connaissance naturelle, sous le rapport de la certitude, qu'elle implique toujours[3], et de la source d'où elle émane, c'est à savoir Dieu, ne le cède en rien à la connaissance prophétique. À moins qu'on ne pense (mais ce serait rêver et non penser) que les prophètes ont eu un corps humain et n'ont pas eu une âme humaine[4], et par conséquent que leur conscience et leurs sensations ont été d'une autre nature que les nôtres.

Mais quoique la science naturelle soit divine, il ne s'ensuit pas cependant que ceux qui l'enseignent soient autant de prophètes[5] ; car ils n'ont aucun avantage qui les élève au-dessus du reste des hommes, et ils n'enseignent rien que tout le monde ne puisse savoir et comprendre avec autant de certitude qu'ils en ont eux-mêmes ; et cela, sans le secours de la foi.

Ainsi donc, puisque notre âme, par cela seul qu'elle contient en soi objectivement la nature de Dieu et en participe, est capable de former certaines notions qui lui expliquent la nature des choses et lui enseignent l'usage qu'elle doit faire de la vie, nous pouvons dire que l'âme humaine considérée en elle-même est la première cause de la révélation divine ; car, ainsi que nous l'avons déjà remarqué, tout ce que nous concevons clairement et distinctement, c'est l'idée de Dieu, c'est la nature qui nous le révèle et nous le dicte, non par des paroles, mais d'une façon bien plus excellente et parfaitement convenable à la nature de notre âme : j'en appelle sur ce point à l'expérience de tous ceux qui ont goûté la certitude de l'entendement. Mais comme mon principal objet est de traiter exclusivement de ce qui concerne l'Écriture, je ne pousserai pas plus loin le peu que je viens de dire touchant la lumière naturelle ; et je passe immédiatement à l'examen des autres causes ou moyens dont Dieu se sert pour révéler aux hommes ce qui excède les limites de la connaissance naturelle et aussi ce qui ne les excède pas, car rien n'empêche que Dieu ne communique aux hommes par d'autres moyens ce qu'ils peuvent connaître par les lumières de la nature.

Or il faut remarquer avant tout qu'on ne peut rien dire sur cette matière qui ne soit tiré de la seule Écriture. Que dire en effet sur des choses qui surpassent notre entendement, si ce n'est ce qui est sorti de la bouche des prophètes ou ce qui est consigné dans leurs écrits ? Et comme aujourd'hui nous n'avons plus, que je sache, de prophètes, il ne nous reste évidemment qu'à examiner les livres sacrés que les anciens prophètes nous ont laissés ; avec cette condition de prudence, toutefois, que nous n'établirons rien en pareille matière et n'attribuerons rien aux prophètes qui ne résulte avec clarté de leurs propres déclarations.

Une observation essentielle qu'il faut faire d'abord, c'est que les Juifs ne font jamais mention des causes moyennes ou particulières. Par religion, par piété, ou, comme on dit, par dévotion, ils recourent toujours à Dieu. Le gain qu'ils font dans leur commerce est un présent de Dieu ; s'ils éprouvent un désir, c'est Dieu qui y dispose leur cœur ; s'ils conçoivent une idée, c'est Dieu qui leur a parlé. Par conséquent, il ne faut point croire qu'il y ait prophétie ou connaissance surnaturelle toutes les fois que l'Écriture dit que Dieu a parlé ; il faut que le fait de la révélation divine y soit marqué expressément, ou qu'il résulte des circonstances du récit.

Il suffit de parcourir les livres sacrés pour reconnaître que toutes les révélations de Dieu aux prophètes se sont accomplies ou par paroles ou par figures, ou par ces deux moyens à la fois ; et ces moyens étaient, ou réels et placés hors de l'imagination du prophète, qui voyait les figures ou entendait les paroles, ou bien imaginaires, l'imagination du prophète étant disposée de telle sorte qu'il lui semblât entendre des paroles articulées ou voir des signes.

La voix dont Dieu se servit pour révéler à Moïse, les lois qu'il voulait donner aux Hébreux était une voix véritable ; cela résulte des paroles de l'Exode (chap. XXV, vers. 22) : *Et tu me trouveras là, et je te parlerai de l'endroit qui est entre les deux chérubins.* Ce qui prouve bien que Dieu parlait à Moïse d'une voix véritable ; puisque Moïse[6] trouvait Dieu prêt à lui parler, partout où il voulait l'entendre. Du reste, je prouverai tout à l'heure que cette voix, par qui la loi fut révélée, est la seule qui ait été une voix réelle.

Je serais porté à croire que la voix dont Dieu se servit pour appeler Samuel était véritable, par ces paroles (chap. III, dernier verset) : *Dieu apparut encore à Samuel en Shilo, s'étant manifesté à Samuel en Shilo par sa parole.* Ce qui semble dire que l'apparition de Dieu à Samuel ne fut autre chose que la manifestation de Dieu par la parole, en d'autres termes, que Samuel entendit Dieu qui lui parlait. Mais comme il faut de toute nécessité mettre une différence entre la prophétie de Moïse et celle des autres prophètes, il faut nécessairement aussi admettre que la voix qu'entendit Samuel était une voix imaginaire, surtout si l'on considère qu'elle ressemblait à la voix d'Héli que Samuel entendait tous les jours, et qui était par conséquent plus propre à frapper son imagination ; car Dieu l'ayant appelé par trois fois, il crut toujours que c'était Héli. Abimelech entendit aussi une voix, mais qui n'était qu'imaginaire, selon ce qui est marqué dans la *Genèse* (chap. XX, vers. 6) : *Et Dieu lui dit en songe*, etc. Ce ne fut donc pas pendant la veille qu'il put se représenter la volonté de Dieu, mais pendant le sommeil ; c'est-à-dire à ce moment où notre imagination est plus disposée que jamais à se représenter comme réel ce qui ne l'est point.

Quant aux paroles du Décalogue, c'est le sentiment de quelques juifs que Dieu ne les prononça pas effectivement, mais que ce fut pendant un bruit confus où aucune parole n'était articulée que les Israélites conçurent ces lois par la seule force de leur esprit. À voir la différence du Décalogue de l'*Exode* et de celui du *Deutéronome*, Dieu n'ayant parlé qu'une fois, j'ai cru quelque temps avec eux que le Décalogue ne contient pas les propres paroles de Dieu, mais seulement un ensemble de préceptes. Mais, à moins de violenter le sens de l'Écriture, il faut tomber d'accord que les Israélites entendirent une voix articulée et véritable ; car il est dit expressément (*Deutéron.*, chap. V, vers. 4) : *Dieu vous a parlé face à face*, etc. ; comme deux hommes se communiquent leurs pensées par l'intermédiaire de leurs corps. Il semble donc bien plus conforme au sens de l'Écriture de penser que Dieu créa une voix corporelle par l'entremise de laquelle il révéla le Décalogue. On fera voir, du reste, au chap. VIII de ce Traité pourquoi les paroles et les pensées de l'un de ces Décalogues et celles de l'autre diffèrent entre elles. Mais la difficulté ne disparaît pas tout entière ; car, enfin, il n'est pas médiocrement contraire à la raison de penser qu'une chose créée, et qui a avec Dieu le même rapport que toute autre chose, puisse exprimer, ou en réalité ou par des paroles, l'essence ou l'existence de Dieu, et représenter Dieu en personne en disant : je suis Jéhovah ton Dieu, etc. Sans doute, quand la bouche de quelqu'un prononce ces paroles : *J'ai compris*, nul ne s'imagine que c'est la bouche de celui qui parle qui a compris, mais bien son âme. Mais comme la bouche de celui qui parle est rapportée à sa nature, dont elle fait partie, et que la personne à qui il s'adresse avait auparavant compris la nature de l'entendement, il lui est facile de comprendre la pensée de celui qui parle, en songeant que c'est un homme comme lui. Mais je ne comprends pas que des hommes qui ne connaissaient absolument rien de Dieu que son nom, et désiraient lui parler afin d'être certains de son existence, aient pu trouver la satisfaction de leur vœu dans une créature qui prononça ces mots : je suis Dieu ; puisque cette créature n'avait pas avec Dieu un plus intime rapport que toutes les autres, et ne représentait point sa nature. En vérité, je le demande, si Dieu avait disposé les lèvres de Moïse, que dis-je de Moïse, d'un animal quelconque, de façon qu'il eût prononcé ces mots : je suis Dieu, cela aurait-il fait comprendre aux Israélites l'existence de Dieu ?

D'un autre côté, l'Écriture paraît bien affirmer d'une manière expresse que Dieu lui-même parla aux Hébreux, puisqu'il ne descendit du ciel sur le Sinaï que pour cela, et que non-seulement les Hébreux l'entendirent parler, mais les principaux de la nation purent le voir (*Exode*, chap. 24). Car il faut remarquer que la loi qui fut révélée à Moïse, cette loi à laquelle on ne pouvait rien ajouter, ni rien ôter, et qui était comme le droit de la patrie, n'enseigne en aucun endroit que Dieu soit incorporel, sans figure, et qu'on ne puisse le représenter par une image, mais seulement qu'il y a un Dieu, qu'il faut y croire, et n'adorer que lui ; et c'est seulement pour que le culte de Dieu ne fût point abandonné que la loi défendit de s'en former et d'en façonner aucune image. Car les Juifs, n'ayant jamais vu d'image de Dieu, n'en pouvaient façonner aucune qui fût ressemblante ; elle aurait été nécessairement copiée sur quelque créature, et tandis qu'ils auraient adoré Dieu sous cette fausse image, leur pensée aurait été occupée de cette créature et non pas de Dieu, de sorte que c'est à elle qu'ils auraient rendu les hommages et le culte qui ne sont dus qu'à Dieu. Mais, en réalité, l'Écriture dit clairement que Dieu a une figure, puisqu'elle dit que Moïse, au moment où il entendait parler Dieu, regarda sa figure, et sans être assez heureux pour la voir, en aperçut toutefois les parties postérieures. Je suis donc convaincu que ce récit cache quelque mystère, et je me réserve d'en parler plus bas avec étendue, quand j'exposerai les passages de l'Écriture qui marquent les moyens dont Dieu s'est servi pour révéler aux hommes ses décrets.

Que la révélation ne se soit faite que par des images, c'est ce qui est évident par le premier livre des *Paralipomènes*, chap. 22, où Dieu manifeste sa colère à David par un ange qui tient une épée à la main. Il en arrive autant à Balaam. Et bien que Maimonides se soit imaginé avec quelques autres que cette histoire, et toutes celles où il est parlé de l'apparition des anges, comme celle de Manoa, d'Abraham, qui croyait immoler son fils, etc., sont des récits de songes, parce qu'il est impossible de voir un ange les yeux ouverts, cette explication n'est qu'un bavardage de gens qui veulent trouver bon gré mal gré dans l'Écriture les billevesées d'Aristote et leurs propres rêveries ; ce qui est bien, selon moi, la chose du monde la plus ridicule.

C'est par des images sans réalité et qui ne dépendaient que de l'imagination du prophète, que Dieu révéla à Joseph sa future grandeur.

C'est par des images et par des paroles que Dieu révéla à Josué qu'il combattrait pour les Hébreux, en lui montrant un ange l'épée à la main, et comme à la tête de son armée : ce qu'il lui avait déjà fait connaître par des paroles que Josué avait entendues de la bouche de l'ange. Ce fut aussi par des figures qu'Isaïe connut (ainsi qu'on en trouve le récit au chap. VI) que la providence de Dieu abandonnait le peuple ; savoir : en se représentant le Dieu trois fois saint sur un trône fort élevé, et les Israélites noyés à une grande profondeur dans un déluge d'iniquités, et souillés de la fange de leurs crimes. Voilà ce qui lui fit comprendre le misérable état où se trouvait alors le peuple, et ses calamités futures lui furent révélées de la sorte, comme si Dieu avait parlé. Je pourrais citer beaucoup d'exemples de cette nature, si je ne pensais qu'ils sont suffisamment connus de tout le monde.

Mais la confirmation la plus claire de ce que j'ai avancé se trouve dans un texte des *Nombres* (chap. XII, vers. 6, 7 et 8) qui porte : *S'il est parmi vous quelque prophète de Dieu, je me révélerai à lui en vision* (c'est-à-dire par des figures et des hiéroglyphes, puisqu'il est dit de la prophétie de Moïse que c'est une vision sans hiéroglyphes), *je lui parlerai en songe* (c'est-à-dire sans paroles réelles, sans voix véritable). *Mais je n'agis point ainsi avec Moïse ; je lui parle bouche à bouche, et non par énigmes ; et il voit la face de Dieu.* En d'autres termes, Moïse me voit et s'entretient avec moi sans épouvante, et comme avec un égal, ainsi qu'on peut voir dans l'*Exode* (chap. XXXIII, vers. 17). Il n'y a donc pas le moindre doute que les autres prophètes n'ont jamais entendu de véritable voix, ce qui est confirmé encore par le *Deutéronome* (chap. XXXIV, vers. 10) : *Jamais prophète ne s'est rencontré* (littéralement, *levé*) *en Israël, que Dieu ait connu face à face, comme Moïse* ; ce qui doit s'entendre non de la face, mais seulement de la voix, puisque Moïse lui-même ne vit jamais la face de Dieu (*Exode*, chap. XXXIII).

Je ne vois point dans l'Écriture que Dieu se soit servi d'autres moyens que de ceux-là pour se communiquer aux hommes, et par conséquent il n'en faut imaginer ni admettre aucun autre. Et bien qu'il soit aisé de comprendre que Dieu se puisse communiquer immédiatement aux hommes, puisque sans aucun intermédiaire corporel il communique son essence à notre âme, il est vrai néanmoins qu'un homme, pour comprendre par la seule force de son âme des vérités qui ne sont point contenues dans les premiers principes de la connaissance humaine et n'en peuvent être déduites, devrait posséder une âme bien supérieure à la nôtre et bien plus excellente. Aussi je ne crois pas que personne ait jamais atteint ce degré éminent de perfection, hormis Jésus-Christ, à qui furent révélés immédiatement, sans paroles et sans visions, ces décrets de Dieu qui mènent l'homme au salut. Dieu se manifesta donc aux apôtres par l'âme de Jésus-Christ, comme il avait fait à Moïse par une voix aérienne ; et c'est pourquoi l'on peut dire que la voix du Christ, comme la voix qu'entendait Moïse, était la voix de Dieu. On peut dire aussi dans ce même sens que la sagesse de Dieu, j'entends une sagesse plus qu'humaine, s'est revêtue de notre nature dans la personne de Jésus-Christ, et que Jésus-Christ a été la voie du salut.

Je dois avertir ici que je ne prétends ni soutenir ni rejeter les sentiments de certaines Églises touchant Jésus-Christ ; car j'avoue franchement que je ne les comprends pas[z]. Tout ce que j'ai soutenu jusqu'à ce moment, je l'ai tiré de l'Écriture elle-même ; car je n'ai lu en aucun endroit que Dieu ait apparu à Jésus-Christ ou qu'il lui ait parlé, mais bien que Dieu s'est manifesté par Jésus-Christ aux apôtres et qu'il est la voie du salut, et enfin que Dieu ne donna pas l'ancienne loi immédiatement, mais par le ministère d'un ange, etc. De sorte que si Moïse s'entretenait avec Dieu face à face, comme un homme avec son égal (c'est-à-dire par l'intermédiaire de deux corps), c'est d'âme à âme que Jésus-Christ communiquait avec Dieu.

Je dis donc que personne, hormis Jésus-Christ, n'a reçu des révélations divines que par le secours de l'imagination, c'est-à-dire par le moyen de paroles ou d'images, et qu'ainsi, pour prophétiser, il n'était pas besoin de posséder une âme plus parfaite que celle des autres hommes, mais seulement une imagination plus vive, ainsi que je le montrerai plus clairement encore dans le chapitre suivant. Il s'agit maintenant d'examiner ce que les saintes lettres entendent par ces mots : l'esprit de Dieu descendu dans les prophètes, les prophètes parleront selon l'esprit de Dieu. Pour cela, nous devons premièrement rechercher ce que signifie le mot hébreu *ruagh*, que le vulgaire interprète par le mot *esprit*.

Dans le sens naturel, le mot *ruagh* signifie, comme on sait, vent, et bien qu'il ait plusieurs autres significations, toutes se ramènent à celle-là ; car il se prend pour signifier : 1° le souffle, comme dans le psaume CXXXI, vers. 17 : « *Aussi il n'y a point d'esprit dans leur bouche* ; » 2° la respiration, comme, dans *Samuel* (I, chap. XXX, vers. 12) : « *Et l'esprit lui revint* », c'est-à-dire il respira ; 3° le courage et les forces, comme dans *Josué* (chap. II, vers. 2) : « *Et aucun homme ne conserva l'esprit* » ; de même dans *Ézéchiel* (chap. II, vers. 2) : « *Et l'esprit me revint* (c'est-à-dire la force), *et me fit tenir ferme sur mes pieds* ; » 4° la vertu et l'aptitude, comme dans *Job* (chap. XXXII, vers. 9) : « *Et certes l'esprit est dans tous les hommes,* » c'est-à-dire il ne faut pas chercher exclusivement la science dans les vieillards, car je trouve qu'elle dépend de la vertu et de la capacité particulière de chaque homme ; de même dans les *Nombres* (chap. XXVIII, vers. 18) : « *Cet homme en qui est l'esprit* ; » 5° l'intention de l'âme comme dans les *Nombres* (chap. XIV, vers. 34) : « *Parce qu'il a eu un autre esprit,* » c'est-à-dire une autre pensée, une autre intention. De même dans les *Proverbes* (chap. I, vers. 23) : « *Je vous dirai mon esprit,* » c'est-à-dire mon intention. Il se prend encore dans ce même sens pour signifier la volonté, le dessein, l'appétit, le mouvement de l'âme, comme dans *Ézéchiel* (chap. I, vers. 12) : « *Ils allaient où ils avaient l'esprit* (c'est-à-dire la volonté) *d'aller.* » De même dans *Isaïe* (chap. XXX, vers. 1) : « *Et vos entreprises ne viennent point de mon esprit.* » Et plus haut (chap. XXIX, vers. 10) : « *Parce que Dieu a répandu sur eux l'esprit* (c'est-à-dire le désir) *de dormir.* » Et dans les *Juges* (chap. VIII, vers. 3) : « *Et alors leur esprit* (c'est-à-dire le mouvement de leur âme) *fut adouci.* » De même dans les *Proverbes* (chap. XVI, vers. 32) ; « *Celui qui dompte son esprit* (c'est-à-dire son appétit) *vaut mieux que celui qui prend une ville.* » Et plus haut (chap. XXV, vers. 27) : « *Homme qui ne réprime point son esprit.* » Et dans *Isaïe* (chap. XXXIII, vers. 11) : « *Votre esprit est un feu qui vous consume.* » Enfin, ce mot *ruagh*, en tant qu'il signifie l'âme, sert à exprimer toutes les passions de l'âme et aussi toutes ses qualités, comme : *esprit haut* pour signifier l'orgueil, *esprit bas* pour l'humilité, *esprit mauvais* pour la haine et la mélancolie, *esprit bon* pour la douceur. On dit encore : un *esprit de jalousie*, un *esprit* (c'est-à-dire un appétit) *de fornication*, un *esprit de sagesse, de conseil, de force*, c'est-à-dire un esprit sage, prudent, fort (car nous nous servons en hébreu de substantifs plutôt que d'adjectifs), une vertu de sagesse, de conseil de force. On dit encore : un *esprit de bienveillance*. 6° Ce mot signifie encore l'âme, comme dans l'*Ecclésiaste* (chap. III, vers. 19) : « *L'esprit* (c'est-à-dire l'âme) *est le même en tous les hommes, et l'esprit retourne à Dieu* ; » 7° enfin, les parties du monde (à cause des vents qui soufflent de divers côtés), et aussi les parties d'une chose quelconque relatives à ces différentes régions, (Voy. *Ézechiel*, chap. XXXVII, vers. 9 ; chap. XLII, vers. 16, 17, 18, 19, etc.)

Remarquons maintenant qu'une chose se rapporte à Dieu est dite chose de Dieu : 1° quand elle appartient à la nature de Dieu et en est comme une partie, comme la *puissance de Dieu*, les *yeux de Dieu* ; — 2° quand elle est en la puissance de Dieu et agit suivant ses volontés ; c'est ainsi que les cieux sont appelés les *cieux de Dieu*, parce qu'ils sont le char et la demeure de Dieu ; dans le même sens, l'Assyrie est appelée *fléau de Dieu*, et Nabuchodonosor le *serviteur de Dieu*, etc. ; — 3° quand elle est consacrée à Dieu, comme le *temple de Dieu*, le *Nazaréen de Dieu*, le *pain de Dieu*, etc. ; — 4° quand elle nous est révélée par les prophètes ; et non par la lumière naturelle ; c'est ainsi que la loi de Moïse est appelée *loi de Dieu* ; — 5° quand on veut exprimer d'une chose le plus haut degré d'excellence, comme les *montagnes de Dieu*, c'est-à-dire de très-hautes montagnes ; un *sommeil de Dieu*, c'est-à-dire très-profond ; et c'est dans ce sens qu'il faut entendre *Amos* (chap. IV, vers. 11), quand il met dans la bouche de Dieu ce langage : « *Je vous ai détruits, comme la destruction de Dieu* (a détruit) *Sodome et Gomorrhe* ; » destruction de Dieu marque ici une mémorable destruction ; car puisque c'est Dieu qui parle, cela ne peut s'entendre autrement. La science naturelle de Salomon est aussi appelée science de Dieu, c'est-à-dire science divine, science extraordinaire. Les Psaumes parlent aussi des *cèdres de Dieu* pour en exprimer la prodigieuse hauteur. Dans *Samuel* (chap. XI, vers. 7), pour signifier une crainte extrême, il est dit : « *Et une crainte de Dieu tomba sur le peuple.* » C'est ainsi que les Juifs rapportaient à Dieu tout ce qui passait leur portée, tout ce dont ils ignoraient alors les causes naturelles. Ils appelaient la tempête un *discours menaçant de Dieu* ; les tonnerres, les éclairs étaient les *flèches de Dieu* ; car ils s'imaginaient que Dieu tient les vents enfermés dans des cavernes qu'ils appelaient les trésors de Dieu, ne différant en cela des païens qu'en ce point qu'au lieu d'Éole, c'est Dieu qui est le maître des vents. C'est encore pour cette raison que les miracles sont appelés *ouvrages de Dieu*, ce qui veut dire des choses très-merveilleuses, puisque toutes les choses naturelles sont des ouvrages de Dieu, et n'existent et ne se développent que par la seule puissance de Dieu. On doit donc prendre dans ce sens le Psalmiste quand il appelle les miracles d'Égypte des effets de la puissance de Dieu ; ce qui veut dire que les Hébreux, qui ne s'attendaient à rien de semblable, ayant trouvé dans les plus extrêmes périls un moyen de salut, en furent frappés d'étonnement.

Ainsi donc, puisque ce sont les ouvrages extraordinaires de la nature que l'on appelle ouvrages de Dieu, et que les arbres d'une hauteur prodigieuse sont nommés arbres de Dieu, il ne faut point s'étonner que dans la *Genèse* les hommes d'une grande force d'une grande stature soient appelés fils de Dieu, quoique impies du reste, ravisseurs et libertins. C'est donc une coutume antique, non seulement des Juifs, mais aussi des païens, de rapporter à Dieu tout ce qui donne à un objet un caractère d'excellence et de supériorité. Aussi nous lisons que Pharaon, dès qu'il eut entendu l'interprétation du songe qu'il avait fait, dit à Joseph que l'esprit des dieux était en lui. Nabuchodonosor en dit autant à Daniel. Rien de plus fréquent chez les Latins, qui disaient d'un ouvrage fait avec art : cela est fait de main divine ; ce qu'il faudrait traduire ainsi en hébreu (comme tous les hébraïsants le savent fort bien) : *cela est fait de la main de Dieu.*

On voit donc qu'il est aisé de comprendre et d'interpréter les passages de l'Écriture où il est question de l'esprit de Dieu. Car *l'esprit de Dieu, l'esprit de Jéhovah* ne signifient en certains endroits rien autre chose qu'un vent très-violent, très-sec, un vent funeste ; ainsi dans *Isaïe* (chap. XL, vers. 7) : « *Et un esprit de Jéhovah souffla sur lui,* » c'est-à-dire un vent sec et funeste ; et dans la *Genèse* (chap. I, vers. 2) : « *Et le vent de Dieu* (c'est-à-dire un vent très-violent) *souffla sur les eaux.* » — Esprit signifie encore un grand courage. Ainsi le courage de Gédéon, celui de Samson sont appelés, dans les saintes lettres, *esprit de Dieu*, c'est-à-dire cœur intrépide et prêt à tout. C'est encore dans ce sens qu'une vertu ou une force extraordinaire, de quelque espèce qu'elle soit, est appelée *esprit* ou *vertu de Dieu*, comme dans l'*Exode* (chap. XXXI, vers. 3) : « *Et je le remplirai* (Betzaléel) *d'un esprit de Dieu,* » c'est-à-dire, ainsi que l'Écriture elle même l'explique, d'une intelligence et d'une adresse au-dessus du commun. De même, dans *Isaïe* (chap. XI, vers. 2) : « *Et l'esprit de Dieu reposera sur lui,* » c'est-à-dire, suivant l'usage de l'Écriture et les explications que donne Isaïe lui-même un peu plus loin, un esprit de sagesse, de conseil, de force, etc. — De même, la mélancolie de Saül est appelée *mauvais esprit de Dieu*, c'est-à-dire une mélancolie très-profonde ; car les serviteurs de Saül, qui appelaient sa mélancolie une mélancolie de Dieu, furent justement ceux qui lui conseillèrent de faire venir un musicien qui le pût distraire en jouant de la lyre ; ce qui prouve bien que par mélancolie de Dieu ils entendaient une mélancolie naturelle. — Enfin l'esprit de Dieu signifie l'âme ou l'intelligence de l'homme, comme dans *Job* (chap. XXXVII, vers. 3) : « *Et l'esprit de Dieu était dans mes narines,* » faisant allusion à ce qui est écrit dans la *Genèse*, savoir : que Dieu souffla aux narines de l'homme une âme vivante. Ainsi Ézéchiel, prophétisant aux morts, leur dit (chap. XXXVII, vers. 14) : « *Je vous donnerai mon esprit, et vous vivrez,* » c'est-à-dire je vous rendrai la vie. C'est dans ce sens qu'il faut entendre *Job* (chap. XXXIV, vers. 14) : « *Quand il voudra* (Dieu), *il retirera à soi son esprit et son souffle* » (c'est-à-dire la vie qu'il nous a donnée) ; et la *Genèse* (chap. VI, vers. 3) : « *Mon esprit ne raisonnera plus* (ou ne gouvernera plus) *dans l'homme, parce qu'il est chair,* » c'est-à-dire l'homme désormais ne se gouvernera plus que par les instincts de la chair, et non par les décisions de la raison que je lui ai donnée pour discerner le bien du mal. De même, dans les *Psaumes* (Ps. LI, vers. 12, 13) : « *Créez en moi un cœur pur, ô Dieu, et renouvelez en moi un esprit droit (c'est-à-dire une volonté bien réglée) ; ne me rejetez pas de votre présence, et ne m'ôtez pas l'esprit de votre sainteté.* » On croyait alors que les péchés avaient pour cause unique la chair, l'esprit ne conseillant jamais que le bien ; c'est pour cela que le Psalmiste invoque le secours de Dieu contre les appétits de la chair, et prie ce Dieu saint de lui conserver seulement l'âme qu'il lui a donnée. On remarquera aussi que l'Écriture représentant d'ordinaire Dieu à l'image de l'homme, et lui attribuant une âme, un esprit, des passions, et en même temps un corps et un souffle tout cela pour se proportionner à la grossièreté du vulgaire, *l'esprit de Dieu* est souvent pris dans les livres sacrés pour l'âme de Dieu, pour son esprit, ses passions, sa force, le souffle de sa bouche. Ainsi nous lisons dans *Isaïe* (chap. XL, vers. 13) : « *Qui a disposé l'esprit de Dieu ?* » c'est-à-dire son âme ; ce qui signifie : Qui a pu déterminer l'âme de Dieu, si ce n'est Dieu lui-même, à vouloir ce qu'il veut ? et dans le chap. LXIII, vers. 10 : « *Et ils ont accablé d'amertume et de tristesse l'esprit de sa sainteté* ». Voilà pourquoi *esprit de Dieu* se prend ordinairement pour loi de Moïse, laquelle en effet exprime la volonté de Dieu. Ainsi on lit dans *Isaïe* (même chap., vers. 11) : « *Où est celui qui a mis au milieu d'eux l'esprit de la sainteté ?* » c'est-à-dire la loi de Moïse, comme cela résulte de toute la suite du discours ; et dans *Néhémias* (chap. IX, vers. 20) : « *Et vous leur avez donné votre bon esprit pour les rendre intelligents.* » Le prophète parle ici du temps de la Loi, et fait allusion à ces paroles de Moïse dans le *Deutéronome* (chap. IV, vers. 6) : « *Parce qu'elle est* (la Loi) *votre science, votre prudence,* » etc. De même dans le psaume CXLIII, vers. 11 : « *Votre bon esprit me conduira dans un pays uni ;* » c'est-à-dire, votre volonté, qui nous a été révélée, nous conduira dans une voie droite. *Esprit de Dieu* signifie aussi, comme on l'a déjà dit, le souffle de Dieu, lequel est attribué à Dieu dans le même sens grossier qui lui fait donner dans l'Écriture une âme, une intelligence, un corps, comme dans le psaume XXXIII, vers. 6. *Esprit de Dieu* se prend ensuite pour la puissance, la force, la vertu de Dieu, comme dans *Job* (chap. XXXIII, vers. 4) : « *L'esprit de Dieu m'a fait,* » c'est-à-dire sa vertu, sa puissance, ou, si vous aimez mieux, sa volonté. Car le Psalmiste dit aussi, dans son langage poétique, que les cieux ont été faits par l'ordre de Dieu, et que toute l'armée des astres est l'ouvrage de son esprit ou du souffle de sa bouche (c'est-à-dire de sa volonté, exprimée en quelque sorte par un souffle). De même, dans le psaume CXXXIX, vers. 7, il est dit : « *Où irai-je* (pour être) *hors de ton esprit ? Où fuirai-je* (pour être) *hors de ta présence ?* » c'est-à-dire, d'après la suite même du discours où le Psalmiste développe cette pensée, où puis-je aller pour échapper à ta volonté et à ta présence ? — Enfin, *esprit de Dieu* s'emploie dans les livres saints pour exprimer les affections de Dieu, sa bonté, sa miséricorde, comme dans *Michée* (chap. II, vers. 7) : « *L'esprit de Dieu* (c'est-à-dire sa miséricorde) *a-t-il diminué, et ces pensées cruelles sont-elles son ouvrage ?* » De même, dans *Zacharie* (chap. IV, vers. 7) : « *Non par une armée, non par la force, mais par mon seul esprit,* » c'est-à-dire par la miséricorde de Dieu. C'est aussi dans ce sens que je crois qu'il faut entendre le même prophète (chap. VII, vers.

12) : « *Et ils ont usé de ruse dans leur cœur pour ne pas obéir à la loi et aux ordres que Dieu leur a donnés dans son esprit* (c'est-à-dire dans sa miséricorde) *par la bouche des premiers prophètes.* » J'entends aussi de la même façon Haggée (chap. II, vers. 5) : « *Et mon esprit* (c'est-à-dire ma grâce) *demeure parmi vous. Cessez de craindre.* » Quant au passage d'*Isaïe* (chap. XLVIII, vers. 16) : « *Et maintenant le Seigneur Dieu et son esprit m'ont envoyé,* » on peut entendre l'âme, la miséricorde de Dieu, ou sa volonté révélée par la loi ; car il dit : « *Dès le commencement* (c'est-à-dire dès que je suis venu vers vous pour vous annoncer la colère de Dieu et la sentence qu'il à portée contre vous) *je n'ai point parlé en termes obscurs ; aussitôt qu'elle a été* (prononcée), *je suis venu* (ainsi qu'il l'a témoigné au chap. VII) ; *mais maintenant je suis un messager de joie, et la miséricorde de Dieu m'envoie vers vous pour célébrer votre délivrance.* » On peut aussi entendre, je le répète, la volonté de Dieu révélée par la Loi, c'est-à-dire que le prophète est venu les avertir suivant l'ordre de la Loi, exprimé dans le *Lévitique*, au chap. XIX, vers. 17. Il les avertit donc dans les mêmes conditions et de la même manière que faisait ordinairement Moïse. Et enfin il termine, comme Moïse, en leur prédisant leur délivrance. Toutefois la première explication me semble plus d'accord avec l'Écriture.

Pour en revenir enfin à notre objet, on voit par toute la discussion qui précède ce qu'il faut entendre par ces phrases de l'Écriture : *L'Esprit de Dieu a été donné aux prophètes ; Dieu a répandu son Esprit sur les hommes ; les hommes sont remplis de l'Esprit de Dieu, du Saint-Esprit.* Elles ne signifient rien autre chose sinon que les prophètes se distinguaient par une vertu singulière et au-dessus du commun, qu'ils pratiquaient la vertu avec une constance supérieure, enfin qu'ils percevaient l'âme ou la volonté ou les desseins de Dieu. Nous avons montré en effet que cet Esprit, en hébreu, signifie aussi bien l'âme elle-même que les desseins de l'âme ; et c'est pour cela que la Loi, qui exprime les desseins de Dieu, est appelée l'esprit ou l'âme de Dieu. L'imagination des prophètes, en tant que les décrets de Dieu se révélaient par elle, pouvait donc être appelée au même titre l'âme de Dieu ; et les prophètes, dans ce sens, avaient l'âme de Dieu. Mais quoique l'âme de Dieu et ses éternels desseins soient gravés aussi dans notre âme, et que nous percevions en ce sens l'âme de Dieu (pour parler comme l'Écriture), cependant, comme la connaissance naturelle est commune à tous les hommes, elle a moins de prix à leurs yeux, ainsi que nous l'avons déjà expliqué ; surtout aux yeux des Hébreux, qui se vantaient d'être au-dessus du reste des mortels, et méprisaient, en conséquence, les autres hommes et la science qui leur était commune avec eux. Enfin, les prophètes passaient pour avoir l'esprit de Dieu, parce que les hommes, dans l'ignorance des causes de la connaissance prophétique, avaient une grande admiration pour elle, et, la rapportant à Dieu lui-même, comme ils font toutes les choses extraordinaires, lui donnaient le nom de connaissance divine.

Nous pouvons donc maintenant dire sans scrupule que les prophètes ne connaissaient ce qui leur était révélé par Dieu qu'au moyen de l'imagination, c'est-à-dire par l'intermédiaire de paroles ou d'images, vraies ou fantastiques. Ne trouvant en effet dans l'Écriture que ces moyens de révélation, nous n'avons pas le droit d'en supposer aucun autre. Maintenant, par quelle loi de la nature ces révélations se sont-elles accomplies ? J'avoue que je l'ignore. Je pourrais dire, comme beaucoup d'autres, que tout s'est fait par la volonté de Dieu ; mais j'aurais l'air de parler pour ne rien dire. Car ce serait comme si je voulais expliquer la nature d'une chose particulière par quelque terme transcendantal. Tout a été fait par la puissance de Dieu ; et comme la puissance de la nature n'est rien autre que la puissance même de Dieu[8], il s'ensuit que nous ne connaissons point la puissance de Dieu, en tant que nous ignorons les causes naturelles des choses. Il y a donc une grossière absurdité à recourir à la puissance de Dieu quand nous ignorons la cause naturelle d'une chose, c'est-à-dire la puissance de Dieu, elle-même. Mais il n'est pas nécessaire pour notre dessein d'assigner la cause de la connaissance prophétique ; car nous avons expressément averti que nous nous bornerions ici à examiner les principes dans l'Écriture, afin d'en tirer, comme nous ferions de données naturelles, certaines conséquences, sans rechercher d'ailleurs d'où sont venus ces principes, ce qui ne nous intéresse en rien.

Ainsi donc, puisque les prophètes ont perçu par l'imagination les révélations divines, il en résulte que leur faculté perceptive s'étendait bien au delà des limites de l'entendement ; car avec des paroles et des images il est possible de former un plus grand nombre d'idées qu'avec les principes et les notions sur lesquels toute notre connaissance naturelle est assise.

On voit en outre clairement pourquoi les prophètes ont toujours perçu et enseigné toutes choses par paraboles et d'une manière énigmatique, et exprimé corporellement les choses spirituelles ; tout cela convenant à merveille à la nature de l'imagination. Nous ne nous étonnerons plus maintenant que l'Écriture et les prophètes parlent en termes si impropres et si obscurs de l'esprit ou de l'âme de Dieu, comme dans les *Nombres*, chap. XI, vers. 17, et le premier livre des *Rois*, chapitre XXII, vers. 2, etc., que Michée nous représente Dieu assis, que Daniel nous le peigne comme un vieillard couvert de blancs vêtements, Ézéchiel comme un feu, enfin que les personnes qui entouraient le Christ aient vu le Saint-Esprit sous la forme d'une colombe, les Apôtres comme des langues de feu, et Paul, au moment de sa conversion, comme une grande flamme ; tout cela s'accorde en effet parfaitement avec les images vulgaires qu'on se forme de Dieu et des esprits. D'un autre côté, l'imagination étant volage et inconstante, le don de prophétie ne restait pas attaché constamment aux prophètes ; ce don n'était donc pas commun, mais très-rare, je veux dire accordé à très-peu d'hommes, et dans ceux-là même s'exerçant très rarement. Or, puisqu'il en est ainsi, nous devons rechercher maintenant d'où a pu venir aux prophètes la certitude qu'ils avaient touchant des choses qu'ils percevaient, non par des principes certains, mais par l'imagination. Et tout ce qui peut être dit à ce sujet, il ne faut le demander qu'à l'Écriture elle-même, puisque nous n'avons de ces objets, je le répète, aucune science vraie, et ne pouvons les expliquer par leurs premières causes. Cherchons donc ce qu'apprend l'Écriture sur la certitude des prophètes ; c'est le sujet du chapitre suivant.

1. ↑ Voyez à la fin du Traité la première des *Notes marginales de Spinoza* que nous avons traduites sur le texte de Théoph. de Murr, en tenant compte des variantes de l'exemplaire de Kœnigsberg données par Dorow. (De Murr, *Adnotat. ad Tract.*, p. 2. — Wilhem Dorow, *Spinoza's Randglossen*, p. 10 sqq.)

2. ↑ Voyez l'*Éthique*, Propos. 15 et 16, part. 1 ; Propos. 5 et 8, part. 2. — Nous avons pensé qu'il serait intéressant d'indiquer en cet endroit et dans toute la suite de la traduction du *Théologico-politique* les passages de l'*Éthique* où sont exposés et démontrés scientifiquement les principes que Spinoza se borne ici à invoquer, sans les établir.
3. ↑ Voyez l'*Éthique*, Propos. 43, part. 2.
4. ↑ Voyez l'*Éthique*, Propos. 11, 13, part. 2.
5. ↑ Voyez les *Notes de Spinoza*, note 2.
6. ↑ Voyez les *Notes de Spinoza*, note 3.
7. ↑ Spinoza s'exprime plus ouvertement encore dans une lettre à Oldenburg : « *Non minus absurde mihi loqui videntur quam si quis mihi diceret quod circulus naturam quadrati induerit.* » (voyez *Lettres de Spinoza*. Lettre V.)
8. ↑ L'*Éthique*, part. 1, Schol. de la Propos. 15 ; Propos. 18, 25, 26, 29, etc.

CHAPITRE II

DES PROPHÈTES

Il résulte du chapitre qui précède que des prophètes n'eurent pas en partage une âme plus parfaite que celle des autres hommes, mais seulement une puissance d'imagination plus forte. C'est aussi ce que nous enseignent les récits de l'Écriture. Il est certain, en effet, que Salomon excellait entre les hommes par sa sagesse ; il ne l'est pas qu'il eût le don de prophétie. Heman, Darda, Kalchol étaient des hommes d'une profonde érudition, et cependant ils n'étaient pas prophètes ; au lieu que des hommes grossiers, sans lettres, et même des femmes, comme Hagar, la servante d'Abraham, jouirent du don de prophétie. Tout ceci est parfaitement d'accord avec l'expérience et la raison. Ce sont, en effet, les hommes qui ont l'imagination forte qui sont les moins propres aux fonctions de l'entendement pur, et réciproquement les hommes éminents par l'intelligence ont une puissance d'imagination plus tempérée, plus maîtresse d'elle-même, et ils ont soin de la tenir en bride afin qu'elle ne se mêle pas avec les opérations de l'entendement. Ainsi, c'est s'abuser totalement que de chercher la sagesse et la connaissance des choses naturelles et spirituelles dans les livres des prophètes ; et puisque l'esprit de mon temps, la philosophie et la chose elle-même m'y invitent, j'ai dessein de démontrer ici ce principe tout à mon aise, sans m'inquiéter des cris de la superstition, cette ennemie mortelle de tous ceux qui aiment la science véritable et mènent une vie raisonnable. Hélas ! je le sais, les choses en sont venues à ce point que des hommes qui osent dire ouvertement qu'ils n'ont point l'idée de Dieu, et qu'ils ne connaissent Dieu que par les choses créées (dont les causes leur sont inconnues) ne rougissent pas d'accuser les philosophes d'athéisme. Mais quoi qu'il en soit, je poursuis, et, pour procéder avec ordre, je vais démontrer que les prophéties ont varié, non-seulement suivant l'imagination de chaque prophète et le tempérament particulier de son corps, mais aussi suivant les opinions dont les prophètes étaient imbus ; d'où je conclus que le don de prophétie ne rendit jamais les prophètes plus instruits qu'ils n'étaient ; ce que je me réserve d'expliquer plus loin avec étendue ; mais je veux traiter d'abord de la certitude des prophètes, parce que mon sujet m'impose d'abord cette question, et de plus, parce qu'une fois résolue, elle me servira à établir la conclusion dont je viens de parler.

L'imagination pure et simple n'enveloppant point en elle-même la certitude à la façon des idées claires et distinctes, il s'ensuit que pour être certain des choses que nous imaginons, il faut que quelque chose s'ajoute à l'imagination, savoir, le raisonnement. Par conséquent la prophétie, par elle-même, n'implique pas la certitude, puisque la prophétie, ainsi que nous l'avons démontré, dépend de la seule imagination ; d'où il résulte que les prophètes n'étaient pas certains de la révélation divine par la révélation elle-même, mais par quelques signes, comme on peut le voir dans la *Genèse* (chap. XV, vers. 8), où Abraham, après avoir entendu la promesse que Dieu lui faisait, lui demanda un signe. Assurément il croyait en Dieu et avait foi en sa promesse, mais il voulait être assuré que Dieu la lui faisait effectivement. Cela est plus évident encore pour Gédéon : « *Fais-moi*, dit-il à Dieu, *un signe*, [afin que je sache] *que c'est toi qui me parles.* » (Voyez *Juges*, chap. VI, vers. 17.) Dieu dit aussi à Moïse : « *Et que ceci* [te soit] *un signe que c'est moi qui t'ai envoyé.* » Ézéchias, qui savait depuis longtemps qu'Isaïe était prophète, lui demanda néanmoins un signe de la guérison qu'il lui prédisait. Tout cela fait donc bien voir que les prophètes ont toujours eu quelque signe qui les rendait certains des choses qu'ils imaginaient prophétiquement, et c'est pour cette raison que Moïse (voyez *Deutéron.*, chap. XVIII, dernier verset) commande aux Juifs de demander aux prophètes un signe, c'est-à-dire la prédiction de quelque événement sur le point de s'accomplir. Par cet endroit la connaissance prophétique est donc inférieure à la connaissance naturelle, qui n'a besoin d'aucun signe, et de sa nature enveloppe la certitude. Du reste, cette certitude des prophètes n'était point mathématique, mais morale, et je le dis en me fondant sur l'Écriture. Moïse, en effet, ordonne que l'on punisse de mort le prophète qui voudra enseigner de nouveaux dieux, bien qu'il confirme sa doctrine par des signes et des miracles (*Deutéron.*, chap. XIV) ; car, dit-il, Dieu fait aussi des miracles et des signes pour tenter son peuple ; et c'est aussi ce dont Jésus-Christ a soin d'avertir ses disciples (*Matthieu*, chap. XXIV, vers. 24). Ézéchiel va plus loin ; il dit en propres termes (chap. XVI, vers. 8) que Dieu trompe quelquefois les hommes par de fausses révélations : « *Et quand un prophète* (il s'agit ici d'un faux prophète) *se montre et vous adresse quelque parole, c'est moi qui envoie ce prophète.* » Et ce témoignage est confirmé par celui de Michée touchant les prophètes d'Achab (*Rois*, liv. I, chap. XXII, vers. 21).

Quoique ces passages semblent établir que la prophétie et la révélation sont choses fort douteuses, elles avaient pourtant beaucoup de certitude, Dieu ne trompant jamais les justes ni les élus ; mais, suivant cet ancien proverbe cité par Samuel (I, chap. XXIV, vers. 13), et comme le fait bien voir l'histoire d'Abigaïl, Dieu se sert des bons comme d'instruments de sa bonté, et des méchants comme de moyens et d'instruments de sa colère ; ce qui se confirme plus clairement par le témoignage de Michée que nous avons cité tout à l'heure ; car, bien que Dieu eût résolu de tromper Achab, il ne se servit pour cela que de faux prophètes, et découvrit la vérité au prophète pieux, sans l'empêcher nullement de la prédire. Mais avec tout cela il n'en est pas moins vrai que la certitude des prophètes était purement morale, nul ne pouvant, comme l'enseigne l'Écriture, se déclarer juste devant Dieu, ni se vanter d'être l'instrument de sa miséricorde. Et David lui-même fut poussé par la colère de Dieu au dénombrement de son peuple, bien que l'Écriture rende hommage en plusieurs endroits à sa piété. Ainsi donc toute la certitude des prophètes était fondée sur ces trois choses : 1° en ce qu'ils imaginaient les choses révélées avec une extrême vivacité, analogue à celles que nous déployons dans les songes ; 2° ils avaient un signe pour confirmer l'inspiration divine ; 3° leur âme était juste et n'avait d'inclination que pour le bien. Quoique l'Écriture ne fasse pas toujours mention du signe, il y a lieu de croire que les prophètes avaient toujours un signe ; car l'Écriture d'ordinaire, comme plusieurs l'ont déjà remarqué, ne fait pas toujours mention de toutes les conditions et circonstances des choses, les supposant suffisamment connues. Ajoutons à cela que nous pouvons parfaitement accorder que les prophètes qui n'avaient rien à prédire de nouveau et qui ne fût contenu dans la loi de Moïse n'avaient pas besoin de signes, parce que l'Écriture était là pour confirmer leurs paroles. Par exemple, la prophétie de Jérémie sur la ruine de Jérusalem, étant confirmée par celles des autres prophètes et par les menaces de la Loi, n'avait pas besoin d'un signe. Hananias, au contraire, qui prophétisait, contre le sentiment de tous les autres prophètes, la prochaine restauration de la cité, avait absolument besoin d'un signe ; autrement il aurait dû douter de sa prophétie jusqu'à ce qu'elle fût confirmée par l'événement (voyez *Jérémie*, chap. XXVIII, vers. 8).

Puisque la certitude que les signes donnaient aux prophètes n'était pas une certitude mathématique (comme celle qui résulte de la nécessité même de la perception de la chose perçue), mais seulement morale, et que les signes n'avaient d'autre objet que de persuader le prophète, il s'ensuit que ces signes ont dû être proportionnés aux opinions et à la capacité de chacun ; de telle sorte qu'un signe qui avait rendu tel prophète parfaitement certain de sa prophétie aurait laissé dans l'incertitude tel autre prophète imbu d'opinions différentes ; et de là vient qu'il y avait pour chaque prophète un signe particulier. Il en était de même de la révélation, qui variait pour chaque prophète suivant la disposition de son tempérament, de son imagination, et suivant les opinions qu'il avait embrassées. Quant au tempérament, si le prophète était d'une humeur gaie, il ne lui était révélé que victoires, paix et tout ce qui porte les hommes à la joie, les tempéraments de cette sorte n'imaginant le plus souvent que des choses semblables. Si le prophète était triste, il prédisait des guerres, des supplices et toutes sortes de malheurs ; et de cette façon, suivant que le prophète était d'humeur douce, irritable, sévère, miséricordieuse, etc., il était plus propre à telle ou telle espèce de révélation. Les dispositions de l'imagination étaient encore une cause de variété dans les prophètes. Si le prophète avait l'imagination belle, c'est en beau style qu'il communiquait avec l'âme de Dieu ; s'il l'avait confuse, c'était en confuses paroles, et de même pour le genre d'images qui lui apparaissaient. Le prophète était-il un homme des champs, c'étaient des bœufs, des vaches, etc. ; homme de guerre, c'étaient des généraux, des armées ; homme de cour, des trônes et des objets analogues. Enfin, la prophétie variait suivant les opinions des prophètes. Aux mages, qui croyaient aux rêveries de l'astrologie (voyez *Matthieu*, chap. II), la nativité du Christ fut révélée par l'image d'une étoile qui apparaissait dans l'Orient. Aux augures de Nabuchodonozor (voyez *Ézéchiel*, chap. XXI, vers. 26), ce fut dans les entrailles des victimes que leur fut révélée la dévastation de Jérusalem, que ce roi connut aussi par les oracles et la direction des flèches qu'il jeta en l'air au-dessus de sa tête. Quant aux prophètes qui croyaient que les hommes ont le libre choix de leurs actions et une puissance propre, Dieu se révélait à eux comme indifférent à l'avenir et ignorant les futures actions des hommes, toutes choses que nous allons démontrer l'une après l'autre par l'Écriture.

Le premier point de notre doctrine est établi par Élisé (*Rois*, liv. IV, chap. III, vers. 15) qui, pour prophétiser à Jéhoram, demanda une harpe, et ne put percevoir la volonté de Dieu que lorsque la musique eut charmé ses sens ; mais après avoir entendu les sons de la harpe, il put prédire à Jéhoram et à ses alliés des événements heureux ; ce qu'il avait été incapable de faire auparavant, étant irrité contre Jéhoram. Car on sait que ceux qui sont en colère contre une personne sont plus disposés à imaginer des choses désagréables pour elle que des choses heureuses. Quelques-uns même ont bien voulu dire que Dieu ne se révèle pas aux hommes irrités et tristes ; mais cette opinion est chimérique ; car Dieu révéla à Moïse irrité contre Pharaon le massacre épouvantable des premiers-nés (voyez *Exode*, chap. XI, vers. 8), et cela, sans le secours d'aucun instrument de musique. Dieu révéla aussi l'avenir à Kaïn furieux. L'obstination des Juifs fut révélée à Ézéchiel, tandis qu'impatient de sa misère, son âme était pleine d'irritation (voyez *Ézéchiel*, chap. III, vers. 14). Jérémie, le cœur plein de tristesse et d'un immense ennui de la vie, prophétisa les malheurs de Jérusalem, et ce fut à cause de cette tristesse que Josias ne voulut pas le consulter ; il préféra une femme de ce temps que sa constitution même de femme rendait plus propre à lui révéler la miséricorde de Dieu (*Paralipom.*, liv. II, chap. XXXV). Michée ne prédit jamais rien de bon à Achab, quoique d'autres vrais prophètes l'aient pu faire (*Rois*, liv. I, chap. XX) ; mais, au contraire, il lui prédit du mal pour toute sa vie (voyez *Rois*, liv. I, chap. XXII, vers. 7, et plus clairement encore dans les *Paralipom.*, liv. II, chap. XVIII, vers. 7). Je conclus que les prophètes étaient par leur tempérament plus ou moins propres à telle ou telle espèce de révélation.

Le style des prophéties variait avec le degré d'éloquence de chaque prophète. Les prophéties d'Ézéchiel et d'Amos, dont le style a quelque rudesse, n'ont pas l'élégance de celles d'Isaïe et de Nachum. Il serait intéressant pour ceux qui savent l'hébreu d'examiner de près et de comparer entre eux quelques chapitres de divers prophètes aux endroits où ils parlent sur le même sujet, ce qui laisserait mieux voir la différence de leur style ; par exemple, le chapitre Ier d'Isaïe, qui était un homme de cour (du vers. 11 au vers. 20), avec le chapitre V du rustique Amos (du vers. 21 au vers. 24). On pourrait comparer aussi l'ordre et les pensées de la prophétie écrite à Edom par Jérémie (chap. XXIX) avec l'ordre et les pensées d'Hobadias. Une autre comparaison à faire est celle d'Isaïe (chap. XL, vers. 19, 20 ; chap. XLIV, vers 8) avec Hosée (chap. VIII, vers. 6 ; chap. XIII, vers. 2). Et de même pour tous les autres prophètes. Si l'on veut bien peser tout cela, on s'assurera aisément que Dieu n'a aucun style particulier, et que, suivant le degré d'instruction et la portée d'esprit du prophète qu'il inspire, il est tour à tour élégant et grossier, précis et prolixe, sévère et confus.

Les représentations prophétiques et les hiéroglyphes variaient également, même pour exprimer une même chose ; car la gloire de Dieu abandonnant le temple n'apparut pas à Isaïe de la même façon qu'à Ézéchiel. Les rabbins prétendent que chacune de ces représentations fut identique à l'autre ; mais qu'Ézéchiel, homme grossier, en ayant été plus frappé, l'a racontée dans toutes ses circonstances. Cette explication est à mes yeux tout artificielle ; à moins que les rabbins n'aient recueilli une tradition certaine du fait lui-même, ce que je ne crois pas. En effet, Isaïe vit des séraphins à six ailes, et Ézéchiel des bêtes à quatre ailes. Isaïe vit Dieu avec des vêtements et assis sur un trône royal ; Ézéchiel le vit semblable à une flamme. Il n'y a pas de doute que l'un et l'autre virent Dieu suivant les habitudes particulières de leur imagination. Les représentations ne variaient pas seulement de nature, mais elles avaient des degrés divers de clarté. Celles de

Zacharie furent tellement obscures, d'après son propre récit, qu'il fut incapable de les comprendre sans une explication ; et Daniel, même avec une explication, ne put comprendre les siennes. Or il ne faut point attribuer cette obscurité à la difficulté inhérente à la révélation elle-même ; car il s'agissait de choses purement humaines et qui ne surpassaient les facultés de l'homme qu'à cause qu'elles étaient dans l'avenir ; mais il faut dire que l'imagination de Daniel n'avait pas une aussi grande vertu prophétique dans la veille que dans le sommeil ; ce qui devient très-visible dès le commencement de la révélation de Daniel, où il est tellement effrayé qu'il désespère presque de ses forces. Cette faiblesse d'imagination, ce défaut d'énergie rendirent ses apparitions très-obscures, et, même avec une explication, il fut incapable de les comprendre. Et il faut remarquer ici que les paroles entendues par Daniel furent, comme nous l'avons montré plus haut, des paroles tout imaginaires ; ce qui explique fort bien qu'ayant l'esprit troublé, il n'ait imaginé toutes ces paroles que d'une façon très-obscure et n'ait pu ensuite y rien comprendre. Ceux qui disent qu'il n'entrait pas dans les desseins de Dieu de révéler clairement la chose à Daniel n'ont pas lu sans doute les paroles de l'ange, qui dit expressément (voyez chap. x, vers. 14) que « *il est venu pour faire comprendre à Daniel ce qui arriverait à son peuple dans la suite des jours.* » Cette prophétie est donc restée obscure parce qu'il ne se rencontra personne en ce temps-là qui eût l'imagination assez forte pour qu'elle lui fût révélée plus clairement. Nous voyons enfin le prophète à qui Dieu avait révélé qu'il enlèverait Élie vouloir persuader à Élisée qu'Élie avait été transporté en un lieu où ils pourraient le retrouver, ce qui prouve bien qu'ils n'avaient pas compris la révélation que Dieu leur avait faite. Il est inutile que je m'arrête à démontrer cela avec plus d'étendue ; car si quelque chose résulte clairement de l'Écriture, c'est que Dieu n'accordait pas au même degré le don de prophétie à ses prophètes. Mais quant à ce principe que les prophéties ont varié avec les opinions du prophète, et que les prophètes avaient des opinions diverses et même contraires et une grande variété de préjugés (je ne parle ici que de ce qui regarde les choses purement spéculatives ; car pour les choses relatives à la probité et aux bonnes mœurs, il en va tout autrement), c'est ce que je vais rechercher avec plus de curiosité et établir plus au long ; car la chose est, je crois, de grande conséquence, et je prétends conclure de là que les prophéties n'ont jamais rendu les prophètes plus instruits qu'ils n'étaient auparavant, et les ont toujours laissés dans leurs préjugés antérieurs ; d'où il suit que nous ne devons nullement nous considérer comme liés par les prophéties en matière de choses purement spéculatives.

C'est avec une merveilleuse précipitation qu'on s'est généralement persuadé que les prophètes savaient tout ce que l'entendement humain est capable de connaître. Et, bien que plusieurs endroits de l'Écriture nous fassent voir le plus clairement du monde que les prophètes ignoraient de certaines choses, on aime mieux dire qu'en ces endroits on n'entend pas soi-même l'Écriture que d'accorder que les prophètes aient ignoré quelque vérité ; ou bien on s'efforce de torturer les paroles de l'Écriture pour lui faire dire ce qu'elle ne dit pas. Avec ce système, c'en est fait de l'Écriture ; car on s'efforcerait vainement de rien en tirer, si les choses les plus claires peuvent être considérées comme obscures et inintelligibles ou interprétées d'une façon arbitraire. Quoi de plus clair, par exemple, que l'opinion de Josué, et peut-être aussi de celui qui a écrit son histoire, sur le mouvement du soleil autour de la terre, l'immobilité de la terre, et le soleil arrêté pour un temps dans sa marche ? Cependant plusieurs personnes qui ne veulent pas accorder qu'il puisse s'accomplir quelque changement dans les cieux interprètent ce passage de façon qu'il ne contient plus en effet rien de semblable ; d'autres, qui sont meilleurs philosophes, sachant que la terre se meut et que le soleil, au contraire, est immobile, c'est-à-dire ne se meut pas autour de la terre, ont employé toutes leurs forces à lire cette doctrine dans l'Écriture, en dépit de l'Écriture elle-même ; et certes, j'admire ces commentateurs ; mais je leur demanderai si nous sommes tenus de croire que le soldat Josué fut un habile astronome, et si ce miracle n'a pu lui être révélé, ou si la lumière du soleil n'a pu rester sur l'horizon plus longtemps que d'ordinaire, sans que Josué en sût la cause ? Pour moi, je trouve ces deux hypothèses également ridicules, et j'aime mieux penser, je le dis ouvertement, que Josué a ignoré la cause de cette lumière prolongée, et qu'il a cru, comme la foule qui l'environnait, que le soleil accomplissait un mouvement diurne autour de la terre, que ce jour-là il s'était arrêté pendant quelque temps, et que c'était là la cause qui avait prolongé ce jour, sans remarquer qu'à cette époque de l'année la quantité extraordinaire de glace qui se trouvait dans la région de l'air (voy. *Josué*, chap. X, vers. 11) pouvait produire une réfraction plus forte que de coutume, ou telle autre circonstance du phénomène qu'il n'est pas de notre sujet de déterminer. C'est ainsi que le signe de la rétrogradation de l'ombre du soleil fut révélé à Isaïe suivant la portée de son esprit, je veux dire expliqué par la rétrogradation du soleil ; car il croyait, lui aussi, que le soleil se meut et que la terre est immobile, et il n'avait jamais entendu parler, même en songe, des parhélies. Et tout ceci ne doit exciter aucun scrupule ; car le signe pouvait apparaître et être prédit au roi par Isaïe, sans que ce prophète sût la cause véritable de son apparition. J'en dirai autant de la construction de Salomon, si elle lui fut effectivement révélée par Dieu ; je veux dire que toutes les mesures du temple lui furent révélées suivant sa portée et ses opinions. Nous ne sommes nullement forcés de croire que Salomon fût mathématicien, et il nous est parfaitement permis de dire qu'il ignorait le rapport du diamètre à la circonférence du cercle, et qu'il croyait, avec le vulgaire des ouvriers, que ce rapport était de 3 à 1. Que s'il est permis de nous objecter ici que nous ne comprenons pas le texte des *Rois* (liv. I, chap. VII, vers. 23), je ne sais en vérité ce qu'il peut y avoir à comprendre dans l'Écriture, puisqu'en cet endroit la construction du temple est racontée le plus simplement du monde et d'une façon purement historique. Dira-t-on que l'Écriture a eu d'autres idées que celles qu'elle exprime, et qu'elle n'a pas voulu les manifester par des raisons qui nous sont inconnues ? Je déclare que c'est là le renversement complet de l'Écriture ; car chacun pourra en dire exactement autant de tous les passages de l'Écriture ; et tout ce que la perversité humaine peut imaginer d'absurde et de mauvais, il sera permis de le soutenir et de le mettre en pratique sur l'autorité de l'Écriture. Notre sentiment, au contraire, ne recèle aucune impiété ; car Salomon, Isaïe, Josué, etc., quoique prophètes, étaient hommes, et rien d'humain dès lors ne leur était étranger. La révélation qu'eut Noach de la destruction future du genre humain fut aussi proportionnée à son intelligence ; car il croyait que, hors de la Palestine, le reste du monde n'était pas habité. Et les prophètes ont pu ignorer tout cela, et même des choses de plus grande conséquence, sans dommage pour la piété ; et ils les ont effectivement ignorées, car jamais ils n'ont rien enseigné de particulier sur les attributs divins ; mais leurs opinions sur Dieu ont toujours été celles du vulgaire ; et ils ont toujours eu soin d'accommoder leurs révélations aux idées du peuple, comme je l'ai déjà démontré par un grand nombre de témoignages de l'Écriture. On voit donc que ce qui les a faits si célèbres et rendus si recommandables, ce n'est pas tant la sublimité et l'excellence de leur génie que leur force d'âme et leur piété.

Adam, le premier à qui Dieu se soit révélé, ignorait son omniprésence, son omniscience ; car il voulut se cacher à Dieu, et il s'efforça d'excuser son péché devant Dieu comme il aurait fait devant un homme. Aussi Dieu se révéla à lui suivant la portée de son intelligence, comme s'il n'eût pas existé partout et s'il eût ignoré le lieu où se cachait Adam et son péché. Adam entendit en effet ou crut entendre Dieu qui se promenait dans le jardin et le cherchait en l'appelant à haute voix et, témoin de sa honte, lui demandait s'il n'aurait pas mangé du fruit défendu. Tout ce qu'Adam connaissait des attributs de Dieu, c'était donc que Dieu est l'artisan de toutes choses. Dieu se mit aussi à la portée de Kaïn en se révélant à lui, comme s'il ignorait les actions des hommes ; et Kaïn, en effet, n'avait pas besoin, pour se repentir de son péché, d'une connaissance de Dieu plus sublime. Dieu se révéla aussi à Laban comme Dieu d'Abraham, parce que Laban croyait que chaque nation avait son Dieu particulier. On verra aussi dans la *Genèse* (chap. XXXI, vers. 29) qu'Abraham ignorait que Dieu est partout et que sa prescience s'étend à toutes choses ; car dès qu'il entendit la sentence portée contre les Sodomites, il pria Dieu, avant de l'exécuter, de rechercher s'ils étaient tous dignes de ce châtiment (voyez *Genèse*, chap. XXXI, vers. 29) : « *Peut-être se rencontrera-t-il cinquante justes dans cette ville.* » Et Dieu se révéla à lui tel qu'il en était connu ; car il parla ainsi, dans l'imagination d'Abraham : « *Je descendrai maintenant pour voir si leur conduite est d'accord avec la plainte qui est venue jusqu'à moi ; et s'il n'en est pas ainsi, je le saurai.* » Le témoignage de Dieu sur Abraham ne parle que de son obéissance, de son zèle à encourager ses serviteurs à la justice et au bien ; et il n'y est pas dit qu'Abraham eut des pensées plus sublimes sur Dieu que le reste des hommes (voyez *Genèse*, chap. XVIII, vers. 19). Moïse ne comprit pas non plus très-bien que Dieu sait tout et qu'il dirige toutes les actions des hommes par un seul décret. Car quoique Dieu lui eût dit (*Exode*, chap. III, vers. 18) que les Israélites lui obéiraient, il en doute cependant et posa à Dieu cette difficulté (*Exode*, chap. IV, vers. 1) : « *Que ferai-je, s'ils ne croient pas en moi et s'ils ne m'obéissent pas ?* » Dieu lui avait donc été révélé comme ne prenant point de part aux actions humaines et ne les connaissant pas à l'avance. Il donne à Moïse deux signes et lui dit (*Exode*, chap. IV, vers. 8) : « *S'il arrive qu'ils ne croient pas en toi au premier signe, ils te croiront au second ; et si alors même ils ne veulent pas croire, prends de l'eau du fleuve,* » etc. Assurément, si quelqu'un veut peser mûrement et sans préjugé ces paroles de Moïse, il reconnaîtra clairement que Moïse pensait de Dieu qu'il est un être qui a toujours existé, qui existe et qui existera toujours (et c'est pour cela qu'il le nomme Jéhovah, mot qui exprime en hébreu ces trois moments de l'existence), mais qu'il n'a rien enseigné sur sa nature, sinon qu'il est miséricordieux, bienveillant, etc., et surtout jaloux, comme on peut le voir dans plusieurs passages du *Pentateuque*. Il croyait aussi que cet être diffère de tous les autres êtres, de telle sorte qu'il ne peut être exprimé par aucune image, ni être vu, non pas tant par l'impossibilité même de la chose qu'à cause de la faiblesse humaine. Sous le rapport de la puissance, il enseignait que Dieu seul la possède en propre ; car quoiqu'il reconnaisse d'autres êtres qui remplissent les fonctions divines (sans aucun doute, par l'ordre de Dieu et la mission qu'ils en ont reçue), je veux dire des êtres à qui Dieu a donné l'autorité, le droit et le pouvoir pour diriger les nations, veiller sur elles et en prendre soin, toutefois cet être que tous les autres sont obligés d'honorer est le Dieu suprême, et, pour parler le langage des Hébreux, le Dieu des dieux. C'est dans ce sens qu'il dit dans l'*Exode* (chap. XV, vers. 11) : « *Qui entre les dieux est semblable à toi, Jéhovah ?* » Et de même Jétro (chap. XVIII, vers. 11) : « *C'est alors que j'ai connu que Jéhovah est plus grand que tous les dieux,* » c'est-à-dire, je suis forcé de croire avec Moïse que Jéhovah est plus grand que tous les autres dieux, et qu'il a une puissance singulière. Maintenant, Moïse a-t-il considéré ces êtres qui remplissaient les fonctions divines comme des créatures de Dieu ? on peut en douter. Il n'a rien dit en effet, que je sache, de leur création ni de leur origine. La doctrine qu'il enseigne, la voici en quelques mots : l'Être suprême a fait passer ce monde visible (*Genèse*, chap. I, vers. 2) du chaos à l'ordre, et y a déposé les germes des choses naturelles. Il a sur toutes choses un droit souverain et une souveraine puissance, et c'est en vertu de cette puissance et de ce droit qu'il s'est choisi pour lui seul la nation hébraïque (*Deutéron.*, chap. X, vers. 14-15), ainsi qu'une certaine contrée de l'univers, laissant les autres nations et les autres contrées aux soins de dieux subordonnés. C'est pourquoi il est le Dieu d'Israël, le Dieu de Jérusalem (*Paralipom.*, liv. II, chap. XXXII, vers. 19), et les autres dieux sont les dieux des autres nations. C'est pour cette même raison que les Juifs étaient persuadés que cette région que Dieu avait choisie demandait un culte particulier, très-différent de celui des autres peuples, et même qu'elle ne pouvait souffrir le culte des dieux étrangers, exclusivement propre aux régions étrangères. Aussi croyait-on que les nations que le roi d'Assyrie conduisit sur les terres des Juifs étaient déchirées par les lions, à cause de l'ignorance où elles étaient du culte des dieux de ce pays *Rois*, liv. II, chap. XVII, vers. 25, 26 et suiv.). Aben Hesra pense que c'est aussi sous l'influence de cette opinion que Jacob dit à ses fils, au moment de retourner dans sa patrie, de se préparer à un nouveau culte et d'abandonner celui des dieux étrangers, c'est-à-dire des dieux du pays qu'ils habitaient encore en ce moment (*Genèse*, chap. XXXV, vers. 2, 3). On peut citer encore David qui, voulant dire à Saül : Vos persécutions me forcent de vivre hors de la patrie, lui dit : Vous me chassez de l'héritage de Dieu et m'exilez vers les dieux étrangers (*Samuel*, liv. I, chap. XXVI, vers. 19). Enfin Moïse croyait que l'Être suprême ou Dieu avait sa demeure dans les cieux (*Deutéron.*, chap. XXXIII, vers. 27), opinion très-répandue parmi les païens.

Si maintenant nous examinons les révélations de Moïse, nous trouverons qu'elles furent accommodées à ses opinions. Croyant, en effet, Dieu assujetti aux conditions dont nous avons parlé, la miséricorde, la bonté, etc., Dieu se révèle à lui sous ces attributs et conformément à cette croyance (voyez *Exode*, chap. XXXIV, vers. 6, 7, où se trouve le récit de l'apparition de Dieu à Moïse ; et le *Décalogue*, vers. 4, 5). Dans le récit du chap. XXX, vers. 18, Moïse demande à Dieu qu'il lui permette de le voir. Or, comme Moïse, ainsi qu'on l'a déjà dit, n'avait dans son cerveau aucune image de Dieu, et que Dieu ne se révèle (cela est démontré ci-dessus) à ses prophètes que selon la disposition de leur imagination, Dieu n'apparut à Moïse sous aucune image ; et il en arriva ainsi, parce que Moïse était incapable d'en former aucune. Les autres prophètes, en effet, déclarent qu'ils ont vu Dieu : par exemple, Isaïe, Ézéchiel, Daniel, etc. Dieu répond donc à Moïse : « *Tu ne pourras voir ma face.* » Et comme Moïse était persuadé que Dieu était visible, c'est-à-dire qu'il n'y avait rien dans sa nature qui l'empêchât de l'être (autrement il n'aurait pas demandé à voir Dieu), Dieu ajouta : « *Car nul mortel ne peut vivre après m'avoir vu.* » La raison qu'il donne pour ne pas être vu est donc d'accord avec l'opinion que Moïse s'était formée de sa nature. Car il n'est pas dit qu'il y ait contradiction à ce que la nature divine devienne visible, mais seulement que la chose est impossible à cause de la fragilité de l'homme. On peut remarquer encore que Dieu, pour révéler à Moïse que les Israélites, en adorant un veau, s'étaient rendus semblables aux autres nations, lui dit (chap. XXXIII, vers. 2, 3) qu'il enverra un ange aux Hébreux, c'est-à-dire un être qui prenne soin d'eux à sa place, ne voulant plus, quant à lui, être au milieu d'eux ; de cette façon, en effet, Moïse n'avait plus aucune raison de croire que les Israélites fussent chéris de Dieu plus que les autres nations, que Dieu livre aussi aux soins de ses anges. C'est ce qui résulte clairement du verset 16 de ce même chapitre. Enfin, comme on croyait alors que Dieu habite dans le ciel, Dieu se révélait en descendant du ciel sur la montagne, et Moïse gravissait la montagne pour parler à Dieu ; précaution parfaitement inutile, s'il avait été capable d'imaginer Dieu en tout lieu avec une égale facilité. En général, les Israélites ne savaient presque rien de Dieu, bien qu'il se fût révélé à eux ; et ils firent bien voir leur extrême ignorance en transportant à un veau les mêmes honneurs et le même culte qu'ils avaient rendu à Dieu quelques jours auparavant, et en s'imaginant que c'étaient là les dieux qui les avaient tirés d'Égypte.

Et certes on aurait grand tort de croire que des hommes accoutumés aux superstitions égyptiennes, grossiers, misérables, aient eu quelque idée saine de Dieu, ni que Moïse leur ait enseigné autre chose que la manière de bien vivre, non en philosophe et par la liberté de l'âme, mais en législateur et par la force de la loi. La règle de la vie vertueuse, c'est-à-dire la vie véritable, le culte et l'amour de Dieu, furent donc pour eux une servitude, bien plutôt qu'une vraie liberté, une grâce et un don de Dieu. Il leur ordonne en effet d'aimer Dieu et d'observer la loi, afin de rendre ainsi grâce à Dieu des biens qu'il leur a rendus (la liberté, que les Égyptiens leur avaient ravie), les effrayant par des menaces terribles, s'ils transgressaient ses ordres, et leur promettant, s'ils y étaient dociles, une foule de biens. C'était, comme on voit, leur enseigner la vertu comme les pères font aux enfants encore privés de raison. Il est donc parfaitement certain qu'ils ignoraient l'excellence de la vertu et la véritable béatitude. Jonas crut échapper à la présence de Dieu, ce qui fait croire qu'il pensait aussi que Dieu avait laissé le soin de toutes les contrées placées hors de la Judée à d'autres puissances déléguées par lui. Certes personne, dans l'Ancien Testament, n'a mieux parlé de Dieu selon la raison que Salomon, dont les lumières naturelles surpassaient celles de tous les hommes de son temps ; aussi se crut-il supérieur à la Loi (qui n'était faite effectivement que pour des hommes privés de raison et des lumières naturelles de l'entendement) ; et il fit peu de cas des lois qui concernaient les rois, lesquelles se réduisaient principalement à trois principales (voyez *Deutéron.*, chap. XVII, vers. 16, 17) ; il viola même ces lois ouvertement (en quoi il fit une faute, et montra un attachement à la volupté peu digne d'un philosophe), et enseigna que tous les biens de la fortune ne sont que vanité (voyez l'*Ecclésiaste*), que rien dans l'homme n'a plus de prix que l'entendement, et que la plus grande des punitions, c'est d'en être privé (*Proverbes*, chap. XVI, vers. 23). Mais revenons aux prophètes, et continuons de marquer les contrariétés qui se rencontrent dans leurs opinions. La différence des pensées d'Ézéchiel et de celles de Moïse a tellement frappé les rabbins, de qui nous tenons ceux des livres des prophètes qui nous sont restés (voyez le traité *Du Sabbat*, chap. Ier, feuille 13, page 2), qu'ils ont balancé s'ils ne retrancheraient pas le livre d'Ézéchiel d'entre les canoniques ; et ils l'auraient même entièrement supprimé, si un certain Hananias ne s'était chargé de l'expliquer, ce qu'il fit avec un grand zèle et des peines infinies (ainsi qu'on le raconte dans le livre cité plus haut). De quelle façon s'y prit-il ? c'est ce qu'on ne sait pas bien. Fit-il un simple commentaire, qui s'est perdu depuis ; ou bien eut-il la hardiesse de changer les propres paroles d'Ézéchiel et d'orner ses discours ? Quoi qu'il en soit, le chap. XVIII ne semble pas bien d'accord avec le vers. 7 du chap. XXXIV de l'*Exode*, ni avec les vers. 18 du chap. XXXII de *Jérémie*, etc. — Samuel croyait que Dieu, après avoir pris une résolution, ne s'en repentait jamais (voyez *Samuel*, liv. Ier, chap. XV, vers. 29) ; car il dit à Saül, qui se repentait de sa faute et voulait supplier Dieu de lui accorder son pardon, que Dieu ne changerait pas le décret porté contre lui. Au contraire, il fut révélé à Jérémie (chap. XVIII, vers. 8, 10) que Dieu, quand il avait pris un dessein favorable ou contraire à quelque nation, s'en repentait ensuite, si, avant l'accomplissement de son décret, les hommes de cette nation changeaient pour dégénérer ou devenir meilleurs. Mais la doctrine de Joël, c'est que Dieu ne se repent que du tort qu'il a fait (chap. II, vers. 13). — Enfin il suit clairement du chap. IV de la *Genèse*, vers. 7, que l'homme peut dompter les tentations de pécher, et bien agir. Dieu lui-même le déclare à Kaïn, qui cependant, suivant l'Écriture elle-même et le témoignage de Josèphe, ne dompta jamais ses tentations. On trouve la même doctrine dans Jérémie au chapitre cité plus haut ; car il dit que Dieu se repent d'avoir porté un décret favorable ou contraire aux hommes, quand ils veulent changer leurs mœurs et leur manière de vivre. Or, c'est le principe ouvertement professé par Paul que les hommes n'ont d'empire sur les tentations de la chair que par l'élection de Dieu et par sa grâce. Voyez *Épître aux Romains*, chap. IX, vers. 10 et suivant Puis dans les chap. III, vers. 5, VI, vers. 19, où il attribue à Dieu la justice, il se reprend, et avertit qu'il ne parle ainsi qu'en homme et à cause de la fragilité de la chair.

Il résulte donc avec une pleine évidence de l'ensemble des passages que nous avons cités que Dieu a proportionné ses révélations à l'intelligence et aux opinions des prophètes, que les prophètes ont pu ignorer les choses qui touchent la spéculation et n'ont point rapport à la charité et à la pratique de la vie, qu'ils les ont effectivement ignorées, et ont eu sur ces objets des opinions contraires. Il ne faut donc point leur demander la connaissance des choses naturelles et spirituelles. Il faut conclure au contraire que nous ne sommes tenus de croire aux prophètes que dans les choses qui sont l'objet et le fond de la révélation ; en tout le reste, libre à chacun de croire ce qu'il lui plaît. Pour prendre encore un exemple, la révélation faite à Kaïn nous apprend seulement que Dieu rappela Kaïn à la vie véritable. C'est là en effet l'objet et le fond de cette révélation, et non pas de nous faire connaître la liberté de la volonté, et de toucher aux questions philosophiques. Ainsi donc, bien que le libre arbitre soit impliqué dans les paroles et dans les raisons de l'avertissement donné à Kaïn, il nous est permis d'admettre la doctrine contraire[1], Dieu ayant seulement voulu dans ses paroles et dans ses raisons se proportionner à l'intelligence de Kaïn. C'est ainsi que l'objet de la révélation faite à Michée, c'est seulement d'apprendre à Michée le succès du combat d'Achab contre Aram ; voilà ce que nous sommes obligés de croire ; mais hormis cela, tout ce que contient la révélation de Michée ne touche en rien à la foi, comme ce qui est dit de l'esprit de vérité et de l'esprit de mensonge, de l'armée céleste rangée de chaque côté de Dieu, et des autres circonstances de cette prophétie ; et chacun peut croire là-dessus ce qui est plus ou moins d'accord avec sa raison. De même, les raisons par lesquelles Dieu explique à Job sa puissance sur toutes choses, s'il est vrai qu'il les lui ait révélées et que l'auteur du livre de *Job*, au lieu de nous faire un récit, ne s'amuse point (comme plusieurs l'ont cru) à orner ses propres idées, ces raisons, dis-je, doivent être considérées comme proportionnées à l'intelligence de Job, et non comme des raisons universelles destinées à convaincre tous les hommes. C'est encore ainsi qu'il faut prendre les raisons dont se sert le Christ pour convaincre les pharisiens d'ignorance et d'entêtement, et pour exhorter ses disciples à la vie véritable. Il est clair que le Christ accommode ici son discours aux opinions et aux principes de ceux qui l'écoutent. Ainsi, il dit aux pharisiens (voyez Matthieu, chap. XI, vers 26) : « *Et si Satan chasse Satan, le voilà divisé contre soi-même. Comment donc son règne pourra-t-il se maintenir ?* » Le Christ veut ici convaincre les pharisiens par leurs propres principes, et non pas nous apprendre qu'il y a des démons et un règne des démons. De même il dit à ses disciples (*Matthieu*, chap. XVIII, vers. 10) : « *Prenez garde de ne pas mépriser un seul de ces petits, car je vous dis que leurs anges sont dans le ciel.* » Le Christ n'a ici d'autre objet que d'apprendre à ses disciples à ne pas être superbes, à ne mépriser personne, et non pas à leur enseigner aucune des choses qu'il ajoute à ce conseil, afin de les mieux persuader. J'entends absolument de la même façon la doctrine et les signes des apôtres, et je ne crois pas nécessaire d'insister davantage sur ce point ; car, si je voulais citer tous les endroits de l'Écriture qui n'ont été écrits qu'en vue de l'homme et pour se mettre à sa portée, et qui ne peuvent être considérés comme des points de doctrine divine sans grand dommage pour la philosophie, je m'écarterais beaucoup de la règle de brièveté que je m'efforce de suivre. Qu'il me suffise donc d'avoir cité quelques passages et d'avoir touché les points les plus généraux ; la curiosité du lecteur fera le reste.

Les deux précédents chapitres sur les prophètes et les prophéties se rapportent étroitement à l'objet fondamental de ce traité, qui est de séparer la philosophie de la théologie ; mais n'ayant traité cette question jusqu'à présent que d'une manière très-générale, je veux me demander encore si le don de prophétie a été exclusivement propre aux Hébreux, on s'il leur a été commun avec les autres nations, et en même temps ce qu'il faut penser de la vocation des Hébreux. C'est l'objet du chapitre suivant.

> 1. ↑ Voyez *Éthique*, part. 1, Propos. 32 ; et l'Appendice, part. 2, Propos. 48.

CHAPITRE III

DE LA VOCATION DES HÉBREUX, ET SI LE DON DE PROPHÉTIE

LEUR A ÉTÉ PROPRE

La vraie félicité, la béatitude consiste dans la seule jouissance du bien, et non dans la gloire dont un homme jouit à l'exclusion de tous les autres. Si quelqu'un s'estime plus heureux parce qu'il a des avantages dont ses semblables sont privés, parce qu'il est plus favorisé de la fortune, celui-là ignore la vraie félicité, la béatitude ; et si la joie qu'il éprouve n'est pas une joie puérile, elle ne peut venir que d'un sentiment d'envie et d'un mauvais cœur. Ainsi c'est dans la seule sagesse et dans la connaissance du vrai que réside la félicité véritable et la béatitude de l'homme ; mais elle ne vient nullement de ce qu'un certain homme est plus sage que les autres, et de ce que les autres sont privés de la connaissance du vrai ; car cette ignorance n'augmente point sa sagesse et ne peut ajouter à son bonheur. Celui donc qui se réjouit de sa supériorité sur autrui se réjouit du mal d'autrui ; il est donc envieux, il est méchant ; il ne connaît pas la vraie sagesse, il ne connaît pas la vie véritable et la sérénité qui en est le fruit.

Lors donc que l'Écriture, pour exhorter les Hébreux à la sagesse, dit que Dieu les a choisis entre toutes les nations (*Deutér.*, chap. X, vers. 15), qu'il est leur allié et non celui des autres peuples (*Deutér.*, chap. IV, vers. 4, 7), qu'à eux seuls il a prescrit de justes lois (*ibid.*, vers. 8), qu'à eux seuls il s'est fait connaître de préférence à tout autre peuple (*ibid.*, vers. 32 et suiv.), il faut croire que Dieu se met à la portée des Hébreux, qui, ainsi qu'on l'a expliqué dans le chapitre précédent, et au témoignage de Moïse lui-même (*Deutér.*, chap. IX, vers. 6), ne connaissaient pas la vraie béatitude. Car ils n'en eussent pas été moins heureux, si Dieu avait appelé au salut tous les hommes sans exception. Pour être également favorable aux autres peuples, il ne leur eût pas été moins propice, et les lois qu'il leur donna n'eussent pas été moins justes, ni eux moins sages, ni les miracles de Dieu de plus éclatants témoignages de sa puissance, s'il les avait faits aussi en faveur du reste des nations ; enfin les Hébreux eussent été également obligés d'honorer Dieu, si Dieu avait répandu également tous ces dons parmi tous les hommes. De même, quand Dieu dit à Salomon (*Rois*, liv. I, chap. III, vers. 11) qu'après lui, nul ne sera aussi sage que lui, ce n'est là qu'une manière de parler pour signifier une haute sagesse. Et quoi qu'il en soit, il ne faut pas croire que Dieu ait promis à Salomon, pour sa plus grande félicité, de ne donner à l'avenir à personne une sagesse égale à la sienne. Car en quoi cette promesse pouvait-elle augmenter l'intelligence de Salomon, et comment ce sage roi eût-il rendu moins d'actions de grâces à Dieu pour un si grand bienfait, parce que Dieu lui aurait dit qu'il l'accorderait à tous les hommes ?

Toutefois, tout en soutenant que Moïse, dans les passages du *Pentateuque* cités plus haut, a voulu se mettre à la portée des Hébreux, je ne veux point nier que ces lois du *Pentateuque* n'aient été prescrites par Dieu aux seuls

Hébreux, que Dieu n'ait parlé qu'à ce seul peuple, enfin que les Hébreux n'aient été témoins de toutes ces merveilles que les autres nations n'ont pas connues ; je veux seulement dire que Moïse s'y est pris de cette façon et s'est servi de ces raisons pour avertir les Hébreux, suivant la portée enfantine de leur esprit, de s'attacher plus fortement au culte de Dieu ; enfin, j'ai voulu montrer que le peuple juif n'a pas excellé entre tous les autres par sa science ni par sa piété, mais par un tout autre caractère, et (pour mettre comme l'Écriture mon langage d'accord avec les idées des Hébreux) que le peuple juif, malgré les fréquentes révélations que Dieu lui a faites, n'a pas été choisi pour la vie véritable et les sublimes spéculations, mais pour un objet tout différent. Quel est cet objet ? c'est ce que je vais faire voir.

Mais avant d'entrer en matière, je veux expliquer en peu de mots ce que j'entendrai dans la suite par gouvernement de Dieu, secours interne et externe de Dieu, élection de Dieu, enfin par ce qu'on nomme fortune. Par gouvernement de Dieu, j'entends l'ordre fixe et immuable de la nature, ou l'enchaînement des choses naturelles. Car nous avons dit plus haut et nous avons montré aussi en un autre endroit[1] que les lois universelles de la nature, par qui tout se fait et tout se détermine, ne sont rien autre chose que les éternels décrets de Dieu, qui sont des vérités éternelles et enveloppent toujours l'absolue nécessité[2]. Par conséquent, dire que tout se fait par les lois de la nature ou par le décret et le gouvernement de Dieu, c'est dire exactement la même chose. De plus, comme la puissance des choses naturelles n'est que la puissance de Dieu par qui tout se fait et tout est déterminé, il s'ensuit que tous les moyens dont se sert l'homme, qui est aussi une partie de la nature, pour conserver son être et tous ceux que lui fournit la nature sans qu'il fasse aucun effort, tout cela n'est qu'un don de la puissance divine, considérée comme agissant par la nature humaine ou par les choses placées hors de la nature humaine[3]. Nous pouvons donc très-bien appeler tout ce que la nature humaine fait par sa seule puissance pour la conservation de son être secours interne de Dieu ; et secours externe de Dieu tout ce qui arrive d'utile à l'homme de la part des causes extérieures. Il est aisé d'expliquer, à l'aide de ces principes, ce qu'il faut entendre par élection divine ; car personne ne faisant rien que suivant l'ordre prédéterminé de la nature, c'est-à-dire suivant le décret et le gouvernement de Dieu, il s'ensuit que personne ne peut se choisir une manière de vivre, ni rien faire en général que par une vocation particulière de Dieu, qui le choisit pour cet objet à l'exclusion des autres. Enfin, par fortune, j'entends tout simplement le gouvernement de Dieu, en tant qu'il dirige les choses par des causes extérieures et inopinées. Après ces éclaircissements, revenons à notre sujet et voyons dans quel sens il est dit que la nation hébraïque a été élue de Dieu de préférence à toutes les autres.

Pour cela, je pose en principe que les objets que nous pouvons désirer honnêtement se rapportent à ces trois fondamentaux : connaître les choses par leurs causes premières, dompter nos passions ou acquérir l'habitude de la vertu, vivre en sécurité et en bonne santé. Les moyens qui servent directement à obtenir les deux premiers biens, et qui en peuvent être considérés comme les causes prochaines et efficientes, sont contenus dans la nature humaine, de telle sorte que l'acquisition de ces biens dépend principalement de notre seule puissance, je veux dire des seules lois de la nature humaine ; et par cette raison il est clair que ces biens ne sont propres à aucune nation, mais qu'ils sont communs à tout le genre humain, à moins qu'on ne s'imagine que la nature a produit autrefois différentes espèces d'hommes. Mais pour ce qui est des moyens de vivre avec sécurité et de conserver la santé du corps, ils sont surtout dans la nature extérieure, parce qu'ils dépendent surtout de la direction des causes secondes, que nous ignorons ; de façon que par cet endroit l'homme sage et l'insensé sont également heureux ou malheureux. Toutefois la conduite de l'homme et sa vigilance peuvent aider beaucoup à la sécurité de la vie, et préserver l'homme des atteintes de ses semblables et aussi de celles des bêtes. Or, le moyen le plus certain que nous indiquent la raison et l'expérience, c'est de former une société fondée sur des lois, et de s'établir dans une région déterminée où toutes les forces individuelles se réunissent comme en un seul corps. Et certes il ne faut pas peu de génie et de vigilance pour former et maintenir une société. C'est pourquoi elle offrira d'autant plus de sécurité et sera d'autant plus durable et d'autant moins sujette aux coups de la fortune qu'elle sera fondée et dirigée par des hommes plus sages et plus vigilants, tandis qu'une société établie par des hommes d'un grossier génie dépend de la fortune par tous les endroits et n'a aucune solidité. Si elle dure longtemps, elle le doit, non à elle-même mais à une autre puissance ; si elle surmonte de grands périls et si tout lui réussit heureusement, il lui est impossible de ne pas admirer, de ne pas adorer la puissance de Dieu (je parle ici de Dieu, en tant qu'il agit par des causes extérieures cachées, et non par la nature humaine et par l'âme), puisque enfin ce qui lui arrive est inattendu et va au delà de ses espérances, et par conséquent peut fort bien passer pour un miracle.

Les nations ne se distinguent donc les unes des autres que par le genre de société qui unit les citoyens et par les lois sous lesquelles ils vivent. Si donc la nation hébraïque a été élue par Dieu, ce n'est pas qu'elle se soit distinguée des autres par l'intelligence ou par la tranquillité de l'âme, mais bien par une certaine forme de société et par la fortune qu'elle a eue de faire de nombreuses conquêtes et de les conserver pendant une longue suite d'années. C'est ce qui résulte très-clairement de l'Écriture elle-même. Il suffit d'y jeter les yeux pour voir que les Hébreux n'ont surpassé les autres nations que par l'heureux succès de leurs affaires en tout ce qui touche la vie, les grands dangers qu'ils ont surmontés, tout cela par le secours extérieur de Dieu ; mais pour tout le reste, ils ont été égaux à tous les peuples de l'univers, et Dieu s'est montré pour tous également propice. Il est certain, en effet, que sous le rapport de l'entendement, ils n'ont eu, comme on l'a fait voir dans le chapitre précédent, que des idées très-vulgaires sur Dieu et la nature ; ce n'est donc point par cet endroit qu'ils ont été le peuple élu. Ce n'a pas été non plus par la vertu et la pratique de la vie véritable ; car ils n'ont pas surpassé de ce côté, sauf un très-petit nombre d'élus, le reste des peuples. Leur caractère de peuple choisi de Dieu et leur vocation viennent donc seulement de l'heureux succès temporel de leur empire et des avantages matériels dont ils ont joui, et nous ne voyons pas que Dieu ait promis autre chose aux patriarches ou à leurs successeurs[4]. Dans la loi elle-même on ne trouve d'autre prix promis à l'obéissance que la continuation de la prospérité de l'empire et les autres avantages de ce genre ; et toute la punition de leur entêtement, de leur désobéissance au pacte fondamental, c'est la ruine de l'empire et les plus grands malheurs, mais temporels. Il ne faut point en être surpris ; car la fin de toute société, de tout gouvernement, c'est la sécurité et la commodité de la vie (je crois l'avoir déjà fait comprendre, mais je le prouverai plus clairement encore dans la suite de ce traité). Or l'État ne peut se maintenir que par des lois auxquelles tout citoyen soit tenu d'obéir ; et si vous supposez que les membres d'une société se dégagent des liens de la loi, la société est dissoute, et l'ordre détruit. Tout ce qui a pu être promis aux Hébreux comme prix de leur constante obéissance aux lois, c'est donc la sécurité[5] et les autres avantages de la vie ; et comme punition de leur endurcissement au mal, c'est la ruine de leur empire et les maux qui en sont les suites, sans parler des fléaux particuliers dont ils devaient être accablés par suite de leur dispersion ; mais ce n'est pas encore le moment de traiter à fond cette matière. Je me bornerai donc à ajouter que les lois du Vieux Testament n'ont été révélées ni établies que pour les Juifs ; car Dieu ne les ayant élus que pour former une société particulière et un empire, il fallait nécessairement qu'ils eussent des lois particulières. Quant aux autres nations, je ne suis pas bien certain que Dieu leur ait aussi donné des lois particulières, ni qu'il se soit manifesté à leurs législateurs comme aux prophètes des Hébreux, je veux dire sous les mêmes attributs avec lesquels ceux-ci se le représentaient ; mais je sais que l'Écriture enseigne que ces nations avaient aussi un empire et des lois qu'elles avaient reçues du secours externe de Dieu ; qu'il me suffise, pour le prouver, de citer deux passages des livres saints. On lit dans la *Genèse* (chap. XIV, vers. 18, 19, 20) que Malkitsedek fut roi de Jérusalem et pontife du Dieu très-haut, qu'il bénit Abraham par le droit que lui donnait le pontificat (*Nombres*, chap. VI, vers. 23), et enfin qu'Abraham, chéri de Dieu, paya à ce pontife de Dieu la dîme de tout son butin ; par où l'on voit que Dieu, avant la fondation du peuple d'Israël, avait établi des rois et des pontifes dans la ville de Jérusalem, auxquels il avait donné des rites et des lois. Les donna-t-il d'une façon prophétique, c'est, je le répète, ce dont je ne suis pas certain. Je suis porté à croire cependant qu'Abraham, tant qu'il vécut dans cette contrée, observa religieusement les lois ; car, bien qu'il ne paraisse pas que Dieu lui en ait donné de particulières, il est dit (*Genèse*, chap. XXVI, vers. 5) qu'il garda les préceptes, le culte, les institutions et les lois de Dieu ; ce qui doit sans doute s'entendre des préceptes, du culte, des institutions et des lois du roi Malkitsedek. Pour le second passage, qu'on lise les reproches que Malachias adresse aux Juifs (chap. I, vers. 10, 11) : « *Qui d'entre vous ferme les portes* (du temple) *de peur que l'on ne mette en vain le feu sur mon autel ? Je ne me complais pas en vous, etc.* ; *car depuis le soleil levant jusqu'au couchant, mon nom est grand parmi les nations, et l'on m'offre partout des parfums et de pures oblations ; car mon nom est grand parmi les nations ; dit le Dieu des armées.* » Or, ces paroles ne pouvant s'expliquer qu'au présent, à moins qu'on ne veuille en torturer le sens, il s'ensuit que les Juifs n'étaient pas plus chers à Dieu en ce temps-là que les autres nations, que Dieu se manifestait à celles-ci par plus de miracles qu'aux Juifs, qui avaient déjà conquis une partie de leur royaume avant d'en avoir vu un seul, enfin qu'elles avaient des rites et des cérémonies qui les rendaient agréables à Dieu. Mais je ne veux point m'étendre davantage sur ce sujet ; qu'il me suffise, pour le but que je me propose, d'avoir montré que l'élection des Juifs ne concernait que les avantages temporels du corps et la liberté, c'est-à-dire leur empire, les moyens qu'ils employèrent pour l'établir et les lois qui étaient nécessaires à cet établissement, puis d'avoir expliqué comment ces lois leur furent révélées ; enfin d'avoir prouvé que sur tout le reste et en tout ce qui touche à la véritable félicité de l'homme, les Juifs n'ont eu aucun avantage sur les autres peuples. Lors donc qu'il est dit dans l'écriture (*Deutéron.*, chap. IV, vers. 7) qu'aucune nation n'a ses dieux si près de soi que les Juifs, cela ne se doit entendre que de l'empire juif et des miracles si nombreux qui arrivèrent à cette époque, puisque, sous le rapport de l'entendement et de la vertu ou de la béatitude, nous venons de voir que Dieu est également propice à tous les hommes. Nous l'avons prouvé par la raison ; en voici la confirmation par l'Écriture (psaume CXLV, vers. 18) : « *Dieu est près de tous ceux qui l'invoquent, de tous ceux qui l'invoquent en vérité.* » Et dans un autre endroit du même psaume (vers. 9) : « *Dieu est bon pour tous les hommes, et sa miséricorde éclate dans tous ses ouvrages.* » Dans un autre psaume (XXXIII, vers. 1) il est dit clairement que Dieu a donné à tous les hommes le même entendement : « *Dieu qui forme leur cœur d'une même manière.* » Or le cœur était chez les Hébreux, comme tout le monde le sait, le siège de l'âme et de l'entendement. Il est évident, par *Job* (chap. XXVIII, vers. 28), que Dieu a donné la même loi à tout le genre humain : savoir, la loi d'adorer Dieu et de s'abstenir des actions mauvaises, ou de faire le bien. C'est pourquoi Job, quoique gentil, fut particulièrement agréable à Dieu, parce qu'il surpassa les autres hommes en piété et en religion. L'histoire de Jonas (chap. IV, vers. 2) nous apprend encore fort clairement que ce n'est pas seulement aux Juifs, mais à tous les peuples, que Dieu est propice, et qu'il est miséricordieux, indulgent, plein de bonté pour tous les hommes, et se repent même du mal qu'il leur a fait. « *J'avais résolu*, dit Jonas, *de m'enfuir à Tharse, parce que je savais* (par les paroles de Moïse, *Exode*, chap. XXXIV, vers. 6) *que vous êtes un Dieu propice, miséricordieux,* » etc. et conséquemment que vous pardonneriez aux Ninivites. Concluons donc (puisque Dieu est également propice à tous les hommes et que les Hébreux n'ont été le peuple élu de Dieu que relativement à la société qu'ils ont formée et à leur empire) qu'un Juif, considéré hors de la société et de l'empire juif, n'avait aucun don qui lui fût propre, et qu'il n'y avait entre lui et un gentil aucune sorte de différence. Et puisqu'il est bien établi que Dieu est également bon et miséricordieux pour tous les hommes, et que la mission des prophètes fut moins de donner à leur patrie des lois particulières que d'enseigner aux hommes la véritable vertu, il s'ensuit que toute nation a eu ses prophètes, et que le don de prophétie ne fut point propre à la nation juive. C'est là un point également établi par toutes les histoires, tant sacrées que profanes. Car, bien que le Vieux Testament ne dise pas que les autres nations aient eu autant de prophètes que la nation juive, et qu'il ne parle même expressément nulle part d'aucun prophète gentil envoyé par Dieu aux nations étrangères, peu importe ; car les Hébreux ont seulement voulu écrire leur histoire, et non celle des autres nations. Il suffit donc que nous trouvions dans le Vieux Testament que des hommes incirconcis, des gentils, ont prophétisé, tels que Noah, Chanoch, Abimélech, Bilham, etc., et que des prophètes hébreux ont été envoyés par Dieu, non-seulement à ceux de leur nation, mais aussi à beaucoup de nations étrangères. Ainsi Ézéchiel a prophétisé à toutes les nations alors connues, Hobadias aux seuls Iduméens, et Jonas a été surtout le prophète des Ninivites. Ce n'est pas seulement des Juifs, mais aussi des autres nations qu'Isaïe déplore et prédit les calamités et célèbre le rétablissement. « *C'est pourquoi*, dit-il (chap. XVI, vers. 9), *mes larmes feront voir la douleur que me cause Jahzer.* » Dans le chap. XIX, le même prophète prédit d'abord les calamités des Égyptiens, puis leur rétablissement (voyez les vers. 19, 20, 21, 25). Il leur fait connaître que Dieu leur enverra un sauveur qui les délivrera et se révélera à eux, qu'ils l'honoreront par des sacrifices et des présents ; enfin il appelle cette nation le *peuple d'Égypte béni de Dieu*, toutes choses qui nous paraissent très-dignes d'être remarquées. Enfin Jérémie n'est pas seulement le prophète des Hébreux, mais de toutes les nations (chap. V, vers. 5), parce qu'il déplore et prédit les calamités des nations étrangères, et prédit aussi leur délivrance. Il s'exprime ainsi (chap. XLVIII, vers. 31) sur les Moabites : « *C'est pourquoi j'élèverai ma voix à cause de Moab, et tout Moab excitera mes clameurs,* » etc. ; et : « *Mon cœur frémit comme un tambour à cause de Moab.* » Puis il prédit le rétablissement des Moabites et celui des Égyptiens, des Ammonites et des Hélamites. Il est donc hors de doute que les autres nations ont eu comme les Juifs leurs prophètes qui ont prophétisé pour elles et pour les Juifs, quoique l'Écriture ne fasse mention que d'un seul, Bilham, à qui fût révélé l'avenir des Juifs et des autres nations. Il ne faudrait pas croire que Bilham n'eût prophétisé qu'en cette occasion que l'Écriture a marquée ; car il résulte du récit même de l'Écriture qu'il s'était distingué bien avant cette époque par le don de prophétie et autres qualités extraordinaires. Quand, en effet, Balak le fit venir, il lui dit (*Nombres*, chap. XXII, vers. 6) : « *Je sais que celui que tu bénis est béni, et que celui que tu maudis est maudit,* » Bilham avait donc cette même vertu dont parle la *Genèse*, et que Dieu avait donnée à Abraham (chap. XII, vers. 3). Il répondit, suivant l'usage des prophètes, aux envoyés de Balak, de rester auprès de lui jusqu'à ce que Dieu lui eût révélé sa volonté. Quand il prophétisait, c'est-à-dire quand il interprétait la volonté de Dieu, voici ce qu'il disait ordinairement de lui-même : « *La voix de celui qui entend la parole de Dieu, qui connaît la science* (c'est-à-dire l'intelligence ou prescience) *du Très-Haut, qui voit face à face le Tout-Puissant, qui tombe à terre, mais qui a les yeux ouverts.* » Après avoir béni les Hébreux selon sa coutume, par l'ordre de Dieu, il commence de prophétiser aux autres nations et de prédire leur avenir. Ce qui prouve bien que Bilham a été prophète toute sa vie, ou du moins qu'il a très-souvent prophétisé ; et il faut remarquer aussi qu'il possédait ces qualités morales où était la source de la certitude qu'avaient les prophètes de la vérité de leurs prédictions, je veux dire une âme uniquement portée à l'équité et au bien ; car il ne bénissait pas et ne maudissait pas selon son caprice, comme Balak se l'imaginait, mais selon les ordres de Dieu. Aussi il répond à Balak en ces termes : « *Balak me donnerait assez d'argent et d'or pour remplir son palais, que je ne pourrais transgresser le commandement de Dieu et produire à mon gré du bien ou du mal. Ce que Dieu dira, je le dirai.* » Que si Dieu s'irrita contre Bilham pendant son voyage, la même chose arriva à Moïse en allant en Égypte par ordre de Dieu (*Exode*, chap. IV, vers. 24) ; s'il prophétisait pour de l'argent, Shamuel en prenait aussi

(*Shamuel*, liv. I, chap. IX, vers. 2, 8) ; enfin s'il eut quelques faiblesses (voyez sur ce point *Épîtres de Pierre*, épît. II, chap. II, vers. 15 et 16 ; et *Jude*, vers. 11), on peut lui appliquer ces paroles de l'Écriture (*Ecclés.*, chap. VII, vers. 20) : « *Il n'est point d'homme si juste qu'il agisse toujours bien et ne pèche jamais.* » Et certes il faut croire que ses discours avaient auprès de Dieu une grande autorité et que sa puissance de malédiction fut très-forte, puisque l'Écriture dit si souvent, en témoignage de la miséricorde de Dieu à l'égard des Israélites, que Dieu refusa d'écouter Bilham et changea sa malédiction en bénédiction (voy. *Deutér.*, chap. XXIII, vers. 6 ; *Jos.*, chap. XXIV, vers. 10 ; *Néh.*, chap. XIII, vers. 2). D'où il suit que Bilham devait être très-agréable à Dieu, Dieu n'étant nullement touché des discours et des malédictions des impies. Ainsi donc, puisque Bilham a été un vrai prophète et que Josué l'appelle néanmoins (chap. XIII, vers. 20) un devin, un augure, il faut bien que ce nom se prît en bonne part et que les hommes qu'on nommait chez les gentils devins ou augures aient été de vrais prophètes, ceux que l'Écriture accuse et condamne ayant été de faux devins qui trompaient les gentils, exactement comme les faux prophètes trompaient les Juifs. C'est ce qui résulte d'ailleurs de plusieurs passages de l'Écriture. Nous sommes donc finalement amenés à cette conclusion, que le don de la prophétie n'était pas propre aux Juifs, mais commun à toutes les nations.

Les pharisiens soutiennent au contraire avec force que ce don de prophétie fut exclusivement réservé à leur nation ; et ils expliquent la connaissance de l'avenir qu'ont eue les autres nations par je ne sais quelle vertu diabolique (que n'invente pas l'esprit de superstition !). Leur principale preuve, tirée du Vieux Testament, c'est ce passage de l'*Exode* (chap. XXXIII, vers. 16) où Moïse dit à Dieu : « *Comment connaîtra-t-on que votre peuple et moi nous avons trouvé grâce devant vos yeux ? Ne sera-ce pas quand vous marcherez avec nous, et que nous serons séparés, votre peuple et moi, de tous les autres peuples qui couvrent la surface de la terre ?* » C'est de là qu'ils veulent conclure que Moïse demanda à Dieu d'être présent à son peuple, de se manifester à lui par des révélations prophétiques, et de ne faire cette grâce à aucune autre nation. Mais ne serait-il pas étrange que Moïse eût envié aux nations la présence de Dieu et qu'il eût osé adresser à Dieu une semblable prière ? Voici l'explication véritable : Moïse, voyant l'opiniâtreté de son peuple et l'esprit de révolte qui l'animait, jugea que son entreprise ne réussirait pas sans de très-grands miracles et des marques particulières du secours externe de Dieu, et même que les Juifs, privés d'un tel secours, ne pouvaient échapper à une perte certaine. Il implora donc le secours de Dieu, afin que les Juifs ne pussent pas douter que c'est à Dieu qu'ils devaient leur conservation. « *Seigneur*, dit-il (chap. XXXIV, vers. 9), *si j'ai trouvé grâce devant vos yeux, que le Seigneur marche au milieu de nous ; un esprit d'aveugle obstination anime ce peuple,* » etc. L'aveugle obstination des Juifs fut donc la raison qui le détermina à invoquer le secours externe de Dieu ; et c'est ce qu'on voit plus clairement encore dans le passage suivant : Dieu répond (vers. 20) : « *Voici que je forme avec vous une alliance, et j'accomplirai devant votre peuple des merveilles qui n'ont jamais été faites sur toute la terre ni parmi toutes les nations.* » Il ne s'agit donc pour Moïse, ainsi que je l'ai déjà expliqué, que de la seule élection des Juifs, et il ne demande pas autre chose à Dieu. Cependant je trouve dans l'épître de Paul aux Romains un autre texte qui fait sur moi quelque impression ; car Paul (chap. III, vers. 2) y semble exprimer une doctrine opposée à la mienne : « *Quelle est*, dit-il, *la supériorité du Juif ? quelle est l'utilité de la circoncision ? elles sont grandes de toutes façons, et avant tout en ce que les paroles de Dieu leur ont été commises.* » Mais si nous examinons de près le dessein de Paul en ce passage, nous n'y trouverons rien de contraire à notre doctrine ; tout au contraire, il y a parfait accord, puisqu'il dit au même chap. (vers. 29) que Dieu est le Dieu des Juifs et des gentils ; et au chap. II, vers. 25, 26, il s'exprime ainsi : « *Si le circoncis transgresse la loi, la circoncision deviendra prépuce ; et si l'incirconcis garde les préceptes de la loi ; son prépuce deviendra circoncision.* » Plus bas (chap. IV, vers. 9) il dit que tous les hommes, les gentils comme les Juifs, sont dans le péché, et il n'y a pas de péché là où il n'y a pas un commandement et une loi. La conséquence évidente de ce passage, c'est donc que la loi a été révélée à tous les hommes sans exception (comme nous l'avons prouvé déjà par le chap. XXVIII de *Job*, vers. 28), et qu'ils ont tous vécu sous son empire ; je parle de cette loi qui se rapporte uniquement à la pratique de la vertu, et non de celle qui est établie pour le maintien de chaque empire et appropriée au génie de chaque nation. Voici donc la conclusion où Paul veut aboutir : c'est que Dieu étant le Dieu de toutes les nations, c'est-à-dire également propice à tous les hommes, et tous les hommes ayant également reçu la loi et également péché, Dieu a envoyé son Christ pour tous les hommes, afin de les délivrer tous de la servitude de la loi, et de leur faire pratiquer le bien désormais, non par l'ordre de la loi, mais par une résolution inébranlable de leur âme.

La doctrine de Paul s'accorde donc ici à merveille avec la nôtre ; et lorsqu'il dit que les *Juifs seuls ont eu le dépôt des paroles de Dieu*, ou bien il faut entendre que ces paroles de Dieu n'avaient été écrites que chez les Juifs, les autres nations ne les ayant connues que mentalement et par une révélation tout intérieure ; ou bien que Paul, qui n'a d'autre objet en cette rencontre que de repousser les objections des Juifs, se met à leur portée et s'accommode aux opinions du temps : fidèle à l'habitude qu'il avait prise, en parlant des choses qu'il avait vues et entendues, d'être Grec avec les Grecs et Juif avec les Juifs.

Il ne nous reste plus qu'à répondre à quelques autres raisons que donnent les pharisiens pour se persuader à eux-mêmes que l'élection des Juifs n'a pas été temporaire et relative à l'établissement de leur empire, mais éternelle. Nous voyons les Juifs, disent-ils, dispersés depuis la ruine de leur empire en mille endroits divers, et pendant tant de siècles rejetés des autres nations, se maintenir et durer encore, ce qui n'est jamais arrivé à aucun peuple ; et de plus, l'Écriture sainte nous apprend en plusieurs endroits que Dieu a fait du peuple juif son peuple élu pour toute l'éternité, d'où il résulte que malgré la destruction de son empire il reste le peuple de Dieu. Voici les passages qui témoignent le plus clairement, à leur sens, de cette élection éternelle : 1° Jérémie (chap. I, vers. 36) déclare que la race d'Israël restera éternellement le peuple de Dieu, et il compare cette élection divine à l'ordre des cieux et de toute la nature ; 2° Ézéchiel (chap. XX, vers. 32) semble assurer qu'alors même que les Juifs renonceraient au culte du Seigneur, Dieu ne laissera pas de les tirer de toutes les régions où ils seront dispersés pour les conduire au désert des peuples, comme il conduisit leurs pères aux déserts d'Égypte ; et que, ensuite, après les avoir séparés des rebelles et des faibles, il les fera monter sur la montagne de sa sainteté, où toute la maison d'Israël le servira. Outre ces deux passages, les pharisiens en produisent encore quelques autres du même genre ; mais je croirai avoir suffisamment répondu à tous si j'explique les deux que je viens de citer, ce qui ne sera pas fort difficile. Il est clair en effet, par l'Écriture elle-même, que Dieu avait élu les Hébreux, non pour toujours, mais aux mêmes conditions qu'il avait fait auparavant les Chananéens, lesquels avaient aussi leurs pontifes, comme nous l'avons montré plus haut, et rendaient à Dieu un hommage religieux ; mais Dieu les rejeta dès qu'ils se furent plongés dans le luxe, les délices et l'idolâtrie. C'est pour cela que Moïse avertit son peuple de ne point se souiller d'incestes, comme avaient fait les Chananéens, de peur que la terre ne les vomît, comme elle avait vomi les nations qui habitaient jadis ces contrées. Dans un autre endroit il les menace dans les termes les plus exprès d'une ruine totale (*Deutéron.*, chap. XVIII, vers. 19, 20) : « *Je vous proteste aujourd'hui que vous périrez comme les nations que Dieu fait périr devant vous.* » On trouve ainsi dans la loi une foule de passages analogues qui marquent évidemment que l'élection des Hébreux n'avait rien d'absolu ni d'éternel. Si donc les prophètes leur ont prédit une alliance nouvelle et éternelle, alliance d'amour, de connaissance et de grâce, il est facile de se convaincre qu'elle ne regarde que les justes ; car nous avons vu dans le chapitre d'*Ézéchiel* cité plus haut que Dieu séparera d'avec les justes les faibles et les rebelles ; et Tséphonias dit formellement (chap. III, vers. 12 et 13) que Dieu détruira les superbes et sauvera les pauvres ; et comme cette élection des pauvres est le prix de la vertu véritable, il n'y a aucune raison de croire qu'elle soit promise seulement aux justes d'entre les Juifs, à l'exclusion des autres justes. Il faut croire au contraire que les prophètes des gentils (nous avons prouvé que toutes les nations ont eu des prophètes) l'ont également promise aux fidèles de leur pays et les ont consolés par cette espérance. Ainsi donc, puisque cette éternelle alliance de connaissance et d'amour est une alliance universelle, ainsi qu'il suit le plus évidemment du monde du chap. III de *Tséphonias* (vers. 10 et 11), il ne faut admettre aucune différence à cet égard entre les Juifs et les gentils, ni par conséquent aucune autre élection particulière du peuple hébreu. Que si les prophètes qui ont parlé de cette élection relative à la seule vertu y ont mêlé beaucoup de choses touchant les sacrifices et autres cérémonies, ainsi que sur le rétablissement du temple et de Jérusalem, c'est qu'ils ont parlé en prophètes (dont la coutume était d'envelopper les choses spirituelles sous ces figures), afin d'indiquer par là en même temps aux Juifs, dont ils étaient spécialement les prophètes, que leur temple devait être rebâti sous le règne de Cyrus et leur empire relevé. Il ne faut donc point que les Juifs s'imaginent aujourd'hui avoir eu quelque avantage sur le reste des nations. Quant à leur longue dispersion, il n'est point surprenant qu'ils aient subsisté si longtemps depuis la ruine de leur empire, puisqu'ils se sont séquestrés des autres peuples et se sont attiré leur haine, non-seulement par des coutumes entièrement contraires, mais par le signe de la circoncision qu'ils observent très-religieusement. Or, que la haine des nations soit pour les juifs un principe de conservation, c'est ce que nous avons vu par expérience. Un roi d'Espagne les ayant autrefois contraints ou de quitter son royaume ou d'en embrasser la religion, il y en eut une infinité qui prirent ce dernier parti. Et comme en se faisant chrétiens ils devenaient capables de tous les privilèges des autres citoyens et dignes de tous les honneurs, ils se mêlèrent si étroitement aux Espagnols qu'il ne reste plus d'eux aucune trace ni aucun souvenir. En Portugal il en a été tout autrement : car étant forcés d'embrasser le christianisme sans être admis aux privilèges et aux dignités de l'État, ils ont toujours vécu, quoique convertis, dans un état d'isolement par rapport aux autres Portugais. Le signe de la circoncision me paraît ici d'une telle conséquence que je le crois capable d'être à lui tout seul le principe de la conservation du peuple juif. Je dirai plus : si l'esprit de leur religion n'efféminait leurs âmes, je suis convaincu qu'une occasion favorable venant à se présenter, les Juifs pourraient (tant les choses humaines sont variables) reconstituer leur empire et devenir ainsi l'objet d'une seconde élection de Dieu. Nous avons un exemple frappant de l'influence que peut exercer le signe dont je parle dans les Chinois, qui se font, comme on sait, un point de religion de laisser croître une touffe de cheveux sur leur tête pour se distinguer des autres nations ; et cela leur a réussi depuis tant de milliers d'années qu'il n'y a point de peuple qui les égale en fait d'antiquité. Ce n'est pas qu'ils aient toujours conservé leur empire, mais ils l'ont toujours recouvré après l'avoir perdu, et je ne doute pas qu'ils ne le rétablissent encore, lorsque les richesses et les délices du pays auront commencé d'amollir les Tartares. Au reste, si quelqu'un persiste à soutenir pour telle ou telle raison que l'élection des Juifs est une élection éternelle, je n'y veux pas contredire, pourvu qu'il demeure d'accord que cette élection, de quelque durée qu'elle soit, en tant qu'elle est particulière aux Juifs, ne regarde que les avantages temporels et l'établissement de leur empire (puisqu'il n'y a que ce seul point par où les nations se distinguent les unes des autres), mais qu'à l'égard de l'intelligence et de la vertu véritable, toutes les nations sont égales, Dieu n'ayant sur ce point aucune sorte de préférence ni d'élection pour personne.

1. ↑ Il semble évident que Spinoza désigne ici la première partie de l'*Éthique* (*Propos.* 16, 17, 29), et s'en réfère, sinon pour le lecteur, au moins pour lui-même, à la doctrine qu'il y a établie.
2. ↑ Voyez *Éthique*, part. 1, Propos. 33 et ses deux Schol.
3. ↑ Voyez *Éthique*, part. 2, Propos. 6, 48, 49, et le Schol. de cette dernière Proposition.
4. ↑ Voyez les *Notes de Spinoza*, note 5.
5. ↑ Voyez les *Notes de Spinoza*, note 6.

CHAPITRE IV

DE LA LOI DIVINE

Le nom de loi, pris d'une manière absolue, signifie ce qui impose une manière d'agir fixe et déterminée à un individu quelconque, ou à tous les individus de la même espèce, ou seulement à quelques-uns. Cette loi dépend d'une nécessité naturelle, ou de la volonté des hommes : d'une nécessité naturelle, si elle résulte nécessairement de la nature même ou de la définition des choses ; de la volonté des hommes, si les hommes l'établissent pour la sécurité et la commodité de la vie, ou pour d'autres raisons semblables. Dans ce dernier cas, elle constitue proprement le droit. Par exemple, que tout corps qui choque un corps plus petit perde de son propre mouvement ce qu'il en communique à l'autre, voilà une loi universelle des corps qui résulte nécessairement de leur nature. De même encore, c'est une loi fondée sur la nécessité de la nature humaine, que le souvenir d'un certain objet rappelle à l'âme un objet semblable ou qu'elle a perçu en même temps que le premier. Mais quand les hommes cèdent ou sont forcés de céder une partie du droit qu'ils tiennent de la nature, et s'astreignent à un genre de vie déterminé, je dis que cela dépend de leur bon plaisir. Ce n'est pas que je n'accorde pleinement que toutes choses, sans exception, sont déterminées par les lois universelles de la nature à exister et à agir d'une manière donnée[1] ; mais il y a deux raisons qui me font dire que certaines lois dépendent du bon plaisir des hommes. 1° L'homme, en tant qu'il est une partie de la Nature, constitue une partie de la puissance de la Nature. Par conséquent, tout ce qui résulte nécessairement de la nature humaine, c'est-à-dire de la Nature en tant qu'on la conçoit déterminée par la nature humaine, tout cela résulte, bien que nécessairement, de la puissance de l'homme : d'où il suit qu'on peut dire, en un sens excellent, que l'établissement des lois de cette espèce dépend du bon plaisir des hommes. Elles dépendent en effet de leur puissance, à ce point que la nature humaine, en tant qu'elle perçoit les choses comme vraies ou fausses, se peut comprendre très-clairement, abstraction faite de ces lois, tandis qu'elle est inintelligible sans ces autres lois nécessaires que nous avons définies plus haut. 2° Ma seconde raison, c'est que nous devons définir et expliquer les choses par leurs causes prochaines. Or, la considération du fatum en général et de l'enchaînement des causes ne peut nous servir de rien pour former et lier nos pensées touchant les choses particulières. J'ajoute que nous ignorons complètement la coordination véritable et le réel enchaînement des choses ; et par conséquent il vaut mieux pour l'usage de la vie, et il est même indispensable de considérer les choses, non comme nécessaires, mais comme possibles. Je n'en dirai pas davantage sur la loi prise d'une manière absolue.

Mais comme ce mot de loi semble avoir été appliqué aux choses naturelles par extension, et qu'on n'entend communément par loi rien autre chose qu'un commandement que les hommes peuvent accomplir ou négliger, parce qu'il se borne à retenir la puissance humaine en des limites qu'elle peut franchir, et n'impose rien qui surpasse les forces de l'homme, il semble nécessaire de définir la loi dans un sens plus particulier :

une règle de conduite que l'homme s'impose et impose à autrui pour une certaine fin. Toutefois, comme la véritable fin des lois n'est aperçue d'ordinaire que par un petit nombre, la plupart des hommes étant incapables de la comprendre et de régler leur vie suivant la raison, voici le parti qu'ont pris les législateurs afin d'obliger également tous les hommes à l'obéissance : ils leur ont proposé une fin toute différente de celle qui résulte nécessairement de la nature des lois, promettant à ceux qui les observeraient les biens les plus chers au vulgaire, et menaçant ceux qui oseraient les violer des châtiments les plus redoutés ; et de telle sorte ils ont entrepris de maîtriser le vulgaire comme on fait un cheval à l'aide du frein. De là vient qu'on s'est accoutumé d'appeler proprement loi une règle de conduite imposée par certains hommes à tous les autres, et à dire que ceux qui obéissent aux lois vivent sous leur empire et dans une sorte d'esclavage. Mais la vérité est que celui-là seul qui ne rend à chacun son droit que par crainte de la potence, obéit à une autorité étrangère et sous la contrainte du mal qu'il redoute ; le nom de juste n'est pas fait pour lui. Au contraire, celui qui rend à chacun son droit parce qu'il connaît la véritable raison des lois et leur nécessité, celui-là agit d'une âme ferme, non par une volonté étrangère, mais par sa volonté propre, et il mérite véritablement le nom d'homme juste. C'est là sans doute ce que Paul a voulu nous apprendre quand il a dit que ceux qui vivaient sous la loi ne pouvaient être justifiés par la loi[2]. La justice en effet, selon la définition qu'on en donne communément, consiste dans une volonté ferme et durable de rendre à chacun ce qui lui est dû. C'est pourquoi Salomon a dit (*Proverbes*, chap. XXI, vers. 12) que l'exécution de la justice est la joie du juste et la terreur du méchant.

La loi n'étant donc autre chose qu'une règle de conduite que les hommes s'imposent à eux-mêmes ou imposent aux autres pour une certaine fin, il paraît convenable de distinguer deux sortes de lois, l'humaine et la divine. J'entends par loi humaine une règle de conduite qui sert à la sûreté de la vie et ne regarde que l'État ; j'appelle loi divine celle qui n'a de rapport qu'au souverain bien, c'est-à-dire à la vraie connaissance et à l'amour de Dieu. Ce qui fait que je donne à cette dernière loi le nom de divine, c'est la nature même du souverain bien, que je vais expliquer ici en peu de mots et le plus clairement qu'il me sera possible.

La meilleure partie de nous-mêmes, c'est l'entendement. Si donc nous voulons chercher ce qui nous est véritablement utile, nous devons nous efforcer de donner à notre entendement toute la perfection possible, puisque notre souverain bien consiste en cette perfection même. Or, comme toute la connaissance humaine et toute certitude parfaite dépendent exclusivement de la connaissance de Dieu, soit parce que sans Dieu rien ne peut exister ni être conçu[3], soit parce qu'on peut douter de toutes choses tant qu'on n'a pas une idée claire et distincte de Dieu[4], il s'ensuit clairement que c'est à la connaissance de Dieu, et à elle seule, que notre souverain bien et toute perfection sont attachés. De plus, rien ne pouvant être ni être conçu sans Dieu, il est certain que tout ce qui est dans la nature, considéré dans son essence et dans sa perfection, enveloppe et exprime le concept de Dieu ; d'où il résulte qu'à mesure que nous connaissons davantage les choses naturelles[5], nous acquérons de Dieu une connaissance plus grande et plus parfaite ; en d'autres termes (puisque connaître l'effet par sa cause, ce n'est autre chose que connaître une des propriétés de cette cause), à mesure que nous connaissons davantage les choses naturelles, nous connaissons d'une façon plus parfaite l'essence de Dieu, laquelle est cause de tout le reste. Et, par conséquent, toute la connaissance humaine, c'est-à-dire le souverain bien de l'homme, non-seulement dépend de la connaissance de Dieu, mais y est contenu tout entier. Cette conséquence, du reste, peut aussi être déduite d'un autre principe, savoir : que la perfection de l'homme croît en raison de la nature et de la perfection de l'objet qu'il aime par-dessus tous les autres, et réciproquement. D'où il suit que celui-là est nécessairement le plus parfait et participe le plus complètement à la souveraine béatitude, qui aime par-dessus toutes choses la connaissance intellectuelle de l'être le plus parfait, savoir, Dieu, et s'y complaît de préférence à tout le reste. Voilà donc notre souverain bien, voilà le fond de notre béatitude : la connaissance et l'amour de Dieu. Ce principe une fois posé, tous les moyens nécessaires pour atteindre la fin suprême des action humaines, je veux dire Dieu, en tant que nous en avons l'idée, peuvent très-bien s'appeler des commandements de Dieu, puisque l'emploi de ces moyens nous est en quelque sorte prescrit par Dieu même, en tant qu'il existe dans notre âme ; et par conséquent la règle de conduite qui se rapporte à cette fin peut aussi très-bien recevoir le nom de loi divine. Maintenant, quels sont ces moyens ? quelle est la règle de conduite qui nous est imposée pour atteindre à cette fin ? comment l'État y trouve-t-il son plus solide fondement ? ce sont là des questions qui embrassent la morale tout entière. Or je ne veux traiter ici de la loi divine que d'une manière générale.

Puisqu'il est établi maintenant que l'amour de Dieu fait la suprême félicité de l'homme et sa béatitude[6], qu'il est la fin dernière et le terme de toutes les actions humaines on doit conclure que celui-là seul observe la loi divine, qui prend soin d'aimer Dieu, non par crainte du châtiment ou par amour d'un autre objet, comme la gloire ou les plaisirs célestes, mais par cela seul qu'il connaît Dieu, ou encore parce qu'il sait que la connaissance et l'amour de Dieu sont le souverain bien. La loi divine est donc tout entière dans ce précepte suprême : Aimez Dieu comme votre souverain bien ; ce qui veut dire, je le répète, qu'il ne faut point aimer Dieu par crainte du châtiment, ni par amour pour un autre objet ; car l'idée de Dieu nous enseigne que Dieu est notre souverain bien, que la connaissance et l'amour de Dieu sont la fin dernière où il faut diriger tous nos actes. C'est là ce que l'homme charnel ne peut comprendre ; ces préceptes lui semblent choses vaines, parce qu'il n'a de Dieu qu'une connaissance imparfaite, parce qu'il ne trouve dans ce bien suprême qu'on lui propose rien de palpable, rien d'agréable aux sens, rien qui flatte la chair, source de ses plus vives jouissances, parce qu'enfin ce bien ne consiste que dans la pensée et dans le pur entendement. Mais pour ceux qui sont capables de comprendre qu'il n'y a rien dans l'homme de supérieur à l'entendement ni de plus parfait qu'une âme saine, je ne doute pas qu'ils n'en jugent tout autrement.

Nous avons expliqué ce qui constitue proprement la loi divine. Toutes les lois qui poursuivent un autre objet sont des lois humaines : à moins toutefois qu'elles ne soient consacrées par la révélation ; car sous ce point de vue, comme nous l'avons montré plus haut, elles se rapportent à Dieu ; et c'est dans ce sens que la loi de Moïse, tout en étant une loi particulière appropriée au génie particulier et à la conservation d'un seul peuple, peut être appelée Loi de Dieu ou loi divine. Nous croyons en effet que cette loi a reçu la consécration de la lumière prophétique.

Si nous considérons maintenant avec attention la nature de la loi divine naturelle, telle que nous l'avons définie tout à l'heure, nous reconnaîtrons : 1° qu'elle est universelle, c'est-à-dire commune à tous les hommes ; nous l'avons déduite en effet de la nature humaine prise dans sa généralité ; 2° qu'elle n'a pas besoin de s'appuyer sur la foi des récits historiques, quels que soient d'ailleurs ces récits. Car comme cette loi divine naturelle se tire de la seule considération de la nature humaine, on la peut également concevoir dans l'âme d'Adam et dans celle d'un autre individu quelconque, dans un solitaire et dans un homme qui vit avec ses semblables. Ce n'est pas non plus la croyance aux récits historiques, si légitime qu'elle soit, qui peut nous donner la connaissance de Dieu, ni par conséquent l'amour de Dieu, qui en tire son origine ; cette connaissance, nous la puisons dans les notions universelles qui se révèlent par elles-mêmes et emportent une certitude immédiate ; tant il est vrai que la croyance aux récits historiques n'est pas une condition nécessaire pour parvenir au souverain bien. Toutefois, bien que les récits historiques soient incapables de nous donner la connaissance et l'amour de Dieu, je ne nie point que la lecture de ces récits ne nous soit très-utile dans la vie sociale. Plus en effet nous observons, et mieux nous connaissons les mœurs des hommes, que rien ne nous dévoile plus sûrement que leurs actions, plus il nous est facile de vivre en sûreté dans leur commerce, et d'accommoder notre vie et notre conduite à leur génie, autant qu'il est raisonnable de le faire. 3° Nous voyons aussi que cette loi divine naturelle ne nous demande pas de cérémonies, c'est-à-dire cette sorte d'actions, de soi indifférentes, et qu'on n'appelle bonnes qu'à la suite d'une institution, ou si l'on veut, qui représentent un certain bien nécessaire au salut, ou enfin, si l'on aime mieux, dont la raison surpasse la portée de l'esprit humain. Car la lumière naturelle n'exige rien de nous qu'elle ne soit capable de nous faire comprendre et qu'elle ne nous montre clairement comme bon en soi ou comme moyen d'atteindre à la béatitude. Et quant aux actions qui ne sont bonnes que par le fait d'une institution qui nous les impose, ou en tant que symboles de quelque bien réel, elles sont incapables de perfectionner notre entendement ; ce ne sont que de vaines ombres, qu'on ne peut mettre au rang des actions véritablement excellentes, de ces actions filles de l'entendement, qui sont comme les fruits naturels d'une âme saine. Mais il est inutile d'insister plus longuement sur ce point. 4° Nous voyons enfin que le prix d'avoir observé la loi divine, c'est cette loi elle-même, savoir : de connaître Dieu et de l'aimer d'une âme vraiment libre, d'un amour pur et durable ; le châtiment de ceux qui violent cette loi, c'est la privation de ces biens, la servitude de la chair, et une âme toujours changeante et toujours troublée.

Ces quatre points bien établis, nous avons à résoudre les questions suivantes. 1° Pouvons-nous, par la lumière naturelle, concevoir Dieu comme un législateur, ou comme un prince qui prescrit aux hommes certaines lois ?

2° Qu'enseigne l'Écriture sainte touchant la lumière et la loi naturelles ? 3° Pour quelle fin a-t-on institué autrefois des cérémonies religieuses ? 4° À quoi sert de connaître l'histoire sacrée et d'y croire ? Nous traiterons la première et la seconde de ces questions dans le présent chapitre, les deux autres dans le suivant.

Il est aisé de résoudre la première de ces questions en considérant la nature de la volonté de Dieu, laquelle ne se distingue de son intelligence qu'au regard de l'esprit humain : en d'autres termes, la volonté de Dieu et son entendement ne sont qu'une seule et même chose[7], et toute la distinction qu'on y établit vient des idées que nous nous formons de l'entendement divin. Par exemple, quand nous ne sommes attentifs qu'à ce seul point, savoir : que la nature du triangle est contenue de toute éternité dans la nature divine, à titre de vérité éternelle, nous disons alors que Dieu a l'idée du triangle, ou bien qu'il entend la nature du triangle ; mais si nous venons à concevoir que la nature du triangle est ainsi contenue dans la nature divine par la seule nécessité de la nature divine, et non par la nécessité de l'essence et de la nature du triangle ; bien plus encore, si nous considérons que la nécessité de l'essence et des propriétés du triangle, prises comme des vérités éternelles, dépend de la seule nécessité de la nature et de l'entendement divin, et non de la nature du triangle, il arrive alors que, ce que nous appelions entendement de Dieu, nous l'appelons volonté divine ou décret divin. Ainsi donc, dire que Dieu a voulu que la somme des angles d'un triangle fût égale à deux droits, ou dire que Dieu a pensé cela, c'est, au regard de Dieu, une seule et même chose. D'où il suit que les affirmations et les négations de Dieu enveloppent toujours une nécessité ou une vérité éternelles. Si, par exemple, Dieu avait dit à Adam : Je ne veux pas que vous mangiez du fruit de l'arbre du bien et du mal, il impliquerait contradiction qu'Adam pût manger de ce fruit ; et il serait par conséquent impossible qu'il en eût mangé, le décret de Dieu enveloppant une nécessité et une vérité éternelles. Cependant, suivant le récit de l'Écriture, Dieu fit à Adam cette défense, et Adam ne laissa pas de manger du fruit défendu. Il faut donc entendre de toute nécessité que Dieu révéla seulement à Adam le mal qu'il aurait à souffrir s'il mangeait du fruit de cet arbre, sans lui faire connaître qu'il était nécessaire que ce mal fût la suite de son action. D'où il arriva qu'Adam comprit cette révélation, non pas comme vérité éternelle et nécessaire, mais comme une loi, je veux dire comme un commandement, suivi de récompense ou de punition, non par la nécessité même et la nature de l'acte accompli, mais seulement par le vouloir d'un prince et par son autorité absolue. Par conséquent cette révélation n'eut le caractère d'une loi, et Dieu ne fut semblable à un législateur ou à un prince qu'au regard d'Adam et par l'imperfection et le défaut de sa connaissance. Ce fut encore par cette même raison, je veux dire par défaut de connaissance, que le Décalogue eut, aux yeux des Hébreux, le caractère d'une loi. Ne connaissant pas en effet l'existence de Dieu, à titre d'éternelle vérité, ils durent considérer comme des lois ces paroles du Décalogue : qu'il existe un Dieu et qu'il ne faut adorer que lui seul. Si au contraire Dieu leur eût parlé directement et sans aucun intermédiaire corporel, les préceptes du Décalogue eussent été pour eux, non des lois, mais des vérités éternelles. Ce que nous disons ici des Israélites et d'Adam, il faut le dire également de tous les prophètes qui écrivirent des lois au nom de Dieu ; ils ne concevaient pas les décrets de Dieu comme des vérités éternelles, parce qu'ils n'en avaient pas une connaissance adéquate. Je prendrai pour exemple Moïse lui-même. Il comprit à la vérité, par la révélation qui lui fut faite, quel était le moyen qu'il fallait employer pour donner au peuple israélite la plus parfaite union en le conduisant dans une certaine région du monde, et pour constituer ainsi une société indépendante et un empire ; il comprit aussi ce qu'il convenait de faire pour contraindre le plus sûrement ce peuple à l'obéissance ; mais ce qu'il ne comprit pas, ce qui ne lui fut pas révélé, c'est que les moyens dont il se servait étaient les meilleurs qu'il pût prendre ; c'est que, le peuple une fois soumis à l'obéissance dans la contrée où il l'avait conduit, le but que poursuivaient les Hébreux serait atteint. Voilà pourquoi il comprit toutes ces choses, non pas comme des vérités éternelles, mais comme des préceptes et des commandements. Voilà aussi pourquoi il les prescrivit comme des lois de Dieu, et par suite se représenta Dieu comme un chef, un législateur, un roi, bien que tous ces attributs n'appartiennent qu'à la seule nature humaine et soient bien éloignés de la divine.

Je dis donc qu'il faut entendre de la sorte tous les prophètes qui ont prescrit des lois au nom de Dieu ; mais tout ceci n'est point applicable au Christ. Il faut admettre en effet que le Christ, bien qu'il paraisse, lui aussi, avoir prescrit des lois au nom de Dieu, comprenait les choses dans leur vérité d'une manière adéquate. Car le Christ a moins été un prophète que la bouche même de Dieu. C'est par l'âme du Christ (nous l'avons prouvé au chap. Ier) que Dieu a révélé au genre humain certaines vérités, comme il avait fait auparavant aux Juifs par l'intermédiaire des anges, par une voix créée, par des visions etc. Et il serait aussi déraisonnable de prétendre que Dieu accommoda ses révélations aux opinions du Christ, que de soutenir que dans les révélations antérieures accordées aux prophètes il accommoda sa parole aux opinions des anges qui lui servaient d'intermédiaires, c'est-à-dire aux opinions d'une voix créée ou d'une vision, ce qui est bien la chose du monde la plus absurde. Ajoutez à cela que le Christ n'a pas été envoyé pour les seuls Hébreux, mais bien pour tout le genre humain ; d'où il suit qu'il ne suffisait pas d'accommoder ses pensées aux opinions des Juifs, il fallait les approprier aux opinions et aux principes qui sont communs à tout le genre humain, en d'autres termes, aux notions universelles et vraies. Maintenant que peut-on entendre en disant que Dieu s'est révélé au Christ ou à l'âme du Christ d'une façon immédiate, et non pas, comme il faisait aux prophètes, par des paroles et des images, sinon que le Christ a conçu les choses révélées dans leur vérité, ou autrement, qu'il les a comprises ? Car comprendre une chose, c'est la concevoir par la seule force de l'esprit pur, sans paroles et sans images.

C'est donc un principe bien établi que Jésus-Christ a conçu la révélation divine en elle-même et d'une manière adéquate. Maintenant, pourquoi l'a-t-il présentée sous la forme d'une loi ? Je réponds que ç'a été pour se proportionner à l'ignorance et à la grossièreté du peuple. Et en agissant ainsi, Jésus-Christ a rempli le rôle de Dieu, puisque, à l'exemple de Dieu, il s'est mis à la portée du vulgaire. Aussi l'on peut remarquer qu'il s'exprime en général d'une manière obscure, quoique un peu plus claire que celle des prophètes, et qu'il expose les choses révélées sous forme de paraboles, surtout quand il s'adresse à cette sorte d'hommes (voyez *Matthieu*, chap. XIII, vers. 18 et suiv.) à qui il n'était point donné encore de comprendre le royaume des cieux ; et il ne faut pas douter qu'en s'adressant à ceux qui étaient capables de comprendre les mystères célestes, il ne leur ait enseigné les choses révélées, non comme des lois, mais comme des vérités éternelles. C'est en ce sens qu'il les délivra de la servitude de la loi, et qu'en même temps il la confirma et l'établit plus profondément dans leurs cœurs. J'entends de cette façon plusieurs passages de Paul, notamment dans l'*Épître aux Romains*, chap. VII, vers. 6, et chap. III, vers. 28. Je conviens qu'il ne s'y explique pas ouvertement, et, comme il dit lui-même (*ibid.*, chap. III, vers. 5, et chap. VI, vers. 19), il parle de ces choses à la manière des hommes. Aussi, quand il donne à Dieu le nom de juste, il marque expressément que c'est là une expression tout humaine ; et c'est encore sans doute à cause de l'infirmité de la chair qu'il représente Dieu comme miséricordieux, débonnaire, irrité, etc. Il est évident qu'en tous ces endroits il met son langage à la portée du vulgaire, et, comme il dit encore lui-même (*Épître Ire aux Corinthiens*, chap. III, vers. 1, 2), des hommes charnels. La preuve, c'est que dans l'*Épître aux Romains* (chap. IX, vers. 18) il enseigne formellement que la colère de Dieu et sa miséricorde ne dépendent point des œuvres de l'homme, mais de la seule vocation de Dieu, c'est-à-dire de sa seule volonté ; et plus haut, il déclare (chap. III, vers. 28) que ce ne sont point les œuvres prescrites par la loi qui rendent l'homme juste, mais bien la seule foi, par où il entend sans aucun doute le plein acquiescement de l'âme ; personne enfin, suivant sa doctrine expresse, ne peut devenir bienheureux s'il n'a en soi l'esprit du Christ (*ibid.*, chap. VIII, vers. 9), en d'autres termes, s'il ne comprend les lois de Dieu comme des vérités éternelles. Concluons donc que c'est seulement pour se mettre à la portée du vulgaire et s'accommoder à l'imperfection de sa connaissance, qu'on représente Dieu sous les traits d'un législateur ou d'un prince, et qu'on lui donne les noms de juste, miséricordieux, et autres semblables. En réalité, Dieu agit et dirige toutes choses par la seule nécessité de sa nature et de sa perfection ; ses décrets et ses volontés sont des vérités éternelles, et enveloppent toujours l'absolue nécessité. Voilà le premier point que nous nous proposions d'éclaircir.

Arrivons maintenant au second point, et voyons, en parcourant les saintes Écritures, ce qu'elles nous enseignent touchant la lumière naturelle et la loi divine. Ce que nous rencontrons tout d'abord, c'est l'histoire du premier homme, où il est dit que Dieu ordonna à Adam de ne point toucher au fruit de l'arbre de la connaissance du bien et du mal. Que signifie ce récit ? Il me semble qu'il faut entendre que Dieu ordonna à Adam de faire le bien en tant que bien, et non pas comme contraire du mal ; c'est-à-dire de faire le bien par amour du bien, et non par crainte du mal. Car, comme nous l'avons déjà montré, celui qui fait le bien par connaissance véritable et par amour du bien agit d'une âme libre et constante ; au lieu que celui que la crainte seule du mal porte au bien agit en esclave, sous la contrainte du mal, et comme dominé par une force étrangère. Par conséquent, l'ordre que Dieu donne à Adam embrasse toute la loi divine naturelle, et se trouve en parfait accord avec les commandements de la raison universelle. Or, je ne crois pas qu'il fût difficile d'expliquer dans le même esprit toute cette histoire, ou pour mieux dire toute cette parabole du premier homme ; mais j'aime mieux laisser là cette entreprise, soit parce qu'il m'est impossible d'être absolument certain que mes explications répondent exactement à la pensée de l'écrivain sacré, soit encore parce qu'on admet généralement que cette histoire du premier homme est un récit pur et simple et non pas une parabole. Il est donc beaucoup plus à propos que je continue de citer des passages de l'Écriture, et principalement ceux qui sont sortis de la bouche d'un homme qui a surpassé tous les sages de son temps par la force de sa raison, et dont les discours, quoique inspirés par la seule lumière naturelle, n'ont pas une autorité moins sainte aux yeux de tous que ceux mêmes des prophètes. Je veux parler de Salomon, et l'on sait assez que sa prudence et sa sagesse sont célébrées dans l'Écriture plus encore que sa piété et son caractère de prophète. Ce sage roi dit en ses *Proverbes* que l'intelligence humaine est la source de la vie véritable, et que le plus grand des maux, c'est l'ignorance. Voici ses propres paroles (chap. XVI, vers. 23) : « *La source de la vie, c'est l'intelligence de celui qui est le maître de l'intelligence, et le supplice des esprits aveugles est dans leur aveuglement même*[8]. » On remarquera ici que, par le mot vie, employé dans un sens absolu, il faut entendre en hébreu la vie véritable, ainsi qu'on en trouvera la preuve évidente dans le Deutéronome (chap. XXX, vers. 19). Ainsi donc, pour Salomon, le fruit de l'intelligence est tout entier dans la vie véritable, et tout châtiment consiste dans la seule privation de cette vie. Or, c'est justement là ce qui a fait tout à l'heure l'objet de notre quatrième remarque touchant la loi divine naturelle. Maintenant, que ce soit cette source de vie, c'est-à-dire l'intelligence, qui seule donne des lois aux hommes sages, comme nous l'avons également prouvé plus haut, c'est ce qui résulte encore de la manière la plus formelle des paroles de Salomon : « *La loi de l'homme sage*, dit-il (chap. XIII, vers. 4), *c'est la source de la vie véritable ;* » en d'autres termes, c'est l'intelligence. Voici encore (chap. III, vers. 13) des paroles très-expresses pour établir que l'intelligence fait le bonheur et la félicité de l'homme et donne à l'âme la vraie tranquillité : « *Heureux*, dit-il, *l'homme qui a trouvé la science ; heureux le fils de l'homme qui est riche en intelligence.* » Il explique lui-même ces paroles un peu plus bas (vers. 16, 17) : « *C'est*, dit-il, *que l'intelligence donne directement la longueur des jours*[2]*, et indirectement les richesses et la gloire. Ses voies sont belles* (les voies marquées par la science), *et dans tous ses sentiers règne la paix.* » Ainsi donc, suivant Salomon, les sages seuls vivent dans la paix et dans la constance, au lieu que l'âme des impies est agitée de mille passions contraires, incapable, comme dit également Isaïe (chap. LVII, vers. 20), de jouir jamais de la paix et du repos. Mais ce que nous devons remarquer avec le plus de soin dans ces *Proverbes* de Salomon, ce sont les paroles qu'on lit au chap. II ; elles confirment notre doctrine de la manière du monde la plus claire. Voici le commencement du chapitre (vers. 3) : « *Car si vous invoquez la sagesse, et si vous vous soumettez à l'intelligence... alors vous comprendrez la crainte de Dieu, et vous trouverez la science de Dieu* (ou, pour mieux traduire, *l'amour de Dieu*, car le mot *jadah* a les deux sens). *C'est Dieu en effet qui donne la sagesse, et la science et la prudence* (sortent) *de sa bouche.* » Il résulte évidemment de ces paroles : premièrement, que la sagesse, c'est-à-dire l'intelligence, nous apprend seule à craindre Dieu raisonnablement, en d'autres termes, à lui rendre un culte vraiment religieux ; secondement, que la sagesse et la science coulent de la bouche de Dieu, et que c'est Dieu qui nous les dispense. Or c'est là ce que nous avons établi nous-mêmes ci-dessus, en montrant que notre entendement et notre science dépendent de la seule idée ou connaissance de Dieu, et qu'elles ont en cette idée leur origine et leur dernier terme.

Salomon continue (vers. 9) d'enseigner, dans les termes les plus formels, que cette science de Dieu contient la vraie morale et la vraie politique, qui n'en sont qu'une déduction : « *C'est alors*, dit-il, *que vous comprendrez la justice, et le jugement, et les voies droites, (et) tout bon sentier.* » Et il ajoute encore pour plus de clarté : « *Quand la science entrera dans votre cœur et que la sagesse vous sera douce, alors votre prévoyance*[10] *veillera sur vous, et votre prudence vous gardera.* » Tout cela est parfaitement d'accord avec la science naturelle ; car ce n'est qu'après avoir connu la nature des choses et déjà goûté l'excellence de la science qu'il est possible de poser les bases de la morale et de comprendre la véritable vertu. Nous pouvons également confirmer par les paroles de Salomon ce principe, que le bonheur et la tranquillité de l'homme voué à la culture de l'intelligence dépendent moins de la fortune (c'est-à-dire du secours extérieur de Dieu) que de sa vertu intérieure (c'est-à-dire du secours intérieur de Dieu), en d'autres termes, que c'est surtout par la vigilance, l'action et le bon conseil qu'il parvient à se conserver.

Je ne dois point passer ici sous silence un passage de Paul, dans le chap. Ier, vers. 20, de l'*Épître aux Romains*, où il est dit (je me sers de la traduction donnée par Tremellius d'après le texte syriaque) : « *Les profondeurs invisibles de Dieu, sa puissance et sa divinité éternelles, sont devenues visibles dans ses créatures depuis le commencement du monde, et ainsi ceux qui ne les voient pas sont inexcusables.* » C'est dire, ce me semble, assez clairement que tout homme comprend par la lumière naturelle la force et la divinité éternelles de Dieu, et peut déduire de cette connaissance ce qu'il doit faire et ce qu'il doit éviter ; d'où Paul tire la conclusion que tout homme qui ne suit point cette lumière est inexcusable et ne peut prétexter son ignorance. Or il en serait tout autrement si Paul entendait parler d'une connaissance surnaturelle de Dieu, de la passion et de la résurrection du Christ selon la chair, et autres vérités semblables. Aussi le voyons-nous poursuivre en ces termes (vers. 24) : « *C'est pourquoi Dieu les a abandonnés à l'immonde concupiscence de leur cœur.* » Et il continue ainsi jusqu'à la fin du chapitre à décrire les vices qui naissent de l'ignorance et qui en sont la punition. Or cette doctrine s'accorde à merveille avec ce proverbe de Salomon déjà cité (chap. XVI, vers. 22) : « *Le supplice des esprits aveuglés, c'est leur aveuglement même.* » Il n'y a donc rien de surprenant dans la pensée de Paul que les méchants sont inexcusables. Chacun en effet recueillera suivant ce qu'il aura semé ; du mal sortira nécessairement le mal, si le coupable ne se corrige ; et du bien sortira le bien, si celui qui l'accomplit y persiste. Concluons enfin que les saintes Écritures reconnaissent pleinement et la lumière naturelle et la connaissance qu'elle nous donne de la loi divine. C'était tout l'objet de ce chapitre.

1. ↑ Voyez *Éthique*, part. 1, Propos. 29.
2. ↑ *Aux Romains*, chap. III, vers. 20.
3. ↑ Voyez *Éthique*, part. 1, Propos. 15.
4. ↑ Voyez *De intell. emend.*, passim.
5. ↑ Voyez *Éthique*, part. 5, Propos. 24 et suiv.
6. ↑ Voyez *Éthique*, part. 5, Propos. 36 et son Scholie.
7. ↑ Voyez *Éthique*, part. 1, Propos. 32 et ses Coroll. ; part. 2, Propos. 49 avec son Coroll. et son Schol.

8. ↑ Cette expression : *le maître de l'intelligence*, est un hébraïsme. Celui qui possède une chose ou qui la contient dans sa nature est dit le maître de cette chose. C'est ainsi qu'en hébreu on appelle l'oiseau le maître des ailes, parce qu'il a des ailes ; et de même, l'homme intelligent est le maître de l'intelligence, parce qu'il est doué d'intelligence. (*Note de Spinoza*.)
9. ↑ Hébraïsme, qui signifie *la vie*. (*Note de Spinoza*.)
10. ↑ L'hébreu porte *mezima*, qui signifie proprement *réflexion, délibération, vigilance*. (*Note de Spinoza*.)

CHAPITRE V

DU VÉRITABLE OBJET DE L'INSTITUTION DES CÉRÉMONIES RELIGIEUSES. — DE LA CROYANCE AUX RÉCITS HISTORIQUES ; SOUS QUEL RAPPORT ELLE EST NÉCESSAIRE ET À QUELLE SORTE DE PERSONNES.

Nous avons montré dans le chapitre précédent que la loi divine, cette loi qui nous rend vraiment heureux et nous enseigne la vie véritable, est commune à tous les hommes ; et comme nous l'avons déduite de la seule considération de la nature humaine, il faut reconnaître qu'elle est innée et comme gravée au fond de notre âme. Or les cérémonies religieuses, celles du moins que nous trouvons dans l'Ancien Testament, ayant été instituées en vue des seuls Hébreux, et si particulièrement appropriées aux intérêts de leur empire que la plupart d'entre elles ne pouvaient être célébrées par les particuliers, mais seulement par toute la nation réunie, il s'ensuit qu'elles n'ont rien à voir avec la loi divine, et ne peuvent servir de rien, ni pour la vertu, ni pour le bonheur : elles regardent donc exclusivement l'élection des Hébreux, c'est-à-dire (ainsi que nous l'avons montré au chap. III) leur bien-être matériel et temporel et la tranquillité de leur empire ; et par conséquent elles n'ont pu avoir d'usage qu'autant que cet empire était debout.

On demandera, maintenant, pourquoi, dans l'Ancien Testament, les cérémonies sont rattachées à la loi divine. C'est qu'elles étaient fondées sur la révélation, ou du moins sur des bases que la révélation avait posées. Au surplus, comme une bonne raison, si solide qu'elle puisse être, n'a jamais grand effet sur les théologiens, je vais m'attacher à confirmer ici par l'autorité de l'Écriture ce que j'ai établi ailleurs d'une autre façon ; et pour répandre encore plus de clarté sur cette matière, j'expliquerai en quel sens et comment les cérémonies servirent à l'établissement et à la conservation de l'empire hébreu.

S'il y a un point clairement établi dans *Isaïe*, c'est que la loi divine, prise en elle-même, ne consiste point dans des cérémonies, mais dans cette loi universelle qui nous ordonne de bien vivre. Au chap. Ier, vers. 10, le prophète invite son peuple à apprendre de lui la voie divine, et après en avoir exclu toute espèce de sacrifices et de fêtes, il la leur découvre enfin (vers. 16, 17) et la fait consister tout entière dans la purification de l'âme, dans la pratique de la vertu et l'habitude des bonnes actions, enfin dans la charité pour les misérables. Le témoignage du psalmiste n'est pas moins formel quand il dit en parlant à Dieu (psaume XL, vers. 7, 9) : « *Vous n'avez voulu ni sacrifices ni présents ; vous m'avez ouvert les oreilles*[1]*, mais vous ne m'avez demandé ni holocauste, ni oblation pour le péché. Et moi, mon Dieu, j'ai voulu me conformer à votre volonté ; car votre loi est dans mes entrailles.* » Ainsi donc le psalmiste n'entend par la loi de Dieu que celle qui est gravée au fond de nos entrailles ; et il en exclut les cérémonies, parce qu'elles ne tirent point leur bonté d'elles-mêmes, mais seulement du fait de leur institution, et n'ont pas par conséquent le caractère d'une loi primitive. Je pourrais citer un grand nombre de passages de l'Écriture pour confirmer cette doctrine ; mais les deux qui précèdent suffisent à mon objet.

Je puis également établir par l'Écriture sainte que les cérémonies ne sont d'aucun usage pour la vraie béatitude, et ne regardent que la prospérité temporelle de l'empire. L'Écriture, en effet, ne promet pour prix de l'exacte observation des cérémonies que des avantages et des plaisirs tout corporels ; la loi divine seule, la loi universelle, donne la béatitude. Qu'on parcoure les cinq livres communément appelés livres de Moïse, on n'y trouvera d'autre récompense promise que la félicité temporelle : les honneurs, la renommée, la victoire, les richesses, les plaisirs, la santé. Je sais que ces cinq livres contiennent, outre les cérémonies, plusieurs préceptes de morale ; mais aucun de ces préceptes n'a le caractère d'une prescription universelle. Ce sont des règles de conduite mises à la portée des Hébreux et particulièrement appropriées à leur génie, qui n'ont par conséquent rapport qu'à la prospérité de l'empire. Par exemple, ce n'est point à titre de docteur ni de prophète que Moïse ordonne aux Juifs de ne point tuer, de ne point voler ; c'est à titre de législateur et de souverain. En effet, il ne se fonde point sur la raison pour imposer de tels commandements, mais bien sur les peines attachées à la désobéissance ; or ces peines peuvent et doivent même varier suivant le génie de chaque peuple, comme l'expérience nous l'enseigne très-clairement. Pour prendre un cas particulier, je dis que Moïse, en défendant l'adultère, n'avait en vue que l'intérêt de l'État ; car s'il avait voulu imposer une prescription morale qui n'eût pas seulement rapport à l'intérêt de l'État, mais aussi à la tranquillité et à la vraie béatitude des âmes, alors, au lieu de condamner seulement l'action extérieure, il aurait condamné en même temps le consentement intérieur de l'âme, comme fit plus tard Jésus-Christ, qui n'enseigna autre chose que des principes universels de morale (voyez *Matthieu*, chap. v, vers. 23) et promit à ses élus un prix spirituel, bien différent des récompenses toutes corporelles de Moïse. Jésus-Christ, je le répète, eut pour mission, non pas de conserver tel ou tel empire ou d'instituer des lois, mais seulement d'enseigner aux hommes la loi morale, la loi universelle. Et c'est en ce sens qu'il n'abrogea pas la loi de Moïse, car il ne chercha point à introduire dans l'État des lois nouvelles ; tout au contraire, il n'eut rien tant à cœur que d'enseigner la morale et de la distinguer des lois de l'État. Or, s'il agissait de la sorte, c'était surtout à cause de l'ignorance des pharisiens, qui étaient persuadés que la vraie béatitude, la perfection, c'était de défendre les droits de l'État, c'est-à-dire la loi de Moïse, qui, nous l'avons vu, ne concernait que l'État, et avait moins servi à éclairer les Hébreux qu'à les soumettre par la force.

Mais je reviens à mon sujet, et je m'empresse de citer de nouveaux passages de l'Écriture où elle ne promet pour l'observation exacte des cérémonies d'autre récompense que des avantages corporels, et réserve la béatitude à ceux qui pratiquent la loi divine. Entre les prophètes, aucun n'est plus formel sur ce point qu'Isaïe. Au chapitre LVIII, après avoir flétri l'hypocrisie, il recommande la liberté et la charité ; or voici les récompenses qu'il promet aux justes (vers. 8) : « *Alors votre lumière éclatera comme l'aurore, et votre santé refleurira soudain ; votre justice marchera devant vous, et la gloire de Dieu vous réunira*[2]. » Isaïe recommande ensuite le sabbat ; et, pour prix du zèle qu'on mettra à l'observer, voici ce qu'il promet (*ibid.*, vers. 14) : « *Alors vous vous réjouirez avec le Seigneur*[3]. Je vous ferai monter à cheval sur les lieux les plus élevés de la terre[4] ; *et je vous donnerai pour nourriture l'héritage de Jacob votre père, suivant la parole sortie de la bouche de Jéhovah.* » Il résulte du rapprochement de ces deux passages d'Isaïe que, pour prix d'une vie libre et charitable, il promet dans ce monde la santé de l'âme et du corps, et dans l'autre la gloire de Dieu ; tandis qu'il ne propose d'autre récompense, pour l'exactitude aux cérémonies, que la sécurité et la prospérité de l'État et la félicité corporelle. Dans les psaumes XV et XXIV, pourquoi n'est-il fait aucune mention des cérémonies, pourquoi n'y trouve-t-on que des prescriptions morales ? c'est qu'il ne s'agit là que de la béatitude, bien qu'elle soit annoncée sous la forme de parabole. La montagne de Dieu en effet, les tentes qui y sont dressées et le séjour qu'on y promet, tout cela, il ne faut pas en douter, figure la béatitude et la tranquillité de l'âme, et ne peut indiquer en aucune façon ni la montagne de Jérusalem ni le tabernacle de Moïse, ces deux lieux n'étant habités par personne, et les lévites seuls ayant le privilège de les administrer. Il faut entendre dans le même sens toutes ces sentences de Salomon que j'ai citées dans le chapitre qui précède, et qui ne promettent la vraie béatitude qu'à ceux qui cultivent la sagesse. *Comprendre*, en effet, *la crainte de Dieu*, et *trouver la science de Dieu*, qu'est-ce autre chose que la béatitude ?

Pour prouver maintenant que les Hébreux ne sont plus tenus, après la destruction de leur empire, à pratiquer les cérémonies, il me suffira de citer ce passage de Jérémie où, prédisant la prochaine destruction de Jérusalem, il s'exprime en ces termes : « *Dieu n'accorde son amour qu'à ceux qui savent et qui comprennent que c'est lui qui exerce dans ce monde la miséricorde et la justice ; et nul ne sera digne de louange à l'avenir s'il ignore ces choses* » (voyez chap. IX, vers. 23). Ce qui revient à dire qu'après la destruction de Jérusalem, Dieu n'exige plus des Juifs aucun culte particulier, et ne leur demande que de pratiquer la loi naturelle imposée à tous les humains. Le Nouveau Testament confirme pleinement cette interprétation, et il ne contient que des préceptes de morale et la promesse du royaume céleste pour quiconque s'y conformera. Quant aux cérémonies, aussitôt que l'Évangile commença à être prêché parmi les nations dont l'état politique n'était pas celui des Juifs, les apôtres y renoncèrent ; et si les pharisiens, après la chute de l'empire, continuèrent à les célébrer, au moins en partie, ce fut moins pour plaire à Dieu que pour faire acte d'opposition contre les chrétiens. Voyez en effet ce qui arriva après la première destruction de Jérusalem, lors de la captivité de Babylone. Les Juifs, n'étant pas alors, que je sache, divisés en plusieurs sectes, négligèrent incontinent les cérémonies. Bien plus, ils dirent adieu à toute la loi de Moïse, et, laissant tomber dans l'oubli la législation de leur patrie comme entièrement superflue, ils commencèrent à se mêler avec le reste des nations. Tout cela résulte clairement des livres d'Hesdras et de Néhémias : il faut donc conclure que les Juifs ne sont pas plus tenus d'obéir à la loi de Moïse après la dissolution de leur empire, qu'ils ne l'étaient avant son établissement. Nous voyons en effet qu'avant la sortie d'Égypte, tandis qu'ils vivaient au sein des nations étrangères, ils n'avaient aucune législation qui leur fût propre, et ne se soumettaient à aucun autre droit qu'au droit naturel, et aussi sans doute au droit de l'empire où ils vivaient, en tant qu'il n'était pas contraire au droit naturel. Les patriarches, il est vrai, ont offert à Dieu des sacrifices ; mais ç'a été uniquement pour s'exciter davantage à la dévotion, accoutumés qu'ils étaient aux sacrifices depuis leur enfance : on sait en effet qu'à partir du temps d'Énos les hommes avaient pris l'habitude d'offrir des sacrifices, comme un moyen d'entretenir dans leur âme des sentiments de piété. Si donc les patriarches ont fait comme tout le monde, ce n'est point en vertu d'un ordre particulier de Dieu, mais par l'inspiration de cette loi divine qui est commune à tous les hommes, et pour se conformer aux habitudes religieuses du temps ; et s'ils ont obéi, en agissant de la sorte, à quelque pouvoir, ce ne peut être qu'au pouvoir de l'État où ils vivaient et dont ils subissaient les lois (comme nous l'avons déjà remarqué au chap. III, à propos de Maltkisedek).

Je crois que les réflexions et les citations qui précèdent confirment suffisamment ma doctrine par l'autorité de l'Écriture. Il me reste à expliquer comment et sous quel rapport les cérémonies religieuses ont servi à l'établissement et à la conservation de l'empire hébreu ; c'est ce que je vais faire le plus brièvement possible et en m'appuyant sur les principes les plus généraux.

La société n'est pas seulement utile aux hommes pour la sécurité de la vie ; elle a pour eux beaucoup d'autres avantages, elle leur est nécessaire à beaucoup d'autres titres. Car si les hommes ne se prêtaient mutuellement secours, l'art et le temps leur manqueraient à la fois pour sustenter et conserver leur existence. Tous, en effet, ne sont pas également propres à toutes choses, et aucun homme n'est capable de suffire à tous les besoins auxquels un seul homme est asservi. La force et le temps manqueraient donc, je le répète, à chaque individu, s'il était seul pour labourer la terre, pour semer le blé, le moissonner, le moudre, le cuire, pour tisser son vêtement, fabriquer sa chaussure, sans parler d'une foule d'arts et de sciences essentiellement nécessaires à la perfection et au bonheur de la nature humaine. Aussi voyons-nous les hommes qui vivent dans la barbarie traîner une existence misérable et presque brutale ; et encore, le peu de ressources dont ils disposent, si grossières qu'elles soient, ils ne les auraient pas s'ils ne se prêtaient pas mutuellement le secours de leur industrie. Maintenant il est clair que si les hommes avaient été ainsi organisés par la nature que leurs désirs fussent toujours réglés par la raison, la société n'aurait pas besoin de lois ; il suffirait d'enseigner aux hommes les vrais préceptes de la morale pour qu'ils fissent spontanément, sans contrainte et sans effort, tout ce qu'il serait véritablement utile de faire. Mais la nature humaine n'est pas ainsi constituée. Chacun sans doute cherche son intérêt, mais ce n'est point la raison qui règle nos désirs ; ce n'est point elle qui prononce sur l'utilité des choses, c'est le plus souvent la passion et les affections aveugles de l'âme, lesquelles nous attachent au présent et à leur objet propre, sans souci des autres objets et de l'avenir. Que résulte-t-il de là ? qu'aucune société ne peut subsister sans une autorité, sans une force, et par conséquent sans des lois qui gouvernent et contiennent l'emportement effréné des passions humaines. Toutefois, la nature humaine ne se laisse pas entièrement contraindre, comme dit Sénèque le tragique ; il n'est donné à personne de faire durer un gouvernement violent, et la modération seule donne la stabilité. En effet, qui n'agit que par crainte ne fait rien que contre son gré, et sans plus songer si ce qu'on lui commande est utile ou nécessaire, il ne cherche qu'à sauver sa tête et à échapper au supplice dont il est menacé. J'ajoute qu'il est impossible aux sujets en pareil cas de ne pas se réjouir du mal qui arrive au maître, bien que ce mal rejaillisse sur eux-mêmes, de ne pas lui souhaiter toutes sortes d'infortunes, de ne pas lui en causer enfin dès qu'ils le peuvent. On sait aussi que rien ne nous est plus insupportable que d'être asservis à nos semblables et de vivre sous leur loi. Je remarque enfin que la liberté une fois donnée aux hommes, il est extrêmement difficile de la leur reprendre. Voici maintenant la conclusion où j'en veux venir. Premièrement, le pouvoir doit être, autant que possible, entre les mains de la société tout entière, pour que chacun n'obéisse qu'à soi-même et non à son égal ; ou si l'on donne le pouvoir à un petit nombre, ou même à un seul, ce dépositaire unique de l'autorité doit avoir en lui quelque chose qui l'élève au-dessus de la nature humaine, ou du moins il doit s'efforcer de le faire croire au vulgaire. En second lieu, les lois doivent être, dans un État quelconque, instituées de telle sorte que les hommes y soient contenus moins par la crainte du châtiment que par l'espérance des biens qu'ils désirent avec le plus d'ardeur ; car de cette façon le devoir est pour chacun d'accord avec ses désirs. Enfin, puisque l'obéissance consiste à se conformer à un certain ordre en vertu du seul pouvoir de celui qui le donne, il s'ensuit que dans une société où le pouvoir est entre les mains de tous et où les lois se font du consentement de tout le monde, personne n'est sujet à l'obéissance ; et soit que la rigueur des lois augmente ou diminue, le peuple est toujours également libre, puisqu'il agit de son propre gré, et non par la crainte d'une autorité étrangère. C'est justement le contraire qui arrive dans un gouvernement absolu : tous les citoyens y agissent en effet par l'autorité d'un seul ; et s'ils n'ont pas pris dès l'enfance l'habitude de cette dépendance, il sera difficile au souverain d'introduire de nouvelles lois et de reprendre au peuple la part de liberté qu'il lui aura une fois accordée.

Ces principes posés d'une manière générale, je viens à la république des Hébreux. À la sortie d'Égypte, les Hébreux, ne subissant plus la loi d'une nation étrangère, pouvaient à leur gré se donner des institutions, établir tel ou tel gouvernement, occuper enfin le pays qui leur convenait le mieux. Mais il se rencontrait que la chose dont ils étaient le plus incapables, c'était justement d'établir une sage législation et de se gouverner par eux-mêmes ; le génie de cette nation était grossier, et les misères de l'esclavage avaient énervé presque toutes les âmes. Il fallut donc que le pouvoir se concentrât aux mains d'un seul homme, que cet homme eût autorité sur les autres et les fît obéir par la force, en un mot qu'il établît des lois et se chargeât de les interpréter pour l'avenir. Moïse n'eut point de peine à conserver ce grand pouvoir. C'était un homme qu'élevait au-dessus de tous sa vertu divine, et qui sut la faire regarder comme telle par le peuple et en donner de nombreux témoignages (voyez l'*Exode*, chap. XIV, dernier verset ; chap. XXIX, vers. 9). Grâce à cette vertu divine, il institua donc des lois et en prescrivit l'exécution ; mais il mit tous ses soins à ce que le peuple fît son devoir de son propre mouvement et non par crainte. Deux raisons principales lui conseillaient d'agir de la sorte : l'entêtement du peuple (que la force toute seule ne peut surmonter) et la guerre toujours menaçante. Or on sait que pour réussir à la guerre il faut plutôt encourager les soldats que les effrayer par des menaces et des supplices ;

car alors chacun a plus de zèle pour faire briller son courage et sa grandeur d'âme qu'il n'en aurait pour éviter un châtiment. C'est pour cela que Moïse, par vertu divine et par ordre divin, introduisit la religion dans le gouvernement ; de cette façon le peuple faisait son devoir, non par crainte, mais par dévotion. Moïse s'attacha aussi à combler les Juifs de bienfaits, et il leur fit au nom de Dieu pour l'avenir les plus brillantes promesses. Ses lois furent, à mon avis, d'une sévérité très-modérée, et c'est un point que chacun m'accordera aisément, s'il veut bien étudier suffisamment ces lois et tenir compte de toutes les conditions qui étaient requises pour condamner un coupable. Enfin, pour que le peuple, qui était incapable de se gouverner par lui-même, fût dans une dépendance étroite de son chef, il ne laissa aucune des actions de la vie à la discrétion de ces hommes qu'un long esclavage avait accoutumés à l'obéissance ; si bien qu'il leur était impossible d'agir un seul instant sans être obligés de se souvenir de la loi et d'obéir à ses prescriptions, c'est-à-dire à la volonté du souverain. Pour labourer, pour semer, pour faire la moisson, ils n'avaient pas à suivre leur volonté, mais bien un règlement précis et déterminé. Ce n'est pas tout : ils ne pouvaient pas manger, se vêtir, raser leur tête ou leur barbe, s'égayer un instant, rien faire, en un mot, sans se conformer aux ordres et aux préceptes de la loi. Et non-seulement leurs actions étaient réglées d'avance, mais ils étaient obligés d'avoir au seuil de leur maison, sur leurs mains, sur leur front, des signes qui sans cesse les rappelassent à l'obéissance.

On doit parfaitement comprendre maintenant quel était l'objet des cérémonies : c'était que les hommes suivissent la volonté d'autrui au lieu de la leur ; c'était que chacune de leurs pensées et de leurs actions fût un témoignage qu'ils ne dépendaient pas d'eux-mêmes, mais d'une autre puissance. Or, il résulte de là que les cérémonies n'ont aucun rapport à la béatitude, et que toutes celles de l'Ancien Testament, en un mot, toute la loi de Moïse ne regarde que l'empire des Hébreux, et conséquemment leurs seuls intérêts matériels.

Pour ce qui est des cérémonies du christianisme, comme le baptême, la cène, les fêtes, les prières publiques, et toutes les autres cérémonies communes de tout temps à tous les chrétiens, en supposant qu'elles aient été instituées par Jésus-Christ ou par les apôtres (ce qui n'est pas suffisamment démontré), elles ne sont autre chose que des signes extérieurs de l'Église universelle ; elles n'ont rien, dans l'objet de leur institution, qui intéresse la béatitude, et il ne faut leur attribuer aucune vertu sanctifiante. En effet, bien qu'elles n'aient pas été établies par raison politique, elles n'ont pourtant pas d'autre but que de maintenir l'intégrité de la société chrétienne. Aussi l'homme qui vit dans la solitude n'est nullement obligé de les mettre en pratique, et ceux qui vivent dans un État où la religion chrétienne est interdite sont bien obligés de s'abstenir de toutes cérémonies, ce qui ne les empêche pas de pouvoir jouir de la béatitude. Je citerai l'exemple du Japon, où l'on sait qu'il est défendu de pratiquer le christianisme ; et la compagnie des Indes orientales ordonne aux Hollandais qui séjournent dans ce pays de renoncer à la profession extérieure de leur religion. Il est inutile d'apporter ici d'autres exemples ; et bien qu'il me fût aisé de confirmer celui que j'ai donné par l'autorité du Nouveau Testament et par d'autres témoignages d'une clarté parfaite, je préfère passer outre, ayant un autre objet qu'il me tarde d'aborder. Je vais donc, sans insister plus longtemps, traiter le second point de ce chapitre, et faire voir sous quel rapport il est nécessaire de croire aux récits historiques contenus dans l'Écriture. Or, pour éclaircir cette matière par la lumière naturelle, je crois qu'il faut procéder comme il suit.

Quiconque aspire à persuader les hommes et prétend leur faire embrasser une doctrine qui n'est pas évidente d'elle-même est tenu de s'appuyer sur une autorité incontestée, comme l'expérience ou la raison ; il doit invoquer le témoignage des faits que les hommes ont constatés par les sens, ou bien partir de principes intellectuels, d'axiomes immédiatement évidents. Mais il faut observer, quand on se sert de preuves fondées sur l'expérience, que si elles ne sont point accompagnées d'une intelligence claire et distincte des faits, on pourra bien alors convaincre les esprits, mais il sera impossible, surtout en matière de choses spirituelles et qui ne tombent pas sous les sens, de porter dans l'entendement cette lumière parfaite qui entoure les axiomes, lumière qui dissipe tous les nuages, parce qu'elle a sa source dans la force même de l'entendement et dans l'ordre de ses perceptions. D'un autre côté, comme il faut le plus souvent, pour déduire les choses des seules notions intellectuelles, un long enchaînement de perceptions, et en outre une prudence, une pénétration d'esprit et une sagesse fort rares, les hommes aiment mieux s'instruire par l'expérience que déduire toutes leurs perceptions, en les enchaînant l'une à l'autre, d'un petit nombre de principes. Que résulte-t-il de là ? c'est que quiconque veut persuader une doctrine aux hommes et la faire comprendre, je ne dis pas du genre humain, mais d'une nation entière, doit l'établir par la seule expérience, et mettre ses raisons et ses définitions à la portée du peuple, qui fait la plus grande partie de l'espèce humaine ; autrement, s'il s'attache à enchaîner ses raisonnements et à disposer ses définitions dans l'ordre le plus convenable à la liaison rigoureuse des idées, il n'écrit plus que pour les doctes, et ne peut plus être compris que d'un nombre d'individus très-petit par rapport à la masse ignorante de l'humanité.

On conçoit maintenant que l'Écriture sainte ayant été révélée pour la nation juive et même pour tout le genre humain, les vérités qu'elle contient aient dû être mises à la portée du vulgaire et fondées sur la seule expérience. Je m'explique. En fait de vérités spéculatives, l'enseignement de l'Écriture se réduit à celles-ci : qu'il existe un Dieu, c'est-à-dire un Être qui a fait toutes choses et qui les dirige et les maintient avec une extrême sagesse ; que ce Dieu prend grand soin des hommes, je veux dire de ceux qui vivent dans la piété et l'honnêteté, et qu'il accable les autres de supplices et les sépare d'avec les bons. Toutes ces vérités, l'Écriture les prouve par l'expérience, c'est-à-dire par une suite de récits ; elle ne fait pas de définitions ; elle proportionne ses paroles et ses preuves à l'intelligence du peuple ; et bien que l'expérience soit incapable de nous donner aucune connaissance claire des vérités qu'enseignent les saintes Écritures et de nous faire comprendre ce que c'est que Dieu, pourquoi il maintient et dirige toutes choses, pourquoi enfin il prend soin de l'humanité, elle a pourtant la force d'instruire et d'éclairer les hommes autant qu'il est nécessaire pour plier les âmes à l'obéissance et à la dévotion.

Les principes que je viens de poser expliquent assez, ce me semble, sous quel rapport et à quelle sorte de personnes la croyance aux récits historiques de l'Écriture est nécessaire. On voit en effet que le peuple, dont le génie grossier est incapable de percevoir les choses d'une façon claire et distincte, ne peut absolument se passer de ces récits. Une autre conséquence à laquelle nous sommes conduits, c'est que celui qui nie les récits de l'Écriture parce qu'il ne croit pas en Dieu ni en sa providence est un impie ; mais pour celui qui sans connaître ces récits ne laisse pas de savoir par la lumière naturelle qu'il existe un Dieu, et d'être éclairé sur les autres vérités que nous rappelions tout à l'heure, s'il mène d'ailleurs une vie réglée par la raison, je dis qu'il est parfaitement heureux ; et j'ajoute même qu'il est plus heureux que le vulgaire, puisqu'il possède non-seulement une croyance vraie, mais une conception claire et distincte de cette croyance. Il résulte enfin de nos principes qu'un homme qui ne connaît pas l'Écriture et n'est pas non plus éclairé sur les grands objets de la foi par la lumière naturelle, un tel homme est, je ne dis pas un impie, un esprit rebelle, mais quelque chose qui n'a rien d'humain, presque une brute, un être abandonné de Dieu.

Au surplus, qu'on le remarque bien, en disant que la connaissance des récits de l'Écriture est nécessaire au peuple, nous n'entendons pas parler de toutes les histoires qui sont contenues dans les livres saints, mais seulement des principales ; je veux dire de celles qui peuvent, sans le secours des autres, mettre en pleine lumière les vérités de la foi et ébranler fortement l'âme des hommes. Car si tous les récits de l'Écriture étaient nécessaires pour établir la doctrine qu'elle enseigne, et s'il fallait les embrasser tous à la fois pour en déduire une conclusion pratique, la connaissance de la religion surpasserait alors, je ne dis pas l'esprit du peuple, mais l'esprit humain, puisqu'il serait visiblement impossible de se rendre attentif à un si grand nombre de récits historiques, avec le cortège de leurs circonstances et des conséquences doctrinales qu'il faudrait en déduire. Pour moi j'ai peine à croire que ceux mêmes qui nous ont transmis l'Écriture telle que nous l'avons aient eu un génie assez puissant pour embrasser un si grand objet ; et je me persuade plus difficilement encore qu'on ne puisse entendre la doctrine de l'Écriture sans connaître les troubles domestiques de la famille d'Isaac, les conseils d'Achitophel à Absalon, la guerre civile des enfants de Juda et de ceux d'Israël, et autres récits de ce genre ; car il faudrait croire alors que les premiers Juifs du temps de Moïse n'ont pu connaître la vérité sur Dieu avec autant de facilité que les contemporains d'Hesdras. Mais tout ceci sera expliqué plus longuement dans la suite de cet ouvrage.

Le peuple n'est donc obligé de connaître que ceux d'entre les récits historiques de l'Écriture qui portent les âmes avec plus de force à l'obéissance et à la dévotion. Or il n'est pas capable de faire lui-même ce discernement, puisque ce qui le charme par-dessus tout, ce n'est pas la doctrine morale contenue dans les récits, c'est bien plutôt le récit lui-même, avec les circonstances singulières et imprévues qui s'y rencontrent. Voilà pourquoi le peuple a besoin non-seulement de la connaissance de l'Écriture, mais de pasteurs, de ministres de l'Église, qui lui donnent un enseignement proportionné à la faiblesse de son intelligence. Mais, pour ne point nous écarter de notre sujet, revenons à la conclusion que nous voulons établir, savoir : que la croyance aux récits historiques, quels que soient ces récits, n'a rien à voir avec la loi divine, et ne peut par elle-même conduire les hommes à la béatitude ; enfin, que cette croyance n'a d'autre utilité que celle de la doctrine qui y est contenue, laquelle peut seule rendre certains récits historiques préférables à d'autres récits. C'est sous ce point de vue que les récits de l'Ancien et du Nouveau Testament sont supérieurs à ceux de l'histoire profane, et se distinguent entre eux par des degrés divers d'excellence, suivant qu'on en peut tirer des croyances plus ou moins salutaires. Si donc quelqu'un se met à lire l'Écriture et ajoute foi à tous ses récits sans faire attention à la doctrine qui en découle et sans s'appliquer à devenir meilleur, c'est exactement comme s'il lisait l'Alcoran, ou des poèmes dramatiques, ou du moins ces histoires ordinaires que tout le monde lit avec distraction ; tandis qu'au contraire celui qui ne connaît l'Écriture en aucune façon, mais dont l'âme est pleine de croyances salutaires et la conduite réglée par la raison, celui-là, dis-je, est véritablement heureux, et l'esprit du Christ est en lui. C'est là justement le contraire du sentiment des Juifs : ils prétendent que les croyances vraies et la vraie règle de conduite ne servent de rien à la béatitude, tant que les hommes ne sont éclairés que de la lumière naturelle et ne connaissent pas la loi révélée à Moïse. Voici les propres paroles de Maimonides, qui ose professer ouvertement cette doctrine (*Rois*, chap. VIII, loi 11) : « *Quiconque reçoit les sept commandements*[5] *et les exécute avec zèle doit être compté parmi les pieux des nations et les héritiers du monde à venir ; à condition toutefois qu'il reçoive et pratique ces commandements, parce que Dieu les a donnés dans sa loi et nous les a révélés par l'organe de Moïse, après les avoir déjà prescrits aux fils de Noé ;*

mais s'il ne pratique les commandements de Dieu que par l'inspiration de la raison, ce n'est plus un habitant du céleste royaume, ce n'est plus un des pieux ni un des savants des nations. » À ces paroles de Maimonides, R. Joseph, fils de Shem Tob, dans son livre intitulé *Kelod Elohim*, c'est-à-dire *Gloire de Dieu*, ajoute qu'Aristote (le premier des auteurs à ses yeux, et qui dans sa morale est arrivé à la perfection), Aristote lui-même, bien qu'il ait embrassé tout ce qui se rapporte à la méthode véritable et n'ait rien oublié d'essentiel, n'a pourtant pas pu faire son salut, parce qu'il n'a pas connu les principes qu'il enseigne comme des enseignements divins révélés par la voix des prophètes, mais comme des données de la raison. Mais j'espère bien que tout lecteur attentif reconnaîtra que ce sont là de pures imaginations, qui n'ont de fondement ni dans la raison ni dans l'Écriture ; de sorte qu'il suffit, pour réfuter de semblables doctrines, de les exposer. Je ne veux pas non plus discuter l'opinion de ceux qui prétendent que la lumière naturelle n'a rien de bon à nous apprendre touchant le salut. Ces personnes ne s'accordant pas à elles-mêmes une droite raison, il est tout simple qu'elles ne donnent aucune raison de leurs sentiments ; et si elles se targuent d'une connaissance supérieure à la raison, ce n'est là qu'une chimère parfaitement déraisonnable, comme le montre assez leur manière ordinaire de vivre. Mais il est inutile de m'expliquer ici plus ouvertement. Je me bornerai à dire en terminant qu'on ne peut connaître personne que par ses œuvres. Celui donc qui est riche en fruits de cette espèce, c'est-à-dire qui possède la charité, la joie, la paix, la patience, la douceur, la bonté, la foi, la mansuétude, la continence, je dis de lui avec Paul (*aux Galates*, chap. v, vers. 22) que la loi de Dieu n'est pas écrite contre lui ; et soit que la seule raison l'instruise ou la seule Écriture, je dis aussi que c'est Dieu qui véritablement l'instruit et lui donne le parfait bonheur. Voilà tout ce que j'avais à exposer sur la loi divine.

1. ↑ C'est-à-dire : *vous m'avez donné l'intelligence*. (*Note de Spinoza*.)
2. ↑ Hébraïsme, qui indique le moment de la mort. *Être réuni à son peuple* signifie en hébreu *mourir*. Voyez *Genèse*, chap. XLIX, vers. 29, 33. (*Note de Spinoza*.)
3. ↑ Cela veut dire : *Vous vous réjouirez honnêtement*. De même, en hollandais : *Met Godt, en met eere*. (*Note de Spinoza*.)
4. ↑ Expression hébraïque, qui signifie : *Être le maître de l'empire, diriger l'empire, comme on fait un cheval, à l'aide du frein*. (*Note de Spinoza*.)
5. ↑ On remarquera que les Juifs croient que Dieu n'a donné à Noé que sept commandements, qui seuls sont obligatoires pour toutes les nations, tandis qu'il en a donné un plus grand nombre à la nation hébraïque, par un privilège unique, et pour la rendre plus heureuse que toutes les autres. (*Note de Spinoza*.)

CHAPITRE VI

DES MIRACLES

De même que les hommes appellent divine toute science qui surpasse la portée de l'esprit humain, ils voient la main de Dieu dans tout phénomène dont la cause est généralement ignorée. Le vulgaire en effet est persuadé que la puissance et la providence divines n'éclatent jamais si visiblement que lorsqu'il arrive dans la nature quelque chose d'extraordinaire et qui choque les idées reçues, surtout si l'événement tourne au profit et à l'avantage des hommes. Aussi rien ne prouve plus clairement aux yeux du peuple l'existence de Dieu que l'interruption soudaine de l'ordre de la nature ; et de là vient que ceux qui expliquent toutes choses, et même les miracles, par des causes naturelles, et s'efforcent de les comprendre, sont accusés de nier Dieu, ou du moins la providence de Dieu. Tant que la nature suit son cours ordinaire, on s'imagine que Dieu ne fait rien ; et réciproquement, pendant que Dieu agit, la puissance de la nature semble suspendue et ses forces oisives, de façon qu'on établit ainsi deux puissances distinctes l'une de l'autre, celle de Dieu et celle de la nature, laquelle toutefois est déterminée par Dieu d'une certaine façon, ou, comme la plupart le croient maintenant, créée par lui. Mais qu'entend-on par chacune de ces puissances, Dieu et la nature ? voilà ce que le vulgaire ne sait pas ; la puissance de Dieu, c'est pour lui quelque chose comme l'autorité royale ; la nature, c'est une force impétueuse et aveugle. Le vulgaire donne donc aux phénomènes extraordinaires de la nature le nom de miracles, c'est-à-dire d'ouvrages de Dieu, et soit par dévotion, soit en haine de ceux qui cultivent les sciences naturelles, il se complaît dans l'ignorance des causes, et ne veut entendre parler que de ce qu'il admire, c'est-à-dire de ce qu'il ignore. Le seul moyen pour lui d'adorer Dieu et de rapporter toutes choses à son empire et à sa volonté, c'est de supprimer les causes naturelles, de bouleverser l'ordre des choses, et de se représenter la puissance de la nature enchaînée par celle de Dieu.

Si l'on cherche l'origine de ces préjugés, il faut, à ce qu'il me semble, remonter jusqu'aux premiers Hébreux. On sait que les nations païennes de cette époque adoraient des dieux visibles, comme le Soleil, la Lune, la Terre, l'Eau, l'Air, etc. Pour les convaincre d'erreur, pour leur montrer que ces divinités faibles et changeantes étaient sous l'empire d'un Dieu invisible, les Hébreux racontaient les miracles dont ils avaient été témoins, s'efforçant de prouver en outre par ces récits que le Dieu qu'ils adoraient gouvernait la nature entière pour leur seul avantage. Cet exemple a séduit si fortement les hommes qu'ils n'ont pas cessé depuis lors d'imaginer les miracles ; chaque nation a voulu faire croire qu'elle est plus chère à Dieu que toutes les autres, que Dieu a tout créé pour elle, et qu'il dirige tout vers cet unique dessein. Voilà l'excès d'arrogance où la stupidité du vulgaire s'est portée. Dans la grossièreté de ses idées touchant Dieu et la nature, il confond les volontés de Dieu avec les désirs des hommes, et se représente la nature si bornée que l'homme en est la partie principale. Mais c'est assez parler des opinions et des préjugés du vulgaire sur la nature et les miracles ; j'arrive aux quatre principes que je me propose de démontrer ici dans l'ordre suivant. 1° J'établirai d'abord que rien n'arrive contre l'ordre de la nature, et qu'elle suit sans interruption un cours éternel et immuable ; j'expliquerai en même temps ce qu'il faut entendre par miracle. 2° Je prouverai que ce ne sont point les miracles qui peuvent nous faire connaître l'essence et l'existence de Dieu, ni par conséquent sa providence, toutes ces vérités se comprenant beaucoup mieux par l'ordre constant et immuable de la nature. 3° Je prouverai par plusieurs exemples tirés de l'Écriture que l'Écriture elle-même n'entend rien autre chose par les décrets, les volontés de Dieu, et conséquemment par sa providence, que l'ordre même de la nature qui résulte nécessairement de ses éternelles lois. 4° Je traiterai en dernier lieu de la manière d'interpréter les miracles de l'Écriture, et marquerai les points principaux qu'il convient de considérer dans le récit de ces miracles. Tels sont les divers objets qui feront la matière du présent chapitre, et, si je ne me trompe, il n'en est pas un qui ne doive beaucoup servir au dessein que je me propose dans tout cet ouvrage.

Pour établir mon premier principe, il me suffit de rappeler ce que j'ai démontré au chap. IV, sur la loi divine, savoir : que tout ce que Dieu veut ou détermine enveloppe une nécessité et une vérité éternelles. L'entendement de Dieu ne se distinguant pas, nous l'avons prouvé, de sa volonté, dire que Dieu veut une chose ou dire qu'il la pense, c'est affirmer exactement la même chose. En conséquence, la même nécessité en vertu de laquelle il suit de la nature et de la perfection de Dieu qu'il pense une certaine chose telle qu'elle est, cette même nécessité, dis-je, fait que Dieu veut cette chose telle qu'elle est. Or, comme rien n'est nécessairement vrai que par le seul décret divin, il est évident que les lois universelles de la nature sont les décrets mêmes de Dieu, lesquels résultent nécessairement de la perfection de la nature divine. Si donc un phénomène se produisait dans l'univers qui fût contraire aux lois générales de la nature, il serait également contraire au décret divin, à l'intelligence et à la nature divines ; et de même si Dieu agissait contre les lois de la nature, il agirait contre sa propre essence, ce qui est le comble de l'absurdité. Je pourrais appuyer encore ma démonstration sur ce principe, que la puissance de la nature n'est, en réalité, que la puissance même et la vertu de Dieu, laquelle est le propre fond de l'essence divine ; mais ce surcroît de preuves est présentement superflu. Je conclus donc qu'il n'arrive rien dans la nature[1] qui soit contraire à ses lois universelles, rien, dis-je, qui ne soit d'accord avec ces lois et qui n'en résulte. Tout ce qui arrive se fait par la volonté de Dieu et son éternel décret : en d'autres termes, tout ce qui arrive se fait suivant des lois et des règles qui enveloppent une nécessité et une vérité éternelles. Ces lois et ces règles, bien que toujours nous ne les connaissions pas, la nature les suit toujours, et par conséquent elle ne s'écarte jamais de son cours immuable. Or il n'y a point de bonne raison d'imposer une limite à la puissance et à la vertu de la nature, et de considérer ses lois comme appropriées à telle fin déterminée et non à toutes les fins possibles ; car la puissance et la vertu de la nature sont la puissance même et la vertu de Dieu ; les lois et les règles de la nature sont les propres décrets de Dieu ; il faut donc croire de toute nécessité que la puissance de la nature est infinie, et que ses lois sont ainsi faites qu'elles s'étendent à tout ce que l'entendement divin est capable d'embrasser. Nier cela, c'est soutenir que Dieu a créé la nature si impuissante et lui a donné des lois si stériles qu'il est obligé de venir à son secours, s'il veut qu'elle se conserve et que tout s'y passe au gré de ses vœux : doctrine aussi déraisonnable qu'il s'en puisse imaginer.

Maintenant qu'il est bien établi que rien n'arrive dans la nature qui ne résulte de ses lois, que ces lois embrassent tout ce que l'entendement divin lui-même est capable de concevoir, enfin que la nature garde éternellement un ordre fixe et immuable[2], il s'ensuit très-clairement qu'un miracle ne peut s'entendre qu'au regard des opinions des hommes, et ne signifie rien autre chose qu'un événement dont les hommes (ou du moins celui qui raconte le miracle) ne peuvent expliquer la cause naturelle par analogie avec d'autres événements semblables qu'ils sont habitués à observer. Je pourrais définir aussi le miracle : ce qui ne peut être expliqué par les principes des choses naturelles, tels que la raison nous les fait connaître ; mais comme les miracles ont été faits pour le vulgaire, lequel était dans une ignorance absolue des principes des choses naturelles, il est certain que les anciens considéraient comme miraculeux tout ce qu'ils ne pouvaient expliquer de la façon dont le vulgaire explique les choses, c'est-à-dire en demandant à la mémoire le souvenir de quelque événement semblable qu'on ait l'habitude de se représenter sans étonnement ; car le vulgaire croit comprendre suffisamment une chose, quand elle a cessé de l'étonner. Les anciens donc, et tous les hommes en général jusqu'à notre temps, ou peu s'en faut, n'ont point eu d'autre criterium des événements miraculeux que celui que je viens de dire ; il ne faut par conséquent pas douter que dans les saintes Écritures il n'y ait une foule de choses miraculeuses qui s'expliquent très-simplement par les principes aujourd'hui connus des choses naturelles. C'est ce que nous avons déjà fait pressentir plus haut à propos du miracle de Josué arrêtant le soleil, et de la rétrogradation de ce même astre au temps d'Achaz ; mais nous traiterons bientôt plus au long cette matière de l'interprétation des miracles, qui fait en partie l'objet de ce chapitre.

Je veux établir maintenant mon second principe, qui est que les miracles ne nous font nullement comprendre ni l'essence, ni l'existence, ni la providence de Dieu, mais au contraire que toutes ces vérités nous sont manifestées d'une façon beaucoup plus claire par l'ordre fixe et immuable de la nature. Voici ma démonstration : l'existence de Dieu n'étant pas évidente d'elle-même[3], il faut nécessairement qu'on la déduise de certaines notions dont la vérité soit si ferme et si inébranlable qu'il n'y ait aucune puissance capable de les changer. Tout au moins faut-il que ces notions nous apparaissent avec ce caractère de certitude absolue, au moment où nous en inférons l'existence de Dieu ; sans quoi nous ne pourrions aboutir à une conclusion parfaitement assurée. Il est clair, en effet, que si nous venions à supposer que ces notions peuvent être changées par une puissance quelconque, nous douterions à l'instant même de leur vérité, nous douterions de l'existence de Dieu, qui se fonde sur elles ; en un mot, il n'est rien au monde dont nous puissions être certains. Maintenant, à quelles conditions disons-nous qu'une chose est conforme à la nature, ou qu'elle y est contraire ? à condition qu'elle soit conforme ou contraire à ces notions premières. Si donc nous venions à supposer que, par la vertu d'une certaine puissance, quelle qu'elle soit, il se produit dans la nature une chose contraire à la nature, il faudrait concevoir cette chose comme contraire aux notions premières, ce qui est absurde ; à moins qu'on ne veuille douter des notions premières, et par conséquent de l'existence de Dieu et de toutes choses, de quelque façon que nous les percevions. Il s'en faut donc infiniment que les miracles, si l'on entend par ce mot un événement contraire à l'ordre de la nature, nous découvrent l'existence de Dieu ; loin de là, ils nous en feraient douter, puisque nous pourrions être absolument certains qu'il existe un Dieu en supprimant tous les miracles ; je veux dire en étant convaincus que toutes choses suivent l'ordre déterminé et immuable de la nature.

Supposons maintenant qu'on définisse le miracle : ce qui est inexplicable par les causes naturelles ; ou bien on entend que le miracle a au fond des causes naturelles, mais telles que l'intelligence humaine ne les peut découvrir ; ou bien que le miracle n'a d'autre cause que Dieu ou la volonté de Dieu. Or, comme tout ce qui se fait par des causes naturelles se fait aussi par la seule puissance et la seule volonté de Dieu, il faut nécessairement en venir à dire que le miracle, soit qu'il ait des causes naturelles, soit qu'il n'en ait pas, est une chose qui ne peut s'expliquer par une cause, c'est-à-dire une chose qui surpasse l'intelligence humaine. Or, une chose qui surpasse l'intelligence humaine ne peut rien nous faire comprendre ; car tout ce que nous comprenons clairement et distinctement, ou bien nous le concevons par soi-même, ou bien par quelque autre chose qui de soi se comprend d'une façon claire et distincte. Par conséquent un miracle, c'est-à-dire une chose qui surpasse l'intelligence humaine, ne peut nous faire comprendre l'essence et l'existence de Dieu, ni rien nous apprendre absolument de Dieu et de la nature ; au contraire, quand nous savons que toutes choses sont déterminées et réglées par la main divine, que les opérations de la nature résultent de l'essence de Dieu, et que les lois de l'univers sont ses décrets et ses volontés éternelles, nous connaissons alors d'autant mieux Dieu et sa volonté que nous pénétrons plus avant dans la connaissance des choses naturelles, que nous les voyons dépendre plus étroitement de leur première cause, et se développer suivant les éternelles lois qu'elle a données à la nature. Il suit de là qu'au regard de notre intelligence, les phénomènes que nous comprenons clairement et distinctement méritent bien plutôt qu'on les appelle ouvrages de Dieu et qu'on les rapporte à la volonté divine que ces miracles qui nous laissent dans une ignorance absolue, bien qu'ils occupent fortement l'imagination des hommes et les frappent d'étonnement et d'admiration ; car enfin, il n'y a dans la nature que les choses dont nous avons une connaissance claire et distincte qui nous élèvent à une connaissance plus sublime de Dieu, et nous manifestent en traits éclatants sa volonté et ses décrets. C'est donc véritablement se jouer, quand on ignore une chose, que de recourir à la volonté de Dieu ; on ne fait par là que confesser très-ridiculement son ignorance. Un miracle, en effet, n'étant jamais qu'une chose limitée, et n'exprimant par conséquent qu'une puissance également limitée, il est certainement impossible de remonter d'un effet de cette nature à l'existence d'une cause infiniment puissante ; tout au plus a-t-on le droit de conclure qu'il existe une cause plus grande que l'effet produit. Je dis tout au plus, car il peut arriver que, par le concours de plusieurs causes, un effet se produise, dont la puissance, tout en restant inférieure à celle de toutes ces causes réunies, soit très-supérieure à la force de chacune d'elles. Au contraire, les lois de l'univers, ainsi que nous l'avons déjà montré, s'étendant à une infinité d'objets et se faisant concevoir sous un certain caractère d'éternité, la nature qui se développe, en suivant ces lois, dans un ordre immuable, est pour nous comme une manifestation visible de l'infinité, de l'éternité et de l'immutabilité de Dieu. Concluons donc que les miracles ne nous font nullement connaître Dieu, ni son existence, ni sa providence, mais que toutes ces vérités se déduisent infiniment mieux de l'ordre fixe et immuable de la nature.

En concluant de la sorte, j'entends par miracle ce qui surpasse ou ce qu'on croit qui surpasse la portée de l'intelligence humaine. Car si l'on appelle miracle un bouleversement de l'ordre de la nature, ou une interruption de son cours, ou un fait qui contrarie ses lois, il faut dire alors, non plus seulement qu'un miracle ne pourrait donner aucune connaissance de Dieu, mais qu'il irait jusqu'à détruire celle que nous avons naturellement, et à nous faire douter de Dieu et de toutes choses. Je ne reconnais ici aucune différence entre un phénomène contraire à la nature et un phénomène au-dessus de la nature (par où l'on entend un phénomène qui, sans être contraire à la nature, ne peut être produit ou effectué par elle) ; un miracle en effet ne s'accomplissant pas hors de la nature, mais dans la nature elle-même, on a beau dire qu'il est seulement au-dessus d'elle, il faut nécessairement qu'il en interrompe le cours. Or, d'un autre côté, nous concevons le cours de la nature comme fixe et immuable par les propres décrets de Dieu. Si donc un phénomène se produisait dans la nature qui ne fût point conforme à ses lois, on devrait admettre de toute nécessité qu'il leur est contraire, et qu'il renverse l'ordre que Dieu a établi dans l'univers en lui donnant des lois générales pour le régler éternellement. D'où il faut conclure que la croyance aux miracles devrait conduire au doute universel et à l'athéisme. Je considère donc mon second principe comme parfaitement établi, c'est à savoir qu'un miracle, de quelque façon qu'on l'entende, contraire à la nature ou au-dessus d'elle, est purement et simplement une absurdité, et qu'il ne faut voir dans les miracles des saintes Écritures que des phénomènes naturels qui surpassent ou qu'on croit qui surpassent la portée de l'intelligence humaine.

Mais, avant d'arriver à mon troisième point, je veux confirmer par l'Écriture cette doctrine que les miracles ne nous font point connaître Dieu. L'Écriture ne dit cela nulle part d'une manière expresse, mais on le peut inférer de plusieurs passages, notamment de celui où Moïse (*Deutéron.*, chap. XIII) ordonne de punir de mort les faux prophètes, alors même qu'ils font des miracles. Voici ses paroles : « *Et bien que vous voyiez apparaître le signe, le prodige qu'il vous a prédit*, etc., *gardez-vous de croire* (pour cela) *aux paroles de ce prophète*, etc., *parce que le Seigneur votre Dieu veut vous tenter*, etc. ; *condamnez* (donc) *ce prophète à mort*, etc. » Il résulte clairement de ce passage que les faux prophètes font aussi des miracles, et que si les hommes n'étaient solidement prémunis par une connaissance véritable et un véritable amour de Dieu, les miracles pourraient leur faire adorer également les faux dieux et le vrai Dieu. Moïse ajoute en effet : « *Car Jéhovah, votre Dieu, vous tente pour savoir si vous l'aimez de tout votre cœur et de toute votre âme.* » Une autre preuve que tous ces miracles, en si grand nombre, ne pouvaient donner aux Israélites une idée saine de Dieu, c'est ce qui arriva quand ils crurent que Moïse les avait quittés : ils demandèrent à Aharon des divinités visibles, et, j'ai honte de le dire, ce fut un veau qui leur représenta le vrai Dieu, tant de miracles n'ayant abouti qu'à leur en donner pareille idée. On sait qu'Asaph, qui avait été témoin d'un si grand nombre de prodiges, douta de la providence de Dieu, et il se serait même écarté de la bonne voie s'il n'avait enfin compris la béatitude véritable (voyez psaume XXXVII). Salomon lui-même, et de son temps la prospérité des Hébreux était à son comble, Salomon a laissé échapper ce soupçon, que toutes choses sont livrées au hasard (voyez *Ecclés.*, chap. III, vers. 19, 20, 21 ; chap. IX, vers. 2, 3, etc.). Enfin, ç'a été pour presque tous les prophètes un mystère plein d'obscurité que l'accord qui existe entre la providence de Dieu, telle qu'ils la concevaient, et l'ordre de la nature et les événements de la vie humaine. Or, cet accord a toujours été parfaitement visible pour les philosophes qui s'efforcent de comprendre les choses par des notions claires et non par des miracles, qui font consister la félicité véritable dans la seule vertu et dans la tranquillité de l'âme, qui enfin veulent obéir à la nature, et non pas la faire obéir, parce qu'ils savent de science certaine que Dieu dirige la nature suivant des lois universelles et non pas suivant les lois particulières de la nature humaine, en un mot que Dieu n'est pas seulement le Dieu du genre humain, mais le Dieu de la nature entière. Je conclus donc de tout ce qui précède que, d'après l'Écriture elle-même, les miracles ne donnent point de Dieu une connaissance vraie, ni de sa providence un clair témoignage. Je sais bien qu'il est souvent dit dans l'Écriture que Dieu a fait des prodiges pour se faire connaître aux hommes ; ainsi dans l'*Exode* (chap. x, vers. 2), Dieu trompe les Égyptiens et donne des signes de son existence, afin que les Israélites sachent qu'il est le vrai Dieu ; mais il ne résulte point de là que les miracles soient des témoignages de l'existence de Dieu ; il en résulte seulement que les Juifs avaient de telles opinions qu'ils pouvaient être facilement convaincus par des miracles de cette sorte. Nous avons en effet démontré dans notre chapitre II que les preuves prophétiques, c'est-à-dire les preuves tirées de la révélation, ne se fondent pas sur les notions universelles et communes à tous les hommes, mais sur les idées reçues, quoique absurdes, et sur les opinions de ceux qui reçoivent la révélation et que le Saint-Esprit veut convaincre : doctrine que nous avons confirmée par un grand nombre d'exemples, et même par le témoignage de Paul, qui était Grec avec les Grecs, et Juif avec les Juifs. Du reste, si tous ces miracles avaient le don de convaincre les Égyptiens et les Hébreux en vertu de leurs idées habituelles, ils n'en étaient pas moins incapables de leur donner une idée véritable de Dieu ; tout ce qu'ils pouvaient faire, c'était de leur prouver qu'il existe une divinité plus puissante que toutes les choses qui tombaient sous leur connaissance, et que Dieu prenait un soin particulier des affaires des Hébreux, qui étaient alors en effet très-florissantes, au lieu de s'occuper avec une égale sollicitude de tous les humains, ainsi que l'enseigne la philosophie, qui seule d'ailleurs peut démontrer qu'il en est ainsi. Voilà pourquoi les Juifs et tous ceux qui ne connaissent la providence de Dieu que par l'état variable des choses humaines et l'inégalité des conditions, se sont persuadés que les Juifs étaient plus chers à Dieu que tous les autres peuples, quoiqu'ils ne les aient point surpassés en véritable perfection, comme nous l'avons démontré dans le chapitre III.

Mais il est temps d'arriver à notre troisième principe, qui est que les décrets et les ordres de Dieu, et par conséquent sa providence, ne sont, dans l'Écriture, rien autre chose que l'ordre de la nature ; en d'autres termes, quand l'Écriture dit qu'une chose est l'œuvre de Dieu, ou qu'elle a été faite par sa volonté, elle entend que cette chose s'est faite suivant les lois et l'ordre de la nature, et point du tout, comme le croit le vulgaire, que la nature a cessé d'agir pour laisser faire Dieu, ou que son cours a été quelque temps interrompu. Du reste, l'Écriture ne s'explique jamais directement sur ce qui n'a point de rapport à l'enseignement qu'elle veut donner, par cette raison (que nous avons déjà établie en traitant de la loi divine) que son objet n'est nullement d'expliquer les choses par leurs causes naturelles, ni de résoudre des questions de pure spéculation. Nous nous proposons donc ici d'interpréter dans notre sens certains récits de l'Écriture qui se trouvent être plus étendus et plus circonstanciés que les autres. En voici quelques-uns : dans le livre de *Shamuel* (chap. IX, vers. 15, 16) il est dit que Dieu révéla à Shamuel qu'il enverrait vers lui Saül ; et toutefois Dieu n'envoya pas Saül vers Shamuel, comme les hommes envoient d'ordinaire telle personne vers telle autre ; cet envoi de Saül accompli par Dieu fut tout simplement l'ordre même de la nature. Saül, en effet (comme on le raconte au chapitre précédent de *Shamuel*), était à la recherche des ânesses qu'il avait perdues ; et après avoir délibéré s'il rentrerait ou non dans sa maison sans les avoir retrouvées, il se décida, par le conseil d'un de ses serviteurs, à aller trouver le prophète Shamuel, pour apprendre de lui en quel endroit il pourrait retrouver ses ânesses ; et de même, dans toute la suite de ce récit, on ne voit pas que Saül ait suivi aucun ordre particulier de Dieu ; ce fut le cours naturel des choses qui le conduisit chez Shamuel. Dans le psaume CV, vers. 24, il est dit que Dieu changea les dispositions des Égyptiens et leur fit prendre en haine le peuple juif. Mais ce changement fut parfaitement naturel, comme on le voit clairement dans l'*Exode* (chap. I, qui donne une raison très-forte du dessein que prirent les Égyptiens de réduire les Israélites en esclavage. Au chap. IX de la *Genèse* (vers. 13), Dieu dit à Noé qu'il se manifestera dans la nue. Or cette action de Dieu n'est rien autre chose qu'une réfraction et une réflexion que subissent les rayons du soleil en traversant les gouttelettes d'eau suspendues dans les nuages. Au psaume CXLVII, vers. 18, cette action naturelle du vent, qui fond par sa chaleur la gelée et la neige, est appelée Parole de Dieu ; et au vers. 15, le vent et le froid sont également appelés Parole de Dieu ; de même, au psaume CIV, vers. 4, le vent et le feu prennent le nom d'envoyés de Dieu, de ministres de Dieu ; et il y a ainsi dans l'Écriture une foule de passages qui marquent très-clairement que le décret de Dieu, son commandement, sa parole et son verbe, sont tout simplement l'action et l'ordre de la nature. Il ne faut donc pas douter que tous les faits racontés par l'Écriture ne se soient passés naturellement ; et cela n'empêche pas de les rapporter à Dieu, l'Écriture, je le répète, n'ayant pas pour objet d'expliquer les choses par leurs causes naturelles, mais seulement de faire un tableau des événements les plus capables de frapper l'imagination, et d'en présenter le récit dans l'ordre et avec le style qui disposent le mieux à l'admiration et qui, par conséquent, tournent le plus fortement l'âme du vulgaire à la dévotion. Si donc nous rencontrons dans l'Écriture le récit de certains faits dont la cause naturelle nous échappe, ou même qui semblent contraires aux lois de la nature, cela ne doit point nous arrêter, et nous devons demeurer convaincus que tout ce qui est effectivement arrivé est arrivé naturellement. Ce qui confirme cette doctrine, c'est qu'on voit clairement par le récit de plusieurs miracles qu'ils ont été accompagnés de certaines circonstances que le récit ne mentionne pas toujours, surtout quand il est conçu et comme chanté dans le style de la poésie ; or ce sont justement ces circonstances qui font voir que le miracle s'est produit par des causes naturelles. Ainsi, quand Moïse voulut que les Égyptiens fussent dévorés d'ulcères, il répandit dans l'air de la cendre chaude (*Exode*, chap. XI, vers. 10). Ce fut aussi par un décret de Dieu tout semblable, c'est-à-dire un décret naturel, savoir, par un vent d'orient qui souffla nuit et jour, que les sauterelles couvrirent l'Égypte, et il fallut un vent impétueux d'occident pour les en chasser (*Exode*, chap. X, vers. 14, 19). De même encore le décret divin qui ouvrit la mer aux Hébreux (*Exode*, chap. XIV, vers. 21) ne fut rien autre chose qu'un vent d'orient qui souffla avec violence pendant toute la nuit. Si Élisée rendit la force et la vigueur à un enfant que l'on croyait mort, il eut besoin de se pencher sur lui à plusieurs reprises, jusqu'à ce que l'enfant fût réchauffé et rouvrît les yeux (*Rois*, liv. II, chap. IV, vers. 34, 35). On trouve aussi dans l'Évangile de Jean (chap. IX) le récit de certaines circonstances préliminaires dont Jésus-Christ se servit pour guérir un aveugle. En un mot, je pourrais citer ici une foule de récits de l'Écriture qui prouvent suffisamment que les miracles requièrent d'autres conditions qu'un simple commandement de Dieu, comme on dit. Il faut donc croire que si les circonstances des miracles et les causes naturelles qui les expliquent ne sont pas toujours mentionnées, elles n'en ont pas été moins nécessaires à leur accomplissement. Ainsi, dans le récit de l'*Exode* (chap. XIV, vers. 27), on voit qu'au seul commandement de Moïse, la mer recommença de s'enfler ; et il n'est pas question du vent. Mais dans le cantique de Moïse (chap. XV, vers. 10) il est dit que la mer s'enfla par un souffle de Dieu (c'est-à-dire par un vent très-fort) ; par où l'on voit que si cette circonstance a été omise dans le récit qui précède, c'est pour que le miracle parût plus grand. On dira que nous trouvons dans l'Écriture une foule de choses qui ne semblent pas pouvoir être expliquées en aucune façon par des causes naturelles : on y voit, par exemple, que les péchés des hommes et leurs prières peuvent être cause de la pluie et de la fertilité de la terre, que la foi a pu guérir des aveugles, et une infinité de choses semblables. Mais je crois avoir déjà répondu à cette objection ; j'ai montré en effet que l'Écriture n'a jamais pour objet d'expliquer les choses par leurs causes prochaines, mais seulement de les présenter dans un certain ordre et avec un certain style capables d'exciter la dévotion des hommes, particulièrement du vulgaire ; et c'est pourquoi elle s'exprime sur Dieu et sur toutes choses d'une façon très-peu exacte ; car ce n'est point la raison qu'elle veut convaincre, c'est l'imagination qu'elle veut frapper. Supposez en effet que l'Écriture raconte la chute d'un empire à la façon des écrivains politiques, le peuple n'en sera nullement touché ; mais il arrivera justement le contraire, si on fait un tableau poétique de cet empire qui s'écroule, et si on a soin, comme l'Écriture, de tout rapporter à Dieu. Lors donc que l'Écriture raconte que la terre est devenue stérile à cause des péchés des hommes, ou que les aveugles ont été guéris par leur foi, nous ne devons pas plus être choqués de tout cela que de l'entendre dire que Dieu s'irrite des péchés des hommes, qu'il en est contristé, qu'il regrette le bien qu'il leur a promis et qu'il leur a fait ; ou encore que Dieu se souvient, en apercevant quelque signe, d'une promesse par laquelle il s'est engagé ; et mille paroles semblables, qui sont des images poétiques, ou bien qui marquent seulement les opinions et les préjugés de l'écrivain. Concluons donc sans hésiter que tout ce qu'il y a de vrai dans les récits de l'Écriture s'est passé selon les lois de la nature qui régissent toutes choses ; et si l'on y rencontre quelque événement qui soit évidemment contraire aux lois naturelles, ou ne puisse absolument pas s'en déduire, il faut croire alors qu'il a été ajouté aux saintes Écritures par une main sacrilège. Car ce qui est contre la nature est contre la raison ; et ce qui est contre la raison, étant absurde, doit être immédiatement rejeté.

Il ne me reste plus qu'à présenter quelques remarques sur l'interprétation des miracles, ou plutôt à reprendre (car le principal est dit) les points que je viens d'exposer, et à les éclaircir par un ou deux exemples. Ce qui rend ces explications nécessaires, c'est que je crains qu'en interprétant mal quelques miracles, on ne suppose témérairement qu'on a rencontré dans l'Écriture quelque chose de contraire à la lumière naturelle. Il est bien rare que les hommes racontent un événement tout simplement, comme il s'est passé, sans rien ajouter au récit. C'est surtout quand ils voient et entendent quelque chose de nouveau qu'il leur arrive, à moins qu'ils ne soient fortement en garde contre leurs opinions préconçues, d'en avoir l'esprit tellement prévenu, qu'ils aperçoivent les choses tout autrement qu'ils ne les voient ou les entendent raconter, particulièrement si l'événement dont il s'agit passe la portée de celui qui le raconte ou de celui qui l'entend raconter, et plus encore si tous deux sont intéressés à ce que les choses se soient passées de telle ou telle façon. De là vient que, dans les Chroniques et les Histoires, les hommes exposent bien plutôt leurs opinions sur les choses que les choses elles-mêmes ; de telle sorte que, si un seul et même événement est raconté par deux hommes d'opinions différentes, on pourrait croire qu'il s'agit de deux événements différents ; et il est souvent très-facile de déterminer, par le caractère d'une certaine histoire, les opinions de l'historien. Je pourrais confirmer ces réflexions en citant un grand nombre de philosophes qui ont écrit l'histoire de la nature, et une foule de chroniqueurs ; mais cela est présentement superflu, et je vais me borner à un exemple tiré de l'Écriture sainte, me fiant pour le reste à la sagesse du lecteur.

Au temps de Josué, les Hébreux (ainsi que nous l'avons déjà remarqué) croyaient, comme fait encore le vulgaire, que le soleil se meut d'un mouvement diurne, et que la terre est en repos. Ils ne manquèrent pas d'accommoder à cette opinion le miracle qu'ils virent s'accomplir, quand ils livrèrent bataille aux cinq rois. Car ils ne dirent pas simplement que le jour de cette bataille fut plus long qu'à l'ordinaire ; ils ajoutèrent que le soleil et la lune s'étaient arrêtés, avaient suspendu leur mouvement. Or, il est clair que cette manière de présenter l'événement était très-propre à agir sur les nations païennes de ce temps qui adoraient le soleil, et à leur prouver par le témoignage des faits que le soleil est sous l'empire d'une puissance plus haute, qui peut l'obliger par sa seule volonté à changer l'ordre de son cours. Ainsi donc, moitié par religion, moitié par suite de préjugés établis, les Hébreux furent amenés à concevoir un événement et à le raconter tout autrement qu'il n'avait pu effectivement se produire.

Il est par conséquent nécessaire, pour interpréter les miracles de l'Écriture et s'en faire une juste idée d'après le récit qu'on a sous les yeux, de connaître les opinions des premiers témoins de ces faits miraculeux et de ceux qui nous ont transmis leur témoignage, et d'établir une distinction profonde entre les opinions du témoin ou de l'écrivain et les faits eux-mêmes tels qu'ils ont pu se présenter à leurs yeux. Faute de cette distinction, on confondra des faits réels avec des opinions et des jugements. Ce n'est pas tout : on confondra ces faits avec d'autres faits tout fantastiques, qui n'ont eu lieu que dans l'imagination des prophètes. Car il ne faut pas douter que dans l'Écriture une foule de choses ne soient données comme réelles et qu'on croyait effectivement réelles, qui ne sont au fond que des représentations imaginaires, comme, par exemple, que Dieu (l'être en soi) soit descendu du ciel (*Exode*, chap. XIX, vers. 28 ; *Deutéronome*, chap. V, vers. 28) ; que le mont Sinaï ait lancé de la fumée, parce que Dieu venait d'y descendre entouré de flammes ; ou enfin qu'Élie soit monté au ciel sur un char enflammé traîné par des chevaux de feu. Ce ne sont là que des représentations fantastiques appropriées aux opinions de ceux qui nous les ont racontées, lesquels en effet nous ont décrit les choses comme ils les avaient imaginées, c'est-à-dire comme réelles. Quiconque a l'esprit un peu élevé au-dessus du vulgaire sait parfaitement que Dieu n'a ni droite ni gauche, qu'il n'est pas en mouvement, ni en repos, ni situé en tel endroit, mais qu'il est absolument infini et qu'il contient toutes les perfections. On sait tout cela, je le répète, quand on règle ses jugements sur les perceptions de l'entendement pur, et non pas sur les impressions des sens et de l'imagination, comme fait le vulgaire, qui se représente un Dieu corporel entouré d'une pompe royale, assis sur un trône élevé, par delà les étoiles, au plus haut de la voûte céleste, sans que cette distance toutefois l'éloigne beaucoup de la terre. C'est à de pareilles opinions que sont appropriés une foule de récits de l'Écriture, que des philosophes ne peuvent par conséquent pas prendre à la lettre. Je conclus qu'il importe, pour se rendre compte des miracles et savoir comment ils se sont passés, de connaître le langage et les figures hébraïques ; et quiconque n'y fera pas une attention suffisante risquera de trouver dans l'Écriture plusieurs miracles que l'historien n'a jamais pensé à donner pour tels ; de façon qu'il ignorera, non seulement la véritable manière dont se sont passées les choses, mais la pensée même des auteurs sacrés. Je vais citer quelques exemples : Zacharie (chap. XIV, vers. 7), prédisant une guerre prochaine, s'exprime ainsi : « *Il y aura un jour unique, connu du Seigneur seul,* (qui ne sera) *ni jour ni nuit ; mais sur le soir la lumière paraîtra.* » Ces paroles ont l'air de prédire un grand miracle, et cependant le prophète ne veut rien dire autre chose, sinon que le succès du combat sera tout le jour incertain, que Dieu seul en connaît l'événement, et qu'enfin les Hébreux, vers le soir, seront vainqueurs. C'est avec des formes de style semblables que les prophètes prédisaient d'ordinaire les victoires et les revers des nations. Entendons Isaïe dépeignant la ruine de Babylone (chap. XIII) : « *Les étoiles et les astres du ciel ne feront plus briller leur lumière ; le soleil s'obscurcira à son lever, et la lune ne répandra plus ses clartés.* » Or je ne suppose pas que personne s'imagine que tout cela est arrivé à l'époque de la dévastation de l'empire babylonien ; pas plus que ce qu'ajoute le prophète : « *C'est pourquoi je ferai trembler les cieux, et la terre sera ôtée de sa place.* » Isaïe emploie encore le même langage (chap. XLVIII, derniers vers.), quand il prédit aux Juifs qu'ils reviendront à Babylone sans que leur sûreté soit troublée, et sans souffrir de la soif pendant le chemin : « *Et ils n'ont point eu soif* », dit-il ; « *il les a conduits à travers les déserts, et il leur a fait couler l'eau du rocher ; il a fendu le rocher, et les eaux se sont répandues.* » Ce qui signifie tout simplement que les Juifs trouveront dans le désert des sources pour étancher leur soif ; puisqu'il est certain qu'au retour des Juifs de Babylone, autorisé par Cyrus, il ne se produisit aucun miracle de cette sorte. On rencontre ainsi dans l'Écriture une foule de miracles apparents qui ne sont au fond que des figures hébraïques ; et il n'est certes pas nécessaire que je les cite ici l'un après l'autre ; qu'il me suffise de montrer que ces figures n'ont pas seulement pour objet d'orner le récit, mais qu'elles servent principalement à lui donner un caractère religieux. C'est pour cela qu'on trouve dans l'Écriture sainte *bénir Dieu* pris dans le sens de *maudire* (*Rois*, liv. I, chap. XXI, vers. 10 ; *Job*, chap. II, vers. 9) ; c'est encore pour cela qu'elle rapporte tout à Dieu, de façon qu'elle a toujours l'air de raconter des miracles, même quand elle parle des événements les plus naturels, comme on peut le voir par plusieurs exemples que j'ai cités. Ainsi, quand l'Écriture dit que Dieu avait endurci le cœur de Pharaon, cela signifie tout simplement que Pharaon avait le caractère opiniâtre. Et quand elle dit que Dieu a ouvert les fenêtres du ciel, il faut entendre qu'il a beaucoup plu, et ainsi pour tout le reste. Si donc on veut bien se rendre attentif à toutes ces choses et considérer en outre que l'Écriture sainte contient beaucoup de récits où les faits sont exposés rapidement, sans aucune de leurs circonstances, et en quelque sorte dans un état de mutilation, on ne trouvera presque rien dans les livres sacrés qui soit essentiellement contraire à la lumière naturelle, et une foule de choses qui avaient paru jusque-là très-obscures se feront comprendre et interpréter sans effort.

Je crois avoir atteint l'objet que je m'étais proposé dans ce chapitre. Mais, avant de le terminer, j'ai une observation à faire : c'est que la méthode que je viens d'appliquer aux miracles n'est pas la même que celle dont je me suis servi pour les prophètes. Je n'ai rien affirmé touchant les prophéties que je ne fusse en état de le déduire des saintes Écritures. Ici, au contraire, j'ai pris pour base les principes qui nous sont fournis par la lumière naturelle, et c'est avec intention que j'ai procédé de la sorte. La matière de la prophétie étant en effet au-dessus de la portée humaine, et tombant dans le domaine des questions de pure théologie, je ne pouvais rien affirmer sur cette matière, ni même savoir en quoi elle consiste, sans m'appuyer sur la révélation. J'ai donc été obligé de tracer une histoire de la prophétie et d'en déduire quelques principes capables de m'éclairer autant qu'il est possible sur la nature de la prophétie et sur ses propriétés. Mais quant aux miracles, comme il s'agit de savoir s'il peut arriver dans la nature quelque chose qui soit contraire à ses lois ou qui ne puisse s'en déduire, je n'avais pas besoin de la révélation pour résoudre cette question, qui est toute philosophique ; et j'ai jugé plus à propos de n'employer, pour délier le nœud de toutes les difficultés qu'elle présente, que les principes les mieux connus, c'est-à-dire les principes fondamentaux que nous donne la lumière naturelle. Je dis qu'il m'a paru plus à propos de procéder de la sorte ; j'aurais pu en effet résoudre aussi la question avec facilité par les seuls principes de l'Écriture, et c'est ce que je vais prouver en peu de mots. L'Écriture, parlant en plusieurs endroits de la nature en général, dit qu'elle suit un ordre fixe et immuable, par exemple, dans les *Psaumes* CXLVIII, vers. 6, et dans *Jérémie*, chap. XXI, vers. 35, 36. En outre, le Philosophe enseigne expressément en son *Ecclésiaste*, chap. Ier, vers. 18, que dans la nature il n'arrive rien de nouveau, et éclaircissant, un peu plus bas, cette pensée (vers. 11 et 12), il dit que, bien qu'en certaines rencontres il se produise des choses qui semblent nouvelles, elles ne sont pas pourtant absolument nouvelles, et se sont déjà produites dans les siècles antérieurs qui n'ont pas laissé de souvenir. La mémoire du passé, ajoute-t-il, s'évanouit pour les générations nouvelles, comme celle du présent s'évanouira pour les générations futures. Au chap. III, vers. 11, il déclare que Dieu a parfaitement ordonné toutes choses chacune en son temps ; et au vers. 14 que tout ce que Dieu fait doit demeurer pour toute l'éternité, sans qu'il soit possible d'y rien ajouter ou d'en rien retrancher ; paroles qui établissent clairement que la nature garde toujours un ordre fixe et immuable, que Dieu, dans tous les siècles, connus ou inconnus de nous, est resté le même, que les lois de la nature sont si parfaites et si fécondes qu'elles n'ont besoin d'aucune addition et ne souffrent aucun retranchement, enfin que les événements miraculeux ne sont miraculeux et nouveaux qu'au regard de l'ignorance des hommes, tout cela, dis-je, est expressément enseigné dans l'Écriture sainte, et il n'y est dit nulle part qu'il arrive rien dans la nature qui soit contraire à ses lois ou ne s'en puisse déduire : d'où il suit qu'il ne faut rien voir de semblable dans l'Écriture. Ajoutez à cela que les miracles supposent toujours de certaines causes et de certaines circonstances, lesquelles ne dérivent pas de je ne sais quelle autorité royale que le vulgaire imagine en Dieu, mais d'un décret vraiment divin, c'est-à-dire (comme nous l'avons prouvé par l'Écriture elle-même) des lois et de l'ordre de la nature. Ajoutez enfin que les imposteurs peuvent, eux aussi, faire des miracles, ainsi qu'on le voit clairement par le chap. XIII du *Deutéronome*, et le chap. IV, vers. 24, de *Matthieu*. Et de tout cela il résulte le plus évidemment du monde que les miracles ont été des événements naturels, et qu'il faut les expliquer, non pas comme des choses nouvelles, pour me servir de l'expression de Salomon, ou comme des choses contraires à la nature, mais de telle façon qu'on les rapproche autant que possible des faits naturels ; et pour opérer ce rapprochement, il suffit d'emprunter à l'Écriture elle-même quelques règles que j'ai exposées plus haut. Toutefois, bien que je dise que l'Écriture enseigne toutes ces choses, je n'entends pas qu'elle les enseigne comme des principes nécessaires au salut ; j'entends seulement que les prophètes ont considéré les miracles comme nous-mêmes les considérons ; et, en conséquence, il est loisible à chacun de penser sur cette matière de la façon qui lui paraîtra la plus propre à porter son âme au culte de Dieu et à la religion. C'est aussi le sentiment de Josèphe ; il termine ainsi le Livre II de ses *Antiquités* :

« *Le mot de miracle ne doit pas nous rendre incrédules ; pourquoi ne croirions-nous pas le récit naïf des anciens Hébreux qui nous racontent qu'une voie de salut leur fut ouverte à travers la mer, que ce soit par la volonté de Dieu ou par le cours naturel des choses ? Ne savons-nous pas que, dans un temps qui n'est pas loin de nous*[4]*, la mer de Pamphylie s'ouvrit, à défaut de tout autre chemin, devant les compagnons du roi de Macédoine, quand Dieu voulut se servir d'Alexandre pour renverser l'empire persan ? Et rien n'est plus certain que cet événement, puisque tous les historiens d'Alexandre s'accordent à le rapporter. Il faut donc que chacun reste libre de penser, touchant les miracles, comme il lui plaira.* »

Voilà les propres paroles de Josèphe et son sentiment sur la croyance aux miracles.

1. ↑ Par nature, j'entends ici, non-seulement la matière avec ses affections, mais une infinité d'autres êtres. (*Note de Spinoza.*)
2. ↑ Voyez l'*Éthique*, part. I, particulièrement les Propos. 16, 21, 22, 23, 29.
3. ↑ Voyez les *Notes marginales de Spinoza*, note 7.
4. ↑ Spinoza cite Josèphe en latin et lui fait dire : *Olim et antiquitus a resistentibus*. Cette version altère le texte. Je suis le véritable texte dans ma traduction.

CHAPITRE VII

DE L'INTERPRÉTATION DE L'ÉCRITURE

On ne cesse de répéter que l'Écriture sainte est la parole de Dieu, et qu'elle enseigne la véritable béatitude et la voie du salut ; mais au fond on est très-éloigné de penser sérieusement de la sorte, et il n'est rien à quoi songe moins le vulgaire qu'à conformer sa vie aux enseignements de la sainte Écriture. Ce qu'on nous présente comme la parole de Dieu, ce sont le plus souvent d'absurdes chimères, et sous le faux prétexte d'un zèle religieux on ne veut qu'imposer à autrui ses propres sentiments. Oui, je le répète, ç'a été de tout temps le grand objet des théologiens d'extorquer aux livres saints la confirmation de leurs rêveries et de leurs systèmes, afin de les couvrir de l'autorité de Dieu. Pénétrer la pensée de l'Écriture, c'est-à-dire du Saint-Esprit, il n'y a rien là qui excite en eux le moindre scrupule ou qui puisse arrêter leur témérité. S'ils ont une crainte, ce n'est point d'imputer quelque erreur au Saint-Esprit et de s'écarter de la voie du salut ; c'est uniquement d'être convaincus d'erreur par leurs rivaux, et de voir ainsi l'autorité de leur parole affaiblie et méprisée.

Certes, si les hommes reconnaissaient au fond de leur âme la sainteté de l'Écriture, on verrait un grand changement dans leur manière de vivre ; la discorde, la haine ne régneraient pas dans leur cœur, et nous n'aurions pas à déplorer cet aveugle et téméraire désir qui les pousse à interpréter l'Écriture et à innover sans cesse en matière de religion. Ils ne reconnaîtraient une doctrine comme consacrée par les livres saints qu'après l'y avoir lue en termes exprès, et les écrivains sacrilèges qui n'ont pas craint d'altérer si souvent les paroles de l'Écriture, auraient reculé devant une entreprise si criminelle. Mais l'ambition et l'audace ont été portées à un tel excès que la religion ne consiste plus maintenant à obéir aux commandements du Saint-Esprit, mais à soutenir les opinions chimériques des hommes. Ce n'est plus par la charité que l'on se montre animé d'une piété véritable, c'est en répandant la discorde et la haine, couvertes du voile hypocrite d'un zèle ardent pour les choses de Dieu. À tous ces désordres s'est venue joindre la superstition, qui apprend aux hommes à mépriser la raison et la nature, à n'admirer, à ne respecter que ce qui est contraire à l'une et à l'autre. Aussi ne faut-il point s'étonner de voir le vulgaire interpréter l'Écriture dans le sens le plus éloigné de la nature et de la raison, afin de la rendre d'autant plus merveilleuse et vénérable. On s'imagine que les saintes Écritures cachent de profonds mystères ; et, sur ce fondement, on néglige ses plus utiles renseignements pour se fatiguer à la poursuite d'absurdes chimères. Ce qu'enfante l'imagination en délire dans cette recherche insensée, on ne manque pas de l'attribuer au Saint-Esprit, et partant de s'y attacher avec une énergie et un emportement incroyables. La nature humaine est ainsi faite : ce qu'elle conçoit par le pur entendement, elle ne l'embrasse que d'une conviction sage et raisonnable ; mais les opinions qui naissent en elle du mouvement des passions lui inspirent une conviction ardente et passionnée comme la source d'où elles émanent.

Pour nous, si nous voulons nous séparer de cette foule agitée des théologiens vulgaires, et, délivrant notre âme de leurs vains préjugés, ne pas nous exposer à confondre des opinions tout humaines avec les enseignements divins, nous devons nous tracer pour l'interprétation des livres saints une méthode sûre, sans laquelle toute connaissance certaine de la pensée du Saint-Esprit est évidemment impossible. Or, pour caractériser d'avance notre pensée en peu de mots, nous croyons que cette méthode pour interpréter sûrement la Bible, loin d'être différente de la méthode qui sert à interpréter la nature, lui est au contraire parfaitement conforme. Quel est en effet l'esprit de la méthode d'interprétation de la nature ? Elle consiste à tracer avant tout une histoire fidèle de ses phénomènes, pour aboutir ensuite, en partant de ces données certaines, à d'exactes définitions des choses naturelles. Or c'est exactement le même procédé qui convient à la sainte Écriture. Il faut premièrement en faire une histoire fidèle, et se former ainsi un fonds de données et de principes bien assurés, d'où l'on déduira plus tard la vraie pensée des auteurs de l'Écriture par une suite de conséquences légitimes. Quiconque pratiquera cette méthode, pourvu qu'il ne se serve dans l'interprétation de l'Écriture d'autres données ni d'autres principes que ceux qui sont contenus dans son histoire, est parfaitement certain de se mettre à l'abri de toute erreur, et de pouvoir discuter sur des objets qui passent la portée humaine avec la même sécurité que sur les choses qui sont du ressort de la raison. Mais pour qu'il soit bien établi que la route que je trace non-seulement est sûre, mais a seule ce caractère et se trouve en parfait accord avec la méthode qui sert à interpréter la nature, je dois faire remarquer que les livres saints contiennent un grand nombre de choses sur lesquelles la raison naturelle ne fournit aucune lumière. Car ce qui fait la plus grande partie de l'Écriture, ce sont des récits historiques et des révélations. Or ces récits ne contiennent guère que des miracles, c'est-à-dire (comme on l'a expliqué dans le chapitre précédent) des phénomènes extraordinaires, où se mêlent toujours les opinions et les jugements de ceux qui les racontent ; et quant aux révélations, nous avons montré dans notre chapitre IIe qu'elles sont également accommodées aux opinions des prophètes ; et d'ailleurs, en elles-mêmes, elles surpassent la portée de l'esprit humain. Par conséquent, pour connaître toutes ces choses, c'est-à-dire presque tout ce qui est contenu dans l'Écriture, il ne faut consulter que l'Écriture elle-même ; de même que, pour connaître la nature, c'est la nature seule qu'il faut interroger. Je sais bien que l'Écriture contient aussi des prescriptions morales qui se peuvent déduire de la raison naturelle ; mais ce que la raison ne nous apprend pas, c'est qu'il y ait effectivement dans les livres saints de telles prescriptions morales, et ce point ne peut être éclairci que par la lecture seule des livres saints. Je dis plus : si nous voulons constater, d'un esprit libre de tout préjugé, la divinité de l'Écriture, il est nécessaire que nous sachions par elle-même qu'elle enseigne une morale vraie ; autrement, nous n'aurions plus aucun moyen de prouver que l'Écriture est divine, puisque la certitude des prophéties nous a été principalement démontrée par la droiture et la sincérité des prophètes. Il faut donc que la pureté de leur morale soit parfaitement établie pour que nous puissions avoir foi dans leurs paroles. Quant aux miracles, outre que les faux prophètes en pouvaient faire, nous avons déjà établi qu'ils sont incapables de nous convaincre de l'existence de Dieu. Il ne reste donc qu'un moyen de constater la divinité de l'Écriture, c'est de faire voir qu'elle enseigne la véritable vertu. Or l'Écriture seule peut nous donner des preuves à cet égard, et si elle en était incapable, elle perdrait ses droits à notre confiance, et sa divinité ne serait qu'un préjugé. Je conclus donc que la connaissance tout entière de l'Écriture ne doit être demandée qu'à l'Écriture elle-même, et à elle seule.

J'ajoute que l'Écriture sainte ne nous donne point les définitions des choses, pas plus que ne fait la nature. D'où il suit qu'il faut déduire ces définitions des récits que l'Écriture nous présente sur chaque sujet, de même que, pour obtenir les définitions des choses naturelles, on les tire de l'examen des actions diverses de la nature. Voici donc finalement la règle générale pour interpréter les livres saints : n'attribuer à l'Écriture aucune doctrine qui ne ressorte avec évidence de son histoire.

Or comment doit se faire l'histoire de l'Écriture, et à quels récits doit-elle principalement s'attacher ? c'est ce que je vais expliquer à l'instant même.

I. Elle doit premièrement expliquer la nature et les propriétés de la langue dans laquelle les livres saints ont été écrits, et qui a été parlée par leurs auteurs. À cette condition seule, on pourra découvrir tous les sens que chaque passage peut admettre d'après les habitudes du langage ordinaire. Or, comme tous les écrivains tant de l'Ancien Testament que du Nouveau sont Juifs, il s'ensuit que l'histoire de la langue hébraïque est nécessaire avant toute autre, non-seulement pour l'intelligence des livres de l'Ancien Testament, qui ont été écrits dans cette langue, mais même pour celle du Nouveau ; par la raison que les livres de l'Évangile, bien qu'ils aient été répandus dans d'autres langues, n'en sont pas moins pleins d'hébraïsmes.

II. L'histoire de l'Écriture doit, en second lieu, recueillir les sentences de chaque livre, et les réduire à un certain nombre de chefs principaux, afin qu'on puisse voir d'un seul coup d'œil la doctrine de l'Écriture sur chaque matière. Il faut aussi noter avec soin les pensées obscures et ambiguës qui s'y rencontrent, et celles qui semblent se contredire l'une l'autre. On distinguera une pensée obscure d'une pensée claire, suivant que le sens en sera difficile ou aisé pour la raison, d'après le texte même du discours. Car il ne s'agit que du sens des paroles sacrées, et point du tout de leur vérité. Et ce qu'il y a de plus à craindre en cherchant à comprendre l'Écriture, c'est de substituer au sens véritable un raisonnement de notre esprit, sans parler des préjugés qui sans cesse nous préoccupent. De cette façon, en effet, au lieu de se réduire au rôle d'interprète, on ne fait plus que raisonner suivant les principes de la raison naturelle ; et l'on confond le sens vrai d'un passage avec la vérité intrinsèque de la pensée que ce passage exprime, deux choses parfaitement différentes. Il ne faut donc demander l'explication de l'Écriture qu'aux usages de la langue, ou à des raisonnements fondés sur l'Écriture elle-même. Pour rendre tout ceci plus clair, je prendrai un exemple : Moïse a dit que *Dieu est un feu*, que *Dieu est jaloux*. Rien de plus clair que ces paroles, à ne regarder que la signification des mots ; ainsi je classe ce passage parmi les passages clairs, bien qu'au regard de la raison et de la vérité il soit parfaitement obscur. Ce n'est pas tout : alors même que le sens littéral d'un passage choque ouvertement la lumière naturelle, comme dans l'exemple actuel, je dis que ce sens doit être accepté, s'il n'est pas en contradiction avec la doctrine générale et l'esprit de l'Écriture ; si au contraire il se rencontre que ce passage, interprété littéralement, soit en opposition avec l'ensemble de l'Écriture, alors même qu'il serait d'accord avec la raison, il faudrait l'interpréter d'une autre manière, je veux dire au sens métaphorique. Si donc on veut résoudre cette question : Moïse a-t-il cru, oui ou non, que Dieu soit un feu ? il n'y a point lieu de se demander si cette doctrine est conforme ou non conforme à la raison ; il faut voir si elle s'accorde ou si elle ne s'accorde pas avec les autres opinions de Moïse. Or, comme en plusieurs endroits Moïse déclare expressément que Dieu n'a aucune ressemblance avec les choses visibles qui remplissent le ciel, la terre et l'eau, il s'ensuit que cette parole : *Dieu est un feu,* et toutes les paroles semblables doivent être entendues métaphoriquement. Maintenant, comme c'est aussi une règle de critique de s'écarter le moins possible du sens littéral, il faut se demander avant tout si cette parole : *Dieu est un feu,* n'admet point d'autre sens que le sens littéral, c'est-à-dire, si ce mot de *feu* ne signifie point autre chose qu'un feu naturel. Et supposé que l'usage de la langue ne lui donnât aucune autre signification, on devrait se fixer à celle-là, quoiqu'elle choque la raison ; et toutes les autres pensées de l'Écriture, bien que conformes à la raison, devraient se plier à ce sens. Que si la chose était absolument impossible, il n'y aurait plus qu'à dire que ces diverses pensées sont inconciliables, et à suspendre son jugement. Mais dans le cas dont nous parlons, comme ce mot *feu* se prend aussi pour la colère et pour la jalousie (voyez *Job*, chap. XXXI, vers. 13), on concilie aisément les paroles de Moïse, et l'on aboutit à cette conséquence, que ces deux pensées, *Dieu est un feu, Dieu est jaloux,* sont une seule et même pensée. Moïse ayant d'ailleurs expressément enseigné que Dieu est jaloux, sans dire nulle part qu'il soit exempt des passions et des affections de l'âme, il ne faut pas douter que Moïse n'ait admis cette doctrine, ou du moins n'ait voulu la faire admettre, bien qu'elle soit contraire à la raison. Car nous n'avons pas le droit, je le répète, d'altérer l'Écriture pour l'accommoder aux principes de notre raison et à nos préjugés ; et c'est à l'Écriture elle-même qu'il faut demander sa doctrine tout entière.

III. La troisième condition que doit remplir l'histoire de l'Écriture, c'est de nous faire connaître les diverses fortunes qu'ont pu subir les livres des prophètes dont la mémoire s'est conservée jusqu'à nous, la vie, les études de l'auteur de chaque livre, le rôle qu'il a joué, en quel temps, à quelle occasion, pour qui, dans quelle langue il a composé ses écrits. Cela ne suffit pas, il faut nous raconter la fortune de chaque livre en particulier, nous dire de quelle façon il a été d'abord recueilli, et en quelles mains il est successivement tombé, les leçons diverses qu'on y a vues, qui l'a fait mettre au rang des livres sacrés, comment enfin tous ces ouvrages qui sont universellement reconnus comme divins ont été rassemblés en un seul corps. Voilà ce que doit renfermer l'histoire de l'Écriture. Pour distinguer, en effet, les pensées qui ont le caractère d'une loi de celles qui renferment simplement un enseignement moral, il est nécessaire de connaître la vie, les mœurs et les études de l'écrivain sacré. Ajoutez qu'il est d'autant plus facile d'interpréter les paroles d'un auteur que l'on connaît mieux son tour d'esprit et son caractère. De même, pour ne pas confondre les préceptes éternels de la loi de Dieu avec ceux qui n'ont rapport qu'à un certain temps et à un petit nombre d'hommes, il importe de ne point ignorer à quelle occasion, en quel temps, pour quelle nation et quelle époque ces préceptes ont été écrits. C'est enfin une chose indispensable de remplir toutes les autres conditions que nous avons indiquées, non-seulement pour établir l'authenticité de chaque livre, mais pour savoir si des mains adultères n'en ont pas altéré le texte, si des erreurs ne s'y sont point glissées, si les corrections convenables ont été faites par des hommes capables et dignes de foi. Toutes ces précautions, je le répète, sont nécessaires pour quiconque ne veut s'attacher dans l'Écriture qu'à ce qui est certain et indubitable, au lieu de se jeter aveuglément sur tout ce qui lui est présenté.

Quand nous aurons ainsi établi solidement l'histoire de l'Écriture, et pris la ferme résolution de n'y rien reconnaître comme doctrine des prophètes qui ne résulte de cette histoire et n'en puisse être très-clairement déduit, le moment sera venu alors de nous attacher à l'interprétation des prophètes et de l'Esprit-Saint. Ici l'ordre qu'il faut suivre, la méthode qu'il convient d'appliquer sont exactement les mêmes qu'on emploie pour interpréter la nature, d'après son histoire. Car, comme dans l'étude de la nature on commence par les choses les plus générales et qui sont communes à tous les objets de l'univers, c'est à savoir, le mouvement et le repos, leurs lois et leurs règles universelles que la nature observe toujours et par qui se manifeste sa perpétuelle action, descendant ensuite par degrés aux choses moins générales ; de même, dans l'histoire de l'Écriture, il faut d'abord chercher ce qu'il y a de plus universel, ce qui fait la base et le fondement de tout le reste, ce qui exprime la doctrine qu'ont enseignée les prophètes pour les intérêts éternels de tout le genre humain : par exemple, qu'il n'y a qu'un seul Dieu, seul tout-puissant, seul adorable, qui prend soin de tous les hommes, et chérit entre tous ceux qui l'adorent et qui aiment leur prochain, etc. Voilà des principes que l'Écriture proclame sans cesse en des termes si exprès et si clairs que personne n'a jamais pu avoir sur ce point la moindre incertitude. Maintenant, qu'est-ce que Dieu, comment peut-il tout connaître et étendre sa providence à tout, ce sont là des points sur lesquels l'Écriture ne s'explique pas *ex professo*, et ne dit rien qui ait le caractère d'une doctrine éternelle. Tout au contraire, nous avons fait voir plus haut que les prophètes ne s'accordent pas à cet égard, et par conséquent on ne doit rien établir sur tous ces objets à titre de doctrine du Saint-Esprit, bien que la lumière naturelle soit capable de les éclaircir parfaitement. La doctrine générale de l'Écriture une fois bien connue, il faut descendre à des choses plus particulières, lesquelles néanmoins se rapportent à la pratique de la vie, et découlent de la doctrine universelle des livres saints comme des ruisseaux d'une source commune : telles sont toutes les actions particulières et extérieures de la véritable vertu, qui ne doivent être pratiquées qu'en des circonstances déterminées. Que s'il se rencontre sur ce point des passages obscurs ou ambigus, il les faut expliquer ou éclaircir par la doctrine générale des saints livres ; et dans le cas où on en trouverait de contradictoires, on doit se demander alors à quelle occasion, en quel temps, et pourquoi ces passages ont été écrits. Par exemple, quand Jésus-Christ dit : *Bienheureux les affligés, car ils seront consolés*, ce texte ne nous apprend point de quelle sorte d'affligés il s'agit. Mais comme Jésus-Christ nous enseigne ensuite (*Matthieu*, chap. VI, vers. 33) de n'avoir d'autres soins que celui du royaume de Dieu et de sa justice, c'est-à-dire du souverain bien, il s'ensuit que, dans le passage cité, il a entendu désigner ceux qui s'affligent de ne point posséder le royaume de Dieu et de voir la justice négligée parmi les hommes. Ce sont là, en effet, les deux seules causes possibles d'affliction pour ceux qui n'aiment que le royaume de Dieu ou l'équité, et qui méprisent tous les autres biens que donne la fortune. De même encore, quand Jésus-Christ dit : *Si quelqu'un te frappe à la joue droite, présente-lui la joue gauche*, et tout ce qui suit, on ne peut pas croire que Jésus-Christ ait prononcé ces paroles à titre de législateur s'adressant à des juges ; car alors Jésus-Christ serait venu détruire la loi de Moïse, ce qui eût été contraire à sa mission, comme il le déclare lui-même expressément (*Matthieu*, chap. V, vers. 17). Il faut donc considérer ici le caractère de celui qui a prononcé ces paroles, le temps où il les a dites, et les personnes à qui il les a adressées. Or le Christ n'est point venu instituer des lois à titre de législateur, mais donner un enseignement moral à titre de docteur ; et ce qu'il voulait réformer, ce n'était point les actions extérieures, mais le fond des cœurs. Ajoutez à cela qu'il s'adressait à des hommes opprimés, qui vivaient dans un État corrompu, où la justice négligée faisait pressentir une dissolution prochaine. Or on remarquera que ces mêmes paroles que prononce Jésus au moment d'une ruine prochaine de Jérusalem, nous les trouvons dans Jérémie, qui les adressait aux Juifs dans une circonstance toute semblable, lors de la première dissolution de Jérusalem (voyez *Lamentations*, chap. III, lett. *Tet* et *Jot*). Les prophètes n'ayant donc jamais enseigné cette doctrine que dans des temps de dissolution, sans qu'elle ait jamais pris le caractère d'une loi, comme nous savons d'ailleurs que Moïse, qui n'écrivait pas à une époque d'oppression et de malheur, et n'avait d'autre soin, remarquons-le bien, que d'établir un excellent corps de loi, comme Moïse, dis-je, tout en condamnant la vengeance et la haine du prochain, a cependant établi cette règle : *Œil pour œil, dent pour dent*, il est clair que le précepte de Jésus-Christ et de Jérémie sur le pardon des injures et le devoir de céder toujours aux méchants ne sont applicables qu'aux époques d'oppression et dans un État où la justice est négligée, et non point dans un État bien réglé. Car au contraire, dans un État bien réglé, où la justice est exactement maintenue, tout citoyen est obligé, pour conserver sa réputation d'homme juste, d'exiger devant le magistrat la réparation des torts qu'on a pu lui faire (voyez *Lévitique*, chap. V, vers. 1), non point par le désir de la vengeance (voyez *ibid.*, chap. XI, vers. 17, 18), mais pour que la justice et les lois de la patrie soient défendues, et que les méchants ne jouissent pas de l'impunité. Or tout cela est parfaitement d'accord avec la raison naturelle. Je pourrais citer une foule d'exemples du même genre ; mais j'en ai assez dit pour éclaircir ma pensée et faire sentir l'utilité de ma méthode, ce qui est ici mon principal objet.

Je n'ai parlé jusqu'à ce moment que des passages de l'Écriture qui se rapportent à la pratique de la vie. Or l'interprétation de ces passages ne présente aucune difficulté sérieuse, et n'a jamais suscité aucune controverse entre les auteurs qui ont écrit sur la Bible. Il en est tout autrement de cette partie des livres saints qui a trait à des points de spéculation. Ici la voie devient beaucoup plus étroite. Les prophètes, en effet, n'étant pas d'accord entre eux sur les choses spéculatives (comme nous l'avons démontré ci-dessus), et leurs récits étant accommodés aux préjugés des temps divers où chacun d'eux a vécu, il s'ensuit qu'on n'a pas le droit d'éclaircir les points obscurs de tel et tel prophète à l'aide des passages plus clairs d'un autre prophète, à moins qu'il ne soit parfaitement établi qu'ils ont eu les mêmes sentiments. Comment faire en ces rencontres pour découvrir la pensée des prophètes au moyen de l'histoire de l'Écriture ? c'est ce que je vais expliquer brièvement. Il faut premièrement suivre le même ordre dont nous avons déjà parlé, et commencer par les choses les plus générales, en s'efforçant avant tout d'apprendre par les plus clairs endroits de l'Écriture ce que c'est que prophétie ou révélation, et en quoi elle consiste principalement. Il faut examiner ensuite la nature du miracle, et continuer ainsi d'éclaircir les notions les plus générales qui se rencontrent dans les livres saints. De là il faut descendre aux opinions particulières de chaque prophète, et enfin au sens de chaque révélation ou prophétie, de chaque récit historique, de chaque miracle. De quelle précaution il convient d'user dans cette recherche pour ne point confondre la pensée des prophètes et des historiens avec celle du Saint-Esprit et la vérité même de la chose, c'est ce que j'ai précédemment rendu sensible par plusieurs exemples. C'est pourquoi je n'insisterai pas ici sur ce point, me bornant à ajouter, touchant le sens des révélations, que cette méthode nous fait découvrir seulement ce que les prophètes ont vu ou entendu, et non pas ce qu'ils ont voulu exprimer ou représenter au moyen de ces symboles. Cela peut sans doute se deviner ; mais cela ne peut se déduire rigoureusement des paroles de l'Écriture.

Voilà donc la vraie méthode pour interpréter l'Écriture sainte, et il est bien établi qu'elle est la voie la plus sûre, la voie unique qui nous fasse pénétrer jusqu'à son véritable sens. J'avoue que si l'on avait entre les mains, par une tradition certaine, l'explication véritable des prophéties recueillie de la bouche même des prophètes, et telle que les pharisiens se vantent de la posséder, ou bien si l'on pouvait s'adresser, comme font les catholiques romains, à un pontife qui, à les en croire, est infaillible dans l'interprétation des livres saints, j'avoue alors que l'on posséderait une certitude plus grande que celle que je propose ; mais comme cette prétendue tradition est extrêmement incertaine, et l'infaillibilité du pape fort mal appuyée, on ne peut rien fonder de bien solide sur aucune de ces deux autorités, l'une qui a été niée par les plus anciens d'entre les chrétiens, l'autre que les plus anciennes sectes juives n'ont jamais reconnue. J'ajoute (pour ne rien dire de plus) que si l'on regarde à la suite des années, telle que les pharisiens l'ont recueillie de leurs rabbins, et par laquelle ils font remonter leurs traditions jusqu'à Moïse, on la trouve entièrement fausse, ainsi que nous le prouverons ailleurs. Il faut donc tenir cette tradition pour très-suspecte. Et bien que dans notre méthode nous soyons forcés de supposer quelque tradition des Juifs comme incorruptible, savoir, la signification des mots de la langue hébraïque qui nous ont été transmis par eux, cela ne nous oblige pas d'admettre aucune autre tradition. Si en effet il arrive souvent qu'on altère le sens d'un discours, il ne peut en être habituellement de même pour la signification d'un mot. Ici, en effet, on rencontrerait des difficultés insurmontables, puisqu'il faudrait interpréter tous les auteurs qui ont écrit dans la même langue et se sont servis du même mot dans son sens usuel ; il faudrait, dis-je, interpréter chacun de ces auteurs conformément à son génie et à ses sentiments particuliers, ou bien altérer complètement sa pensée avec une adresse et des précautions infinies. D'ailleurs le vulgaire et les doctes n'ont qu'une même langue, au lieu que ceux-ci sont seuls dépositaires du sens d'un discours et des livres ; ce qui fait bien comprendre que les savants aient pu aisément altérer ou corrompre le sens d'un livre très-rare qu'ils avaient seuls entre les mains, tandis qu'ils n'ont jamais pu changer la signification des mots. Ajoutez à cela que si quelqu'un voulait altérer le sens d'un mot pour lui donner un nouveau sens, il aurait bien de la peine à s'y astreindre chaque fois qu'il aurait besoin de ce mot, soit en parlant, soit en écrivant. Concluons donc, par toutes ces raisons et une foule d'autres semblables, qu'il n'est jamais venu dans l'esprit de personne de corrompre une langue, mais qu'il a pu souvent arriver qu'on ait altéré la pensée d'un écrivain en changeant le texte de son discours, ou en lui donnant une fausse interprétation. Et par conséquent, puisque notre méthode, qui consiste à ne demander la connaissance de l'Écriture qu'à l'Écriture elle-même, est la seule véritable méthode, toutes les fois qu'elle ne pourra nous fournir l'explication fidèle d'un passage des livres saints, il faudra désespérer de la trouver.

Expliquons maintenant les difficultés de cette méthode et ce qui peut lui manquer pour nous donner une connaissance exacte et certaine des livres sacrés. La première et la principale difficulté, c'est qu'il faut posséder parfaitement la langue hébraïque. Or d'où tirer cette connaissance ? Les anciens grammairiens hébreux ne nous ont rien laissé sur les fondements de cette langue et sur sa théorie. Quant à nous, du moins, nous n'en voyons aucun vestige ; nous n'avons ni dictionnaire, ni grammaire, ni rhétorique hébraïques. La nation juive a perdu toute sa gloire et tout son éclat ; et faut-il s'en étonner après les malheurs et les persécutions qu'elle a soufferts ? À peine a-t-elle conservé quelques débris de sa langue, quelques monuments de sa littérature ; la plupart des noms, ceux des fruits, des oiseaux, des poissons, ont péri par l'injure du temps ; la signification d'une foule de mots et de verbes que l'on rencontre dans la Bible est ignorée ou livrée à la controverse. Mais ce n'est pas tout encore : la syntaxe de cette langue n'existe plus, et la plupart des termes et des locutions propres à la nation hébraïque n'ont pu résister à l'action dévorante du temps, qui les a effacés de la mémoire des hommes. On conçoit donc qu'il ne nous sera pas toujours possible de trouver, comme nous le voudrions, tous les sens que chaque passage a pu recevoir des habitudes de la langue, et qu'il devra se rencontrer beaucoup d'endroits dont le sens paraîtra fort obscur et presque inintelligible, bien qu'ils soient composés de termes très-connus. Ajoutez à ce défaut d'une histoire complète de la langue hébraïque les difficultés qui naissent de la constitution et de la nature même de cette langue. Elles sont si grandes et les ambiguïtés reviennent si souvent qu'une méthode capable de donner le vrai sens de tous les passages de l'Écriture est quelque chose d'absolument impossible[1]. On s'en convaincra si l'on veut remarquer qu'outre les causes d'ambiguïté communes à toutes les langues, il en est qui sont particulières à la langue hébraïque et d'où sortent une infinité d'équivoques inévitables. C'est ce que je crois utile d'expliquer ici avec l'étendue convenable.

La première cause d'ambiguïté et d'obscurité dans les livres saints vient de ce que les lettres d'un même organe se prennent l'une pour l'autre. Les Hébreux, en effet, divisent toutes les lettres de l'alphabet en cinq classes qui correspondent aux cinq parties de la bouche qui servent à la prononciation, savoir : les lèvres, la langue, les dents, le palais et le gosier. Par exemple : *alpha, ghet, hgain, he* sont appelées gutturales, et se prennent indifféremment, à notre avis du moins, l'une pour l'autre. Ainsi, *el*, qui signifie *vers*, se prend souvent pour *hgal*, qui signifie *au-dessus*, et réciproquement. Et de là vient que toutes les parties du discours sont presque toujours ou ambiguës ou dépourvues d'un sens précis.

La seconde cause d'ambiguïté, c'est que les conjonctions et les adverbes ont plusieurs significations. Par exemple, *vau*, qui est aussi bien conjonctive que disjonctive, signifie *et, mais, pour, que, or, alors*. *Ki* a également sept ou huit significations, savoir : *parce que, quoique, si, quand, de même que, ce que, combustion*, etc. ; il en est de même de presque toutes les particules.

Mais voici une troisième source d'ambiguïtés multipliées : les verbes, en hébreu, n'ont à l'indicatif ni présent, ni prétérit imparfait, ni plus-que-parfait, ni futur parfait, ni les autres temps les plus usités dans les autres langues ; à l'impératif et à l'infinitif, ils n'ont d'autres temps que le présent ; au subjonctif enfin, ils n'en ont point du tout. Or, bien qu'il soit aisé de réparer ce défaut de temps et de modes selon des règles certaines tirées des principes de la langue, et que l'élégance même y trouve son compte, il n'en est pas moins vrai que les plus anciens écrivains ont négligé totalement ces règles, mettant sans distinction le futur pour le présent et pour le prétérit, et réciproquement le prétérit pour le futur, se servant de l'indicatif pour l'impératif et pour le subjonctif ; donnant enfin naissance à une foule d'amphibologies.

Outre ces trois causes d'ambiguïté, j'en dois citer deux autres qui sont encore de plus grande conséquence : la première, c'est que l'hébreu n'a pas de voyelles ; la seconde, c'est qu'il ne fournit aucun signe pour séparer les phrases et prononcer les mots. Je sais bien qu'on a remplacé tout cela dans la Bible par des points et des accents ; mais nous ne pouvons nous y fier, sachant bien qu'ils ont été imaginés et introduits par des hommes d'un temps postérieur, dont l'autorité ne doit avoir aucune valeur à nos yeux. Quant aux anciens Hébreux, il est parfaitement certain, par une foule de témoignages, qu'ils écrivaient sans points (je veux dire sans voyelles et sans accents), de sorte que les interprètes venus plus tard les ont ajoutés au texte suivant la manière dont ils l'entendaient : d'où il suit qu'il n'y faut voir autre chose que leurs sentiments particuliers, et ne pas accorder à ces signes arbitraires plus d'autorité qu'à une explication proprement dite. C'est faute de savoir toutes ces circonstances que plusieurs ne peuvent comprendre pourquoi l'auteur de l'*Épître aux Hébreux* est parfaitement excusable d'avoir (au chap. XI, vers. 21) interprété le texte du chap. XLVII, vers. 31, de la *Genèse* tout autrement qu'il ne faudrait faire en suivant le texte ponctué. Je demande en effet si l'apôtre avait à s'adresser aux *ponctuistes* pour entendre l'Écriture. C'est bien plutôt ces ponctuistes eux-mêmes qu'il faut mettre en cause ; et pour le prouver, et en même temps pour faire voir à chacun que cette divergence dans l'interprétation provient du défaut de voyelles, je vais exposer ici les deux sens qu'on a donnés à cet endroit de l'Écriture. Les ponctuistes ont entendu ainsi (par leur manière de ponctuer) : *Et Israël se pencha sur*, ou (en changeant *hgain* en *aleph*, lettre du même organe) *vers le chevet de son lit*. L'auteur de l'*Épître* a entendu, au contraire : *Et Israël se pencha sur le haut de son bâton*. Pourquoi cela ? c'est qu'il a lu *mate* au lieu de *mita*, différence qui est tout entière dans les voyelles. Or, maintenant, comme il ne s'agit dans le récit de la *Genèse* que de la vieillesse de Jacob, et non pas de sa maladie, dont il est parlé seulement au chapitre qui suit, il est vraisemblable que l'écrivain a voulu dire que Jacob se pencha sur le haut de son bâton, geste familier aux vieillards d'un âge très-avancé, et non pas sur le chevet de son lit. Ajoutez que cette manière d'entendre le texte a encore un autre avantage, c'est qu'on n'est obligé de supposer aucune subalternation de lettres. Cet exemple peut donc servir, non-seulement à montrer l'accord de ce passage de l'*Épître aux Hébreux* avec le texte de la *Genèse*, mais à faire voir en même temps combien peu il faut se fier à la ponctuation et à l'accentuation actuelles de la Bible ; d'où il résulte qu'on doit les tenir pour suspectes, et revoir le texte tout de nouveau, si l'on veut interpréter sans préjugé les saintes Écritures.

Je reviens à mon sujet : il est aisé de reconnaître par la nature et la constitution de la langue hébraïque qu'aucune méthode n'est capable d'en éclaircir toutes les difficultés. Car il ne faut point espérer d'y réussir par la comparaison des passages, bien que ce soit le seul moyen de reconnaître le véritable sens de chacun d'eux, parmi une infinité de sens divers que l'usage de la langue permet de leur donner. Mais d'abord ce n'est guère que par hasard qu'un passage peut servir à en éclaircir un autre, nul prophète n'ayant écrit dans le dessein d'expliquer ses propres paroles ou celles de ses devanciers. De plus, nous ne pouvons pas déduire la pensée d'un prophète, d'un apôtre, etc., de celle d'un autre prophète ou d'un autre apôtre, si ce n'est dans les choses qui regardent la pratique de la vie ; mais dès qu'il s'agit de choses spéculatives, ou de récits historiques et miraculeux, cela est absolument impossible. Et il me serait aisé de montrer ici par plusieurs exemples qu'il y a dans l'Écriture une foule de passages inexplicables ; mais j'aime mieux ajourner présentement cette espèce de preuve, afin de terminer ce qui me reste à dire sur les difficultés et les défauts qui se rencontrent dans la méthode que je propose ici pour interpréter l'Écriture. Cette méthode nous impose la nécessité de connaître l'histoire de la destinée de tous les livres de l'Écriture ; or cette histoire nous est le plus souvent inconnue ; car, ou bien nous ne savons pas du tout quels ont été les auteurs de ces livres, ou, si l'on veut, les personnes qui les ont écrits, ou bien nous avons au moins des doutes sur ce point. De plus, ces ouvrages dont les auteurs nous sont inconnus, nous ignorons à quelle occasion et en quel temps ils ont été écrits. Mais ce n'est pas tout : nous ignorons encore quelles mains les ont recueillis, quels exemplaires ont fourni des leçons si diverses ; nous ne savons pas enfin si d'autres exemplaires ne renfermaient pas d'autres leçons. Or nous avons fait voir ailleurs combien il serait important d'être instruit de toutes ces circonstances. Mais n'en ayant dit que peu de mots, c'est ici le moment d'en parler avec quelque étendue.

Supposons qu'on vienne à lire dans un ouvrage des choses incroyables, ou incompréhensibles, ou écrites en termes obscurs, que l'auteur en soit inconnu, et qu'on ignore en quel temps et à quelle occasion il les a écrites, il est clair qu'on chercherait en vain à s'assurer du véritable sens de ses paroles, puisqu'il serait impossible de savoir quelle a été, quelle a pu être l'intention qui les a dictées. Si, au contraire, l'on est parfaitement informé sur tous ces points, on peut alors débarrasser son esprit de tout préjugé, et déterminer exactement ce qu'il faut et ce qu'il ne faut pas attribuer à l'auteur de cet ouvrage ou à celui qui l'a inspiré ; on a une règle entre les mains pour interpréter son livre, et n'y rien supposer que ce qu'il contient effectivement et ce que comportent le temps et les circonstances où il a été composé. Tout cela ne sera certainement contesté de personne. C'est en effet la chose du monde la plus ordinaire de lire des récits du même genre en divers ouvrages, et d'en juger tout diversement suivant l'opinion qu'on s'est formée des auteurs. Je me souviens d'avoir lu autrefois quelque part qu'un certain personnage nommé Roland furieux traversait les régions de l'air sur un monstre ailé qu'il menait à son gré, massacrant un nombre infini d'hommes et de géants, et mille autres récits fantastiques tout à fait inconcevables pour la raison. Or, il y a dans Ovide une histoire toute pareille de Persée, et dans les livres des *Juges* et des *Rois*, il est dit que Samson, seul et sans armes, tua des milliers d'hommes, et qu'Élie fut enlevé au ciel sur un char enflammé et traîné par des coursiers de feu. Je dis donc que toutes ces histoires sont exactement semblables ; et néanmoins nous en portons des jugements très-divers ; car nous disons que l'auteur de *Roland furieux* a écrit pour se jouer, et qu'Ovide a eu des vues politiques ; mais le troisième historien nous expose des choses sacrées. D'où vient cette différence ? uniquement des opinions que nous nous sommes formées à l'avance touchant ces trois écrivains. Il est donc certain que, pour interpréter des ouvrages qui contiennent des choses obscures et incompréhensibles, il est particulièrement nécessaire d'en connaître les auteurs. Et de même aussi, par des raisons toutes semblables, on conçoit qu'il ne serait pas possible de discerner, parmi tant de leçons diverses qui se rencontrent dans les histoires obscures, quelles sont les véritables, à moins de savoir en quels exemplaires ces leçons ont été trouvées, et s'il n'y a pas d'autres leçons données par des hommes d'une plus grande autorité.

Une autre difficulté que rencontre notre méthode dans l'interprétation de certains livres de l'Écriture, c'est que nous ne les avons plus dans la même langue où ils ont été écrits. C'est une opinion généralement reçue que l'*Évangile selon saint Matthieu* et même l'*Épître aux Hébreux* ont été écrits en langue hébraïque ; or le texte primitif n'existe plus. De même on ne sait pas bien en quelle langue a été écrit le livre de *Job*. Aben Hezra soutient en ses commentaires qu'il a été traduit d'une autre langue en hébreu, et il en explique ainsi les obscurités. Je ne dis rien des livres apocryphes ; car ils n'ont pas à beaucoup près la même autorité.

Voilà toutes les difficultés qu'on a à surmonter quand on veut interpréter l'Écriture en se fondant sur son histoire. Elles sont si grandes que j'ose affirmer qu'il faut savoir ignorer le véritable sens d'une foule de passages des livres saints, si l'on ne veut se payer de vaines conjectures. Toutefois il faut bien remarquer que ces difficultés ne se présentent que lorsqu'il s'agit dans les prophètes de choses incompréhensibles pour la raison, ou qui ne s'adressent qu'à l'imagination ; car pour les choses que l'entendement peut atteindre d'une vue claire et distincte[2], et qui sont concevables par elles-mêmes, on a beau en parler obscurément, nous les entendons toujours sans beaucoup de peine, suivant le proverbe : À qui comprend, un mot suffit. Euclide, par exemple, qui n'a traité dans ses livres que d'objets très-simples et parfaitement intelligibles, se fait comprendre en toute sorte de langues par les moins habiles ; et il n'est point du tout nécessaire, pour pénétrer dans sa pensée et être certain du véritable sens de ses paroles, de posséder parfaitement la langue où il a écrit ; il suffit d'en avoir une connaissance très-ordinaire et dont un enfant serait capable. Ce n'est pas non plus une chose nécessaire de connaître la vie de cet auteur, ses mœurs, ses préjugés, le temps et la langue où il a composé ses ouvrages, à qui il les a adressés, les diverses fortunes qu'ils ont subies, les diverses leçons qu'ils ont reçues, comment enfin et par qui leur autorité scientifique s'est établie. Or ce que nous disons d'Euclide se peut étendre à tous les auteurs qui ont traité de choses concevables par elles-mêmes. D'où je conclus qu'il n'est rien de plus aisé que de comprendre l'Écriture au moyen de son histoire, et d'en établir le véritable sens en tout ce qui touche les vérités morales ; car les principes de la véritable piété, étant communs à tous, s'expriment dans les termes les plus familiers à tous, et il n'est rien de plus simple ni de plus facile à comprendre ; d'ailleurs, en quoi consiste le salut et la vraie béatitude, sinon dans la paix de l'âme ? Or l'âme ne trouve la paix que dans la claire intelligence des choses. Il suit donc de là de la façon la plus évidente que nous pouvons atteindre avec certitude le sens de l'Écriture sainte en tout ce qui touche à la béatitude et au salut. Et s'il en est ainsi, pourquoi nous mettre en peine du reste ? Comme il faut beaucoup d'intelligence et un grand effort de raison pour pénétrer jusqu'à ces matières, c'est un signe assuré qu'elles sont plus faites pour satisfaire la curiosité que pour procurer une utilité véritable.

J'ai exposé, dans ce qui précède, la vraie méthode pour interpréter l'Écriture, et il me semble que ma pensée doit paraître suffisamment éclaircie. Aussi je ne doute pas que chacun ne s'aperçoive que cette méthode ne demande aucune autre lumière que celle de la raison naturelle, dont la fonction et la puissance consistent surtout, comme on sait, à conduire l'esprit par des conséquences légitimes de ce qui est connu ou donné comme tel à ce qui est obscur et inconnu. Or notre méthode ne requiert point d'autre procédé que celui-là, et si elle n'est pas capable, comme nous le reconnaissons nous-mêmes, de surmonter toutes les difficultés qui se rencontrent dans l'interprétation des livres saints, ce n'est point à elle qu'il faut reprocher cette insuffisance ; la difficulté tient à ce que les hommes n'ont pas toujours suivi la voie droite et légitime ; et cette voie, ainsi abandonnée de tous, est devenue avec le temps si difficile et si obstruée qu'il est presque impossible de s'y frayer un passage. C'est ce dont on peut s'assurer, je crois, en considérant la nature des difficultés qui ont été signalées tout à l'heure.

Il ne nous reste plus qu'à examiner les opinions de ceux qui combattent la nôtre. La première qui se présente consiste à prétendre que l'interprétation de l'Écriture surpasse la portée de la raison naturelle, et qu'une lumière surnaturelle est absolument nécessaire pour comprendre les livres saints. Qu'entendent-ils par cette lumière surnaturelle ? c'est un point dont je leur laisse l'explication. Quant à moi, je n'y vois autre chose que cet aveu, déguisé il est vrai sous des termes obscurs, qu'ils ont les mêmes doutes que nous sur un grand nombre de passages de l'Écriture. Que l'on examine en effet d'un œil attentif les explications qu'ils nous donnent ; bien loin d'y trouver un caractère surnaturel, on n'y verra que de simples conjectures. Et si on compare ces conjectures avec l'interprétation de ceux qui avouent ingénument qu'ils ne sont éclairés d'aucune lumière surnaturelle, on se convaincra que tout est parfaitement égal de part et d'autre, et qu'il n'y a des deux côtés rien autre chose que des explications humaines, trouvées avec effort après de longues méditations. Nos adversaires soutiennent, il est vrai, que la lumière naturelle est trop faible pour pénétrer jusqu'à l'Écriture sainte ; mais n'avons-nous pas déjà démontré que la difficulté d'entendre les livres saints ne provient pas de la faiblesse de la raison, mais de la paresse (pour ne pas dire de la malice) de ceux qui ont négligé de nous transmettre, quand la chose était possible et facile, une histoire fidèle de l'Écriture ? De plus, la lumière surnaturelle dont on nous parle est, au sentiment de tout le monde, un don divin qui n'est accordé qu'aux fidèles. Or ce n'est pas aux seuls fidèles que les prophètes étaient habitués à s'adresser, mais plus particulièrement aux infidèles et aux méchants, qui à ce compte eussent été incapables de comprendre les paroles des apôtres et des prophètes. Il semblerait donc que ces envoyés divins avaient mission de prêcher seulement aux enfants, et non pas à des hommes doués de raison. Je demande aussi à quoi il aurait servi que Moïse établît des lois, si les fidèles seuls, qui n'ont besoin d'aucune loi, eussent été capables de les entendre. Il paraît donc bien certain que ceux qui, pour entendre les prophètes et les apôtres, cherchent une lumière surnaturelle ne sont pas suffisamment éclairés de la naturelle ; tant s'en faut qu'ils aient reçu des dons supérieurs et divins.

Maïmonide a adopté des sentiments bien différents. Il a cru qu'il n'y a point de passage dans l'Écriture qui n'admette plusieurs sens divers et même contraires, et qu'il est impossible d'être assuré du véritable, si l'on n'a la preuve que l'interprétation qu'on propose ne contient rien qui ne soit d'accord avec la raison. Car s'il se trouve que le sens littéral, quoique parfaitement clair en soi, choque la raison, il est d'avis qu'on le doit abandonner pour en chercher un autre ; c'est ce qu'il explique très-expressément au chap. XXV, part. 2, du livre *More Nebuchim* : « *Sachez bien, dit-il, que si nous ne voulons pas admettre l'éternité du monde, ce n'est point à cause des passages de l'Écriture où il est dit que le monde a été créé ; car il y a tout autant de passages où Dieu nous est représenté comme corporel. Or, de même que nous avons expliqué ces endroits de l'Écriture de façon à éloigner de la nature de Dieu toute matérialité, nous aurions également trouvé moyen d'interpréter les passages sur la création dans un sens favorable à l'éternité du monde ; et la chose même eût été pour nous plus facile et plus commode ; mais ce qui nous a empêché d'en user de la sorte et d'admettre que le monde est éternel, ce sont les deux raisons que voici : 1° Il résulte des plus claires démonstrations que Dieu n'est pas un être corporel, et par conséquent il est nécessaire d'approprier à cette vérité tous les endroits de l'Écriture qui y sont littéralement contraires, puisqu'il est de toute certitude que l'interprétation littérale n'est pas véritable. Mais l'éternité du monde n'est établie par aucune démonstration ; d'où il résulte qu'il n'y a aucune nécessité de faire violence au texte de l'Écriture pour la mettre d'accord avec une opinion tout au plus vraisemblable, puisqu'il y a même quelque raison d'incliner vers l'opinion contraire. 2° Ma seconde raison c'est que le principe de l'immatérialité de Dieu n'a rien de contraire à l'esprit de la loi, etc. ; au lieu que l'éternité du monde, admise au sens d'Aristote, détruit la loi par son fondement, etc.* » Telles sont les propres paroles de Maimonide, et il est aisé de s'assurer que nous avons fidèlement rapporté sa doctrine ; car si cet auteur eût admis par la raison que le monde est éternel, il n'eût pas hésité à presser et à violenter le texte de l'Écriture pour en tirer la confirmation de ce principe. Il eût même été immédiatement convaincu, en dépit de l'Écriture et contre ses déclarations les plus claires, qu'elle enseigne expressément l'éternité du monde. Il suit de là que, dans l'opinion de Maimonide, on ne peut être certain du véritable sens d'un passage de l'Écriture, si clair qu'il soit d'ailleurs, tant qu'on est en doute sur la vérité de la doctrine qu'il exprime. Car pendant que ce doute subsiste, on ignore encore si le sens littéral de l'Écriture est d'accord ou non avec la raison, et par conséquent s'il est ou non le véritable. Certes si Maimonide disait vrai, j'avouerais franchement que pour interpréter l'histoire il faut une autre lumière que celle de la raison naturelle. Car n'y ayant presque rien dans la Bible qui se puisse déduire de principes rationnels, il est clair que la raison ne peut nous être d'aucune utilité en ces rencontres pour entendre les livres saints, et dès lors une lumière plus haute serait absolument nécessaire. Une autre conséquence de l'opinion de Maimonide, c'est que le vulgaire, qui ne sait ce que c'est qu'une démonstration ou n'a pas le temps de s'y appliquer, ne pourrait connaître l'Écriture sainte que sur l'autorité et le témoignage des philosophes ; et, à ce compte, il faudrait les supposer infaillibles. Voici donc une autorité fort nouvelle dans l'Église, une nouvelle espèce de prêtres et de pontifes ; et certes elle inspirerait au vulgaire moins de vénération que de mépris. On dira que notre méthode exige, elle aussi, une connaissance que le vulgaire ne peut acquérir, celle de l'hébreu ; mais cette objection ne nous atteint réellement pas. Car la masse des Juifs et des gentils, à qui s'adressaient autrefois dans leurs prédications et dans leurs écrits les prophètes et les apôtres, entendait parfaitement leur langage, et partant pouvait entendre leur pensée, au lieu qu'elle était incapable de saisir la raison des choses qu'on lui enseignait, ce qui était pourtant, suivant Maimonide, une condition nécessaire pour les comprendre. Ce n'est donc pas une suite nécessaire de notre méthode d'obliger le peuple à se soumettre au témoignage des interprètes de l'Écriture, puisque nous citons un peuple qui entendait la langue des prophètes et des apôtres ; et nous pouvons mettre Maimonide au défi d'en indiquer un qui soit capable de comprendre la raison des choses. Quant au peuple d'aujourd'hui, nous avons déjà fait voir qu'il lui est facile d'entendre en chaque langue toutes les choses nécessaires au salut, sans avoir besoin d'en connaître la raison ; elles ont en effet un caractère si général et un rapport si étroit à la vie commune qu'elles se font concevoir par elles-mêmes et indépendamment du témoignage des interprètes. Il en est tout autrement, je l'avoue, des passages des livres saints qui ne regardent pas le salut ; mais ici le peuple et les doctes partagent la même fortune.

Je reviens au sentiment de Maimonide, afin de l'examiner de plus près. Il suppose, en premier lieu, que les prophètes sont d'accord entre eux sur toutes choses, et que ce sont même de grands philosophes et de grands théologiens, puisque leurs opinions, suivant lui, sont toujours fondées sur la vérité des choses ; or, nous avons prouvé le contraire au chapitre II. Il suppose, en second lieu, que l'Écriture ne fournit point à qui veut l'interpréter les lumières nécessaires, par la raison qu'elle ne démontre rien, ne donne jamais de définitions, ne remonte pas enfin aux premières causes, d'où il suit que ce n'est point en elle qu'il faut chercher la vérité des choses, et en conséquence que ce n'est point elle qui peut nous éclairer sur son propre sens. Mais cette seconde prétention est aussi fausse que la première, et nous avons également montré dans notre deuxième chapitre, tant par la raison que par des exemples, que le sens de l'Écriture ne doit être cherché que dans l'Écriture elle-même, lors même qu'elle ne parle que de choses accessibles à la lumière naturelle. Maimonide suppose enfin qu'il nous est permis d'interpréter l'Écriture selon nos préjugés, de la torturer à notre gré, d'en rejeter le sens littéral, quoique très-clair et très-explicite, pour y substituer un autre sens. Mais outre que cette licence est tout ce qu'il y a de plus contraire aux principes que nous avons établis dans le chapitre déjà cité et dans les suivants, qui ne voit qu'elle est excessive et téméraire au plus haut degré ? Accordons-lui du reste cette extrême liberté ; de quoi lui servira-t-elle ? de rien assurément ; car il sera toujours impossible d'expliquer et d'interpréter par sa méthode les passages obscurs et incompréhensibles qui composent la plus grande partie de l'Écriture, au lieu qu'il n'y a rien au monde de plus facile, en suivant notre méthode, que d'éclaircir beaucoup de ces obscurités et d'aboutir sûrement à d'exactes conséquences, ainsi que nous l'avons déjà prouvé et par la raison et par le fait. Quant aux passages qui par eux-mêmes sont intelligibles, on en connaît assez le sens par la construction du discours. Je conclus de là que la méthode de Maimonide est absolument inutile. Ajoutez qu'elle ôte au peuple toute la certitude qu'il peut tirer d'une lecture faite avec sincérité, et à tout le monde la faculté d'entendre l'Écriture par une méthode toute différente. Il faut donc absolument rejeter la méthode de Maimonide comme inutile, dangereuse et absurde.

Si on nous propose maintenant la tradition des pharisiens ou l'autorité des pontifes de Rome, nous dirons que la première n'est pas d'accord avec elle-même ; et quant à la seconde, elle ne s'appuie pas sur des témoignages assez authentiques, et nous n'avons pas d'autre motif pour la rejeter. Car si l'Écriture nous montrait l'autorité de ces pontifes aussi clairement qu'elle fait celle des pontifes de l'ancienne loi, peu nous importerait qu'il y ait eu des papes hérétiques et impies, puisqu'il s'en est également rencontré parmi les Hébreux qui ne valaient pas davantage, et qui se sont emparés du pontificat par des moyens illégitimes, ce qui ne les a pas empêchés d'exercer le pouvoir suprême d'interpréter la loi. On peut en voir la preuve dans l'*Exode*, chap. XVII, vers. 11 et 12 ; chap. XXXIII, vers. 10 ; et dans *Malachie*, chap. II, vers. 8. Or, comme nous ne rencontrons dans l'Écriture aucun témoignage semblable en faveur des pontifes romains, leur autorité demeure à nos yeux fort suspecte. On dira peut-être que la religion catholique n'a pas moins besoin d'un pontife que l'ancienne loi ; mais ce n'est là qu'une illusion ; car il faut remarquer que la loi de Moïse étant pour les Hébreux le droit public de la patrie, elle ne pouvait subsister sans une autorité publique ; car s'il était permis à chaque citoyen d'interpréter à son gré les droits des autres citoyens, il n'y a point d'État qui fût capable de se maintenir. Le droit public ne serait plus que le droit particulier, et l'ordre social s'écroulerait incontinent. Mais il en va tout autrement en matière de religion : car comme elle consiste moins dans les œuvres extérieures que dans la simplicité et la pureté de l'âme, elle n'a besoin d'être protégée par aucune autorité publique. Ce n'est point en effet l'empire des lois, ce n'est point la force publique, qui donnent aux cœurs cette droiture et cette pureté ; et personne ne peut être contraint par la force à suivre les voies de la béatitude. Des conseils fraternels et pieux, une bonne éducation, et avant tout la libre possession de ses jugements, voilà les seuls moyens d'y conduire. Ainsi donc, puisque chacun a pleinement le droit de penser avec liberté, même en matière de religion, et qu'on ne peut concevoir que personne renonce à l'exercice de ce droit, il s'ensuit que chacun dispose d'une autorité souveraine et d'un droit absolu pour prendre parti sur les choses religieuses, et par conséquent pour les expliquer lui-même et en être l'interprète. Car de même que le droit d'interpréter les lois et la décision souveraine des affaires publiques n'appartiennent au magistrat que parce qu'elles sont du droit public, de même chaque particulier a une autorité absolue pour décider de la religion et pour l'expliquer, parce qu'elle est du droit particulier. Il s'en faut donc beaucoup qu'on puisse inférer de l'autorité qu'exerçaient jadis les pontifes hébreux dans l'interprétation des lois du pays, que le pontife romain ait le même droit pour interpréter la religion ; tout au contraire, on est mieux fondé à en conclure que chacun a ce droit pour ce qui le concerne, et nous tirons de là une preuve nouvelle de l'excellence de notre méthode. Car puisque chacun a le droit d'interpréter l'Écriture, il en résulte que la seule règle dont il faille se servir, c'est la lumière naturelle commune à tous les hommes, et par suite que toute lumière surnaturelle, toute autorité étrangère, n'y sont nullement nécessaires. Il ne faut point en effet que l'interprétation des livres saints soit si difficile qu'elle ne puisse être pratiquée que par de très-subtils philosophes ; il faut au contraire qu'elle soit proportionnée à la portée commune et à l'ordinaire capacité des esprits ; or c'est là justement le caractère de notre méthode, puisque nous avons montré que ce n'est point à elle qu'il faut s'en prendre de toutes les difficultés qui se rencontrent dans l'explication des livres saints, mais à la négligence des hommes.

1. ↑ Voyez les *Notes marginales de Spinoza*, note 8.
2. ↑ Voyez les *Notes de Spinoza*, note 9.

CHAPITRE VIII

ON FAIT VOIR QUE LE PENTATEUQUE ET LES LIVRES DE JOSUÉ, DES JUGES, DE RUTH, DE SAMUEL ET DES ROIS NE SONT POINT AUTHENTIQUES. — ON EXAMINE ENSUITE S'ILS SONT L'OUVRAGE DE PLUSIEURS OU D'UN SEUL, ET QUEL EST CET UNIQUE ÉCRIVAIN.

Nous avons traité dans le précédent chapitre des principes sur lesquels repose la connaissance de l'Écriture, et il a été établi qu'une histoire fidèle des livres saints est la base de tout le reste. Or cette histoire si nécessaire, les anciens l'ont entièrement négligée, ou du moins les témoignages et les écrits qu'ils ont pu nous transmettre à cet égard ont péri par l'injure du temps, laissant dans la connaissance de l'Écriture une lacune à jamais déplorable. On pourrait toutefois réparer jusqu'à un certain point cette perte, si les hommes qui ont recueilli l'héritage des anciens avaient su garder une juste mesure et transmettre à leurs successeurs, en toute sécurité, le peu qu'ils avaient entre les mains, sans l'altérer par des additions indiscrètes ; mais ils ont si bien fait que l'histoire de l'Écriture est restée imparfaite, et bien plus elle contient d'assez graves erreurs pour qu'il soit également impossible ou de s'y confier ou de la refaire. J'ai dessein cependant de reprendre la connaissance de l'Écriture sainte par les fondements, et mieux encore, de dissiper les préjugés des théologiens sur cette matière. Certes, j'ai lieu de craindre que cette entreprise ne soit tardive ; car les choses en sont venues au point que les hommes ne veulent plus qu'on les redresse ; et ils s'attachent d'une façon si opiniâtre aux opinions qu'une apparence trompeuse de religion leur a fait embrasser, que la raison ne peut plus faire valoir ses droits qu'auprès d'un très-petit nombre ; tant les préjugés ont étendu leur empire sur la masse des hommes. Voilà de grands obstacles au dessein que je me propose ; mais je persiste à tenter l'épreuve, convaincu qu'il ne faut point désespérer d'un heureux succès.

Pour procéder avec ordre, j'examinerai d'abord les préjugés établis touchant les écrivains qui ont composé les livres saints ; je commencerai par l'auteur du *Pentateuque*. On a cru généralement que cet auteur est Moïse. Les pharisiens défendaient si fermement cette opinion qu'on n'y pouvait contredire sans être à leurs yeux hérétique, et c'est pourquoi Aben-Hezra, homme d'un libre génie et d'une érudition peu commune, qui a découvert le premier, à ma connaissance, le préjugé que je vais combattre, n'a pas osé dire ouvertement sa pensée, se bornant à l'indiquer en termes très-obscurs. Pour moi, je vais dire nettement le fond de ma pensée et montrer clairement ce qui en est. Voici d'abord les paroles d'Aben-Hezra que je trouve dans son commentaire du *Deutéronome* : « *Au delà du Jourdain... pourvu que tu entendes le mystère des douze... Moïse a écrit aussi la loi... et alors le Chananéen était en ce pays... ce qui sera manifesté sur la montagne de Dieu... et voici son lit, son lit de fer... alors tu connaîtras la vérité.* » Par ce peu de paroles, Aben-Hezra donne à entendre et en même temps il fait voir que ce n'est point Moïse qui a écrit le *Pentateuque*, mais un écrivain très-postérieur, et que le livre écrit par Moïse est tout autre que celui que nous avons. Pour établir ce point, il observe premièrement : que la préface même du *Deutéronome*, ne peut avoir été écrite par Moïse, puisqu'il ne passa pas le Jourdain. En second lieu, que le livre entier de Moïse fut écrit sur le circuit d'un seul autel (voyez le *Deutéronome* chap. XXVII, et *Josué*, chap. VIII, vers. 37, etc.), qui, d'après la tradition des rabbins, n'était formé que de douze pierres, ce qui prouve clairement que ce livre avait bien moins d'étendue que le *Pentateuque*. C'est ainsi du moins que j'entends le *mystère des douze*, dont parle Aben-Hezra, à moins qu'il n'ait voulu faire allusion aux douze malédictions dont il est question au chapitre déjà cité du *Deutéronome*, et peut-être nous donner à penser qu'elles ne se trouvaient pas dans le livre de la loi, par la raison que Moïse ordonne aux lévites de lire au peuple, outre l'exposition de la loi, ces douze malédictions, pour les contraindre par la force du serment à l'obéissance. Peut-être aussi notre auteur avait-il dans l'esprit le dernier chapitre du *Deutéronome* où se trouve la mort de Moïse racontée en *douze* versets. Mais il est inutile d'insister plus longuement sur ce passage particulier d'Aben-Hezra et sur les rêveries des autres commentateurs. Je viens à la troisième remarque de notre savant auteur, qui cite cet endroit du *Deutéronome* (chap. XXXI, vers. 6) : « *Et Moïse écrivit la loi ;* » et en conclut que ces paroles ne peuvent être de Moïse, mais d'un autre écrivain qui raconte la vie et les écrits de Moïse. En quatrième lieu, il s'appuie du passage de la *Genèse* (chap. XII, vers. 6), où l'historien, racontant le passage d'Abraham à travers le pays de Chanaan, ajoute que « *le Chananéen était alors en ce pays,* » paroles qui marquent évidemment un autre état de choses pour le temps où écrit l'historien. D'où il suit que ce récit ne peut avoir été fait qu'après la mort de Moïse, à l'époque où les

Chananéens, chassés de leur pays, ne possédaient plus ces contrées. Aben-Hezra insiste encore sur ce point : « *Et le Chananéen, dit-il, était alors en ce pays. Il y a apparence que Chanaan (neveu de Noé) s'empara du pays des Chananéens, possédé par un autre maître ; que si les choses ne sont pas ainsi, il y a là quelque mystère, et celui qui l'entend doit s'abstenir.* » Ce qui veut dire que si Chanaan s'empara de ces contrées, le sens du passage est alors que « *le Chananéen avait autrefois occupé le pays,* » ce qui marque un autre état de choses, non pour le temps présent, mais pour le temps antérieur où le pays de Chanaan était au pouvoir d'une autre nation. Mais si Chanaan est le premier qui ait habité cette contrée (comme on peut le conclure de la *Genèse*, chap. x), il est clair en ce cas que le passage en question se rapporte en effet au temps présent, c'est-à-dire à celui où parle l'écrivain ; et il s'ensuit alors que ce temps n'est pas celui de Moïse, puisqu'au temps de Moïse, les Chananéens possédaient encore leur pays. Voilà le mystère sur lequel Aben-Hezra recommande de ne point s'expliquer. La cinquième remarque de notre auteur, c'est que la montagne de Moïse est appelée dans la *Genèse* (chap. XXII, vers. 14) montagne de Dieu[1], nom qu'elle n'a porté qu'après avoir été choisie pour la construction du temple ; or il est clair que ce choix n'était pas encore fait du temps de Moïse, puisqu'au lieu de marquer un lieu pour cet usage au nom du Seigneur, il prédit qu'un jour le Seigneur le désignera lui-même et lui fera porter son nom. Aben-Hezra fait remarquer encore les paroles qui, dans le chapitre III du *Deutéronome*, accompagnent l'histoire d'Og, roi de Basan : « *De la défaite des géants*[2], *il ne resta que le seul Og, roi de Basan. Or son lit était un lit de fer, le même sans doute qui est dans Rabat, ville des enfants d'Ammon, et qui a neuf coudées de long,* » etc. Cette parenthèse indique évidemment que l'auteur du livre a vécu longtemps après Moïse ; car on ne s'exprime de la sorte que lorsqu'on raconte des événements d'une date très-ancienne, et qu'on cite en témoignage de la vérité de son récit les monuments du passé. Et sans aucun doute, le lit dont il est ici question ne fut trouvé qu'au temps de David, qui s'empara le premier de Rabat, ainsi qu'on le raconte au livre de *Shamuel* (chap. XII, vers. 30). Mais ce n'est pas en cet endroit seulement que l'auteur du *Deutéronome* ajoute aux paroles de Moïse. Voici, un peu plus bas, un passage du même genre : « *Jaïr, fils de Manassé, a occupé toute la contrée d'Argob, jusqu'à la frontière des Géhurites et des Mahachatites ; et il a donné son nom à tout le pays et aux bourgs de Basan, qu'on appelle encore aujourd'hui bourgs de Jaïr.* » Ces paroles sont certainement une addition de l'auteur du livre, destiné à éclaircir ce passage de Moïse qui précède immédiatement : « *J'ai donné l'autre moitié de Gilliad et tout le pays de Basan, qui était le royaume d'Og, à la moitié de la tribu de Manassé, ainsi que la juridiction d'Argob sur tout Basan, qui s'appelle terre des Géants.* » Il est hors de doute que les Hébreux, au temps où ce passage a été écrit, connaissaient très-bien les bourgs de Jaïr, tribu de Juda ; mais ils ne comprenaient pas ces mots : « *juridiction d'Argob terre des Géants,* » et voilà ce qui force l'historien à expliquer quels sont ces pays et les noms antiques qu'ils ont portés, et à expliquer en même temps pourquoi on les appelle présentement du nom de Jaïr, qui était de la tribu de Juda, et non de celle de Manassé (voyez *Paralipomènes*, chap. II, vers. 21 et 22).

Nous venons d'exposer les sentiments d'Aben-Hezra et de produire les passages du *Pentateuque* sur lesquels il fait reposer sa doctrine ; mais il s'en faut infiniment qu'il ait épuisé le sujet, et il n'a pas même cité les endroits les plus importants. C'est une lacune que nous allons remplir.

1° L'auteur des livres du *Pentateuque*, outre qu'il parle de Moïse à la troisième personne, rend sur son compte un grand nombre de témoignages comme ceux-ci : « *Dieu a parlé à Moïse ; Dieu s'entretenait face à face avec Moïse ; Moïse était le plus humble des hommes* (Nombres, chap. XII, vers. 3) ; *Moïse fut saisi de colère contre les chefs ennemis.* (ibid. chap. XXXI, vers. 14) ; *Moïse était un homme divin* (Deutéronome, chap. XXXIII, vers. 1) ; *Moïse, le serviteur de Dieu, est mort ; aucun prophète ne s'est rencontré en Israël qui fût semblable à Moïse,* » etc. Au contraire, dans le *Deutéronome*, où est exposée la loi que Moïse avait donnée au peuple et mise par écrit, Moïse parle de soi-même et raconte ses actes à la première personne : « *Dieu m'a parlé* » (Deutéronome, chap. II, vers. 1, 17. etc.) ; « *j'ai prié Dieu,* » etc. Ce n'est qu'à la fin du livre que l'auteur, après avoir rapporté les paroles de Moïse, recommence son récit à la troisième personne, et nous raconte que Moïse écrivit cette loi qu'il avait d'abord expliquée de vive voix au peuple, donna aux Hébreux ses dernières instructions et cessa de vivre. Or il est clair que cette manière de parler, ces témoignages et toute la contexture de cette histoire, tout nous invite à penser que les livres du *Pentateuque* ne sont pas de la main de Moïse, mais de celle d'un autre écrivain.

2° Il est encore à remarquer qu'on ne trouve pas seulement dans cette histoire de Moïse sa mort, son ensevelissement et le deuil des Hébreux durant trente jours, mais qu'il y est dit expressément : « *Il ne s'est jamais vu en Israël aucun prophète comparable à Moïse, et que Dieu ait connu comme lui face à face.* » Or ce témoignage, Moïse n'a pu se le donner à lui-même, et il n'a pu lui être donné par aucun écrivain venu immédiatement après lui, mais seulement par un écrivain postérieur de plusieurs siècles. Qu'on y regarde, en effet : l'auteur du livre parle d'un temps très-éloigné : « *Il ne s'est jamais rencontré aucun prophète.* » Et de même, quand il est question de la sépulture de Moïse, le texte porte que « *nul ne l'a connue jusqu'à ce jour.* »

3° On remarquera aussi qu'il y a de certains lieux qui ne sont pas désignés dans le *Pentateuque* par les noms qu'ils portaient au temps de Moïse, mais par des noms qu'ils ont reçus longtemps après. Ainsi, dans la *Genèse* (chap. XIV, vers. 1), il est dit : « *Abraham poursuivit les ennemis jusqu'à Dan.* » Or ce nom ne fût donné à la ville dont il s'agit que longtemps après la mort de Josué (voyez *Juges*, chap. XVIII, vers. 29).

4° Les récits historiques du *Pentateuque* s'étendent quelquefois au delà du temps où vivait Moïse. Car il est dit dans l'*Exode* que les enfants d'Israël mangèrent la manne durant l'espace de quarante années, jusqu'au moment où ils parvinrent dans des régions habitées, aux confins de Chanaan, c'est-à-dire jusqu'au temps dont il est parlé dans *Josué* (chap. V, vers. 12). On trouve aussi dans la *Genèse* (chap. XXXVI, vers. 31) : « *Ce sont les rois qui ont régné au pays d'Édom, avant qu'aucun roi ait régné sur les enfants d'Israël.* » Or il n'est point douteux que l'historien ne parle en cet endroit des rois qu'avaient eus les Iduméens avant que David les eût subjugués[3] et qu'il eût établi des gouverneurs dans l'Idumée. Il est plus clair que le jour, d'après tous ces passages, que ce n'est point Moïse qui a écrit le

Pentateuque, mais bien un autre écrivain postérieur à Moïse de plusieurs siècles.

Mais pour confirmer toutes ces preuves, examinons quels sont les livres que Moïse lui-même a écrits et qui sont cités dans le *Pentateuque* ; nous verrons que ces livres ne sont point ceux du *Pentateuque.* Premièrement, nous savons certainement par l'*Exode* (chap. XVII, vers. 14) que Moïse écrivit par l'ordre de Dieu la guerre contre Hamalek ; mais le nom du livre n'est pas indiqué dans ce chapitre. Or, dans les *Nombres* (chap. XXI, vers. 12), il est question d'un livre intitulé : *Guerres de Dieu,* et sans aucun doute, c'est dans ce livre qu'était le récit de la guerre contre Hamalek, ainsi que de tous les campements que nous savons que Moïse (*Nombres,* chap. XXXIII, vers. 2) exposa par écrit. Nous trouvons dans l'*Exode* (chap. XXIV, vers. 47) l'indication d'un autre livre qui porte pour titre : *Livre de l'Alliance*[4], et que Moïse lut en présence des Israélites, quand, pour la première fois, ils firent alliance avec Dieu. Mais ce livre, ou plutôt cette épître, ne pouvait contenir que fort peu de chose, savoir, les lois ou commandements de Dieu qui sont exposés depuis le vers. 22 du chap. XX de l'*Exode* jusqu'au chap. XXIV ; et personne ne contestera ceci, pourvu qu'il lise, d'un esprit libre et impartial, le chapitre cité plus haut. On y voit, en effet, qu'aussitôt que Moïse reconnut que le peuple était convenablement disposé pour faire alliance avec Dieu, il s'empressa d'écrire les lois que Dieu lui avait inspirées ; et dès le commencement du jour, après avoir accompli quelques cérémonies, il lut les conditions du pacte sacré devant tout le peuple réuni, qui dut sans doute les comprendre, puisqu'il donna son plein consentement. Il est donc bien établi par ces deux raisons, savoir, le peu de temps employé par Moïse pour écrire ses lois, et l'intention qu'il avait en les écrivant de les faire servir à une alliance entre son peuple et Dieu, il est, dis-je, bien établi que le livre dont nous parlons ne contenait rien de plus que ce que nous avons marqué tout à l'heure. Enfin c'est une chose très-certaine que dans la quarantième année après la sortie d'Égypte, Moïse expliqua de nouveau toutes les lois qu'il avait établies (voyez *Deutéron.*, chap. I, vers. 5) et fit contracter au peuple, pour la seconde fois, l'obligation d'y être fidèle (*ibid.*, chap. XXIX, vers. 14) ; puis il écrivit un livre où étaient consignées avec l'explication de la Loi le renouvellement de l'alliance (*Deutéron.*, chap. XXI, vers. 9), et ce livre fut appelé *Livre de la Loi de Dieu*. Plus tard, Josué y joignit le récit du nouvel engagement qu'il fit contracter au peuple hébreu et qui fut la troisième alliance des Juifs avec Dieu (*Josué*, chap. XXIV, vers. 25, 26). Or, comme nous ne possédons aucun livre qui contienne le second pacte de Moïse, ni celui de Josué, il s'ensuit nécessairement que le *Livre de la Loi de Dieu* a péri ; à moins qu'on ne veuille donner dans les folles conjectures du paraphraste chaldéen Jonatan, et torturer avec lui les saintes Écritures. Ce commentateur téméraire a très-bien vu la difficulté ; mais il a mieux aimé altérer la Bible qu'avouer son ignorance. Ce passage du livre de *Josué* (voyez chap. XXIV, vers. 26) : « *Et Josué écrivit ces paroles dans le Livre de la Loi de Dieu,* » voici comment il les traduit en chaldéen : « *Et Josué écrivit ces paroles, et les garda avec le Livre de la Loi de Dieu.* » Que dire à des interprètes de cette sorte, qui ne voient dans le texte de l'Écriture que ce qu'il leur plaît d'y trouver ? N'est-ce point comme s'ils supprimaient la Bible pour en fabriquer une autre de leur façon ? Concluons donc, sans nous arrêter à de semblables conjectures, que le

Livre de la Loi de Dieu, qu'il est certain que Moïse a écrit, n'est point le *Pentateuque*, mais un livre tout différent que l'auteur du *Pentateuque* a inséré plus tard dans son ouvrage. Et cette conséquence, que nous déduisons rigoureusement de ce qui précède, va être confirmée d'une manière éclatante par tout ce qui suit. Au passage déjà cité du *Deutéronome*, quand il est dit que Moïse écrivit le *Livre de la Loi*, l'historien ajoute que Moïse le déposa entre les mains des prêtres, avec l'ordre de le lire au peuple à des époques déterminées ; ce qui prouve bien que ce livre avait une étendue beaucoup moindre que le *Pentateuque*, puisqu'il pouvait être lu tout entier dans le temps d'une seule assemblée, et compris de tout le monde. Il ne faut point aussi perdre de vue cette circonstance, que de tous les livres écrits par Moïse, celui de *la Loi de Dieu* est le seul, avec le *Cantique* (composé un peu plus tard pour être également appris par tout le peuple), que Moïse ait ordonné de conserver religieusement. Par la première alliance, en effet, Moïse n'avait fait prendre d'engagement aux Hébreux que pour eux-mêmes ; mais par la seconde, les Hébreux engageaient aussi leurs descendants (*Deutéron.*, chap. XXIX, vers. 14, 15) ; et c'est pourquoi Moïse ordonna que le livre où était déposé ce pacte nouveau fût religieusement transmis aux enfants des Hébreux, avec le *Cantique*, qui aussi regarde principalement l'avenir. Ainsi donc, d'une part, il n'est pas prouvé que Moïse ait écrit d'autres livres que ceux dont on vient de parler ; de l'autre, il est certain qu'il n'a ordonné de transmettre à la postérité que le petit *Livre de la Loi de Dieu* et le *Cantique* : or, comme on rencontre en outre dans le *Pentateuque* un grand nombre de passages qui n'ont pu être écrits par Moïse, il suit de toutes ces preuves combinées que personne n'est en droit de dire que Moïse soit l'auteur du *Pentateuque*, et même que cette opinion est contraire à la raison.

Ici, on me demandera peut-être si Moïse n'écrivit pas ses lois au moment même où elles lui furent révélées, c'est-à-dire si, durant l'espace de quarante années, de toutes les institutions qu'il avait données au peuple, il n'écrivit rien de plus que ce petit nombre de commandements qui étaient contenus, comme nous l'avons dit plus haut, dans le livre de la première alliance. Voici ma réponse : alors même que j'accorderais qu'il paraît vraisemblable à la raison que Moïse écrivit ses lois au lieu même et au moment où elles lui furent inspirées, il n'en résulte nullement que nous puissions affirmer qu'il les ait effectivement écrites de cette façon ; car il a été établi précédemment qu'il ne faut rien affirmer touchant l'Écriture que ce qui est donné par l'Écriture elle-même, ou ce qui peut en être légitimement déduit ; et quant à la pure raison, elle n'a rien à démêler dans ces matières. Mais ce n'est pas tout, la raison n'est point ici contre nous, puisque rien n'empêche de supposer que le sénat communiquait au peuple, par écrit, les édits de Moïse ; et dès lors l'auteur du *Pentateuque* aura pu les recueillir et les insérer, chacun en leur rang, dans l'histoire de la vie de Moïse. Voilà ce que j'avais à dire sur les cinq premiers livres de la Bible ; il est temps de m'occuper des autres.

Les mêmes raisons qui viennent d'être exposées contre l'authenticité du *Pentateuque* s'appliquent au livre de *Josué*. Il est clair, en effet, que ce ne peut être Josué qui dit de soi-même que sa renommée s'est étendue par toute la terre (voyez *Josué*, chap. VII, vers. 1), qu'il n'omit rien de ce que Moïse avait ordonné (*ibid.*, chap. VIII, dernier vers. ;

chap. XI, vers. 15), qu'étant parvenu à un âge avancé, il assembla tout le peuple hébreu, enfin qu'il rendit le dernier soupir. En second lieu, on trouve dans ce livre le récit de divers événements qui se sont passés après la mort de Josué. Il y est dit, par exemple, que le peuple adora Dieu, après la mort du Josué, tant que vécurent les vieillards qui avaient vu Josué vivant. Au chap. XVI, vers. 10, nous lisons qu'Éphraïm et Manassé *ne chassèrent point les Chananéens qui habitaient Gazer,* mais que *les Chananéens ont habité jusqu'à ce jour avec les enfants d'Éphraïm, et en ont été tributaires.* Or ce fait est certainement le même qu'on trouve au chap. I du livre des *Juges.* Ajoutez que les mots *jusqu'à ce jour* marquent évidemment que l'historien parle d'un temps très-éloigné du sien. Je citerai encore un passage tout semblable, où il est question des fils de Jéhuda, (chap. XV, dernier verset), ainsi que l'histoire de Kaleb (*ibid.*, vers. 14 et suiv.). Il paraît également que le fait de ces deux tribus, qui s'unirent à la moitié d'une autre tribu pour élever un autel au delà du Jourdain (chap. XXII, vers. 10 et suiv.), s'est passé après la mort de Josué, puisque dans toute la suite du récit il n'est pas dit un mot de lui, et qu'on y voit au contraire le peuple délibérer seul sur les affaires de la guerre, envoyer, de son propre chef, des ambassadeurs, attendre leur réponse et l'approuver. Enfin il résulte clairement du vers. 14 du chap. X que le livre qui porte le nom de Josué a été écrit plusieurs siècles après sa mort. Ce verset porte en effet que *ni avant ni après ce jour, aucun autre jour ne s'est rencontré où Dieu ait obéi à la voix d'un homme,* etc. Concluons de toutes ces preuves que, si Josué a écrit quelque livre, ce n'est pas le livre que nous avons sous son nom, mais plutôt celui qui est cité dans le cours du même récit, au chap. X, vers. 13.

Quant au livre des *Juges*, je ne crois pas qu'aucun homme de bon sens se puisse persuader qu'il ait été écrit par les juges eux-mêmes, l'épilogue qui termine le récit (chap. XXI) montrant assez que l'ouvrage entier a été composé par un seul historien. On remarquera en outre que l'auteur des *Juges* avertit en plusieurs endroits qu'aux temps dont il fait l'histoire, il n'y avait pas de roi en Israël ; ce qui prouve que ce livre a été écrit à l'époque où les Hébreux eurent des rois à la tête du gouvernement.

Je ne m'arrêterai pas non plus bien longtemps sur les livres qui portent le nom de Shamuel, puisque le récit qui y est contenu se prolonge fort au delà de la vie de ce prophète. Je prie seulement qu'on fasse attention que ces livres sont postérieurs à Shamuel de plusieurs siècles. Nous trouvons en effet au livre I (chap. IX, vers. 6) une sorte de parenthèse, où l'historien nous avertit qu'*autrefois, en Israël, ceux qui se disposaient à aller consulter Dieu disaient : Allons, rendons-nous auprès du Voyant ;* car on appelait alors Voyant celui qu'aujourd'hui on nomme Prophète.

Il ne nous reste plus qu'à dire un mot des livres des *Rois* ; car il résulte de ces livres eux-mêmes qu'ils ont été formés de différentes pièces, savoir les livres des faits de Salomon (voyez *Rois*, I, chap. XI, vers. 5), les chroniques des rois de Juda (voyez *ibid.*, chap. XIV, vers. 19-29), et les chroniques des rois d'Israël.

Concluons donc que tous les livres dont nous venons de parler successivement sont apocryphes, et que les événements dont on y trouve le récit sont racontés comme s'étant passés à une époque très-ancienne. Si l'on considère maintenant la suite et l'objet de tous ces livres, on n'aura pas de peine à reconnaître qu'ils sont l'ouvrage d'un seul historien, qui s'est proposé d'écrire les antiquités juives depuis les temps les plus reculés jusqu'à la première dévastation de Jérusalem. Ces livres, en effet, sont si étroitement liés qu'il est visible, par cet unique point, qu'ils forment un seul et même récit, composé par un seul et même historien. Aussitôt que l'histoire de la vie de Moïse est terminée, on passe immédiatement à celle de la vie de Josué en ces termes : « *Et il arriva, quand Moïse, le serviteur de Dieu, fut mort, que Dieu dit à Josué,* » etc. Parvenu à la mort de Josué, l'historien se sert de la même transition pour commencer l'histoire des juges. « *Et il arriva, quand Josué fut mort, que les enfants d'Israël demandèrent à Dieu,* » etc. Le livre de *Ruth* est rattaché comme une sorte d'appendice à celui des *Juges* : *Et il arriva, au temps que les juges, jugeaient qu'il y eut famine en ce pays*. C'est de la même façon que le premier livre de *Shamuel* est joint à celui de *Ruth*, et la même transition revient encore pour aller de ce premier livre au second, où l'histoire de David n'est pas terminée ; cette histoire se continue au premier livre des *Rois*, qui en amène le second livre, comme il avait été amené lui-même par les livres précédents. Enfin l'ordre même et l'enchaînement des récits historiques marquent aussi l'unité de plan et d'historien. On commence en effet par nous exposer la première origine de la nation hébraïque ; puis on arrive, en suivant l'ordre des temps, aux lois de Moïse, aux circonstances où il les donna aux Juifs, aux prédictions qu'il y ajouta ; on raconte ensuite comment le peuple hébreu, ainsi que Moïse l'avait prédit, entra dans la terre promise (*Deutéron.*, chap. VII), et abandonna les lois de Dieu (*ibid.*, chap. XXXI, vers. 16) aussitôt qu'il y fut entré, d'où résultèrent pour lui une foule de maux (*ibid.*, vers. 17) ; comment il voulut par la suite se donner des rois

(*Deutéron.*, chap. XVII, verset 14), dont le gouvernement fut malheureux ou prospère, suivant qu'ils s'écartèrent de la loi ou y furent fidèles (*ibid.*, chap. XXVIII, vers. 36 et dernier verset), jusqu'à ce qu'enfin l'empire hébreu fut détruit, comme l'avait également prédit Moïse. Pour tous les autres faits qui n'ont point de rapport à l'observation de la loi, on les passe sous silence, ou bien on renvoie le lecteur à d'autres historiens. Il est donc évident que tous ces livres conspirent à une seule fin, qui est de faire connaître les paroles et les commandements de Moïse, et d'en prouver l'excellence par le récit des événements. Nous arrivons donc, par trois ordres de preuves, savoir : l'unité d'objet de tous ces livres, leur étroite liaison, et leur caractère apocryphe, nous arrivons, dis-je, à cette conclusion qu'ils sont l'ouvrage d'un seul historien.

Quel est cet historien ? je ne puis plus répondre ici d'une manière certaine ; toutefois, je suis très-porté à croire que c'est Hezras ; et voici quelques raisons d'un certain poids qui autorisent ma conjecture. Premièrement, puisque cet historien, que nous savons être unique, continue son récit jusqu'au temps de la liberté de Joachim, et qu'il ajoute ensuite que lui-même a pris place à la table du roi tout le temps qu'il a vécu (est-ce Joachim, ou le fils de Nébucadnesor ? c'est ce que l'on ne peut dire, le sens du passage étant fort équivoque), il s'ensuit que ces livres n'ont pas été écrits avant Hezras. Or l'Écriture ne dit point qu'il y ait eu à cette époque aucun personnage, hormis Hezras (voyez *Hezras*, chap. VII, vers. 10), qui se soit appliqué à la recherche de la Loi divine et qui ait été un scribe diligent dans la loi de Moïse (voyez *ibid.*, vers. 6). Je ne vois donc qu'Hezras qui puisse être l'auteur de ces livres. De plus, nous savons, par le témoignage que l'Écriture porte de lui, qu'il s'était appliqué, non-seulement à rechercher la loi de Dieu, mais aussi à la mettre en ordre ; aussi trouvons-nous ces paroles dans *Néhémias* (chap. VIII, vers. 9) : *Ils ont lu le Livre de la Loi de Dieu expliqué, et s'y étant rendus attentifs, ils ont compris l'Écriture.* Or, comme nous savons que le *Deutéronome* contient, non-seulement le livre de la loi de Moïse (ou du moins la plus grande partie de ce livre), mais encore une foule d'insertions ajoutées pour l'explication plus complète des choses, je suis porté à croire que le *Deutéronome* est justement ce livre de la Loi de Dieu, écrit, disposé et expliqué par Hezras, qui fut lu par les Juifs dont parle *Néhémias*. Que si on me demande de prouver qu'il se rencontre dans le *Deutéronome* des passages insérés pour l'éclaircissement du texte, je rappellerai que j'en ai cité deux de cette espèce, quand j'ai discuté plus haut les sentiments d'Aben-Hezra, et j'en pourrais ajouter ici un grand nombre d'autres : par exemple, nous lisons au chap. II vers. 12 : « *Quant au pays de Séhir, les Horites l'ont habité autrefois, mais les enfants d'Hésaü les ont chassés et exterminés, et ils se sont établis dans cette contrée, comme a fait le peuple d'Israël dans la terre que Dieu lui a donnée pour héritage.* »

Ce passage est destiné à éclaircir les versets 3 et 4 du même chapitre, c'est-à-dire à expliquer comment les enfants d'Hésaü, en occupant la montagne de Séhir, qui leur était échue en partage, ne la trouvèrent pas inhabitée, mais la conquirent sur les Horites, qui en étaient avant eux les possesseurs, à l'exemple des Israélites, qui après la mort de Moïse chassèrent et détruisirent le peuple chananéen. De même encore les vers. 6, 7, 8 et 9 du chap. X du *Deutéronome* sont une parenthèse ajoutée aux paroles de Moïse. Tout le monde reconnaîtra en effet que le vers. 8, qui commence par ces mots : *En ce temps-là Dieu sépara la tribu de Lévi*, etc., doit être rapporté au verset 5, et non point à la mort d'Aharon, dont Hezras ne parle ici qu'à cause que Moïse, dans le récit de l'adoration du veau, avait dit (voyez chap. IX, vers. 20) qu'il avait prié pour Aharon. L'auteur du *Deutéronome* explique ensuite le choix que Dieu fit, au temps dont parle ici Moïse, de la tribu de Lévi, et cela pour montrer la cause de cette élection et faire voir pourquoi les Lévites n'eurent point de part à l'héritage de leurs frères ; puis il reprend le fil de son histoire et la suite des paroles de Moïse. Ajoutez à tout cela les preuves qu'on tire de la préface du livre, et de tous les passages où il est parlé de Moïse à la troisième personne ; pour ne rien dire d'une foule d'autres passages qu'il est impossible aujourd'hui de reconnaître, mais qui ont certainement été retouchés par le rédacteur du *Deutéronome*, ou même ajoutés par lui dans l'intention de rendre plus claires, pour les hommes de son temps, les paroles de Moïse. Et certes si nous possédions aujourd'hui le livre même que Moïse a écrit, je suis convaincu qu'en le comparant à l'Écriture, nous trouverions de grandes différences, non-seulement dans les mots, mais même dans l'ordre et dans l'esprit des préceptes. Quand, en effet, je compare seulement le Décalogue du *Deutéronome* avec celui de l'*Exode* (où l'histoire du Décalogue a proprement sa place), je trouve qu'ils diffèrent de tout point : ainsi le quatrième précepte, non-seulement n'est pas donné de la même façon dans les deux livres, mais il est beaucoup plus développé dans le *Deutéronome* ; et la raison sur laquelle il repose en ce dernier livre est toute différente de celle que donne l'*Exode*. Enfin l'ordre dans lequel est expliqué le dixième précepte du Décalogue du *Deutéronome* n'est pas le même ordre que l'*Exode* a suivi. J'incline donc à penser que toutes ces différences et d'autres semblables sont l'ouvrage d'Hezras, qui les a introduites en voulant expliquer la loi de Dieu aux hommes de son temps ; et par conséquent, j'admets que le *Deutéronome* n'est autre chose que le *Livre de la Loi de Dieu* commenté et embelli par Hezras. Je crois aussi que le *Deutéronome* est le premier livre qu'Hezras ait écrit, et ce qui me porte à cette conjecture, c'est que ce livre contient les lois de la patrie, c'est-à-dire ce dont le peuple a le plus besoin. J'ajoute que le *Deutéronome* ne fait point suite, comme les autres livres de l'Écriture, à un ouvrage précédent ; il commence en effet en ces termes, dégagés de tout lien avec un discours antérieur : « *Voici les paroles que Moïse,* » etc. Après avoir terminé ce livre et enseigné au peuple l'antique loi, Hezras s'occupa, si je ne me trompe, de composer une histoire complète de la nation hébraïque, depuis le commencement du monde jusqu'à la destruction de Jérusalem, et il inséra dans cette histoire, au lieu convenable, le livre précédemment écrit du *Deutéronome* ; et s'il attacha aux cinq premières parties de son histoire le nom de Moïse, c'est probablement parce que la vie de Moïse en fait la partie principale. Par la même raison, il donna au cinquième livre le nom de Josué, au septième, le nom de livre des Juges, au huitième, le nom de Ruth, au neuvième et peut-être aussi au dixième, le nom de Shamuel ; enfin au onzième et au douzième, le nom de livres des Rois. On me demandera maintenant si Hezras mit la dernière main à son œuvre, et l'acheva selon son désir, c'est ce qu'on verra au chapitre suivant.

1. ↑ Voyez les *Notes marginales de Spinoza*, note 11.

2. ↑ On remarquera que le mot hébreu *Raphaim* signifie *Damnés* ; mais on peut croire, d'après les *Paralipomènes*, chap. xx, que c'est aussi un nom propre. Je pense donc qu'en cet endroit il marque le nom d'une famille. (*Note de Spinoza.*)
3. ↑ Voyez les *Notes marginales de Spinoza*, note 12.
4. ↑ On observera que *sepher*, en hébreu, signifie le plus souvent *épître* ou *feuillet*. (*Note de Spinoza.*)

CHAPITRE IX

ON FAIT QUELQUES AUTRES RECHERCHES TOUCHANT LES MÊMES LIVRES, POUR SAVOIR NOTAMMENT SI HEZRAS Y A MIS LA DERNIÈRE MAIN, ET SI LES NOTES MARGINALES QU'ON TROUVE SUR LES MANUSCRITS HÉBREUX ÉTAIENT DES LEÇONS DIFFÉRENTES.

On ne peut douter que les recherches auxquelles nous venons de nous livrer sur le véritable auteur de plusieurs livres de la Bible ne soient d'un très-grand secours à quiconque les veut entendre parfaitement. Qu'on examine en effet les passages que nous avons cités pour établir notre opinion, et l'on reconnaîtra qu'elle seule en peut donner la clef. Mais ce n'est pas tout, et pour bien connaître les livres dont il s'agit, on doit noter encore beaucoup d'autres circonstances sur lesquelles la superstition ferme les yeux au vulgaire. La principale, c'est qu'Hezras (qui reste pour moi l'auteur de ces livres jusqu'à ce qu'on en désigne un autre à de meilleurs titres), Hezras, dis-je, n'a pas mis la dernière main à son ouvrage, et s'est borné à emprunter à divers auteurs des récits historiques qu'il a simplement enregistrés le plus souvent sans les examiner ni les mettre en ordre. Qu'est-ce qui a pu l'empêcher de revoir et d'accomplir ce travail, je ne puis le dire, à moins d'admettre que ç'a été une mort soudaine et prématurée. Mais toujours est-il que le fait est certain, et qu'il résulte évidemment du petit nombre de fragments que nous avons encore des anciens historiens hébreux.

Ainsi l'histoire d'Hiskias, à partir du vers. 17 du ch. XVIII du livre II des *Rois*, a été calquée sur la relation d'Isaïe telle qu'on dut la trouver dans la Chronique des rois de Juda ; la preuve, c'est que nous rencontrons cette relation tout entière dans le livre d'*Isaïe*, lequel faisait partie de cette chronique (voyez *Paralip.*, liv. II, chap. XXXII, avant-dernier verset) ; et nous l'y rencontrons conçue exactement dans les mêmes termes que celle des Rois, à très-peu d'exceptions près[1] : or, de ces rares exceptions, on ne peut conclure rien autre chose sinon qu'il y avait plusieurs leçons différentes de la relation d'Isaïe, à moins qu'on n'aille imaginer là-dessous quelque mystère. Ajoutez que le dernier chapitre de ce livre II des *Paralipomènes* est également contenu dans *Jérémie* (chap. XXXIX, XL et dernier). De plus, le chapitre VII du livre II de *Shamuel* se retrouve dans le chapitre XVII du livre I des *Paralipomènes*, seulement les expressions sont en plusieurs endroits si diverses[2] qu'il est aisé de reconnaître que ces deux chapitres ont été tirés de deux exemplaires différents de l'histoire de Nathan. Enfin, la généalogie des rois d'Idumée, qu'on voit dans la *Genèse* (à partir du vers. 30 du chap. XXXVI), on la rencontre encore en un autre endroit (*Paralipomènes*, liv. I, chap. I), et dans les mêmes termes, bien qu'il soit parfaitement établi que l'auteur de ce dernier livre n'a pas emprunté ses récits aux douze livres d'Hezras, mais à d'autres historiens. Il ne faut donc point douter que l'origine que nous assignons à la Bible ne devînt évidente par le fait, si nous avions sous la main les anciens historiens hébreux ; mais puisqu'ils sont perdus, tout ce que nous pouvons faire, c'est d'examiner les récits mêmes des douze premiers livres de l'Écriture, d'en reconnaître l'ordre et l'enchaînement, de noter enfin les répétitions et les contradictions chronologiques qui s'y peuvent rencontrer. C'est ce que nous allons faire, sinon pour tous ces récits, du moins pour ceux qui ont le plus d'importance.

Nous commencerons par l'histoire de Juda et de Thamar, qui s'ouvre dans la *Genèse* en ces termes : *Or, il arriva qu'en ce temps-là Juda se sépara de ses frères.* De quel temps s'agit-il ? Évidemment de celui qui vient d'être immédiatement déterminé[3] ; mais il se trouve que dans l'état présent de la *Genèse*, la chose est impossible. Car depuis l'époque où Joseph fut mené en Égypte jusqu'à celle où le patriarche Jacob s'y rendit avec toute sa famille, il ne peut s'être écoulé que vingt-deux ans, puisque Joseph n'en avait que dix-sept quand il fut vendu par ses frères, et trente quand Pharaon le fit sortir de prison ; or, si vous ajoutez les sept années d'abondance et les deux de famine, tout cela fait ensemble vingt-deux ans. Mais qui pourra comprendre qu'en si peu d'années il y ait eu place pour tous les événements que raconte la *Genèse*, savoir : que Juda ait eu successivement trois enfants d'une seule femme, que l'aîné de ces enfants ait épousé Thamar, que le second, après la mort de l'aîné, se soit marié avec sa veuve, laquelle, après avoir vu mourir son second mari, eut commerce avec Juda, qui, sans savoir qu'elle fût sa bru, en eut deux jumeaux dont l'un pût même devenir père, tout cela, dans l'espace de temps assigné plus haut ? Il est donc évident qu'il faut rapporter tous ces événements, non point à l'époque dont parle la *Genèse*, telle que nous l'avons aujourd'hui, mais à une époque toute différente, laquelle devait être marquée primitivement dans le livre qui précédait notre récit. D'où l'on voit que Hezras s'est borné à enregistrer cette histoire de Juda et Thamar à la suite d'autres récits, sans l'examiner de bien près. De même encore, toute l'histoire de Joseph et de Jacob est visiblement composée de différentes pièces empruntées à des sources très-diverses : tant il y a peu d'accord dans ce récit. Au rapport de la *Genèse*, Jacob avait cent trente ans, la première fois que Joseph le présenta à Pharaon ; si vous en retranchez les vingt-deux années qu'il passa dans la tristesse à cause de l'absence de Joseph, les dix-sept qu'avait Joseph quand il fut vendu, et même les sept ans d'épreuve auxquels Jacob dut se soumettre avant d'épouser Rachel, vous trouverez que ce patriarche devait être extrêmement âgé, savoir, de quatre-vingt-quatre ans, lorsqu'il prit Lia pour épouse ; au contraire, il se trouve que Dina avait à peine sept ans quand elle fut violée par Sichem[4], et que Siméon et Lévi étaient âgés tout au plus de onze ou douze ans quand ils pillèrent une ville, et en passèrent tous les habitants au fil de l'épée. Mais il est inutile de pousser plus loin cet examen du *Pentateuque*, puisqu'un peu d'attention suffit pour faire voir que tout dans ces cinq livres, préceptes et récits, est écrit pêle-mêle et sans ordre, que la suite des temps n'y est point observée, que les mêmes récits reviennent à plusieurs reprises, et souvent avec de graves différences, en un mot que cet ouvrage n'est qu'une réunion confuse de matériaux que l'auteur n'a point eu le temps de classer et d'ordonner régulièrement. Il faut en dire autant des sept livres qui suivent le *Pentateuque*. Qui ne voit, par exemple, au chapitre II des *Juges*, qu'à partir du verset 6, l'auteur compile un nouvel historien (qui avait également écrit la vie de Josué), et le copie littéralement ? En effet, au dernier chapitre de *Josué*, nous trouvons le récit de sa mort et de son ensevelissement ; or, au commencement de ce livre, l'auteur avait promis de raconter les événements qui suivirent la mort de Josué. Si donc il avait voulu, en commençant le livre des *Juges*, reprendre le fil de son récit, pourquoi aurait-il recommencé à nous parler de Josué ? Il n'est pas moins évident que les chapitres XVII, XVIII, etc., du livre I de *Shamuel* ne sont pas empruntés au même historien que l'auteur avait suivi jusque-là ; car on explique dans ces chapitres tout autrement qu'au chapitre XVI du même livre pourquoi David commença à fréquenter la cour de Saül. Au chapitre XVI, Saül, par le conseil de ses serviteurs, mande David auprès de lui ; ici les choses se passent tout autrement : le père de David l'envoie vers ses frères au camp de Saül ; et David engage avec le Philistin Goliath un combat d'où il sort victorieux, ce qui le fait connaître au roi, et l'introduit dans son palais. Je soupçonne encore qu'au chapitre XVI de ce même livre, l'auteur répète, sous l'impression d'une opinion différente, le même récit qui se trouve déjà au chapitre XXIV. Mais il est inutile d'insister davantage, et j'aime mieux passer immédiatement à l'examen de la chronologie de l'Écriture.

Au chapitre VI du livre I des *Rois*, il est dit que Salomon bâtit le temple l'an 480 de la sortie d'Égypte ; mais si nous consultons l'histoire, nous trouverons un intervalle de temps beaucoup plus étendu. En effet :

Moïse gouverna le peuple dans le désert pendant	40 années.	
Josué, qui vécut cent dix ans, n'eut le commandement, d'après Josèphe et d'autres historiens, que durant	26	—
Kusan Rishagataïm tint le peuple sous son	8	—

empire

Hotniel, fils de Henaz, fut juge[5] pendant	40	—
Heglon, roi de Moab	18	—
Eud et Samgar furent juges pendant	80	—
Jachin, roi de Chanaan, tint le peuple sous son joug	20	—
Le peuple, après un repos de	40	—
retomba en servitude, sous la domination de Midian, durant	7	—
Il reprit la liberté au temps de Gidéhon	40	—
Puis il fut soumis par Abimelech	3	—
Tola, fils de Pua, fut juge durant	23	—
Jaïr, durant	22	—
Le peuple tomba de nouveau sous la domination des Philistins et des Hamonites durant	18	—
Jephta fut juge durant	6	—
Absan le Betléhémite	7	—
Elon le Sebulonite	10	—
Habdan le Pirhatonite	8	—
Le peuple tomba sous le joug des Philistins	40	années.
Samson fut juge[6]	20	—
Héli	40	—
Le peuple, soumis encore une fois par les Philistins, ne fut délivré par Shamuel qu'après un intervalle de	20	—
David régna	40	—

Salomon, avant de bâtir le temple, régna	4	—
Toutes ces années réunies composent une somme de		580 années.

Or, il faut encore ajouter les années qui suivirent la mort de Josué, pendant lesquelles la nation hébraïque se maintint en grande prospérité, jusqu'au moment où Kusan Rishgataïm la réduisit en servitude. Et cette période prospère a dû être d'assez longue durée ; car il est difficile de croire qu'aussitôt après la mort de Josué, tous ceux qui avaient été témoins de ces prodigieux exploits aient péri en un seul moment, et que leurs descendants, abolissant incontinent les lois, soient tombés d'un seul coup au dernier degré de la lâcheté et de l'infamie ; il n'est pas vraisemblable enfin que Kusan Rishgataïm n'ait eu qu'à vouloir les soumettre pour en venir aussitôt à bout. Chacun de ces événements exigeant presque un siècle entier, il ne faut donc pas douter que l'Écriture n'embrasse dans les versets 7, 9 et 10 du livre des *Juges* un grand nombre d'années dont l'histoire est passée sous silence. À ces années omises il faut joindre celles où Shamuel fut juge des Hébreux, et dont l'Écriture ne marque pas le nombre. Ce n'est pas tout : on doit y ajouter encore les années du règne de Saül, que j'ai omises à dessein dans la table précédente, parce que l'histoire de Saül ne fait point connaître assez clairement la durée précise de son règne. Il est dit, à la vérité, au chapitre XIII du livre I (vers. 1) de *Shamuel*, que Saül régna deux ans ; mais ce texte est évidemment tronqué, et il résulte de l'histoire de ce roi qu'il a régné beaucoup plus longtemps. Pour s'assurer que le texte est tronqué effectivement, il suffit de ne pas ignorer les premiers rudiments de la langue hébraïque.

Voici en effet les paroles de l'Écriture : *Saül était âgé de..., quand il commença de régner, et il régna deux ans sur Israël*. Qui ne voit que l'âge de Saül commençant son règne est omis dans ce passage ? Reste donc à prouver seulement, par l'histoire de Saül, qu'il a régné plus de deux ans. Or, il est dit au chapitre XXVII du même livre (vers. 7) que David demeura un an et quatre mois parmi les Philistins, chez qui il s'était réfugié pour se mettre à l'abri de la colère de Saül. Il faudrait donc que le reste du règne de Saül n'eût duré que huit mois, ce qui est absurde et hors de toute vraisemblance, du moins d'après Josèphe, qui, dans ses *Antiquités* (à la fin du livre VI), corrige ainsi le texte de l'écriture : *Saül régna dix-huit ans du vivant de Shamuel et deux ans après sa mort*. Ajoutez à cela que cette histoire du chapitre XIII n'a aucun rapport à ce qui précède. Sur la fin du chapitre VII, il est dit que les Philistins furent défaits par les Hébreux, de sorte qu'ils n'osèrent plus les attaquer tant que vécut Shamuel ; et dans le XIIIe, que les Hébreux furent tellement pressés par les Philistins (Shamuel vivant encore) et réduits à une telle extrémité qu'ils n'avaient plus d'armes pour se défendre, ni aucun moyen d'en fabriquer. On voit que ce ne serait pas une entreprise facile que de concilier tous les récits historiques du premier livre de *Shamuel*, et de les ajuster si bien l'un à l'autre qu'il semblât qu'une seule main les eût tracés et mis en ordre. Mais je reviens à mon sujet, et je conclus qu'il faut ajouter à notre compte les années du règne de Saül. On peut remarquer que je n'ai pas compté non plus les années de l'anarchie des Hébreux ; c'est que l'Écriture n'en marque pas le nombre. Or, il est impossible, je le répète, de fixer la durée des événements qui sont racontés dans le livre des *Juges* à partir du chapitre XVII jusqu'à la fin. Tout cela prouve donc bien que les récits historiques de la Bible ne sont pas réglés par une exacte chronologie et que, bien loin de s'accorder entre eux, ils contiennent souvent des choses très-diverses. D'où il faut conclure que ces récits ont été empruntés à des sources différentes, et enregistrés sans critique et sans ordre.

Il n'y a pas moins de désaccord dans la supputation des années entre les Chroniques des rois d'Israël et celles des rois de Juda. Ainsi, il est dit aux Chroniques des rois d'Israël (voyez *Rois*, liv. II, chap. I, vers. 17) que Jehoram, fils d'Aghab, commença de régner la seconde année du règne de Jehoram, fils de Jehosaphat ; et dans les Chroniques des rois de Juda (voyez *ibid.*, chap. VIII, vers. 16) que Jehoram, fils de Jehosaphat, commença de régner la cinquième année du règne de Jehoram, fils d'Aghab. Que l'on compare les *Paralipomènes* avec les *Rois*, on trouvera une foule de discordances semblables, et il n'est point nécessaire d'en faire ici le dénombrement, et moins encore de discuter les suppositions fantastiques des commentateurs qui ont voulu résoudre toutes ces contradictions. Sur ce point, les rabbins tombent dans un vrai délire. D'autres interprètes, que j'ai également lus, ne paraissent pas dans leur bon sens, tant ils corrompent le texte par les inventions les plus chimériques. Par exemple, on trouve, au livre II des *Paralipomènes*, qu'Aghasia était âgé de quarante-deux ans quand il commença de régner. Or voici les commentateurs qui imaginent de compter ces années, non point à partir de la naissance d'Aghasia, mais depuis le règne d'Homri. Il faudrait donc, pour attribuer une telle pensée à l'auteur des *Paralipomènes*, supposer qu'il ne savait point dire ce qu'il avait l'intention de dire. Je pourrais citer beaucoup d'autres imaginations de cette espèce, qui n'iraient à rien moins, si elles étaient vraies, qu'à faire croire que les Hébreux ignoraient leur propre langue, que l'ordre des événements était pour eux une chose inconnue, par conséquent qu'il n'y a aucune règle, aucune méthode pour interpréter l'Écriture et qu'on y peut voir tout ce qu'on voudra.

Quelqu'un dira peut-être que je raisonne ici d'une manière trop générale et que mes preuves ne sont pas suffisantes ; ma réponse, c'est que je prie qu'on veuille bien marquer un ordre déterminé dans les récits historiques de l'Écriture, de telle façon qu'on y puisse établir une exacte chronologie ; je prie aussi qu'en interprétant les témoignages de l'historien et les mettant d'accord les uns avec les autres, on n'altère en rien les phrases et les tours dont il s'est servi, ainsi que la disposition et la contexture de ses récits, tout cela avec une si grande fidélité que l'on puisse prendre pour règle, en écrivant soi-même des phrases hébraïques, la manière d'expliquer celles de l'Écriture[7] ; que si quelqu'un parvient à satisfaire à toutes ces conditions, je déclare que j'en passerai par tout ce qu'il voudra, et le regarderai comme un oracle. Pour ma part, j'ai cherché longtemps à réaliser le plan que je viens de tracer ; mais j'avoue qu'il m'a été impossible d'y réussir. J'ajoute qu'il n'y a pas une seule de mes opinions sur l'Écriture qui ne soit le fruit d'une longue méditation ; et bien que, dès mon enfance, j'aie été habitué aux sentiments ordinaires qu'on a sur les livres saints, je n'ai pu m'empêcher d'être conduit à ceux que je professe actuellement. Mais il est inutile d'arrêter le lecteur sur de pareils détails et de l'exciter à entreprendre une œuvre impossible ; j'ai voulu seulement expliquer plus clairement mon opinion en mettant la difficulté dans tout son jour. Je vais donc poursuivre l'examen que j'ai commencé de la destinée des livres de l'Écriture.

Il faut observer, en premier lieu, que les dépositaires de ces livres ne les ont pas gardés avec un tel soin qu'il ne s'y soit glissé aucune faute. Car les plus anciens d'entre les scribes y ont remarqué plusieurs leçons douteuses, et en outre quelques passages tronqués ; et certes ils ne les ont pas relevés tous. Maintenant, la question est de savoir si ces fautes sont de nature à embarrasser et à égarer le lecteur. Je ne veux point discuter à fond ce point ; je dirai seulement que je n'attache pas grande importance à ces altérations, et quiconque lira l'Écriture sans préjugé sera du même avis ; car, pour ma part, je puis affirmer que je n'ai jamais remarqué dans la Bible aucune faute assez grave, ni, en ce qui touche les principes moraux, aucune différence de leçon assez considérable pour rendre le sens douteux ou absurde. Pour tout le reste, on est assez d'accord que le texte n'est point gravement altéré. La plupart même soutiennent que Dieu, par un témoignage singulier de sa providence, a maintenu les Écritures dans un état de parfaite pureté, et les leçons diverses ne sont à leurs yeux que le signe de profonds mystères. Ils expliquent de même les astérisques qui se trouvent au milieu du paragraphe 28 ; et il n'y a pas jusqu'aux extrémités des lettres hébraïques où ils n'aperçoivent de grands secrets. Est-ce l'effet d'une dévotion aveugle et stupide ? ou d'un orgueil coupable qui les porte à se donner comme seuls dépositaires des secrets de Dieu ? Je ne sais trop ; mais ce que je sais bien, c'est que je n'ai jamais rencontré dans leurs écrits que des superstitions puériles, à la place des secrets qu'ils prétendent posséder. J'ai voulu lire aussi et j'ai même vu quelques-uns des kabbalistes ; mais je déclare que la folie de ces charlatans passe tout ce qu'on peut dire.

On me demandera peut-être de prouver ce que j'ai avancé tout à l'heure, que plusieurs fautes se sont glissées dans le texte de l'Écriture. Mais je ne crois pas qu'aucun homme de bon sens en doute un seul instant, après avoir lu le passage sur Saül que nous avons cité plus haut (voyez *Shamuel*, liv. I, chap. XIII, vers. 11), auquel on peut joindre celui-ci (*ibid.*, liv. II, chap. VI, vers. 2) : *Et David se leva et il partit de Juda avec tout le peuple, afin d'en emporter l'arche de Dieu*. Chacun peut voir aisément que le lieu où David se rendit de Juda pour en emporter l'arche, savoir Kirjat Jeharim[8], est omis dans le texte. On reconnaîtra également que le passage suivant de *Shamuel*, (liv. II, chap. XIII, vers. 37) est altéré et tronqué : *Et Absalon prit la fuite, et il alla vers Ptolémée, fils d'Amihud, roi de Gésar ; et il pleurait tout le jour son fils ; et Absalon prit la fuite et alla vers Gésar, où il resta trois années*. Je me souviens d'avoir noté plusieurs passages de même sorte dans l'Écriture qui en ce moment ne me reviennent point.

Reste à résoudre cette question : si les notes marginales qu'on rencontre çà et là sur les exemplaires hébreux de l'Écriture sont, ou non, des leçons douteuses. On n'hésitera pas à résoudre cette question par l'affirmative, si l'on considère que la plupart de ces notes marginales ont pour origine l'extrême ressemblance des lettres hébraïques : par exemple, *kaf* ressemble à *bet*, *jod* à *vau*, *dalet* à *res*, etc. Ainsi dans un passage de *Shamuel* (liv. II, chap. V, avant-dernier verset) où il dit : *Et au temps où vous entendrez*, nous trouvons à la marge : *Quand vous entendrez*. De même, dans les *Juges* (chap. XXI, vers. 22), au passage qui porte : *Et quand leurs pères et leurs frères viendront vers nous en multitude* (c'est-à-dire *souvent*), on trouve à la marge : *pour se plaindre.* Je pourrais citer une foule de notes marginales de cette espèce. Il en est d'autres qui sont devenues nécessaires à cause de l'emploi de ces lettres qu'on appelle *muettes*, et dont la prononciation est si peu marquée qu'elles se prennent souvent l'une pour l'autre. Par exemple, à côté de ce passage du *Lévitique* (chap. XXV, vers. 17) : *Et la maison qui est dans une ville sans murailles restera en la possession du propriétaire*, on trouve à la marge : *ville entourée de murailles.*

Bien que l'objet de ces notes marginales se montre assez clairement de soi-même, je ne laisserai pas de répondre aux raisons alléguées par certains pharisiens qui s'obstiobstinent à penser que ces notes marginales ont été écrites par les auteurs mêmes des livres saints dans l'intention de marquer quelques mystères. La première de ces raisons et la plus faible à mes yeux est fondée sur l'usage qui a prévalu dans la lecture de la Bible. Si ces notes, disent-ils, eussent été mises pour indiquer des leçons différentes, entre lesquelles les hommes des générations suivantes ne pouvaient faire un choix certain, d'où vient que l'usage s'est établi d'adopter constamment le sens marginal ? Pourquoi les auteurs de ces notes auraient-ils mis à la marge le sens qu'ils voulaient adopter ? Il semble qu'ils auraient dû bien plutôt écrire le texte de l'Écriture comme ils voulaient qu'on le lût, au lieu de reléguer dans la marge le sens et la leçon qu'ils croyaient véritables. La seconde raison des pharisiens, qui est assez spécieuse, est tirée de la nature même de la chose. Ils disent que les fautes du texte ne peuvent s'y être introduites de dessein prémédité, mais par hasard, et conséquemment d'une façon très-variable. Or, dans les cinq premiers livres de la Bible, le mot qui signifie *jeune fille* est constamment écrit, sauf une exception, d'une manière défectueuse ; il y manque la lettre *he,* ce qui est contre la règle de la grammaire hébraïque ; mais à la marge on le trouve écrit selon la règle générale. Mettra-t-on cette faute sur le compte de la main qui a écrit l'ouvrage ? mais par quelle fatalité cette main s'est-elle précipitée chaque fois qu'il a fallu écrire ce même mot ? D'ailleurs, quoi de plus facile que de corriger la faute dans le texte même, sans rien mettre à la marge ? Il n'y avait point là matière à scrupule. Ainsi donc, puisque ces leçons marginales ne sont point l'effet du hasard, puisqu'on n'a pas corrigé des fautes si sensibles, il faut conclure que les premiers écrivains de la Bible y ont ajouté des notes avec un dessein réfléchi, et que ces notes ont un sens mystérieux.

Il nous sera facile de répondre à tous ces raisonnements. Et d'abord, l'usage qu'ils invoquent ne peut point nous arrêter ; c'est sans doute par une sorte de respect superstitieux que les Juifs, trouvant les deux leçons (la textuelle et la marginale) également bonnes, et ne voulant en abandonner aucune, décidèrent que l'une des deux serait constamment écrite et l'autre constamment lue. Ils craignirent, en matière si importante, de faire un choix définitif, et de prendre la mauvaise leçon en voulant déterminer la bonne ; ce qui aurait pu arriver en effet, s'ils avaient décidé que l'une des deux leçons serait à la fois adoptée à la lecture et par écrit, d'autant mieux que l'on n'écrivait pas de notes marginales sur les exemplaires sacrés. Peut-être aussi voulait-on que certains mots, quoique bien écrits dans le texte, fussent modifiés ou suppléés à la lecture de la façon qui était indiquée à la marge. Et de là l'usage s'établit d'adopter généralement, à la lecture, la leçon marginale. On me demandera pourquoi les scribes marquaient ainsi à la marge les changements qu'il fallait faire au texte en le lisant ; c'est ce que je vais expliquer à l'instant. Car je suis loin de penser que toutes les notes marginales fussent des leçons douteuses ; plusieurs étaient destinées à remplacer les mots tombés en désuétude, ou bien ceux que l'état des mœurs ne permettait plus de lire tout haut. On sait que les anciens écrivains, hommes simples et sans malice, laissaient là les circonlocutions à l'usage des cours et appelaient les choses par leur nom. Quand vinrent les époques de luxe et de corruption, les expressions qui ne blessaient point l'oreille chaste des anciens commencèrent à passer pour obscènes. Or, bien que ce ne fût pas là une bonne raison pour altérer l'Écriture, on voulut toutefois avoir égard à la faiblesse du peuple, et l'ordre fut donné de remplacer les mots qui exprimaient l'union sexuelle où les excréments par des mots plus honnêtes, ceux-là même qui se trouvaient à la marge. Du reste, quelle que soit la cause qu'on assigne à l'usage établi de suivre la leçon marginale dans la lecture et dans l'interprétation de la Bible, il est certain du moins que ce n'a pas été la prétendue conviction que l'on avait, suivant les pharisiens, de la légitimité de cette interprétation. Car, outre que les rabbins, dans le Talmud, ne sont pas ordinairement d'accord avec les Massorètes, et qu'ils ont adopté, comme nous le prouverons tout à l'heure, des leçons qui leur sont propres, on rencontre à la marge des exemplaires hébreux de la Bible des leçons qui ne sont point conformes à l'usage de la langue. Par exemple, il est dit dans *Shamuel* (Iiv. II, chap.

IV, vers. 23) : *Parce que le roi a agi suivant le conseil de son serviteur*. Or cette construction est parfaitement régulière et s'accorde très-bien avec celle qu'on trouve au verset 16 du même chapitre. Au contraire, la leçon marginale *ton serviteur* ne s'accorde pas avec la personne du verbe. De même, au chapitre XVI (dernier verset) du même livre, nous lisons : *Quand on consulte la parole de Dieu*. La note marginale *quelqu'un* est placée là pour donner un nominatif au verbe *consulte* ; mais cela est contraire aux habitudes de la langue hébraïque, qui met toujours les verbes impersonnels à la troisième personne, comme le savent parfaitement les grammairiens. On trouve ainsi un certain nombre de leçons marginales qui ne peuvent d'aucune façon être substituées au texte.

Il ne me sera pas plus difficile de répondre à la seconde raison invoquée par les pharisiens. J'ai déjà montré, en effet, que les scribes, outre les leçons douteuses, ont encore noté les mots tombés en désuétude. Car il ne faut point croire que la langue hébraïque n'ait pas subi, comme toutes les autres, les variations qu'amène le temps, et qu'il ne se trouve point dans la Bible beaucoup de vieux mots hors d'usage, que les derniers scribes ont notés afin de les remplacer par des mots plus usuels, quand ils lisaient l'Écriture au peuple. C'est pour cela que le mot *nahgar* est toujours noté, car il était anciennement des deux genres et répondait exactement au *juvenis* des Latins. De même, les anciens Hébreux appelaient la capitale de l'empire *Jérusalem* et non pas *Jérusalaim*. J'en dirai autant des pronoms *lui-même* et *elle-même*, les modernes ayant changé *vau* en *jod* (transformation très-usitée dans la langue hébraïque) pour marquer le genre féminin, bien que les anciens n'eussent accoutumé de distinguer le féminin d'avec le masculin que par les voyelles. Je ferai remarquer encore que les temps irréguliers de certains verbes ne sont pas les mêmes chez les anciens et chez les modernes, que c'était chez les anciens un trait d'élégance d'employer souvent certaines lettres douces pour l'oreille ; en un mot, il me serait aisé de multiplier les preuves de ce genre, si je ne craignais d'abuser de la patience du lecteur.

On me demandera peut-être d'où j'ai appris toutes ces particularités. Je réponds que je les ai trouvées dans les plus anciens écrivains hébreux, dans la Bible elle-même ; et il ne faut point s'étonner que les modernes Hébreux n'aient point cherché à imiter sur certains points les anciens, puisqu'il arrive dans toutes les langues, même dans celles qui sont mortes depuis longtemps, qu'on distingue fort bien les mots du premier âge de ceux qui sont plus récents.

On pourrait encore me demander comment il se fait, s'il est vrai, comme je le soutiens, que la plupart des notes marginales de la Bible soient des leçons douteuses, qu'il n'y ait jamais pour un passage que deux leçons (la textuelle et la marginale), et non pas trois ou un plus grand nombre ; et aussi, comment il arrive que les scribes aient pu hésiter entre deux leçons, lorsque la leçon textuelle est évidemment contraire à la grammaire, et que la marginale est une rectification légitime. Je n'éprouve aucun embarras à répondre à ces deux questions : je dirai premièrement qu'il est très-certain qu'il a existé un plus grand nombre de leçons que celles que nous trouvons actuellement marquées dans nos exemplaires. Par exemple, on en trouve plusieurs dans le Talmud que les Massorètes ont négligées, et qui sont si différentes les unes des autres que le superstitieux correcteur de la Bible de Bombergue a été obligé de convenir dans la préface qu'il ne saurait comment les mettre d'accord. « *J'avoue, dit-il, qu'en cette rencontre je ne puis que répondre ce que j'ai déjà répondu plus haut,* savoir, *que le Talmud est d'ordinaire en contradiction avec les Massorètes.* » Il suit de là qu'on n'est pas fondé à soutenir qu'il n'y a jamais eu dans les exemplaires de la Bible que deux leçons pour chaque passage. Cependant je veux bien faire cette concession à mes adversaires ; je crois même qu'effectivement on n'a jamais rencontré que deux leçons, et voici mes preuves. 1° J'ai expliqué la variété des leçons par la ressemblance de certaines lettres. Or une pareille cause n'admet que deux leçons différentes. La question était toujours de savoir entre deux lettres laquelle il fallait écrire ; par exemple, il fallait choisir entre *bet* et *kaf*, entre *jod* et *vau*, entre *dalet* et *res*, etc., toutes lettres dont l'usage est tellement fréquent qu'il devait arriver souvent que l'une comme l'autre donnait un sens raisonnable. Il fallait aussi savoir si la syllabe était longue ou brève ; or ce sont les lettres que nous avons appelées muettes qui déterminaient la quantité de ces syllabes. Ajoutez à cela que nous n'avons pas prétendu que toutes les leçons, sans exception, fussent des leçons douteuses, puisqu'au contraire nous avons expressément dit que plusieurs d'entre elles avaient été faites par un motif d'honnêteté, ou pour expliquer des mots tombés en désuétude. 2° La seconde raison que j'ai de croire qu'il n'y a jamais eu que deux leçons différentes, c'est la conviction où je suis que les scribes n'ont pu trouver qu'un très-petit nombre d'exemplaires, et peut-être pas plus de deux ou trois. Car, au traité des scribes (chap. VI), il n'est fait mention que de trois exemplaires qu'on suppose trouvés par Hezras, qu'on donne comme l'auteur des notes marginales. Mais quoi qu'il en soit de ce dernier point, s'il est vrai que les scribes n'ont eu sous les yeux que trois exemplaires, on conçoit très-facilement que pour un même endroit il y ait toujours eu deux de ces exemplaires d'accord ; car il serait vraiment prodigieux que trois exemplaires seulement eussent donné trois leçons différentes. Maintenant, d'où vient qu'après Hezras la pénurie en fait d'exemplaires a été si grande ? C'est ce dont on cessera de s'étonner si l'on veut lire seulement le chapitre I du livre I des *Machabées*, ou le chapitre VII du livre XII des *Antiquités* de Josèphe. Je dirai même que c'est chose presque miraculeuse qu'après une persécution si longtemps prolongée, on ait pu conserver ces quelques exemplaires ; et personne ne nous contredira sur ce point, après une lecture même rapide de l'histoire des Hébreux.

Voilà donc les différentes raisons qui expliquent pourquoi l'on ne rencontre jamais dans la Bible que deux leçons douteuses ; et conséquemment c'est s'abuser que de s'imaginer là-dessous quelque mystère.

Il ne me reste plus à discuter qu'une seule difficulté, celle que les pharisiens tirent de certains mots qui se rencontrent dans les exemplaires de la Bible et qui sont écrits d'une façon tellement vicieuse qu'ils n'ont visiblement pu être en usage en aucun temps. Pourquoi donc ne pas corriger ces mots dans le texte, au lieu d'indiquer la correction à la marge ? À cette question, je réponds que je ne suis pas tenu de connaître les scrupules religieux qui ont pu s'opposer à la correction directe d'un texte défectueux. Il est probable que c'est par un motif de pieuse sincérité que les scribes ont voulu transmettre à la postérité le texte de la Bible exactement tel qu'ils le trouvaient dans le petit nombre d'exemplaires qui étaient sous leurs yeux ; et quand ils trouvaient des différences entre ces exemplaires, ils les signalaient en marge, non comme des leçons douteuses, mais comme des leçons simplement différentes. Or, quant à moi, si je les ai appelées des leçons douteuses, c'est que la plupart du temps, en effet, il me serait impossible de dire quelle est celle qu'il faut préférer.

Je ferai remarquer enfin qu'outre les leçons douteuses, les scribes ont comme indiqué (par un espace vide interposé au milieu des paragraphes) plusieurs passages tronqués, dont les Massorètes fixent même le nombre ; car ils en comptent vingt-huit, et je ne sais trop si ce nombre de vingt-huit ne couvre pas aussi à leurs yeux quelque mystère. Les pharisiens vont jusqu'à mesurer avec précision la longueur de l'espace que les scribes ont laissé vide, et ils s'y conforment religieusement. Par exemple, ils écrivent ainsi le passage suivant de la *Genèse* (chap. IV, vers. 8) : *Et Kaïn dit à son frère Habel... et il arriva tandis qu'ils étaient dans les champs*, etc. L'espace vide marque ici l'absence des paroles adressées à Habel par Kaïn. Il y a dans la Bible vingt-huit passages semblables (outre ceux que nous avons cités plus haut) ; et, du reste, plusieurs d'entre eux ne paraîtraient pas tronqués, si l'on n'avait pas laissé cet espace vide. Mais il est inutile d'insister plus longuement sur ce point.

1. ↑ Voyez les *Notes marginales de Spinoza*, note 13.
2. ↑ *Ibid.*, note 14.
3. ↑ *Ibid.*, note 15.
4. ↑ Voyez les *Notes marginales de Spinoza*, note 16.
5. ↑ Voyez les *Notes marginales de Spinoza*, note 17.
6. ↑ Voyez les *Notes marginales de Spinoza*, note 18.
7. ↑ Voyez les *Notes marginales de Spinoza*, note 19.

8. ↑ Voyez les *Notes marginales de Spinoza,* note 20.

CHAPITRE X

ON EXAMINE LES AUTRES LIVRES DE L'ANCIEN TESTAMENT COMME ON A FAIT PRÉCÉDEMMENT LES DOUZE PREMIERS[1]

Je passe à l'examen des autres livres de l'Ancien Testament. Je n'ai rien à dire de certain ni d'important touchant les deux livres des *Paralipomènes*, sinon qu'ils ont été écrits longtemps après Hezras, et peut-être même depuis la restauration du temple par Judas Machabée. L'historien nous y donne en effet (liv. I, chap. IX) le « *dénombrement des familles qui les premières* (c'est-à-dire dès le temps d'Hezras) *habitèrent Jérusalem.* » Ajoutez à cela qu'au verset 17, il nous désigne par leur nom les gardiens des portes (remarquez que deux de ces noms se retrouvent dans *Néhémias*, chap. XI, vers. 19), ce qui prouve que ces livres ont été écrits longtemps après la reconstruction de Jérusalem. Du reste, je n'ai rien à dire de certain touchant le véritable auteur des Paralipomènes, ni sur l'utilité ou l'autorité qu'il leur faut reconnaître, ni enfin sur la doctrine qui y est contenue. Et je ne puis assez m'étonner qu'ils aient été mis au nombre des livres saints par ceux-là même qui n'ont pas voulu y comprendre le livre de la *Sagesse*, celui de *Tobie*, et tous ceux qu'on appelle apocryphes. Du reste, mon dessein n'est pas du tout de défendre ici l'autorité des *Paralipomènes* ; mais puisqu'on s'est accordé à les recevoir parmi les livres saints, je n'y veux pas contredire et je passe outre.

Les *Psaumes* ont également été réunis en corps d'ouvrage et divisés en cinq livres à l'époque du second temple. Car le psaume 88, au témoignage de Philon le Juif, fut mis au jour pendant la prison du roi Jéhojakim à Babylone, et le psaume 89 après sa délivrance. Or je ne pense pas que Philon eût attesté ce fait, s'il ne l'eût recueilli de personnes dignes de foi, ou emprunté à l'opinion générale de son temps.

Je crois aussi que les *Proverbes de Salomon* ont été recueillis vers cette même époque, ou tout au moins sous le règne de Josias. Je trouve en effet au dernier verset du chapitre XXIV ces paroles : « *Voici encore des proverbes qui sont de Salomon ; ils ont été transportés dans ce recueil par les serviteurs d'Hiskias, roi de Juda.* » Il m'est impossible de ne pas m'élever ici contre l'audace des rabbins qui voulaient retrancher ce livre, ainsi que l'*Ecclésiaste*, du canon des saintes Écritures, pour le mettre à part avec les autres livres dont nous avons déjà regretté l'exclusion. Et ils n'eussent pas manqué de le faire, s'ils n'avaient trouvé dans les *Proverbes* et l'*Ecclésiaste* quelques endroits où la loi de Moïse est mise en honneur. C'est une chose assurément déplorable que le sort d'ouvrages aussi excellents, aussi sacrés, ait pu dépendre de la décision de pareils juges. Je leur dois cependant des actions de grâces pour avoir bien voulu nous les conserver. L'ont-ils fait avec une fidélité scrupuleuse et sans les altérer d'aucune façon ? c'est ce que je ne veux point examiner de près en ce moment.

Je passe aux livres des *Prophètes*. Si on les examine attentivement, on reconnaîtra que les prophéties qu'ils contiennent ont été recueillies dans d'autres livres, qu'elles ne sont point toujours disposées dans le même ordre où elles ont été prononcées ou écrites, enfin que ce ne sont point là toutes les prophéties, mais seulement celles qu'on a retrouvées de côté et d'autre ; d'où il suit que ces livres ne sont véritablement que des fragments des prophètes. Ainsi Isaïe n'y commence à prophétiser que sous le règne d'Huzias, comme le collecteur le témoigne lui-même au premier verset. Or il est certain qu'Isaïe prophétisa avant cette époque et que, dans un livre aujourd'hui perdu, il avait tracé l'histoire entière du roi Huzias (voyez *Paralipomènes*, liv. II, chap. XXVI, vers. 22). Les prophéties que nous avons d'Isaïe ont été tirées des Chroniques des rois de Juda et d'Israël, ainsi que nous l'avons prouvé plus haut. Ajoutez à cela que les rabbins font vivre ce prophète jusqu'au règne de Manassé, qui ordonna de le mettre à mort ; et bien que ce récit paraisse n'être qu'une fable, on en peut cependant induire que les rabbins n'ignoraient pas que toutes les prophéties d'Isaïe n'ont pas été conservées.

Les prophéties de Jérémie, qui sont présentées sous forme historique, ont été également tirées de diverses Chroniques et rassemblées par un collecteur. J'en trouve une preuve dans la confusion qui règne parmi cette accumulation de prophéties où l'ordre des temps n'est point observé. Ajoutez que le même récit est souvent répété de plusieurs manières différentes. Ainsi le chapitre XXI nous explique la cause des appréhensions de Jérémie ; elles viennent de ce qu'il a prédit à Zédéchias, qui le consultait, la dévastation de Jérusalem. Tout à coup ce récit est interrompu, et le chapitre XXII nous raconte les remontrances que Jérémie adressa à Jéhojakim (qui régna avant Zédéchias), et la prédiction qu'il lui fit d'une prochaine captivité ; puis, au chapitre XXV, viennent les révélations qui ont été faites à Jérémie avant cette époque, savoir, la quatrième année du règne de Jéhojakim ; puis enfin d'autres révélations que le prophète a reçues quatre années auparavant. Le collecteur du livre de *Jérémie* continue ainsi d'entasser les prophéties sans garder l'ordre des temps, jusqu'à ce que, parvenu au chapitre XXXVIII, il reprend le récit qu'il avait commencé au chapitre XXI, comme si les chapitres intermédiaires étaient une simple parenthèse. En effet, la conjonction par où commence le chapitre XXXVIII se rapporte aux versets 8, 9 et 10 du chapitre XXI. De plus, dans le récit du chapitre XXXVIII, la tristesse du prophète Jérémie et la cause de sa longue détention dans le vestibule de la prison sont racontées tout autrement que dans le chapitre XXXVII, ce qui montre clairement que tout cela n'est qu'une collection de matériaux empruntés à divers historiens, sans quoi un pareil désordre serait véritablement inexplicable. Quant au reste des prophéties contenues dans les autres chapitres, où Jérémie parle à la première personne, il y a toute apparence qu'elles ont été tirées du livre que Jérémie dicta à Baruch, lequel ne contenait (ainsi qu'on le voit par le chapitre XXXVI, verset 2) que les révélations faites à Jérémie depuis Josias jusqu'à la quatrième année du règne de Jéhojakim. Il paraît aussi qu'on aura extrait de ce même livre dicté à Baruch tout ce qui est compris entre le chapitre XLV, verset 2, jusqu'au chapitre LI, verset 59.

Il suffit de lire les premiers versets du livre d'*Ézéchiel* pour se convaincre que ce livre n'est qu'un fragment. Qui ne voit en effet que la conjonction par où il commence suppose un discours antérieur qu'elle unit à ce qui va suivre ? Et non-seulement cette conjonction, mais toute la contexture de l'ouvrage, marque d'autres écrits que nous n'avons plus. Ce livre commence à l'an 30e, ce qui prouve clairement que le prophète continue un récit déjà commencé ; et l'auteur même du livre confirme cette induction par une parenthèse qu'il a placée au verset 3 : « *La parole de Dieu,* » dit-il, « *s'était souvent fait entendre à Ézéchiel, fils de Buzé, prêtre dans le pays des Chaldéens.* » C'est comme s'il disait expressément que les prophéties d'Ézéchiel, dont il va faire le récit, sont une suite de révélations antérieures qu'Ézéchiel avait reçues de Dieu. Une autre preuve, c'est que Josèphe, dans ses *Antiquités* (liv. X, chap. IX), nous rapporte qu'Ézéchiel prédit à Zédéchias qu'il ne verrait pas Babylone. Or nous ne trouvons pas cette prophétie dans le livre d'*Ézéchiel* que nous avons aujourd'hui ; tout au contraire, nous y voyons, au chapitre XVII, que Zédéchias sera conduit en captivité à Babylone[2]. — Pour Hosée, je ne puis affirmer qu'il ait écrit un plus grand nombre de prophéties que nous n'en avons dans le livre qui porte son nom. Et toutefois il y a lieu d'être surpris qu'il nous reste si peu de chose d'un prophète qui, au témoignage de l'écrivain sacré, a prophétisé pendant plus de quatre-vingt-quatre ans.

Nous savons du moins en général que les Écritures ne contiennent ni tous les prophètes, ni toutes les prophéties de ceux qui n'ont pas entièrement péri. Ainsi nous n'avons absolument rien de tous les prophètes qui ont prophétisé sous le règne de Manassé, et dont il est fait mention dans le livre II des *Paralipomènes* (chap. XXXIII, vers. 10, 18 et 19) ; et quant aux douze petits prophètes, nous sommes loin de posséder toutes leurs prophéties. Il me suffira de citer Jonas, dont nous n'avons que la prophétie qu'il adressa aux Ninivites ; or nous savons qu'il prophétisa aussi aux Israélites, comme on le voit par le second livre des *Rois* (chap. XIV, vers. 25).

Le livre de *Job* et Job lui-même ont fait l'objet d'un grand nombre de controverses. Quelques-uns pensent que Moïse est l'auteur de ce livre, et que l'histoire de Job tout entière n'est qu'une parabole. C'est l'opinion de certains rabbins dans le Talmud ; et Maimonide, dans son livre *More Nebuchim*, y incline fortement. D'autres admettent que l'histoire de Job est véritable ; et parmi ceux-là quelques-uns pensent que Job a vécu du temps de Jacob, et qu'il a même pris en mariage sa fille Dina. Mais Aben-Hezra est fort éloigné de ce sentiment, comme j'ai déjà eu occasion de le dire ; il est d'avis (voyez son commentaire) que le livre de *Job* est une traduction ; et, quant à moi, je voudrais bien qu'il en fût ainsi ; car il en serait d'autant plus évident que les gentils ont eu aussi des livres saints. Mais il est plus sage de tenir la chose pour douteuse ; et je me borne à penser, comme simple conjecture, que Job était un gentil d'une grande force d'âme, qui passa d'une fortune prospère à des destinées malheureuses, pour revenir ensuite à sa première condition de prospérité. Ézéchiel, en effet (chap. XIV, vers. 12), le cite entre quelques autres personnages, et je suis porté à croire que ces alternatives de la destinée de Job et la force d'âme qu'il a déployée donnèrent occasion à plusieurs de discuter sur la providence de Dieu ; ou du moins elles déterminèrent l'auteur du livre de *Job* à composer un dialogue sur cette matière ; car ni le fond de cette composition ni le style ne portent le caractère d'un auteur accablé par la maladie et couvert de cendres ; elles trahissent au contraire le travail et le loisir du cabinet. Sous ce point de vue, j'incline à l'opinion d'Aben-Hezra, que le livre de Job est une traduction. L'auteur en effet paraît imiter la poésie des gentils ; car le père des dieux y convoque deux fois l'assemblée où Momus, sous le nom de Satan, critique les actions de Dieu avec une extrême liberté, etc. Mais ce ne sont là, je l'avoue, que de simples conjectures, et elles ne sont point assez fondées pour qu'on y insiste.

Passons au livre de *Daniel*. Il n'y a aucun doute qu'à partir du chapitre VIII ce livre ne soit l'ouvrage du prophète dont il porte le nom. Mais d'où a-t-on tiré les sept premiers chapitres ? voilà ce qu'il est facile de dire. Il y a toute apparence que ç'a été des chronologies chaldéennes, tous ces chapitres, excepté le premier, ayant été écrits en chaldéen. Si ce point était une fois bien établi, nous y trouverions un éclatant témoignage de la vérité de ce principe, que la Bible ne doit pas son caractère de livre saint aux paroles et aux discours qu'elle contient, ou à la langue où elle est écrite, mais aux choses mêmes que l'intelligence y découvre ; et par conséquent tous les livres qui contiennent des récits et des renseignements d'une moralité excellente, en quelque langue qu'ils soient écrits, chez quelque nation qu'on les rencontre, sont également sacrés. Quoi qu'il en soit, nous pouvons toujours noter ici que les sept premiers chapitres de *Daniel* ont été écrits en chaldéen, et qu'ils n'en sont pas réputés moins sacrés que tout le reste de la Bible.

Le premier livre d'*Hezras* est si étroitement lié à celui de *Daniel*, qu'il est aisé d'y reconnaître l'ouvrage d'un seul et même auteur, qui continue dans ce dernier livre à exposer l'histoire des Juifs depuis leur première captivité.

Pour le livre d'*Esther*, je n'hésite pas à le rattacher à celui d'*Hezras*, la conjonction par où il commence ne pouvant s'interpréter dans un autre sens. Et il ne faut pas croire que ce livre d'*Esther* soit celui que Mardochée a écrit, puisqu'au chapitre IX (vers. 20, 21, 22) un autre que Mardochée parle de Mardochée lui-même, des lettres qu'il a écrites et de ce qu'elles contenaient. De plus, il est dit au verset 31 du même chapitre que la reine Esther avait confirmé par un édit toutes les sûretés relatives à la célébration de la fête des Sorts (*Purim*), et qu'on avait écrit cet édit dans le *Livre*, c'est-à-dire, en langage hébraïque, dans un livre parfaitement connu de tous à cette époque. Or il faut bien avouer ici, comme le fait Aben-Hezra, que ce livre a péri avec les autres. Enfin, le reste de l'histoire de Mardochée est emprunté aux chroniques des rois de Perse. C'est donc une chose certaine que le livre d'*Esther* est l'ouvrage du même historien qui a écrit le livre de *Daniel*, celui d'*Hezras*, et sans doute aussi celui de *Néhémias*[3], qu'on appelle le second livre d'*Hezras*. Maintenant qu'il est établi que les quatre livres de *Daniel*, d'*Hezras*, d'*Esther* et de *Néhémias* sont du même auteur, on me demandera quel est cet auteur. J'avoue franchement que je n'en sais rien, et je n'ai même à proposer sur ce point aucune conjecture. Mais, dira-t-on, de quelle source l'auteur, quel qu'il soit, de ces quatre livres a-t-il pu tirer les récits historiques qui les remplissent, et dont il a peut-être écrit lui-même la plus grande partie ? Je ferai remarquer ici que les chefs ou princes des Juifs, à l'époque du second temple, avaient, comme les rois au temps du premier, des scribes ou historiographes, qui étaient chargés d'écrire les annales de l'empire et de consigner la chronologie des événements. Ainsi dans les livres des *Rois* nous trouvons souvent citées les annales ou la chronologie de leur règne. De même les annales des princes et des pontifes sont citées dans *Néhémias* (chap. XII, vers. 23) et dans les *Machabées* (liv. Ier, chap. XVI, vers. 14). Il n'y a donc aucun doute que ce livre des annales ne soit celui dont nous parlions tout à l'heure (voyez *Esther*, chap. IX, vers. 31), où devaient se trouver l'édit d'Esther et l'histoire de Mardochée, et qui a péri, comme nous en sommes tombés d'accord avec Aben Hezra. Et il résulte de là que tous les récits historiques contenus dans les quatre livres de *Daniel*, d'*Hezras*, d'*Esther* et de *Néhémias* ont été tirés de ce livre des annales, puisque c'est le seul qui soit cité dans les quatre autres, et le seul aussi qui eût, à notre connaissance, le caractère et l'autorité d'un document public. Si maintenant on veut avoir la preuve que ces quatre livres n'ont pas été écrits par Hezras ni par Néhémias, il suffit de considérer que dans *Néhémias* (chap. XII, vers. 9 et 10) la généalogie du grand pontife Jésuhga est continuée jusqu'à Jaduah, le sixième pontife, celui qui alla au-devant d'Alexandre, à l'époque où l'empire des Perses était déjà presque entièrement abattu (voyez Josèphe, *Antiquités*, liv. XI, chap. VIII ; voyez aussi Philon le Juif, qui, au livre des Temps, appelle Jaduah le sixième et dernier pontife qui ait exercé le sacerdoce sous la domination des Perses). De plus, dans ce même chapitre de *Néhémias*, on lit au verset 22 : *Quant aux Lévites qui étaient du temps d'Eljasib, de Joïada, de Jonathan et de Jaduah, les noms des chefs de famille et des prêtres ont été écrits au-dessus*[4] *du règne de David*. C'est dans les chronologies que ces noms avaient été écrits. Or, je ne pense pas que personne soutienne qu'Hezras ou Néhémias[5] aient vécu assez longtemps pour voir mourir quatorze rois des Perses. Cyrus est, en effet, le premier de ces rois qui ait permis aux Juifs de rebâtir leur temple, et depuis cette époque jusqu'à Darius, quatorzième et dernier roi des Perses, on compte plus de 230 années. Je regarde donc comme une chose certaine que ces livres ont été écrits longtemps après que Judas Machabée eut rétabli le culte du temple ; et ce qui me le fait croire, c'est qu'à cette époque on voit se répandre de faux livres de *Daniel*, d'*Hezras* et d'*Esther*, fabriqués dans des vues perfides par des hommes qui appartenaient sans doute à la secte des saducéens ; car les pharisiens n'ont jamais, que je sache, reconnu l'autorité de ces faux livres. Et bien qu'on rencontre au livre qu'on nomme le quatrième d'*Hezras* de certaines fables qui se trouvent également dans le Talmud, ce n'est point une raison pour les attribuer aux pharisiens, puisqu'il n'y a personne parmi eux, sauf quelques entêtés absolument stupides, qui ne tombent d'accord que ces fables ont été introduites après coup dans le texte par une moquerie sacrilège, ou, à ce que je crois, avec l'intention de rendre leurs traditions ridicules. Une autre raison qu'on peut donner de la publication des livres dont il s'agit à l'époque que j'ai assignée, c'est qu'on avait alors intérêt à montrer au peuple que les prophéties de Daniel s'étaient accomplies, afin de le confirmer de la sorte dans la piété, de relever son courage et de lui donner l'espérance d'une prospérité prochaine au milieu des calamités dont il était accablé. Du reste, bien que ces quatre livres soient si récents et si nouveaux, il s'y trouve néanmoins beaucoup de fautes, qui doivent s'expliquer, si je ne me trompe, par l'extrême précipitation des copistes. On y rencontre, en effet, comme dans les autres livres de la Bible, outre plusieurs de ces notes marginales dont nous avons parlé dans le chapitre précédent, un certain nombre de passages qui ne peuvent s'expliquer que par une transcription précipitée, ainsi que je le ferai voir tout à l'heure. Mais je veux d'abord faire remarquer, au sujet de ces leçons marginales, que si l'on accorde aux pharisiens qu'elles sont aussi anciennes que le texte, il faudra dire alors que ceux qui ont écrit ce texte (en supposant qu'il ait été écrit par plusieurs) ont ajouté ces notes à la marge, parce qu'ils ne trouvaient pas les chronologies qu'ils avaient sous les yeux d'une exactitude suffisante, et que, tout en y reconnaissant très-clairement des fautes, leur respect pour les anciens les a empêchés de les corriger directement. Mais, pour ne point revenir ici sur un sujet déjà épuisé, je passe à cette espèce de fautes qui ne sont point indiquées à la marge. 1° Il s'en trouve d'abord, je ne sais combien, dans le chapitre II d'*Hezras* ; car au verset 64 la somme totale de ceux qui sont comptés séparément dans le corps du chapitre est fixée à 42,360 : or, en réunissant les sommes partielles, on ne trouve que 29,818, de sorte qu'il faut nécessairement qu'il y ait une erreur, soit dans le total général, soit dans les sommes partielles. Or, il paraît bien que le total général doit être exact, vu que chacun l'avait très-certainement retenu de souvenir, comme une chose mémorable ; et par conséquent, si l'erreur eût porté sur ce total, elle eût été évidente pour chacun et facilement corrigée. Mais pour les sommes partielles, il en est tout autrement. Cette indication est confirmée par le chapitre VII de *Néhémias*, qui n'est (comme on le voit au verset 5) qu'une transcription du chapitre d'*Hezras* dont nous venons de parler, lequel est connu sous le nom d'*Épître de la généalogie*. Dans *Néhémias*, en effet, le total général est le même que celui d'*Hezras* ; mais les sommes partielles sont notablement différentes, tantôt plus grandes, tantôt plus petites que celles d'Hezras, et elles donnent, prises ensemble, le chiffre de 31,089. Il résulte évidemment de cette comparaison que les erreurs nombreuses qui se rencontrent dans *Hezras* et dans *Néhémias* portent uniquement sur les sommes partielles. Les commentateurs, en présence de contradictions si manifestes, se mettent en devoir de les concilier chacun de son mieux ; mais où les conduit cette idolâtrie des Écritures ? à exposer au mépris les auteurs des livres saints, et à les faire passer pour incapables d'écrire un récit et d'exposer les événements avec un peu d'ordre. Ils se vantent d'éclaircir l'Écriture ; mais ils l'obscurcissent en effet, à ce point que, s'il était permis de l'interpréter suivant leur méthode, il n'est point de passage dont l'explication ne devînt incertaine. Au surplus, je ne veux point insister sur ce point, bien convaincu que, si quelque historien voulait suivre dans l'exposition des faits les procédés qu'ils attribuent dévotement aux auteurs de la Bible, ils le tourneraient en ridicule tout les premiers. Mais je les entends s'écrier que c'est être un blasphémateur que d'imputer une erreur à l'Écriture. Quel nom faudra-t-il donc leur donner, à eux qui mettent sur son compte toutes les chimères de leur imagination, et qui, prostituant la Bible à leurs caprices, transforment les auteurs des livres saints en enfants qui balbutient et embrouillent tout ? Ne les entend-on pas nier dans l'explication de la Bible les sens les plus clairs, les plus évidents ? Y a-t-il, par exemple, rien de plus intelligible dans l'Écriture que ce fait, savoir, qu'Hezras et ses compagnons, dans l'Épître de la généalogie (qui se trouve au chapitre II du livre d'*Hezras*), ont fait, par sommes partielles, le compte de tous les Hébreux partis avec eux pour Jérusalem ? La preuve en est qu'on y donne le compte, non-seulement de ceux qui ont indiqué leur généalogie, mais aussi de ceux qui n'ont pu le faire. N'est-il pas également clair, par le verset 5 du chapitre VII de *Néhémias*, que l'auteur de ce livre n'a fait que transcrire cette épître d'*Hezras* ? Par conséquent, ceux qui donnent à ces passages une explication différente nient le vrai sens de l'Écriture ; que dis-je ? ils nient l'Écriture elle-même. Ridicule piété, qui, sous prétexte d'expliquer un passage de la Bible par d'autres passages, subordonne les endroits clairs à ceux qui sont obscurs, les parties vraies et saines à celles qui sont altérées et corrompues ! Loin de moi, toutefois, la pensée d'accuser de blasphème ceux qui expliquent l'Écriture de la sorte ; leurs intentions sont pures, et je sais que l'erreur est le partage inévitable de l'homme. Mais je reviens à mon sujet.

Outre les erreurs qu'il faut bien reconnaître dans les supputations de l'Épître de la généalogie, celles de Néhémias comme celles d'Hezras, il s'en rencontre encore plusieurs autres dans les noms mêmes des familles, dans les généalogies, dans les histoires, et aussi, je le crains fort, dans les prophéties. Du moins, je ne vois pas que celle de Jérémie, au chapitre XXII, touchant Jéchonias, et surtout les paroles du dernier verset de ce chapitre, aient aucun rapport avec l'histoire de Jéchonias, telle qu'on la trouve sur la fin du livre II des *Rois*, dans *Jérémie*, et au livre I des *Paralipomènes* (chap. III, vers. 17, 18, 19). Je ne vois pas non plus comment Jérémie peut dire de Tsidéchias, à qui on avait crevé les yeux après avoir égorgé ses fils en sa présence : *Tu mourras en paix* (voyez *Jérémie*, chap. XXXIV, vers. 5). Que s'il était permis d'interpréter les prophètes d'après l'événement, il faudrait ici, à ce qu'il semble, changer les noms, mettre Jéchonias à la place de Tsidéchias, et réciproquement. Mais j'aime mieux dire que ce point reste obscur, surtout quand je considère que, s'il y a ici quelque erreur, on ne peut l'imputer qu'à l'historien et non à l'altération du texte.

Je ne pousserai pas plus loin l'examen des livres de la Bible ; outre que je craindrais de fatiguer le lecteur, cette critique a déjà été faite. Ainsi, R. Selomo, frappé des contradictions manifestes qu'on rencontre dans les généalogies dont nous venons de parler, n'a pu se contenir (voyez ses commentaires sur le chapitre VIII du livre I des *Paralipomènes*). Il avoue qu'*Hezras donne les noms des enfants de Benjamin, et expose leur généalogie tout autrement que la Genèse, et qu'il indique aussi tout autrement que Josué la plupart des villes des Lévites, ce qui vient sans doute de ce qu'il a eu sous les yeux des originaux différents*. Selomo remarque un peu plus bas que la *généalogie de Gibéon et de plusieurs autres est donnée de deux manières différentes, parce qu'Hezras, ayant eu sous les yeux plusieurs épîtres différentes pour chaque généalogie, s'est réglé dans ses choix sur le nombre des exemplaires ; et quand ce nombre était le même pour deux généalogies opposées, il les a données toutes deux*. Selomo avoue donc ici sans restriction que les livres dont il parle ont été écrits d'après des originaux d'une correction et d'une authenticité insuffisantes. Il est digne de remarque que la plupart du temps les commentateurs eux-mêmes, en s'efforçant de concilier des passages contradictoires, nous montrent la cause de l'erreur qu'ils ne veulent pas reconnaître. Du reste, je ne crois pas qu'aucun homme d'un jugement sain se puisse persuader que les écrivains sacrés ont écrit de propos délibéré dans un style obscur et inintelligible, tout exprès pour paraître en contradiction avec eux-mêmes en divers endroits.

On dira peut-être que ma méthode conduit au renversement complet de l'Écriture, parce qu'elle donne à chacun le droit de considérer comme suspect tel passage qu'il lui plaira. Mais j'ai prouvé, au contraire, que cette méthode préserve l'Écriture de toute atteinte, en empêchant qu'on n'en accommode les passages clairs à ceux qui sont obscurs, et qu'on n'en corrompe les parties saines au moyen des parties altérées. D'ailleurs, je le demande, de ce qu'un livre a des endroits corrompus, est-ce une raison pour regarder tout le reste comme suspect ? S'est-il jamais rencontré un livre qui fût entièrement exempt de fautes ? Dira-t-on pour cela que tous les livres en sont pleins ? Personne assurément ne tombera dans cet excès, surtout quand on aura affaire à un discours clairement conçu et que la pensée de l'auteur s'y fera aisément reconnaître.

Voilà ce que j'avais à dire touchant l'histoire des livres de l'Ancien Testament. Il est aisé, je crois, d'en conclure qu'avant le temps des Machabées il n'y a point eu de canon des livres saints[6] : ce sont les pharisiens de l'époque du second temple, les mêmes qui instituèrent les formulaires de prières ; ce sont eux, dis-je, qui de leur autorité privée ont choisi entre beaucoup d'autres et consacré les livres que nous possédons maintenant. Par conséquent, pour démontrer l'autorité de l'Écriture, il est nécessaire de prouver celle de chaque livre saint en particulier ; et ce n'est évidemment pas assez d'établir la divinité d'un de ces livres pour en inférer la divinité de tous les autres, puisqu'il faudrait supposer pour cela que l'assemblée des pharisiens n'a pu se tromper dans son choix, ce qu'il est impossible de démontrer. Que si on me demande par quelle raison j'admets que les seuls pharisiens ont formé le canon des livres de l'Écriture, je citerai le dernier chapitre de *Daniel* (vers. 2), où est prédite la résurrection des morts, qui était niée par les saducéens. J'ajoute que les pharisiens dans le *Talmud* s'expliquent ouvertement sur ce point. Il est dit en effet, au Traité du sabbat (chap. II, feuille 30, p. 2) : *R. Jehuda, surnommé Rabi, rapporte que les docteurs ont voulu cacher le livre de l'Ecclésiaste parce qu'on y trouve des paroles opposées à celles de la loi* (c'est-à-dire au livre de la loi de Moïse). *Pourquoi ne l'ont-ils pas caché ? c'est qu'il commence suivant la loi et finit suivant la loi.* On lit un peu plus bas : *Ils ont cherché aussi à cacher le livre des* Proverbes. Enfin au chapitre I de ce même traité (feuille 13, p. 2), il est dit : *Certes, nous devons nommer avec reconnaissance Néghunja, fils d'Hiskias ; car, sans lui, nous courions risque de perdre le livre d'Ézéchiel, qu'on voulait soustraire aux regards, parce qu'il s'y trouve des paroles contraires à celles de la loi.* Il suit clairement de tous ces passages que les docteurs de la loi tinrent conseil pour décider quels étaient parmi les livres saints ceux qu'il fallait admettre et ceux qu'il fallait rejeter. Ainsi donc, que celui qui veut être certain de l'autorité de tous les livres de l'Écriture recommence l'examen de chacun d'eux, et lui demande compte de ses titres.

Ce serait ici le moment d'examiner les livres du Nouveau Testament par la même méthode qui vient d'être appliquée à ceux de l'Ancien. Mais comme j'entends dire que de très-savants hommes et très-profonds dans la connaissance des langues ont entrepris ce travail, je renonce à m'y engager. Je ne suis point d'ailleurs assez versé dans la langue grecque pour oser prendre sur moi une tâche si difficile ; outre que les exemplaires des livres du Nouveau Testament qui ont été écrits en hébreu sont aujourd'hui perdus pour nous. Je vais donc me borner à toucher quelques points qui se rapportent à mon sujet, ainsi qu'on le verra dans le chapitre suivant.

1. ↑ Voyez les *Notes marginales de Spinoza*, note 21.
2. ↑ Voyez les *Notes marginales de Spinoza*, note 22.
3. ↑ Voyez les *Notes marginales de Spinoza*, note 23.
4. ↑ À moins qu'au-dessus de ne soit pris dans le sens d'avant, il faut croire que le copiste a fait ici une erreur et qu'il a confondu le mot hébreu qui veut dire *au-dessus de* avec celui qui signifie *jusques à*. (*Note de Spinoza.*)
5. ↑ Voyez les *Notes marginales de Spinoza*, note 24.
6. ↑ Voyez les *Notes marginales de Spinoza*, note 25.

CHAPITRE XI

ON RECHERCHE SI LES APÔTRES ONT ÉCRIT LEURS ÉPÎTRES À TITRE D'APÔTRES ET DE PROPHÈTES, OU À TITRE DE DOCTEURS. — ON CHERCHE ENSUITE QUELLE A ÉTÉ LA FONCTION DES APÔTRES.

Quiconque a lu le Nouveau Testament ne peut douter que les apôtres n'aient été prophètes. Mais comme les prophètes ne parlaient pas toujours d'après une révélation, et que cela n'arrivait même que fort rarement, ainsi que nous l'avons montré à la fin du chapitre I, nous pouvons nous demander si les apôtres ont écrit leurs épîtres à titre de prophètes, d'après une révélation et un mandat exprès, comme Moïse, Jérémie et les autres, ou s'ils les ont écrites à titre de docteurs et de simples particuliers. Ce doute est d'autant plus fondé que dans l'*Épître I aux Corinthiens* (chap. XIV, vers. 6), Paul indique deux genres de prédication : l'un fondé sur la révélation, l'autre sur la science. De là vient la difficulté de savoir si les apôtres parlent dans leurs épîtres comme prophètes ou comme docteurs. Or, si nous voulons faire attention au style des Épîtres, nous trouverons qu'il est fort éloigné du style de la prophétie. C'était en effet une chose familière aux prophètes que de déclarer partout qu'ils parlaient au nom de Dieu ; et de là ces expressions : *Dieu dit, le Dieu des armées dit, la parole de Dieu*, etc. ; et ce langage ne semble pas seulement avoir été usité dans les discours publics des prophètes, mais encore dans celles de leurs épîtres qui contenaient des révélations : comme on le voit dans l'épître d'Élie à Joram (voyez liv. II des *Paral.*, chap. XXI, vers. 12) qui commence aussi par ces mots : *Dieu dit*. Mais dans les Épîtres des apôtres nous ne lisons rien de semblable ; au contraire, dans la Ire aux Corinthiens (chap. VII, vers. 40), Paul dit expressément qu'il parle selon l'inspiration personnelle de ses sentiments. On trouve même en un très-grand nombre de passages des locutions qui témoignent d'un esprit de doute et d'irrésolution, comme (*Épître aux Romains*, chap. III, vers. 28) ces expressions : *nous pensons donc*[1] ; et (au chap. VIII, vers. 18) *c'est que je pense*, et plusieurs autres semblables. Outre cela, on trouve d'autres locutions bien éloignées de l'autorité prophétique, telles que celles-ci : *Je dis ceci en homme faible, et non pas par commandement* (voyez *Épît. I aux Corinthiens*, chap. VII, vers. 6) ; et encore : *Je donne mon avis comme un homme qui est fidèle par la grâce de Dieu* (même chap., vers. 25) ; on pourrait citer encore beaucoup d'autres expressions. Il faut remarquer que, lorsqu'il dit dans ce chapitre qu'il n'a pas de commandement de Dieu, il n'entend par là ni précepte ni commandement que Dieu lui aurait révélés ; il parle seulement des enseignements donnés par le Christ sur la montagne à ses disciples. D'ailleurs, si nous prenons garde à la manière dont les apôtres nous transmettent dans leurs Épîtres la doctrine évangélique, nous verrons qu'elle est bien différente de celle qu'ont employée les prophètes pour nous transmettre leurs prophéties. Car les apôtres raisonnent sans cesse de telle sorte qu'ils ne semblent pas prophétiser, mais discuter. Les prophéties ne contiennent que de purs dogmes et des décrets, parce que Dieu est représenté comme prenant lui-même la parole, non pas pour raisonner, mais pour imposer des ordres, selon le pouvoir absolu qui appartient à sa nature. L'autorité du prophète ne doit pas en effet souffrir la discussion ; car quiconque veut confirmer ses dogmes par la raison les soumet par cela même au libre jugement de chacun. C'est bien ainsi que Paul paraît l'entendre, lui qui a l'habitude de raisonner, lorsque dans l'*Épître I aux Corinthiens* (chap. X, vers. 15) il s'exprime en ces termes : *Je vous parle comme à des personnes sages ; jugez vous-mêmes la vérité de ce que je vous dis.* Il faut dire ensuite que les prophètes percevaient les choses révélées sans les secours de la lumière naturelle, c'est-à-dire sans le raisonnement, comme nous l'avons vu au chapitre I. Bien que certaines conclusions dans le Pentateuque semblent le résultat du raisonnement, on verra, si on y prend garde, qu'on ne peut nullement les prendre pour des arguments rigoureux : par exemple, lorsque Moïse, dans le *Deutéronome* (chap. XXXI, vers. 27), dit aux Israélites : *Si vous avez été rebelles contre Dieu, tandis que j'ai vécu parmi vous, vous le serez bien plus après ma mort*, il faut bien se garder de croire que Moïse veuille prouver aux Israélites par le raisonnement qu'ils abandonneront nécessairement après sa mort le vrai culte de Dieu ; car cet argument serait faux, comme on peut le prouver par l'Écriture elle-même. Les Hébreux ont en effet persévéré constamment dans leur foi, du vivant de Josué et des anciens, et depuis sous Samuel, David, Salomon, etc. Ainsi ces paroles de Moïse ne sont qu'un enseignement moral, une espèce de mouvement oratoire qui lui fait prédire la rébellion du peuple, que son imagination se représente vivement dans l'avenir. Ce qui m'empêche de dire que Moïse ait prononcé ces paroles par une inspiration personnelle et afin de montrer au peuple la vraisemblance de sa prédiction, ce qui me porte à croire, au contraire, qu'elles lui ont été suggérées par révélation et en tant que prophète, c'est qu'au verset 21 de ce même chapitre on lit que Dieu révéla cette même chose à Moïse en d'autres termes, quoiqu'il ne fût évidemment pas nécessaire de confirmer cette prédiction et ce décret par des raisons vraisemblables, et qu'il suffit de les représenter vivement à son imagination (ainsi que nous l'avons montré au chapitre I) ; ce qui ne pouvait mieux se faire pour Moïse qu'en lui faisant imaginer comme future une rébellion qu'il avait si souvent éprouvée. C'est ainsi qu'il faut entendre tous les arguments de Moïse qui se trouvent dans les cinq livres qu'on lui attribue ; ce ne sont pas des déductions de la raison, mais seulement des façons de parler par lesquelles il exprimait avec plus de force les décrets de Dieu qu'il se représentait vivement. Je ne veux pas cependant nier d'une manière absolue que les prophètes n'aient pu raisonner d'après les révélations qu'ils recevaient ; j'affirme seulement que plus les prophètes raisonnent juste, plus la connaissance qu'ils ont des choses révélées approche des connaissances naturelles, et que rien ne prouve plus évidemment le caractère surnaturel de leur science que de voir que leurs paroles sont ou de purs dogmes, ou des décrets, ou des sentences ; et de tout cela je conclus que ce grand prophète, Moïse, n'a fait aucun argument en forme, tandis qu'au contraire les longues déductions et argumentations de Paul, telles qu'on les lit dans l'*Épître aux Romains*, n'ont nullement été écrites sous l'inspiration d'une révélation divine. Ainsi les locutions, tout aussi bien que les raisonnements des apôtres dans leurs Épîtres, démontrent très-clairement que ces ouvrages ne furent point composés d'après des révélations et des ordres de Dieu, mais qu'ils furent simplement le fruit du jugement naturel des apôtres, qu'ils ne contiennent d'ailleurs que des avis fraternels pleins d'une douceur bien contraire à la rudesse de l'autorité prophétique : je citerai, par exemple, cette expression respectueuse de Paul dans son *Épître aux Romains*, chapitre XV, verset 15 : *Je vous ai écrit, mes frères, un peu trop librement*. Nous pouvons en outre arriver à cette même conclusion au sujet des apôtres, en voyant que nulle part il n'est dit qu'ils aient reçu l'ordre d'écrire, mais seulement celui de prêcher partout où ils iraient et de confirmer leurs prédications par des signes. Car il fallait absolument la présence des apôtres, et il fallait aussi des signes qui témoignassent de leur mission pour convertir les gentils à la religion et les y confirmer, ainsi que Paul l'énonce expressément dans son *Épître aux Romains* (chap. I, vers. 11) : *Parce que j'ai, dit-il, grand désir de vous voir et de vous distribuer le don de l'Esprit, pour que vous soyez confirmés dans la foi*. Mais on objectera ici peut-être que nous pourrions de la même manière conclure que les apôtres n'ont pas non plus prêché en tant que prophètes ; car, lorsqu'ils allaient prêcher çà et là, ce n'était pas par ordre exprès qu'ils le faisaient, comme autrefois les prophètes. Par exemple, nous lisons dans l'Ancien Testament que Jonas alla prêcher à Ninive, et en même temps qu'il y fut envoyé exprès et qu'il avait su par révélation ce qu'il devait y prêcher. Il y est dit aussi très-longuement au sujet de Moïse qu'il partit pour l'Égypte comme ambassadeur de Dieu, qui lui avait fixé d'avance et le langage qu'il tiendrait au peuple hébreu et au roi Pharaon, et les signes qu'il produirait en leur présence pour les convaincre de sa mission. C'est par un ordre exprès qu'Isaïe, Jérémie, Ézéchiel prêchent les Israélites. Et enfin l'Écriture atteste que les prophètes n'ont rien prêché que ce qu'ils avaient reçu de Dieu. Mais le Nouveau Testament ne nous dit rien de semblable, ou du moins cela est très-rare, au sujet des apôtres qui allaient prêcher de côté et d'autre. Nous y trouvons au contraire certains passages qui annoncent positivement que les apôtres choisissaient eux-mêmes les lieux où ils voulaient prêcher ; et cela est si vrai qu'à ce sujet un différend qui dégénéra en querelle s'éleva entre Paul et Barnabas (voyez *Actes des Apôtres*, chap. XV, vers. 17, 18). On voit même que les apôtres ont plusieurs fois tenté vainement d'aller dans quelque lieu, comme le prouvent ces paroles de Paul (*Épître aux Romains*, ch. I, vers. 13) : *Souvent j'ai voulu aller vous trouver et j'en ai été empêché* ; et (chap. XV, vers 22) : *C'est pour cela que j'ai souvent été empêché d'aller vous trouver* ; et enfin dans le dernier chapitre de l'*Épître I aux Corinthiens*, vers. 12 : *J'ai souvent prié mon frère Apollon d'aller vous trouver avec nos frères, mais il n'en avait nullement la volonté ; cependant, lorsqu'il le pourra*, etc. C'est pourquoi, me fondant tant sur ces façons de parler et sur les discussions des apôtres que sur ce fait remarquable, que, lorsqu'ils allaient prêcher quelque part, l'Écriture ne témoigne nullement de leur mission divine, comme elle le fait pour les anciens prophètes, je devais conclure qu'ils ont prêché en tant que docteurs et non en tant que prophètes. Mais on résoudra plus facilement encore cette question, si on prend garde à la différence de vocation des apôtres et des prophètes de l'Ancien Testament. Ceux-ci en effet n'ont pas été appelés à prêcher et à prophétiser chez toutes les nations, mais seulement chez quelques-unes en particulier ; ce qui exigeait conséquemment pour chacune d'elles un mandat spécial et particulier. Mais les apôtres étaient appelés à prêcher indistinctement toutes les nations ; leur vocation s'étendait à la conversion religieuse de tous les peuples. Partout donc où ils allaient, ils exécutaient les ordres du Christ ; et ils n'avaient pas besoin, avant de partir, d'une révélation qui leur fît connaître ce qu'ils prêcheraient ; aussi bien ils étaient ces disciples à qui Jésus-Christ avait dit : *Quand ils vous livreront, ne vous inquiétez ni de ce que vous direz ni de la manière dont vous le direz ; car à cette heure-là ce que vous aurez à dire vous sera inspiré,* etc. (voyez *Matthieu*, ch. X, vers. 19, 20). Nous concluons donc que les apôtres n'ont eu de révélation spéciale que pour ce qu'ils ont prêché de vive voix et confirmé par des signes (voyez ce que nous avons démontré au commencement du chapitre II), et que, pour ce qu'ils ont enseigné simplement par écrit et de vive voix, sans recourir à aucun signe qui fût comme un témoignage de la vérité de leur parole, ils l'ont dit ou écrit d'après une connaissance toute naturelle (voyez à ce sujet l'*Épître I aux Corinthiens*, chap. XIV, vers. 6) : et ici nous ne nous embarrassons pas de cette circonstance, que toutes les Épîtres commencent par l'apologie de l'apostolat ; car les apôtres ont reçu, comme je le prouverai tout à l'heure, non-seulement le pouvoir de prophétiser, mais aussi l'autorité d'enseigner. Et c'est pour cette raison que nous estimons qu'ils ont écrit leurs Épîtres en qualité d'apôtres, et que conséquemment chacun d'eux les a commencées par l'apologie de son apostolat ; ou peut-être, pour captiver plus facilement l'esprit du lecteur et exciter plus vivement son attention, ont-ils voulu, avant tout, attester qu'ils étaient les mêmes qui s'étaient fait connaître aux fidèles par leurs prédications, et qui avaient alors prouvé par d'éclatants témoignages qu'ils enseignaient la vraie religion et la voie du salut. Car tout ce que je lis dans ces Épîtres sur la vocation des apôtres et sur l'Esprit saint et divin dont ils étaient animés se rapporte aux prédications qu'ils avaient faites ; excepté cependant ces passages où l'Esprit de Dieu, l'Esprit-Saint, marque simplement une âme saine, heureuse et toute à Dieu, etc. (comme nous l'avons vu dans le Ier chap.). Prenons pour exemple ces paroles de Paul, dans l'*Épître I aux Corinthiens* (chap. VII, vers 40) : *Elle est heureuse, si elle demeure en cet état, ainsi que je lui conseille ; et je pense que l'esprit de Dieu est aussi en moi.* Ici, par *Esprit de Dieu*, il entend son propre esprit, comme le prouve la construction du discours ; car c'est comme s'il disait : La veuve qui ne veut pas faire un second mariage, je l'estime heureuse, moi qui ai résolu de vivre dans le célibat et qui me trouve heureux de cette condition. On trouve d'autres passages de ce genre qu'il est superflu de rapporter ici. Mais puisque nous voulons établir que les Épîtres des apôtres ont été dictées par la seule lumière naturelle, il faut voir maintenant comment ils pouvaient enseigner par la seule science naturelle des choses qui ne tombent pas dans sa sphère. Mais, pour peu que nous prenions garde à ce que nous avons dit sur l'interprétation de l'Écriture au chap. VII de ce Traité, il n'y aura ici pour nous aucune difficulté. Car, bien que les choses que renferme la Bible dépassent de beaucoup notre intelligence, nous pouvons toutefois les discuter en toute sécurité, pourvu que nous n'admettions aucun principe qui ne soit tiré de l'Écriture même ; et c'est ainsi qu'en usaient les apôtres pour tirer des conséquences de ce qu'ils avaient vu, entendu, et aussi de ce qu'ils avaient appris par révélation, afin de l'enseigner aux peuples quand ils le jugeaient à propos. Ensuite, quoique la religion telle que la prêchaient les apôtres, à savoir, en faisant un simple récit de la vie du Christ, ne soit pas accessible à la raison, il n'est personne du moins qui par la lumière naturelle n'en puisse facilement saisir le principal (qui consiste principalement en instructions morales, comme la doctrine tout entière du Christ). Enfin les apôtres n'avaient pas besoin d'être éclairés par une lumière surnaturelle pour prêcher une religion qu'ils avaient auparavant confirmée par des signes, et pour la mettre si bien à la portée des intelligences ordinaires que chacun pût facilement l'embrasser ; et c'est le propre but des Épîtres, savoir, d'enseigner et d'apprendre aux hommes les voies que chacun des apôtres a jugées les meilleures pour les confirmer dans la religion. Maintenant il est bon de se rappeler ce que nous avons dit tout à l'heure, que les apôtres avaient reçu non-seulement le pouvoir de prêcher l'histoire du Christ en tant que prophètes, c'est-à-dire de la confirmer par des signes, mais aussi l'autorité de choisir pour leur enseignement les moyens que chacun d'eux estimerait les meilleurs : c'est ce double don que Paul indique clairement dans son *Épître I à Timothée* (chap. I, vers. 11) : *En quoi j'ai été institué héraut, apôtre et docteur des gentils*. Et dans la même au même (chap. II, vers. 7) : *De qui j'ai été institué héraut et apôtre (je dis la vérité au nom du Christ, je ne mens pas) et docteur des nations dans la foi* (N. B.) *et dans la vérité*. Ces passages, je le répète, montrent clairement la double apologie de l'apostolat et du doctorat ; quant à l'autorité de donner des ordres en toute circonstance et à tous, elle est prouvée en ces termes dans l'*Épître à*

Philémon, verset 8 : *Quoique j'aie un grand pouvoir en Jésus-Christ de te prescrire ce qui sera convenable, cependant*, etc., où il faut remarquer que, si Paul eût reçu de Dieu en tant que prophète, et dû prescrire à ce titre à Philémon ce qu'il lui fallait prescrire, il ne lui eût certainement pas été permis de changer en simple prière le précepte formel de Dieu. Il faut donc admettre de toute nécessité qu'il parle du pouvoir qui lui était attribué en tant que docteur et non en tant que prophète. Cependant il ne résulte pas de là assez clairement que les apôtres aient pu choisir la manière d'enseigner que chacun d'eux aurait jugée la meilleure, mais seulement qu'en vertu de leur apostolat ils étaient à la fois apôtres et docteurs ; à moins que nous n'ayons ici recours à la raison, qui montre parfaitement que celui qui a l'autorité d'enseigner a aussi celle de choisir à cette fin les moyens les plus convenables. Mais il vaut mieux démontrer tout cela par l'Écriture seule. Il résulte évidemment en effet de l'Écriture que chaque apôtre choisit ses voies particulières ; on peut s'en assurer par ces paroles de Paul (*Épître aux Romains*, chap. XV, vers. 20) : *M'efforçant de prêcher là où n'avait pas encore été invoqué le nom du Christ, afin de ne pas édifier sur des fondements étrangers.* Certes, si les apôtres n'avaient eu qu'une seule et même manière d'enseigner, s'ils avaient tous édifié la religion chrétienne sur le même fondement, il n'y avait pas de raison pour que Paul pût dire que les fondements d'un autre apôtre étaient des fondements étrangers, puisque ç'auraient été les mêmes que les siens. Mais puisqu'il les appelle *étrangers*, il faut conclure nécessairement que chacun d'eux édifia la religion sur des fondements particuliers, et qu'il arriva aux apôtres dans leur mission de docteurs ce qui arrive aux docteurs ordinaires, qui ont chacun une manière d'enseigner qui leur est propre, de telle sorte qu'ils aiment toujours mieux enseigner ceux qui sont tout à fait ignorants et qui n'ont commencé à apprendre sous aucun maître les langues ou même les sciences mathématiques dont la vérité n'est mise en doute par personne. Ensuite, si nous parcourons les Épîtres avec quelque attention, nous verrons que les apôtres sont d'accord sur la religion elle-même, mais qu'ils sont loin de l'être sur ses fondements. Car Paul, voulant confirmer les hommes dans la religion et leur montrer que le salut dépend de la seule grâce de Dieu, a enseigné que personne ne peut se glorifier de ses œuvres, mais de la foi seule, et que personne ne peut se justifier par ses œuvres (voyez *Épître aux Romains*, chap. III, vers. 27, 28), et a développé toute cette doctrine sur la prédestination. Jacques dit, au contraire, dans son *Épître*, que l'homme se justifie par ses œuvres et non pas seulement par la foi (voyez son Épître, chap. II, vers. 24) ; et il comprend en très-peu de mots toute la doctrine de la religion, après avoir mis de côté toutes ces discussions spéculatives de Paul. Ensuite il n'est pas douteux que c'est pour avoir édifié la religion sur divers fondements que les apôtres ont donné lieu à ces nombreuses discordes et à ces schismes qui, depuis eux, ont sans cesse déchiré l'Église, et qui certainement continueront de la déchirer, jusqu'à ce qu'enfin la religion soit dégagée un jour des spéculations philosophiques, et ramenée à ce petit nombre de dogmes très-simples que le Christ a enseignés à ses disciples. Cela fut impossible aux apôtres, parce que l'Évangile était inconnu aux hommes, et que, pour éviter d'offenser leurs oreilles par la nouveauté de ses doctrines, ils approprièrent cet enseignement, autant que cela pouvait se faire, à l'esprit du temps (voyez *Épître I aux Corinthiens*, chap. IX, vers. 19, 20, etc.), et l'édifièrent ainsi sur les principes les plus connus à cette époque et les plus vulgairement reçus. C'est pourquoi il n'est pas un apôtre qui ait plus philosophé que Paul, appelé particulièrement à prêcher les gentils. Mais les autres qui prêchèrent les Hébreux, c'est-à-dire un peuple contempteur de la philosophie, s'accommodèrent aussi à leur esprit sur ce point (voyez *Épître aux Galates*, chap. II, vers. 11, etc.), et enseignèrent la religion dégagée des spéculations philosophiques. Et certes notre siècle serait bien heureux, s'il était libre aussi de toute superstition.

1. ↑ Voyez les *Notes marginales de Spinoza*, note 26.

CHAPITRE XII.

DU VÉRITABLE ORIGINAL DE LA LOI DIVINE, ET POUR QUELLE RAISON L'ÉCRITURE EST APPELÉE SAINTE ET PAROLE DE DIEU. — ON PROUVE ENSUITE QU'EN TANT QU'ELLE CONTIENT LA PAROLE DE DIEU, ELLE EST PARVENUE SANS CORRUPTION JUSQU'À NOUS.

Ceux qui considèrent la Bible, telle que nous l'avons aujourd'hui, comme une sorte de lettre que Dieu, du haut du ciel, a écrite aux hommes, s'écrieront indubitablement que j'ai commis un péché envers l'Esprit-Saint, moi qui ai soutenu que cette parole de Dieu est vicieuse, tronquée, altérée et pleine de discordances, que nous n'en possédons que des fragments, et que l'original du pacte que Dieu a fait avec les Juifs a péri. Mais je ne doute pas qu'ils ne cessent leurs clameurs, pour peu qu'ils veuillent examiner la chose avec soin. La raison elle-même, en effet, aussi bien que les enseignements des prophètes et des apôtres, nous révèle la parole éternelle de Dieu et son alliance, et nous crie que la vraie religion est gravée de la main de Dieu dans le cœur des hommes, c'est-à-dire dans l'esprit humain, et que c'est là le véritable original de la loi de Dieu, loi qu'il a pour ainsi dire scellée de son propre sceau, quand il a mis en nous l'idée de lui-même et comme une image de sa divinité. Les premiers Juifs reçurent la religion par écrit en forme de loi, parce que sans doute à cette époque on les traitait comme des enfants. Mais plus tard Moïse (*Deutéronome*, chap. XXX, vers. 6) et Jérémie (chap. XXX, vers. 33) leur prédisent un temps à venir où Dieu gravera sa loi dans leurs cœurs. Il appartenait donc autrefois aux Juifs, et surtout aux saducéens, de combattre pour la loi écrite sur des tables ; mais cela n'est pas du tout une obligation pour ceux qui la portent écrite dans leurs cœurs. Aussi, quiconque voudra bien y réfléchir, loin de trouver dans ce que j'ai dit plus haut rien de contraire à la parole de Dieu, à la vraie religion et à la foi, ou qui puisse l'infirmer, verra au contraire que je ne fais que la raffermir, comme je l'ai prouvé à la fin du chapitre X ; s'il n'en était pas ainsi, j'aurais fermement résolu de garder le silence sur ces questions, et, pour échapper à toutes les difficultés, je me serais empressé de reconnaître que l'Écriture recèle les plus profonds mystères. Mais comme c'est de là que sont sortis avec une déplorable superstition bien d'autres inconvénients pernicieux dont j'ai déjà parlé au chapitre VII, je n'ai pas jugé convenable de garder le silence, et cela surtout parce que la religion n'a nul besoin des vaines parures de la superstition. C'est au contraire lui ravir son pur éclat que de lui donner ces faux ornements. Mais, dira-t-on, quoique la loi divine soit gravée dans les cœurs, l'Écriture n'en est pas moins la parole de Dieu, et il n'est pas plus permis de dire de l'Écriture qu'elle est tronquée et corrompue qu'il ne le serait de parler ainsi de la parole de Dieu. Pour moi, je crains au contraire que ceux qui insistent si fort n'aspirent à une trop grande sainteté, qu'ils ne changent la religion en superstition, et qu'enfin, au lieu d'adorer la parole de Dieu, ils ne commencent à adorer des simulacres, des images, ou de l'encre et du papier. Ce que je sais, c'est que je n'ai rien avancé qui soit indigne de l'Écriture ou de la parole de Dieu ; il n'y a aucune de mes assertions dont je n'aie démontré la vérité par les raisons les plus évidentes, et je puis conséquemment affirmer avec certitude que je n'ai rien dit qui soit impie ou qui sente l'impiété. J'avoue que quelques hommes profanes, à qui la religion est à charge, peuvent prendre prétexte de ces assertions pour justifier leurs dérèglements ; qu'ils peuvent aussi, sans aucune raison, et dans le seul intérêt de leurs penchants voluptueux, en conclure que l'Écriture est partout mensongère et falsifiée, et partant qu'elle n'a nulle autorité. Mais est-il possible de remédier à un pareil inconvénient ? Le proverbe a raison de dire qu'il n'est pas d'assertion si bonne et si légitime qu'une mauvaise interprétation ne la puisse empoisonner. Les libertins peuvent toujours facilement trouver une excuse à leurs dérèglements ; et ceux qui avaient autrefois les originaux mêmes, l'arche d'alliance, et même les prophètes et les apôtres, n'en ont été ni meilleurs ni plus dociles ; les Juifs, non moins que les gentils, ont toujours été les mêmes, et de tout temps la vertu a été extrêmement rare. Cependant, pour écarter tout scrupule, il faut montrer ici par quelle raison l'Écriture, comme toute chose muette, doit être appelée sainte et divine ; ensuite, ce que c'est en effet que la parole de Dieu, qu'elle n'est pas contenue dans un certain nombre de livres, et comment enfin l'Écriture, en tant qu'elle enseigne ce qui est nécessaire à l'obéissance et au salut, n'a pu être corrompue. Car on pourra juger facilement par là que nous n'avons rien dit contre la parole de Dieu, et que nous n'avons aucunement ouvert la porte à l'impiété.

Cela est sacré et divin qui est destiné à la piété et aux exercices de religion ; et tout objet semblable restera sacré aussi longtemps que les hommes s'en serviront avec une pieuse intention. Que si leur piété cesse, ces objets cesseront aussi d'être sacrés ; que s'ils les font servir à des œuvres d'impiété, alors cela même qui était sacré deviendra immonde et profane. Il est, par exemple, un lieu que Jacob le patriarche appela la *Maison du Seigneur*, parce que c'est là que Dieu s'était révélé à lui et qu'il l'avait adoré ; mais ce même lieu fut appelé par les prophètes une *maison d'iniquité* (voyez *Hamos*, chap. V, vers. 5, et *Osée*, chap. X, vers. 5), parce que les Israélites avaient coutume d'y sacrifier aux idoles par l'ordre de Jéroboham. Voici un autre exemple qui met cette vérité dans tout son jour. Les mots ne doivent qu'à l'usage une signification déterminée ; et s'ils sont tellement disposés selon cet usage que leur lecture excite des sentiments de dévotion, alors les mots et le livre où les mots sont ainsi ordonnés doivent être réputés saints. Mais si plus tard l'usage s'efface tellement que les mots ne gardent plus aucune signification, soit parce que le livre est tout à fait négligé, soit par des altérations criminelles, soit parce qu'on n'en a plus besoin, alors les mots et les livres, n'étant d'aucun usage, n'auront aucune sainteté ; ensuite, si ces mêmes mots sont disposés autrement, ou si l'usage a prévalu de leur donner une signification contraire, alors ces mots et ces livres, de saints qu'ils étaient auparavant, deviendront impurs et profanes. Il résulte de là qu'aucun objet, considéré hors de l'âme, ne peut être appelé absolument sacré ou profane et impur ; ce n'est que par leur rapport à l'âme que les objets prennent tel ou tel de ces caractères. On peut encore démontrer ce point avec une extrême évidence par plusieurs passages de l'Écriture. Citons-en un ou deux. Jérémie (chap. VII, vers. 4) dit que c'est à tort que les Juifs de son temps donnaient le nom de temple de Dieu au temple de Salomon ; car le nom de Dieu, comme il le déclare ensuite dans le même chapitre, ne pouvait être attribué à ce temple que pendant le temps où il était fréquenté par des hommes qui adoraient Dieu et qui défendaient la justice ; que s'il n'y entrait que des homicides, des voleurs, des idolâtres et d'autres scélérats, alors on devait le regarder plutôt comme un repaire de brigands. Je demanderai aussi ce qu'est devenue l'arche d'alliance. L'Écriture n'en dit rien, et je me suis souvent étonné de ce silence ; il est certain cependant qu'elle a péri ou qu'elle a été brûlée avec le temple, quoiqu'elle fût ce qu'il y avait de plus sacré et de plus respecté chez les Hébreux. Il est donc évident, par la même raison, que l'Écriture ne demeure sacrée et que ses discours ne sont divins que pendant qu'elle inspire aux hommes des sentiments de piété ; mais si ces mêmes hommes la délaissent tout à fait, comme l'ont fait autrefois les Juifs, elle n'est plus que de l'encre et du papier, elle est profanée et abandonnée à la corruption, et partant on a tort de dire, si elle périt ou se corrompt, que c'est la parole même de Dieu qui a péri ou qui s'est corrompue, de même qu'au temps de Jérémie on aurait eu tort de dire que le temple qui fut consumé dans les flammes était le temple de Dieu. Jérémie rend le même témoignage au sujet de la loi ; car il apostrophe ainsi les impies de son temps : *Pourquoi dites-vous : Nous sommes maîtres et la loi de Dieu est avec nous ? Certes c'est en vain qu'elle a été donnée, c'est en vain que la plume des scribes* (a été faite) ; c'est-à-dire, parce que vous avez l'Écriture en votre pouvoir, vous avez tort de croire que vous avez aussi la loi de Dieu, après que vous l'avez anéantie. Ainsi encore, lorsque Moïse brisa les premières tables, il fut loin, dans sa colère, de rejeter de ses mains et de briser la parole de Dieu (qui pourrait en effet s'imaginer pareille chose et de Moïse et de la parole de Dieu ?) ; Moïse ne brisa donc que les pierres qui, pour être saintes auparavant parce qu'elles portaient les caractères de l'alliance par laquelle les Juifs avaient promis obéissance à Dieu, perdirent toute autorité du jour où le peuple renonça à ce pacte en offrant ses hommages à un veau ; et c'est aussi pour la même raison que les secondes tables ont pu périr avec l'arche. Il ne faut donc pas s'étonner que les premiers originaux des livres de Moïse n'existent plus, ni que les accidents dont nous avons parlé aient frappé les livres que nous possédons, puisque le véritable original de l'alliance divine, la chose du monde la plus sainte, a bien pu disparaître complètement. Que l'on cesse donc de nous accuser d'impiété, nous qui n'avons rien dit contre la parole de Dieu, et qui ne l'avons pas souillée, et que la juste colère qu'on pourrait avoir retombe sur les anciens, dont la malice a profané et corrompu l'arche de Dieu, le temple, la loi et toutes les choses saintes. D'ailleurs si, comme le dit l'Apôtre (*Epît. II aux Corinthiens*, chap. III, vers. 3), les hommes portent en eux l'Épître divine écrite, non avec de l'encre, mais avec l'Esprit de Dieu, si elle est gravée, non sur des tables de pierre, mais sur les tables vivantes de leur cœur, qu'ils cessent d'adorer la lettre et d'en prendre un si grand souci. — Je pense avoir suffisamment établi par ces explications le sens dans lequel l'Écriture doit être réputée sainte et divine. Maintenant il faut voir ce qu'il faut proprement entendre par *debar Jehovah* (la parole de Dieu) : ce mot *debar* signifie *verbe*, *discours*, *édit* et *chose*. Quant aux raisons pour lesquelles on dit en hébreu qu'une chose est à Dieu et qu'elle se rapporte à Dieu, nous les avons exposées au chapitre I, et on en infère facilement ce que l'Écriture veut faire entendre par parole de Dieu, discours, édit et chose. Il n'est donc pas nécessaire de rappeler ici toute cette discussion, ni même ce que nous avons exposé en troisième lieu dans le chapitre VI, au sujet des miracles. Une simple indication de ces passages suffit pour faire mieux entendre ce que nous voulons dire ici sur ce sujet, à savoir : que la parole de Dieu, appliquée à un sujet qui n'est pas Dieu lui-même, marque proprement cette loi divine dont nous avons parlé au chapitre IV, c'est-à-dire la religion universelle du genre humain, ou la religion catholique : voyez sur cette matière le chapitre I, verset 10, d'*Isaïe*, où ce prophète enseigne la vraie manière de vivre, qui, loin de consister dans les cérémonies, est fondée sur l'esprit de charité et de vérité ; et c'est là ce qu'il appelle indistinctement loi de Dieu, verbe de Dieu. Ensuite ce mot est pris métaphoriquement pour l'ordre de la nature et pour le fatum (qui dépend réellement et résulte d'un décret éternel de la nature divine), et principalement pour ce que les prophètes avaient prévu au sujet de cet ordre ; car ils ne concevaient point les choses à venir comme devant se produire par des causes naturelles, mais comme des volontés ou des décrets de Dieu. Enfin ce mot est pris aussi pour toute prédiction des prophètes, en tant que chacun d'eux l'avait perçue par une vertu singulière qui lui était propre, ou par un don prophétique, et non par les voies ordinaires de la lumière naturelle ; et surtout parce que les prophètes, comme nous l'avons démontré au chapitre IV, avaient coutume de se représenter Dieu comme un législateur. Voici donc les trois causes pour lesquelles l'Écriture est appelée parole de Dieu, savoir : parce qu'elle enseigne la vraie religion, dont Dieu est l'éternel auteur ; ensuite parce qu'elle expose les événements de l'avenir comme des décrets de Dieu ; et enfin parce que ceux qui en furent effectivement les auteurs l'ont enseignée généralement, non par le moyen vulgaire de la lumière naturelle, mais par une lumière qui leur était particulière et de la même façon que si Dieu lui-même eût parlé par leur bouche. Et bien qu'il y ait en outre dans l'Écriture grand nombre de choses purement historiques et perçues par la lumière naturelle, elle reçoit cependant son nom des objets plus relevés qu'elle contient. On voit facilement par là en quel sens il faut regarder Dieu comme auteur de la Bible : c'est évidemment parce que la vraie religion y est enseignée, et non pas parce que Dieu a voulu communiquer aux hommes un certain nombre de livres. Nous pouvons aussi apprendre de là pourquoi la Bible est divisée en livres de l'Ancien et du Nouveau Testament : c'est indubitablement parce qu'avant la venue du Christ, les prophètes avaient coutume de prêcher la religion comme étant la loi de la patrie et le pacte contracté du temps de Moïse, et que, depuis l'avènement du Christ, les apôtres l'ont prêchée à toutes les nations comme la loi catholique et en se fondant sur la seule vertu de la passion du Christ : non pas que ces livres soient divers en doctrine, ni qu'ils aient été écrits comme s'ils étaient les originaux de l'alliance, ni enfin que la religion catholique, qui est la plus naturelle de toutes, fût quelque chose de nouveau, si ce n'est au regard des hommes qui ne la connaissaient pas : *Il était dans le monde*, dit Jean l'Évangéliste (chap. I, vers. 10), *et le monde ne l'a point connu*. Ainsi, lors même qu'il nous resterait un plus petit nombre de livres de l'Ancien que du Nouveau Testament, nous ne serions pas cependant dépourvus de la parole de Dieu (et par cette parole on doit entendre, comme nous l'avons déjà dit, la vraie religion), de même que nous ne pensons pas en être privés quoiqu'il nous manque d'autres écrits d'une haute importance, par exemple le Livre de la Loi, qui était gardé religieusement dans le temple comme l'original de l'alliance, les livres des guerres, des chronologies, et un très-grand nombre d'autres d'où ont été tirés et recueillis ceux de l'Ancien Testament que nous possédons encore. Et cela peut se confirmer encore par plusieurs raisons, savoir : 1° parce que les livres de l'un et de l'autre Testament n'ont pas été écrits en même temps, par un mandat exprès, pour tous les siècles, mais dans des circonstances accidentelles, pour quelques hommes, selon leur constitution particulière et l'esprit du temps, comme le prouvent clairement les vocations des prophètes (qui furent appelés pour réprimander les impies de leur temps), et aussi les Épîtres des apôtres ; 2° parce qu'autre chose est entendre l'Écriture et la pensée des prophètes, autre chose est comprendre la pensée de Dieu, c'est-à-dire la vérité même de la chose, comme cela résulte de nos démonstrations du chapitre II touchant les prophètes ; et nous avons prouvé au chapitre VI que cela doit encore avoir lieu dans les histoires et dans les miracles ; bien entendu qu'il ne s'agit pas des passages où il est question de la vraie religion et de la vraie vertu ; 3° parce que les livres de l'Ancien Testament ont été choisis entre plusieurs, et ont été enfin recueillis et approuvés par le concile des pharisiens, comme nous l'avons établi au chapitre X. Mais les livres du Nouveau Testament ont été aussi déclarés canoniques par les décrets de certains conciles, qui ont en même temps rejeté comme apocryphes plusieurs autres livres regardés comme sacrés par un grand nombre de personnes. Or les membres de ces conciles (tant des pharisiens que des chrétiens) n'étaient pas composés de prophètes, mais seulement de docteurs et de savants ; et cependant il faut avouer que dans ce choix la parole de Dieu leur a servi de règle ; ainsi donc, avant d'approuver tous ces livres, ils ont dû nécessairement connaître la parole de Dieu ; 4° parce que les apôtres ont écrit, non en tant que prophètes, mais en tant que docteurs (comme nous l'avons dit dans le chapitre précédent), et que, pour enseigner, ils ont choisi la voie qu'ils jugeaient la plus facile pour les disciples qu'ils voulaient alors éclairer ; d'où il suit (comme nous l'avons aussi conclu à la fin du chapitre précité) que ces livres contiennent bien des choses dont nous pouvons nous passer par rapport à la religion ; 5° enfin, parce que le Nouveau Testament contient quatre évangélistes. Qui croira en effet que Dieu ait voulu raconter quatre fois l'histoire du Christ et la communiquer quatre fois aux hommes par écrit ? et quoique l'on trouve dans l'un ce qui ne se rencontre pas dans l'autre et que l'un serve souvent à l'intelligence de l'autre, il faut cependant se garder d'en conclure que tout ce qui est exposé dans ces quatre évangélistes ait été nécessaire à connaître, et que Dieu les ait élus pour écrire, afin que l'histoire du Christ fût mieux comprise ; car chacun d'eux a prêché son Évangile en différents lieux, chacun a écrit ce qu'il avait prêché, et cela simplement pour exposer nettement l'histoire du Christ, et non pour expliquer les versions des autres apôtres. Que si le rapprochement de leurs textes les fait mieux comprendre chacun en particulier, c'est un effet du hasard ; et cela ne se rencontre que dans un petit nombre de passages, qui pourraient rester ignorés sans que l'histoire y perdît sa clarté et que les hommes fussent moins heureux. Nous avons montré, par tous ces faits, que l'Écriture n'est, à proprement parler, appelée parole de Dieu que par rapport à la religion ou à la loi divine universelle. Il nous reste maintenant à prouver que, considérée sous cet aspect, elle n'est ni trompeuse, ni corrompue, ni mutilée. Or j'appelle ici mensonger, corrompu et mutilé ce qui a été si mal écrit et si mal construit que le sens du discours ne peut se déduire de l'usage de la langue ou de la seule écriture ; car je ne veux pas prétendre que l'Écriture, en tant qu'elle renferme la loi divine, ait toujours gardé les mêmes accents, les mêmes lettres et enfin les mêmes mots (c'est un point dont je laisse la démonstration aux massorètes, et aux adorateurs superstitieux de la lettre), mais seulement que le sens, en vertu duquel seul un discours peut être appelé divin, est venu jusqu'à nous sans altération, encore que l'on suppose que les mots qui ont d'abord servi à l'exprimer aient été souvent changés. C'est qu'en effet, comme nous l'avons dit, cela n'ôte rien à la divinité de l'Écriture ; car l'Écriture serait également divine, quand on l'aurait écrite en d'autres termes ou en une autre langue. Ainsi, que la loi divine nous soit arrivée à cet égard pure et sans altération, c'est ce dont personne ne peut douter. Car l'Écriture elle-même nous fait percevoir sans difficulté ni ambiguïté que le but qu'elle nous propose, c'est d'*aimer Dieu par-dessus toutes choses, et notre prochain comme nous-mêmes* : or cette parole ne peut être apocryphe, elle ne peut résulter d'une erreur de plume ou d'une trop grande précipitation ; car si l'Écriture a jamais enseigné autre chose, elle a dû aussi nécessairement changer tout le reste de son enseignement, puisque cette maxime est le fondement de toute la religion, et que l'enlever c'est ruiner d'un seul coup tout l'édifice. Une telle Écriture ne serait plus alors celle dont nous parlons, mais un tout autre livre. Il reste donc solidement établi que l'Écriture a toujours enseigné ce précepte, et conséquemment qu'il n'a pu s'y glisser aucune erreur capable d'en corrompre l'esprit sans que chacun s'en aperçût aussitôt et que la malice du corrupteur fût reconnue. Donc, puisqu'il faut établir que ce précepte a été incorruptible, il faut reconnaître nécessairement la même chose de tous les autres qui en découlent indubitablement, et qui sont eux-mêmes fondamentaux, savoir : qu'il existe un Dieu, que sa providence est universelle, qu'il est tout-puissant, qu'il veut que les bons soient récompensés et les méchants punis, et que notre salut ne dépend que de sa grâce. Car l'Écriture répète partout et enseigne clairement ces maximes ; et elle a dû toujours les enseigner, sans quoi tout le reste serait vain et manquerait de fondement. Il ne faut pas tenir pour moins authentiques les autres maximes morales, puisqu'elles s'appuient bien évidemment sur ce même fondement : ainsi défendre la justice, secourir les pauvres, ne tuer personne, ne pas convoiter le bien d'autrui, etc., voilà, dis-je, des enseignements que n'a pu corrompre la malice des hommes, et que le temps n'a pu effacer. Car, quelle que fût celle de ces maximes qui eût été détruite, on s'en fût aussitôt aperçu en se reportant à leur fondement universel, et surtout à ce précepte de charité qui est partout si fortement recommandé dans les deux Testaments. Ajoutez à cela que, bien qu'on ne puisse imaginer d'exécrable forfait dont quelqu'un ne se soit souillé, il n'y a personne cependant qui, pour justifier ses crimes, essaye de détruire les lois ou de faire passer une maxime impie pour un enseignement éternel et salutaire ; telle est en effet la nature humaine que chacun (roi ou sujet), s'il a commis une action honteuse, cherche à l'environner soigneusement de telles circonstances qu'on puisse croire qu'il n'a forfait en rien ni à la justice ni à l'honneur. Nous concluons donc d'une manière absolue que toute la loi divine universelle, enseignée par l'Écriture, est arrivée sans tache jusque dans nos mains. Il est encore d'autres choses qui, à n'en pouvoir douter, nous ont été transmises de bonne foi, telles que le fond des récits historiques de l'Écriture, parce qu'ils étaient bien connus de tous. Le peuple juif avait coutume autrefois de chanter en psaumes les antiquités de sa race. Outre cela, le gros des actions du Christ et aussi sa passion furent immédiatement divulgués dans tout l'empire romain. Il ne faut donc pas croire (à moins d'admettre, ce qui est incroyable, que la plus grande partie des hommes se soit entendue pour répandre l'erreur) que, pour ce qu'il y a d'important dans ces histoires, les générations postérieures l'aient transmis autrement qu'elles ne l'avaient reçu des premières. Ainsi tout ce qui est défectueux ou altéré ne peut se trouver que dans le reste, par exemple dans une ou deux circonstances d'une histoire ou d'une prophétie, pour exciter plus vivement la dévotion populaire, ou dans un ou deux miracles, pour déconcerter les philosophes, ou enfin, dans les choses spéculatives, depuis que les schismatiques les ont introduites dans la religion pour autoriser leurs fictions, en les appuyant abusivement sur l'autorité divine. Mais il importe peu au salut que de telles choses aient été altérées ou non, comme je vais le démontrer spécialement dans le chapitre qui suit, bien que j'estime que ce point résulte déjà assez clairement de ce qui précède, et surtout du chapitre second.

CHAPITRE XIII.

ON MONTRE QUE L'ÉCRITURE N'ENSEIGNE QUE DES CHOSES FORT SIMPLES, QU'ELLE N'EXIGE QUE L'OBÉISSANCE, ET QU'ELLE N'ENSEIGNE SUR LA NATURE DIVINE QUE CE QUE LES HOMMES PEUVENT IMITER EN RÉGLANT LEUR VIE SUIVANT UNE CERTAINE LOI.

Nous avons prouvé dans le chapitre II de ce Traité que l'imagination seule des prophètes, et non leur entendement, avait été douée d'une puissance singulière, et que Dieu, loin de les initier dans les secrets de la philosophie, ne leur avait révélé que les choses les plus simples et s'était proportionné à leurs sentiments et à leurs préjugés. Nous avons fait voir dans le chapitre V que l'Écriture transmet et enseigne les choses de telle manière que chacun les peut très-facilement comprendre ; car, bien loin d'enchaîner ses idées avec rigueur et de les rattacher à des axiomes et à des définitions, elle expose tout avec simplicité ; et pour qu'on ait foi en ses enseignements, elle ne les confirme que par la simple expérience, c'est-à-dire par des miracles et par des récits historiques. Cette exposition est d'ailleurs faite dans le style et dans le langage les plus propres à remuer l'esprit du peuple (consultez à ce sujet, dans le chapitre VI, ma troisième remarque). Nous avons ensuite établi dans le chapitre VII que la difficulté d'entendre l'Écriture ne résulte que de la langue et non de la sublimité du sujet. Joignez à cela que ce n'est pas aux savants, mais à tous les Juifs indistinctement que les prophètes firent entendre leurs prédications, et que les apôtres avaient coutume d'enseigner la doctrine évangélique dans les églises où toutes sortes de personnes étaient réunies. Il résulte de toutes ces considérations que la doctrine de l'Écriture ne contient ni spéculations sublimes ni questions philosophiques, mais bien les choses les plus simples que peut saisir l'intelligence la plus bornée. Je ne puis donc assez admirer la pénétration de ces personnes dont j'ai parlé précédemment, qui trouvent dans l'Écriture des mystères dont nulle langue ne saurait expliquer la profondeur, et qui ont ensuite introduit dans la religion tant de spéculations philosophiques qu'il semble que l'Église soit une académie, et la religion une science ou plutôt une école de controverse. Mais pourquoi s'étonner que des hommes qui se vantent de posséder une lumière surnaturelle ne veuillent pas le céder en connaissance aux philosophes, qui sont réduits aux ressources naturelles ? Ce qui étonnerait, ce serait de les entendre exposer quelque nouveauté spéculative, quelque opinion qui n'eût pas été autrefois répandue dans les écoles de ces philosophes païens (qu'ils accusent cependant d'aveuglement). Car si vous leur demandez quels sont les mystères qu'ils voient dans l'Écriture, ils ne vous produiront, je vous l'assure, que les fictions d'un Aristote, d'un Platon, ou d'un autre semblable auteur de systèmes ; fictions qu'un idiot trouverait plutôt dans ses songes que le plus savant homme du monde dans l'Écriture. Ce n'est pas que nous voulions nier absolument qu'il y ait rien dans la doctrine de l'Écriture qui soit de l'ordre de la spéculation ; aussi bien dans le chapitre précédent nous avons allégué certains principes de ce genre et qui sont comme les fondements de l'Écriture : nous voulons dire seulement que les spéculations y sont très-rares et très-simples. Mais quelles sont-elles, et comment les déterminer, c'est un point que j'ai dessein d'éclaircir ici ; cela me sera facile maintenant qu'il est établi que l'Écriture n'a point pour objet d'enseigner les sciences ; car on peut facilement conclure de là qu'elle n'exige des hommes que l'obéissance et que ce n'est pas l'ignorance, mais l'opiniâtreté seule qu'elle condamne. Ensuite, puisque l'obéissance envers Dieu ne consiste que dans l'amour du prochain (car celui qui aime son prochain dans l'intention de complaire à Dieu, celui-là, comme le dit Paul dans son *Épître aux Romains*, chap. XIII, vers. 8, a accompli la loi), il s'ensuit que l'Écriture ne recommande pas d'autre science que celle qui est nécessaire à tous les hommes pour qu'ils puissent obéir à Dieu selon ce précepte, de sorte que ceux qui l'ignorent doivent nécessairement être opiniâtres ou du moins indociles ; quant aux autres spéculations qui ne tendent pas directement à ce but, qu'elles aient pour objet la connaissance de Dieu ou celle des choses naturelles, elles ne regardent pas l'Écriture, et il faut par conséquent les retrancher de la religion révélée. Mais, quoique ce point soit maintenant bien éclairci, comme le fond même de la religion en dépend, je veux examiner la chose avec plus de soin et la mettre mieux en lumière. Pour cela il faut prouver avant tout que la connaissance intellectuelle ou approfondie de Dieu n'est pas, comme l'obéissance, un don commun à tous les fidèles ; ensuite, que cette sorte de connaissance que Dieu, par la bouche des prophètes, a exigée généralement de tout le monde, et que chacun est tenu de posséder, n'est autre chose que la connaissance de la divine justice et de la charité : deux points qui se prouvent facilement par l'Écriture elle-même. Car 1° on les peut conclure avec évidence du passage de l'*Exode* (chap. VI, vers. 2) où Dieu, pour montrer la grâce particulière qu'il a donnée à Moïse, dit : *Et je me suis révélé à Abraham, à Isaac et à Jacob en tant que Dieu Sadaï, mais ils ne m'ont pas connu sous mon nom de Jéhovah.* Ici, pour mieux entendre ce passage, il faut remarquer que *El Sadaï* en hébreu veut dire *Dieu qui suffit*, parce qu'il donne en effet à chacun ce qui lui suffit ; et quoique souvent *Sadaï* soit pris absolument pour signifier *Dieu*, il n'est pas douteux néanmoins qu'il faille partout avec ce mot sous-entendre *El*, c'est-à-dire *Dieu*. Ensuite il est à remarquer qu'on ne trouve pas dans l'Écriture d'autre nom que celui de Jéhovah pour exprimer l'essence absolue de Dieu, sans rapport aux choses créées. Aussi les Hébreux prétendent-ils que c'est là le seul nom qui convienne à Dieu, que les autres sont purement appellatifs ; et effectivement les autres noms de Dieu, qu'ils soient substantifs ou adjectifs, sont des attributs qui ne conviennent à Dieu qu'en tant qu'on le considère dans son rapport avec les créatures ou en tant qu'elles lui servent de manifestation : de ce nombre est *El*, ou, en ajoutant la lettre paragogique *he*, *Eloha*, qui veut dire puissant, comme on le sait ; nom qui ne convient à Dieu que par excellence, de même que nous appelons Paul *l'Apôtre*. Ce nom d'ailleurs signifie les différentes vertus de la puissance, de sorte qu'en l'appelant El (puissant) on dit qu'il est grand, juste, miséricordieux, etc. ; on met donc ce nom au pluriel et on lui donne un sens singulier pour embrasser à la fois tous les attributs divins, usage très-fréquent dans l'Écriture. Ainsi, puisque Dieu dit à Moïse que les patriarches ne l'ont pas connu sous le nom de *Jéhovah*, il s'ensuit qu'ils n'ont connu de lui aucun attribut divin qui explique son essence absolue, mais seulement ses effets et ses promesses, c'est-à-dire sa puissance en tant qu'elle se manifeste par les choses visibles. Or Dieu ne parle pas ainsi à Moïse pour les accuser d'infidélité, mais au contraire pour exalter leur foi et leur crédulité ; puisque, n'ayant point eu, comme Moïse, une connaissance toute particulière de Dieu, ils ont cru fermement à la réalisation de ses promesses et bien mieux que Moïse, qui, malgré les pensées plus sublimes qu'il avait sur Dieu, douta néanmoins des promesses divines et fit un reproche à Dieu de ce qu'au lieu du salut qui leur était promis, les Juifs avaient vu empirer leurs affaires. Ainsi, puisque les patriarches n'ont pas connu le nom particulier de Dieu, et que Dieu parle à Moïse de cette ignorance pour exalter leur foi et leur simplicité d'esprit, et pour marquer en même temps le prix de la grâce singulière accordée à Moïse, il s'ensuit très-évidemment, comme nous l'avons établi en premier lieu, que les hommes ne sont pas tenus de connaître les attributs de Dieu, et que cette grâce est un don particulier qui n'a été réservé qu'à quelques fidèles. Il serait superflu d'apporter en preuve d'autres témoignages de l'Écriture. Qui ne voit en effet que la connaissance de Dieu n'a pas été égale chez tous les hommes, et que la sagesse, pas plus que la vie et l'existence, ne se donne à personne par un mandat ? Hommes, femmes, enfants, tout le monde peut également obéir, mais non pas devenir sage. Que si l'on prétend qu'il n'y a pas besoin à la vérité de connaître les attributs de Dieu, mais de croire tout simplement et sans démonstration, c'est là une véritable plaisanterie. Car les choses invisibles et tout ce qui est l'objet propre de l'entendement ne peuvent être aperçus autrement que par les yeux de la démonstration ; ceux donc à qui manquent ces démonstrations n'ont aucune connaissance de ces choses, et tout ce qu'ils en entendent dire ne frappe pas plus leur esprit ou ne contient pas plus de sens que les vains sons prononcés sans jugement et sans aucune intelligence par un automate ou un perroquet. Mais, avant d'aller plus loin, je suis obligé de dire pourquoi on trouve souvent dans la *Genèse* que les patriarches ont parlé au nom de *Jéhovah*, ce qui semble en complète opposition avec ce que j'ai déjà dit. En se rapportant aux explications du chapitre VIII, on pourra facilement tout concilier ; car nous avons fait voir que l'écrivain du *Pentateuque* ne donne pas précisément aux choses et aux lieux les noms qu'ils avaient au temps dont il parle, mais ceux sous lesquels ils étaient plus facilement connus du temps même de l'écrivain. Ainsi la *Genèse* dit que Dieu fut annoncé aux patriarches sous le nom de Jéhovah, non pas qu'il fût connu des anciens sous cette appellation, mais parce que ce nom était chez les Juifs en singulier honneur. Il faut donc nécessairement admettre cette explication, puisque dans notre texte de l'Exode il est dit expressément que les patriarches ne connurent pas Dieu sous ce nom ; et aussi puisque, dans l'*Exode* (chap. III, vers. 13), Moïse désire connaître le nom de Dieu. Et si ce nom eût été connu auparavant, Moïse, du moins, ne l'aurait pas ignoré. Concluons donc, comme nous le voulions, que les fidèles patriarches n'ont pas connu ce nom de Dieu, et que la connaissance de Dieu est un don et non pas un commandement.

Il est temps maintenant de passer au second point, savoir que Dieu ne demande aux hommes par l'entremise de ses prophètes d'autre connaissance de lui-même que celle de sa divine justice et de sa charité, c'est-à-dire de ceux de ses attributs que les hommes peuvent imiter en réglant leur vie par une certaine loi. Jérémie enseigne d'ailleurs cette doctrine en termes formels. Ainsi, au chapitre XXII, vers. 15, 16, en parlant du roi Josias, il s'exprime ainsi : *Ton père a, il est vrai, bu et mangé, il a rendu justice et bon jugement, et alors il a prospéré ; il a rendu leur droit au pauvre et à l'indigent, et il a prospéré, car c'est vraiment là me connaître, a dit Jéhovah.* Et les paroles qui se trouvent au chapitre IX, vers. 24, ne sont pas moins claires ; les voici : *Que chacun se glorifie seulement de ce qu'il me comprend et me connaît, parce que, moi Jéhovah, j'établis la charité, le bon jugement et la justice sur la terre, car ce sont les choses dont je suis charmé, dit Jéhovah.* Nous tirerons la même conclusion de l'*Exode* (chap. XXXIV, vers. 6, 7) où Dieu ne révèle à Moïse, qui désire le voir et le connaître, d'autres attributs que ceux qui manifestent sa divine justice et sa charité. Enfin c'est ici parfaitement le cas de citer cette expression de Jean (dont nous parlerons encore dans la suite), qui, se fondant sur ce que personne n'a vu Dieu, explique Dieu par sa seule charité, et conclut que c'est réellement posséder et connaître Dieu que d'avoir la charité. Nous voyons donc que Jérémie, Moïse, Jean ramènent à un petit nombre de points la connaissance que chacun doit avoir de Dieu, et ne la font consister qu'en ceci, comme nous le voulions, à savoir : que Dieu est souverainement juste et souverainement miséricordieux, c'est-à-dire qu'il est l'unique modèle de la véritable vie. Ajoutez à cela que l'Écriture ne donne expressément aucune définition de

Dieu, qu'elle ne prescrit la connaissance d'aucun autre attribut que ceux que nous venons de désigner, et que ce sont les seuls qu'elle recommande positivement. De tout cela nous concluons que la connaissance que nous avons de Dieu par l'entendement, et qui considère la nature telle qu'elle est en elle-même, nature que les hommes ne peuvent imiter par une certaine manière de vivre et qu'ils ne peuvent non plus prendre pour exemple pour bien régler leur vie, n'appartient aucunement à la foi et à la religion révélée, et conséquemment que les hommes y peuvent errer complètement sans qu'il y ait à cela aucun mal. Il n'est donc pas du tout étonnant que Dieu se soit mis à la portée de l'imagination et des préjugés des prophètes, et que les fidèles aient eu sur Dieu diverses opinions, comme nous l'avons prouvé au chapitre II par de nombreux exemples. Il n'est pas non plus étrange que les livres sacrés parlent partout si improprement de Dieu, qu'ils lui donnent des mains, des pieds, des yeux, des oreilles, une âme, un mouvement local, et jusqu'aux passions du cœur comme la jalousie, la miséricorde, etc... ; et enfin qu'ils le représentent comme un juge assis dans le ciel sur un trône royal, ayant le Christ à sa droite. Un pareil langage est évidemment approprié à l'intelligence du vulgaire, à qui l'Écriture s'efforce de donner, non la science, mais l'esprit d'obéissance. Cependant les théologiens ordinaires ont cherché à donner à ces expressions un sens métaphorique, toutes les fois que, par le secours de la lumière naturelle, ils ont pu reconnaître qu'elles ne convenaient pas à la nature divine, et ils n'ont pris à la lettre que les passages qui passaient la portée de leur intelligence. Mais s'il fallait nécessairement entendre et expliquer par des métaphores tous les endroits de ce genre qui se trouvent dans l'Écriture, on conçoit qu'elle n'eût pas été composée pour le peuple et le grossier vulgaire, mais seulement pour les hommes les plus habiles et surtout pour les philosophes. Bien plus, s'il y avait impiété à avoir sur Dieu, dans une pieuse simplicité d'esprit, les croyances que nous venons de dire, certes les prophètes auraient dû surtout éviter, du moins par égard pour la faiblesse du peuple, des phrases semblables, et enseigner avant tout d'une manière très-claire les attributs de Dieu selon que chacun est tenu de les connaître ; et c'est ce qu'ils n'ont fait nulle part. Il faut donc se garder de croire que des opinions prises d'une manière absolue et sans rapport à la pratique et aux effets aient quelque piété ou quelque impiété ; estimons plutôt qu'il ne faut attribuer à un homme l'un ou l'autre de ces caractères qu'autant que ses opinions le portent à l'obéissance ou qu'elles le conduisent à la rébellion et au péché : de sorte que, si en croyant la vérité il devient rebelle, sa foi est réellement impie, et elle est pieuse au contraire si, en croyant des choses fausses, il devient obéissant ; car nous avons prouvé que la vraie connaissance de Dieu n'est point un commandement, mais un don divin, et que Dieu n'exige des hommes que la connaissance de sa divine justice et de sa charité, laquelle n'est pas nécessaire pour la science, mais seulement pour l'obéissance.

CHAPITRE XIV.

ON EXPLIQUE LA NATURE DE LA FOI, CE QUE C'EST QU'ÊTRE FIDÈLE ET QUELS SONT LES FONDEMENTS DE LA FOI ; PUIS ON SÉPARE LA FOI DE LA PHILOSOPHIE.

Personne ne disconviendra, si peu qu'il veuille y réfléchir, que, pour avoir une véritable idée de la foi, il est nécessaire de savoir que l'Écriture n'a pas été appropriée seulement à l'intelligence des prophètes, mais qu'elle a été mise aussi à la portée du peuple juif, le plus variable, le plus inconstant qui fut jamais. Quiconque, en effet, prend indifféremment tout ce qui est dans l'Écriture pour une doctrine universelle et absolue sur la Divinité, et ne discerne pas avec soin de tout le reste ce qui a été approprié à l'intelligence du vulgaire doit nécessairement confondre les opinions du peuple avec la doctrine céleste, prendre les fictions et les songes des hommes pour des enseignements divins, et abuser de l'autorité de L'Écriture. Qui ne voit que c'est là la source de ces opinions si nombreuses et si diverses que les sectaires enseignent comme des articles de foi et qu'ils s'attachent à confirmer par de nombreux passages de l'Écriture, d'où est venu chez les Hollandais ce vieux proverbe : *Geen ketter sonder letter*[1] ? Car les livres sacrés n'ont pas été écrits par un seul homme, et pour un peuple d'une seule et même époque ;

plusieurs hommes de différents génies et de divers âges y ont mis la main, à ce point qu'à embrasser toute la période que renferme l'Écriture on compterait presque deux mille ans et peut-être beaucoup plus. Nous ne voulons pas cependant accuser ces sectaires d'impiété parce qu'ils approprient à leurs opinions les paroles de l'Écriture ; car, de même qu'elle fut mise autrefois à la portée du peuple, de même chacun peut l'approprier à ses opinions, s'il voit que par ce moyen il obéit plus cordialement à Dieu en tout ce qui regarde la justice et la charité. Mais c'est pour cela que nous leur reprochons de ne vouloir pas accorder aux autres la même liberté, de persécuter comme ennemis de Dieu, malgré leur parfaite honnêteté et leur obéissance à la vraie vertu, tous ceux qui ne partagent pas leur opinion, et d'exalter, au contraire, comme les élus de Dieu, malgré l'impuissance de leur esprit, tous ceux qui se rangent à leur manière de voir. Et certes on ne saurait imaginer de conduite plus coupable et plus funeste à l'État. Afin donc de savoir clairement jusqu'où s'étend, en matière de foi, la liberté d'esprit de chacun, et quels sont ceux qu'en dépit de la variété de leurs sentiments nous devons regarder comme fidèles, déterminons la nature de la foi et ses fondements : c'est ce que je me propose de faire dans ce chapitre, et en même temps je veux arriver à séparer la foi de la philosophie, objet principal de tout cet ouvrage. Pour exposer tous ces points avec méthode, revenons sur le véritable but de toute l'Écriture ; cela nous donnera la vraie règle pour déterminer la foi. Nous avons dit dans le chapitre précédent que le seul but de l'Écriture est d'enseigner l'obéissance ; et c'est une vérité que personne ne peut mettre en doute. Qui ne voit en effet que les deux Testaments ne sont, l'un et l'autre, qu'une doctrine d'obéissance, et qu'ils n'ont pas d'autre but que d'inviter les hommes à une obéissance volontaire ? Car, sans revenir sur ce que j'ai démontré dans le chapitre précédent, je dirai que Moïse n'a point cherché à convaincre les Israélites par la raison, mais qu'il s'est efforcé de les lier par un pacte, par des serments et par des bienfaits ; ensuite il a menacé de châtiments ceux qui enfreindraient les lois, tout en invitant le peuple, par des récompenses, à leur obéir. Or tous ces moyens sont bons pour inspirer l'obéissance, et nullement pour donner la science. Quant à l'Évangile, sa doctrine ne contient rien que la foi simple, savoir, croire à Dieu et le révérer, ou ce qui revient au même, obéir à Dieu. Il n'est donc pas besoin, pour démontrer une chose très-manifeste, d'accumuler ici les textes de l'Écriture qui recommandent l'obéissance et qui se trouvent en grand nombre dans les deux Testaments. Ensuite cette même Écriture enseigne très-clairement, en une infinité de passages, ce que chacun doit faire pour obéir à Dieu ; toute la loi ne consiste qu'en cet unique point : notre amour pour notre prochain ; ainsi personne ne peut douter qu'aimer son prochain comme soi-même, ainsi que Dieu l'ordonne, c'est effectivement obéir et être heureux selon la loi, et qu'au contraire le dédaigner ou le haïr, c'est tomber dans la rébellion et dans l'opiniâtreté. Enfin tout le monde reconnaît que l'Écriture n'a pas été écrite et répandue seulement pour les doctes, mais pour tous les hommes de tout âge et de toute condition. Et de ces seules considérations il suit très-évidemment que l'Écriture ne nous oblige de croire à rien autre chose qu'à ce qui est absolument nécessaire pour exécuter ce commandement. Ainsi ce commandement est l'unique règle de toute la loi catholique, le seul moyen de déterminer tous les dogmes de la foi auxquels chacun est tenu de se conformer. Puisque cela est très-évident et que tout le reste en découle, que l'on réfléchisse comment il a pu se faire que tant de dissensions se soient élevées dans l'Église, et s'il a pu y avoir d'autres causes de ces troubles que celles qui ont été exposées dans le commencement du chapitre VII. Ce sont aussi ces mêmes causes qui me portent à exposer de quelle façon on peut déterminer les fondements de la foi d'après la règle qui vient d'être découverte ; car si je n'aboutissais à aucun résultat précis et déterminé, on croirait à bon droit que je n'ai guère avancé la question, puisque chacun pourrait introduire dans la religion tout ce qu'il voudrait, sous ce prétexte que c'est un moyen qui le dispose à l'obéissance ; et cette difficulté se fera surtout sentir quand il s'agira des attributs divins. Donc, pour traiter avec ordre le sujet tout entier, je commencerai par la détermination exacte de la foi, qui, d'après le fondement que j'ai posé, doit être ainsi définie : la foi consiste à savoir sur Dieu ce qu'on n'en peut ignorer sans perdre tout sentiment d'obéissance à ses décrets, et ce qu'on en sait nécessairement par cela seul qu'on a ce sentiment d'obéissance. Cette définition est assez claire, et elle dérive assez évidemment des explications précédentes pour n'avoir besoin d'aucune démonstration. Mais j'exposerai en peu de mots les conséquences qui en résultent, savoir : 1° que la foi n'est point salutaire en elle-même, mais seulement en raison de l'obéissance, ou, comme le dit Jacques (chap. II, vers. 17), que la foi, à elle seule et sans les œuvres, est une foi morte ; voyez à ce sujet tout le chapitre II de cet apôtre ; 2° il s'ensuit que celui qui est vraiment obéissant a nécessairement la foi vraie et salutaire ; car l'esprit d'obéissance implique nécessairement l'esprit de foi, comme le déclare expressément le même apôtre (chap. II, vers. 18) par ces paroles : *Montre-moi ta foi sans les œuvres, et je te montrerai ma foi d'après mes œuvres.* Et Jean, dans l'*Epître I* (chap. IV, vers. 7, 8), s'exprime ainsi : *Celui qui aime* (à savoir, le prochain) *est né de Dieu et il connaît Dieu ; mais celui qui n'aime pas ne connaît pas Dieu, car Dieu est charité.* Il s'ensuit encore que nous ne pouvons juger qu'un homme est fidèle ou qu'il ne l'est pas, si ce n'est par ses œuvres, c'est-à-dire que celui dont les œuvres sont bonnes, quoiqu'il diffère par ses doctrines des autres fidèles, ne laisse pas d'être fidèle, et que si, au contraire, ses œuvres sont mauvaises, il est infidèle, quoiqu'il accepte et professe l'opinion reçue. Car là où se trouve l'obéissance, là se rencontre nécessairement la foi ; mais la foi sans les œuvres est une foi morte. C'est encore ce qu'enseigne expressément le même apôtre au verset 13 de ce même chapitre : *Par là nous connaissons,* dit-il, *que nous demeurons en lui et qu'il demeure en nous, parce qu'il nous a fait participer de son esprit,* c'est-à-dire parce qu'il nous a donné la charité. Or il avait dit auparavant que Dieu est charité : d'où il infère (d'après ses principes, universellement admis de son temps) que quiconque a la charité a véritablement l'esprit de Dieu. Il y a plus : de ce que personne n'a vu Dieu, il en conclut que personne n'a le sentiment ou l'idée de Dieu que par la charité envers le prochain, et par conséquent que personne ne peut connaître d'autre attribut de Dieu que cette charité en tant que nous y participons. Que si ces raisons ne sont pas péremptoires, elles expliquent cependant avec assez de clarté la pensée de Jean ; mais on trouve une déclaration plus explicite encore dans la même *Épître* (chap. II, vers. 3, 4), où il enseigne très-expressément ce que nous voulons établir ici : *Et par là*, dit-il, *nous savons que nous le connaissons, si nous gardons ses commandements. Celui qui dit : Je le connais, et qui ne garde pas ses commandements, est un menteur, et la vérité n'est point en lui.* D'où il suit encore que ceux-là sont réellement des antéchrists qui poursuivent les honnêtes gens, amis de la justice, parce qu'ils sont en dissentiment avec eux et ne défendent pas les mêmes dogmes. Car nous ne connaissons les fidèles qu'à cette marque, qu'ils aiment la justice et la charité ; et celui qui persécute les fidèles est un antéchrist. Il s'ensuit enfin que la foi ne requiert pas tant la vérité dans les doctrines que la piété, c'est-à-dire ce qui porte l'esprit à l'obéissance. Alors même que la plupart de ces doctrines n'auraient pas l'ombre de la vérité, il suffit que celui qui les embrasse en ignore la fausseté ; autrement, il serait nécessairement rebelle : comment, en effet, se pourrait-il faire que celui qui veut aimer la justice et cherche à obéir à Dieu adorât comme divin ce qu'il sait être étranger à la nature divine ? Cependant les hommes peuvent errer par simplicité d'esprit, et l'Écriture ne condamne pas l'ignorance, mais seulement l'obstination, ainsi que nous l'avons déjà fait voir ; cela résulte même nécessairement de la seule définition de la foi, dont toutes les parties doivent se tirer de la règle universelle que nous avons déjà exposée et de l'unique objet de toute l'Écriture, à moins qu'il ne nous convienne d'y mêler nos propres idées. Or ce n'est point expressément la vérité que cette définition exige, mais des dogmes capables de nous porter à l'obéissance et de nous confirmer dans l'amour du prochain, et c'est seulement avec cette disposition d'esprit que tout homme (pour parler avec Jean) est en Dieu, et que Dieu est en nous. Ainsi, puisque la foi de chacun ne doit être réputée bonne ou mauvaise qu'en raison de l'obéissance ou de l'obstination, et non par rapport à la vérité ou à l'erreur, et que personne ne doute que généralement les esprits des hommes ne soient si divers que, loin de tomber d'accord sur toutes choses, ils ont au contraire chacun leur opinion (car la même chose qui excite en l'un des sentiments de piété porte l'autre à la raillerie et au mépris), il s'ensuit que les dogmes qui peuvent donner lieu à controverse parmi les honnêtes gens n'appartiennent en aucune façon à la foi catholique ou universelle. Car de pareils dogmes peuvent être bons pour les uns et mauvais pour les autres, puisqu'on ne doit les juger que par les œuvres qu'ils produisent.

Il ne faut donc comprendre dans la foi catholique que les points strictement nécessaires pour produire l'obéissance à Dieu, ceux par conséquent dont l'ignorance conduit nécessairement à l'esprit de rébellion ; pour les autres, chacun, se connaissant soi-même mieux que personne, en pensera ce qu'il lui semblera convenable, selon qu'il les jugera plus ou moins propres à le fortifier dans l'amour de la justice. C'est le moyen, je pense, de bannir toute controverse du sein de l'Église. Maintenant je ne crains plus d'énumérer les dogmes de la foi universelle, ou les dogmes fondamentaux de l'Écriture, lesquels (comme cela résulte très-évidemment de ce que j'ai exposé dans ces deux chapitres) doivent tous tendre à cet unique point, savoir : qu'il existe un Être suprême qui aime la justice et la charité, à qui tout le monde doit obéir pour être sauvé, et qu'il faut adorer par la pratique de la justice et la charité envers le prochain. On détermine ensuite facilement toutes les autres vérités, savoir : 1° qu'il y a un Dieu, c'est-à-dire un Être suprême, souverainement juste et miséricordieux, le modèle de la véritable vie ; car celui qui ne sait pas ou qui ne croit pas qu'il existe ne peut lui obéir ni le reconnaître comme juge ; 2° qu'il est unique, car c'est une condition, de l'aveu de tout le monde, rigoureusement indispensable pour inspirer la suprême dévotion, l'admiration et l'amour envers Dieu ; car c'est l'excellence d'un être par-dessus tous les autres qui fait naître la dévotion, l'admiration et l'amour ; 3° qu'il est présent partout et que tout lui est ouvert ; car si l'on pensait que certaines choses lui sont cachées, ou si l'on ignorait qu'il voit tout, on douterait de la perfection de sa justice, qui dirige tout ; on ignorerait sa justice elle-même ; 4° qu'il a sur toutes choses un droit et une autorité suprêmes ; qu'il n'obéit jamais à une autorité étrangère, mais qu'il agit toujours en vertu de son absolu bon plaisir et de sa grâce singulière ; car tous les hommes sont tenus absolument de lui obéir, et lui n'y est tenu envers personne ; 5° que le culte de Dieu et l'obéissance qu'on lui doit ne consistent que dans la justice et dans la charité, c'est-à-dire dans l'amour du prochain ; 6° que ceux qui, en vivant ainsi, obéissent à Dieu, sont sauvés, tandis que les autres qui vivent sous l'empire des voluptés sont perdus ; si, en effet, les hommes ne croyaient pas cela fermement, il n'y aurait pas de raison pour eux d'obéir à Dieu plutôt qu'à l'amour des plaisirs ; 7° enfin, que Dieu remet leurs péchés à ceux qui se repentent, car il n'est point d'homme qui ne pèche ; car si cette réserve n'était établie, chacun désespérerait de son salut, et il n'y aurait pas de raison de croire à la miséricorde de Dieu ; mais celui qui croit cela fermement, savoir, que Dieu, en vertu de sa grâce et de la miséricorde avec laquelle il dirige toutes choses, pardonne les péchés des hommes, celui, dis-je, qui pour cette raison s'enflamme de plus en plus dans son amour pour Dieu, celui-là connaît réellement le Christ selon l'esprit, et le Christ est en lui. Or personne ne peut ignorer que toutes ces choses ne soient rigoureusement nécessaires à connaître pour que tous les hommes, sans exception, puissent obéir à Dieu, d'après le précepte de la loi que nous avons expliqué plus haut ; car ôter de ces choses un seul point, c'est aussi ôter l'obéissance. D'ailleurs, qu'est-ce que Dieu, c'est-à-dire ce modèle de la véritable vie ? est-il feu, esprit, lumière, pensée, etc. ?... cela ne regarde pas la foi, pas plus que de savoir par quelle raison il est le modèle de la véritable vie : si c'est, par exemple, parce qu'il a un esprit juste et miséricordieux, ou parce que toutes choses existent et agissent par lui, et conséquemment que c'est par lui que nous entendons et par lui que nous voyons ce qui est vrai, bon et juste ; peu importe ce que chacun pense de ces problèmes. Ce n'est pas non plus une affaire de foi que de croire si c'est par essence ou par puissance que Dieu est partout, si c'est librement ou par une nécessité de sa nature qu'il dirige les choses, s'il prescrit les lois en tant que prince, ou s'il les enseigne comme des vérités éternelles, si c'est en vertu de son libre arbitre ou par la nécessité du décret divin que l'homme obéit à Dieu, et enfin si la récompense des bons et le châtiment des méchants sont quelque chose de naturel ou de surnaturel. Pour ces questions et pour d'autres semblables, peu importe à la foi, je le répète, dans quelque sens que chacun les comprenne, pourvu toutefois que l'on n'en prenne pas prétexte pour s'autoriser davantage dans le péché ou pour obéir moins strictement à Dieu. Il y a plus : c'est que chacun, comme nous l'avons déjà dit, doit mettre à sa portée ces dogmes de la foi, et les interpréter de manière à pouvoir plus facilement les embrasser sans hésitation et avec une adhésion pleine et entière, de sorte qu'en conséquence il obéisse à Dieu de tout son cœur. Car de même que la foi, ainsi que nous l'avons déjà dit, fut anciennement révélée et écrite selon l'esprit et les opinions des prophètes et du peuple de cet âge, ainsi chacun aujourd'hui est tenu de l'approprier à ses opinions, pour l'embrasser sans répugnance et sans aucune hésitation ; car nous avons fait voir que la foi ne demande pas tant la vérité que la piété, et qu'elle n'est pieuse et salutaire qu'en raison de l'obéissance, et conséquemment que personne n'est fidèle qu'en raison de l'obéissance. Aussi ce n'est pas nécessairement celui qui expose les meilleures raisons qui fait preuve de la foi la meilleure, mais bien celui qui accomplit les meilleures œuvres de justice et de charité. Je laisse à juger à tous de la bonté de cette doctrine, combien elle est salutaire, combien elle est nécessaire dans un État pour que les hommes y vivent dans la paix et la concorde, enfin combien de causes graves de troubles et de crimes elle détruit jusque dans leurs racines. Et ici, avant d'aller plus loin, il est bon de remarquer qu'avec les explications données tout à l'heure nous pouvons facilement résoudre les objections que nous nous sommes proposées au chapitre I, quand nous avons fait mention de Dieu parlant aux Israélites du haut du mont Sinaï. Car, quoique cette voix que les Israélites entendirent n'ait pu donner à ces hommes aucune certitude philosophique ou mathématique de l'existence de Dieu, elle suffisait cependant pour les ravir en admiration, selon l'idée qu'ils avaient eue de Dieu auparavant, et pour les porter à l'obéissance, ce qui était d'ailleurs le but de ce merveilleux spectacle. En effet, Dieu n'avait pas l'intention d'instruire les Israélites des attributs absolus de son essence (car, à ce moment, il ne leur en révéla rien), mais de dompter leur esprit opiniâtre et de les réduire à l'obéissance ; aussi n'est-ce pas avec des raisons qu'il les aborda, mais au bruit des trompettes, au fracas du tonnerre et aux éclairs de la foudre (voyez *Exode*, chap. XX, vers. 20).

Il nous reste à faire voir enfin qu'entre la foi ou la théologie et la philosophie il n'y a aucun commerce ni aucune affinité ; et c'est un point que ne peut ignorer quiconque connaît le but et le fondement de ces deux puissances, qui certainement sont d'une nature absolument opposée. Car la philosophie n'a pour but que la vérité, tandis que la foi, comme nous l'avons surabondamment démontré, n'a en vue que l'obéissance et la piété. Ensuite les fondements de la philosophie sont des notions communes, et elle-même ne doit être puisée que dans la nature, tandis que les fondements de la foi sont les histoires et la langue, et elle-même ne doit être cherchée que dans l'Écriture et dans la révélation, comme nous l'avons fait voir au chapitre VII. Ainsi la foi donne à tout le monde la liberté pleine et entière de philosopher à son gré, afin que chacun puisse sans crime penser sur toutes choses ce qui lui semble convenable ; elle ne condamne comme hérétiques et schismatiques que ceux qui enseignent des opinions capables de porter à la rébellion, à la haine, aux disputes et à la colère ; elle ne répute fidèles que ceux qui conseillent, de toute la force de leur raison et de leurs facultés, l'esprit de justice et de charité. Enfin, puisque les idées que nous exposons ici sont le principal but de ce Traité, nous voulons, avant d'aller plus loin, prier et supplier le lecteur de lire avec la plus grande attention ces deux chapitres, de ne pas se lasser de les méditer ;

nous voulons surtout qu'il soit persuadé que nous n'avons pas écrit dans l'intention d'introduire des nouveautés, mais pour détruire des abus que nous espérons voir enfin disparaître.

1. ↑ Ce qui signifie littéralement : *point d'hérétique sans lettre*, c'est-à-dire : point d'hérétique qui ne s'appuie d'un texte de l'Écriture.

CHAPITRE XV.

QUE LA THÉOLOGIE N'EST POINT LA SERVANTE DE LA RAISON, NI LA RAISON CELLE DE LA THÉOLOGIE. — POURQUOI NOUS SOMMES PERSUADÉS DE L'AUTORITÉ DE LA SAINTE ÉCRITURE.

Ceux qui ne savent pas séparer la philosophie de la théologie discutent pour savoir si l'Écriture doit relever de la raison ou la raison de l'Écriture, c'est-à-dire si le sens de l'écriture doit être approprié à la raison, ou la raison pliée à l'Écriture : de ces deux prétentions, celle-là est soutenue par les dogmatiques, celle-ci par les sceptiques, qui nient la certitude de la raison. Mais il résulte de ce que nous avons déjà dit que les uns tout aussi bien que les autres sont dans une erreur absolue. Car, quelque opinion que nous adoptions, il nous faut corrompre l'une de ces choses, ou la raison ou l'Écriture. N'avons-nous pas fait voir, en effet, que l'Écriture ne s'occupe point de matières philosophiques, qu'elle n'enseigne que la piété, et que tout ce qu'elle renferme a été accommodé à l'intelligence et aux préjugés du peuple ? Celui donc qui veut la plier aux lois de la philosophie prêtera certainement aux prophètes des opinions qu'ils n'ont pas eues même en songe, et interprétera mal leur pensée ; d'un autre côté, celui qui subordonne la raison et la philosophie à la théologie est conduit à admettre les préjugés d'un ancien peuple comme des choses divines et à en remplir aveuglément son esprit ; et ainsi tous les deux, celui qui repousse la raison et celui qui l'admet, tombent également dans l'erreur. Le premier qui, chez les pharisiens, déclara ouvertement que l'Écriture devait être pliée aux exigences de la raison fut Maimonide (nous avons au chapitre VII rapporté son opinion, et nous l'avons réfutée par plusieurs arguments) ; et, bien que cet auteur ait été chez eux en grand crédit, la plupart néanmoins l'abandonnent sur ce point pour se ranger à l'avis d'un certain R. Judas Alpakhar, qui, voulant éviter l'erreur de Maimonide, s'est jeté dans une erreur opposée. Il soutient que la raison doit relever de l'Écriture, et lui être entièrement soumise ; il pense que, s'il faut en quelques endroits expliquer métaphoriquement l'Écriture, ce n'est pas parce que le sens littéral répugne à la raison, mais parce qu'il répugne à l'Écriture, c'est-à-dire à ses principes bien connus ; et de là il tire cette règle universelle, savoir que tout ce que l'Écriture enseigne dogmatiquement et affirme d'une manière expresse doit, sur sa seule autorité, être admis comme absolument vrai ; que l'on ne trouve dans la Bible aucun principe qui répugne directement à la doctrine générale qu'elle enseigne, mais seulement d'une façon indirecte, parce que les locutions de l'Écriture semblent souvent supposer quelque chose de contraire à ce qu'elle a enseigné expressément ; et que c'est la seule raison pour laquelle il faille user, en ces rencontres, de l'interprétation métaphorique[1]. Par exemple, l'Écriture enseigne clairement qu'il n'y a qu'un Dieu (voyez *Deutéron.*, chap. VI, vers. 4), et l'on n'y trouve aucun passage où il soit affirmé directement qu'il y ait plusieurs dieux ; quoiqu'en beaucoup d'endroits Dieu en parlant de lui-même, et les prophètes en parlant de Dieu, se servent du nombre pluriel ; ici cette façon de parler, faisant supposer qu'il existe plusieurs dieux, est loin d'indiquer le vrai sens du discours ; et c'est pour cela qu'il faut expliquer ces endroits métaphoriquement, non parce que la pluralité des dieux est en opposition avec la raison, mais parce que l'Écriture elle-même affirme directement qu'il n'y a qu'un Dieu. De même, parce que l'Écriture (*Deutéron.*, chap. IV, vers. 15) affirme directement (à ce qu'il pense) que Dieu est incorporel, sur la seule autorité de ce passage, et non sur l'autorité de la raison, nous sommes obligés de croire que Dieu n'a pas de corps ; et conséquemment, d'après la seule autorité de l'Écriture, nous devons donner un sens métaphorique à tous les passages où Dieu est représenté avec des mains, des pieds, etc., la forme seule du langage pouvant ici faire supposer que Dieu est corporel. Voilà l'opinion de cet auteur, à laquelle j'applaudis, en ce sens qu'il veut expliquer l'Écriture par l'Écriture ; mais je ne puis comprendre qu'un homme si raisonnable s'applique à détruire l'Écriture elle-même. Il est vrai que l'Écriture doit être expliquée par l'Écriture tant qu'il s'agit de déterminer le sens des passages et l'intention des prophètes ; mais quand nous avons découvert le vrai sens, il faut nécessairement recourir au jugement et à la raison pour y donner notre assentiment. Que si la raison, malgré ses réclamations contre l'Écriture, doit cependant s'y soumettre sans réserve, je demande si cette soumission se fera d'une manière raisonnable ou sans raison et aveuglément. Dans ce dernier cas, nous agissons en stupides, privés de jugement ; dans le premier, c'est par l'ordre seul de la raison que nous acceptons l'Écriture, et nous ne l'accepterions par conséquent pas, si elle était contraire à la raison. Je demanderai encore qui peut accepter quelque principe par la pensée, si la raison s'y oppose. Car ce que refuse la pensée est-il autre chose que ce que la raison repousse ? Et certes, je ne puis assez m'étonner que l'on veuille soumettre la raison, ce don sublime, cette lumière divine, à une lettre morte qui a pu être corrompue par la malice des hommes, et qu'on ne regarde nullement comme un crime de parler indignement contre la raison, véritable original de la parole de Dieu, de l'accuser de corruption, d'aveuglement et d'impiété, tandis qu'on tiendrait pour un très-grand sacrilège celui qui aurait de pareils sentiments sur la lettre de l'Écriture qui n'est, après tout, que l'image et le simulacre de la parole de Dieu. On pense que c'est une chose sainte que de n'avoir aucune confiance dans la raison et dans son propre jugement, et qu'il y a de l'impiété à douter de la fidélité de ceux qui nous ont transmis les livres sacrés ; mais ce n'est pas là de la piété, c'est de la folie. Car enfin qu'est-ce qui les inquiète ? de quoi ont-ils peur ? Est-ce que la religion et la foi ne sauraient être défendues, si les hommes ne prenaient soin de tout ignorer et d'abdiquer la raison ? Certes, avec de pareils sentiments, ils marquent pour l'Écriture plus de défiance que de foi. Mais il s'en faut beaucoup que la religion et la piété exigent l'esclavage de la raison, ou que la raison veuille celui de la religion et que l'une et l'autre ne puissent régner en paix chacune dans son domaine ; c'est un point que nous allons bientôt établir ; mais il faut d'abord examiner la règle proposée par le rabbin dont nous avons parlé plus haut. Il veut, comme nous l'avons dit, nous faire admettre comme vrai tout ce que l'Écriture affirme, et rejeter comme faux ce qu'elle nie ; il prétend ensuite qu'il n'arrive jamais à l'Écriture d'affirmer ou de nier expressément quelque chose de contraire à ce qu'elle a affirmé ou nié dans un autre passage. La témérité de ces deux propositions frappera tous les esprits. Je ne rappellerai pas qu'il n'a point remarqué que l'Écriture est composée de livres divers, qu'elle a été écrite en divers temps pour des hommes divers, et enfin par divers auteurs ; outre cela, que cet auteur fonde toute sa doctrine sur sa propre autorité, la raison et l'Écriture ne disant rien de semblable ; car il aurait dû nous prouver que tous les passages qui, à son avis, ne sont en contradiction avec d'autres qu'indirectement, peuvent facilement s'expliquer par des métaphores d'après la nature de la langue et en raison de la place même de ces passages, ensuite que l'Écriture est arrivée sans altération jusque dans nos mains. Mais examinons la chose avec ordre : et d'abord, sur le premier point, je demande si, en cas d'opposition de la part de la raison, nous sommes tenus néanmoins d'admettre comme vrai ce qu'affirme l'Écriture ou de rejeter comme faux ce qu'elle rejette. On répondra peut-être qu'on ne trouve rien dans l'Écriture de contraire à la raison. Pour moi, je soutiens qu'elle affirme expressément et qu'elle enseigne (par exemple, dans le *Décalogue*, dans l'*Exode*, chap. IV, vers. 14 ; dans le *Deutéronome*, chap. IV, vers. 24, et dans un grand nombre d'autres passages) que Dieu est jaloux ; or cela répugne à la raison ; il faudra donc néanmoins l'admettre comme chose indubitable. Il y a plus : c'est que, si l'on trouvait dans l'Écriture quelques endroits qui fissent supposer que Dieu n'est pas jaloux, il faudrait nécessairement leur donner un sens métaphorique pour qu'ils ne semblassent pas renfermer une erreur. L'Écriture dit encore expressément que Dieu est descendu sur le mont Sinaï (voyez *Exode*, chap. XIX, vers. 20) : elle lui attribue d'autres mouvements locaux, et n'enseigne nulle part expressément que Dieu ne se meut pas ; donc tout le monde doit admettre ce fait comme une chose véritable. Ailleurs Salomon dit que Dieu n'est compris en aucun endroit (voyez *Rois*, livre I, chap. VIII, vers. 27) ; or ce passage n'établit pas sans doute expressément, mais c'en est pourtant une conséquence, que Dieu ne se meut pas ; il faut donc nécessairement l'expliquer de manière à ce qu'il ne semble pas enlever à Dieu le mouvement local. De même, il faudrait prendre les cieux pour la demeure et le trône de Dieu, parce que l'Écriture l'affirme expressément. Il y a une foule de passages semblables écrits selon les opinions du peuple et des prophètes, et qui, au témoignage de la raison et de la philosophie, mais non pas de l'Écriture, renferment évidemment des erreurs ; et cependant, à en croire cet auteur, tout cela devrait être supposé véritable, parce qu'il ne veut pas qu'en ces matières on prenne aucun conseil de la raison. Ensuite, il a tort d'affirmer qu'entre deux passages on peut bien trouver une opposition indirecte, mais non pas expresse. Car Moïse assure directement que Dieu est un feu (voyez *Deutéron.*, chap. IV, vers. 24), et il nie aussi directement que Dieu ait aucune ressemblance avec les choses visibles (voyez *Deutéron.*, chap. IV, vers. 12). Que si notre auteur réplique que ce passage ne nie pas directement, mais seulement par voie de conséquence, que Dieu soit un feu, et conséquemment qu'il faut l'approprier à ce sens pour qu'il ne semble pas le nier, accordons alors que Dieu est un feu ; ou plutôt, pour ne pas partager sa folie, laissons cela de côté et produisons un autre exemple. Shamuel nie directement que Dieu se repente de ses décrets (voyez *Shamuel*, chap. XV, vers 29), tandis que Jérémie affirme, au contraire, que Dieu se repentit du bien et du mal qu'il avait décrétés (voyez *Jérémie*, chap. XVIII, vers. 10). Quoi ! ces passages ne sont-ils pas directement opposés l'un à l'autre ? Quel est donc celui des deux qu'on veut expliquer métaphoriquement ? Ils sont l'un et l'autre universels et de plus contradictoires ; ce que l'un affirme directement, l'autre le nie directement. Donc, en se conformant à sa propre règle, notre rabbin est obligé d'adopter un fait comme vrai, en même temps qu'il le rejette comme faux. Ensuite, qu'importe qu'un passage ne répugne pas directement à un autre, mais seulement par conséquence, si la conséquence en est claire, et si la place et la nature du passage ne permettent pas d'explications métaphoriques ? On trouve un grand nombre de ces passages dans la Bible ; et l'on peut consulter à ce sujet notre second chapitre, où nous avons fait voir que les prophètes ont eu des opinions diverses et contraires, et surtout nos chapitres IX et X, où nous avons fait ressortir toutes ces contradictions dont fourmillent les livres historiques de l'Écriture.

Je n'ai pas besoin de récapituler ici tous ces exemples ; ce que j'ai dit suffit pour montrer les absurdités qui résultent de cette règle et de cette opinion, pour en établir la fausseté et convaincre cet auteur de précipitation. Ainsi donc, nous rejetons son sentiment tout aussi bien que celui de Maimonide, et nous tenons pour une vérité inébranlable que la théologie ne doit pas relever de la raison, ni la raison de la théologie, mais que chacune est souveraine dans son domaine. Car, ainsi que nous l'avons dit, la raison a en partage le domaine de la vérité et de la sagesse, comme la théologie celui de la piété et de l'obéissance : aussi bien la puissance de la raison, nous l'avons déjà démontré, ne s'étend pas jusqu'à pouvoir déterminer si, en vertu de la seule obéissance et sans l'intelligence des choses, les hommes peuvent être heureux. Mais la théologie ne nous donne pas d'autre enseignement ; elle ne prescrit que l'obéissance ; elle ne veut rien, elle ne peut rien contre la raison. Pour les dogmes de la foi, comme nous l'avons prouvé dans le précédent chapitre, elle ne les détermine qu'autant qu'il est nécessaire pour inspirer l'obéissance ; quant à préciser le sens et la vérité qu'ils renferment, elle laisse ce soin à la raison, qui est réellement la lumière de l'esprit et hors de laquelle il n'y a que songes et que chimères. Or ici, par théologie j'entends précisément la révélation, en tant qu'elle indique l'objet que nous avons reconnu à l'Écriture (savoir d'enseigner l'obéissance ou les dogmes de la vraie piété et de la foi) ; or c'est là ce qu'on appelle, à proprement parler, la parole de Dieu, laquelle ne consiste pas en un certain nombre de livres (voyez sur ce point notre chapitre XII). La théologie étant ainsi considérée, si vous avez égard à ses préceptes ou à ses leçons pour la vie, vous trouverez qu'elle est d'accord avec la raison ; et si vous avez égard à son but et à sa fin, vous estimerez qu'elle ne lui répugne aucunement : et de là lui vient son caractère d'universalité. Pour ce qui regarde toute l'Écriture en général, nous avons déjà montré au chapitre VII que le sens doit en être déterminé par sa seule histoire, et non par l'histoire universelle de la nature, qui ne sert de fondement qu'à la Philosophie. Si, après avoir découvert laborieusement le vrai sens de la Bible, nous trouvons çà et là qu'elle répugne à la raison, cette considération ne doit pas nous arrêter ; car tous les passages de ce genre qui se trouvent dans la Bible, ou que les hommes peuvent ignorer sans préjudice pour la charité, nous savons positivement qu'ils ne touchent nullement la théologie ou la parole de Dieu, et conséquemment que chacun peut sans crainte en penser tout ce qu'il veut. Nous concluons donc d'une manière absolue que l'Écriture ne doit pas être subordonnée à la raison, ni la raison à l'Écriture. Mais prenons-y garde, puisque ce principe de la théologie, savoir, que l'obéissance, à elle seule, peut sauver les hommes, est indémontrable, et que la raison ne peut en préciser la vérité ou la fausseté, on est en droit de nous demander pourquoi nous le croyons : si c'est sans raison et comme des aveugles que nous l'embrassons, nous agissons donc aussi avec folie et sans jugement ; que si, au contraire, nous voulons établir que la raison peut démontrer ce principe, la théologie sera donc une partie de la philosophie, et une partie inséparable. Mais à ces difficultés je réponds que je soutiens d'une manière absolue que la lumière naturelle ne peut découvrir ce dogme fondamental de la théologie, ou du moins qu'il n'y a personne qui l'ait démontré, et conséquemment que la révélation était d'une indispensable nécessité, mais cependant que nous pouvons nous servir du jugement pour embrasser au moins avec une certitude morale ce qui a été révélé. Je dis avec une certitude morale ; car nous n'en sommes pas à espérer que nous puissions en être plus certains que les prophètes eux-mêmes, à qui ont été faites les premières révélations, et dont pourtant la certitude n'était que morale, comme nous l'avons déjà prouvé dans le chapitre II de ce Traité. Ils se trompent donc étrangement ceux qui veulent établir l'autorité de l'Écriture sur des démonstrations mathématiques ; car l'autorité de la Bible dépend de l'autorité des prophètes, et on ne saurait conséquemment la démontrer par des arguments plus forts que ceux dont se servaient ordinairement les prophètes pour la persuader à leur peuple ; et nous ne saurions nous-mêmes asseoir notre certitude à cet égard sur aucune autre base que celle sur laquelle les prophètes faisaient reposer leur certitude et leur autorité. Nous avons en effet démontré que la certitude des prophètes consiste en ces trois choses, savoir : 1° une vive et distincte imagination ; 2° des signes ; 3° enfin et surtout, une âme inclinée au bien et à l'équité. N'ayant point d'autres raisons pour appuyer leur propre croyance, ils ne pouvaient en employer d'autres pour démontrer leur autorité, et au peuple à qui ils parlaient alors de vive voix, et à nous à qui ils parlent maintenant par écrit. Quant à ce premier fait, savoir, que les prophètes imaginaient vivement les choses, eux seuls pouvaient le constater, de manière que toute notre certitude sur la révélation ne peut et ne doit être fondée que sur ces deux circonstances, les signes et la doctrine. C'est aussi ce que Moïse enseigne expressément : car, dans le *Deutéronome*, chapitre XXVIII, il ordonne que le peuple obéisse au prophète qui a fait paraître un véritable signe au nom de Dieu, mais pour ceux qui ont fait de fausses prédictions, les eussent-ils faites au nom de Dieu, il veut qu'on les punisse de mort tout aussi bien que le séducteur qui aura voulu détourner le peuple de la vraie religion ; on en usera ainsi à son égard, eût-il confirmé son autorité par des signes et des prodiges : voyez à ce sujet le *Deutéronome*, chapitre XIII ; d'où il résulte que le vrai prophète se distingue du faux à la fois par la doctrine et par les miracles. Celui-là, en effet, est pour Moïse le vrai prophète, à qui on peut croire sans aucune crainte d'être trompé. Quant à ceux qui ont fait de fausses prédictions, bien qu'ils les aient faites au nom de Dieu, ou qui ont prêché les faux dieux, eussent-ils accompli de vrais miracles, Moïse déclare qu'ils sont de faux prophètes et dignes de mort. Donc la seule raison qui nous oblige, nous aussi, de croire à l'Écriture, c'est-à-dire aux prophètes eux-mêmes, c'est la confirmation de leur doctrine par des signes. En effet, voyant les prophètes recommander par-dessus tout la charité et la justice et n'avoir pas d'autre but, nous en concluons que ce n'a pas été dans une pensée de fourberie, mais d'un esprit sincère, qu'ils ont enseigné que l'obéissance et la foi rendent les hommes heureux ; et comme ils ont, de plus, confirmé cette doctrine par des signes, nous en inférons qu'ils ne l'ont pas prêchée témérairement, et qu'ils ne déliraient pas pendant leurs prophéties ; et ce qui nous confirme encore plus en cette opinion, c'est de voir qu'ils n'ont enseigné aucune maxime morale qui ne soit en parfait accord avec la raison ; car ce n'est pas un effet du hasard que la parole de Dieu, dans les prophètes, s'accorde parfaitement avec cette même parole qui se fait entendre en nous. Et ces vérités, je le soutiens, nous pouvons les déduire avec autant de certitude de la Bible que les Juifs les recueillaient autrefois de la bouche même des prophètes ; car nous avons déjà démontré à la fin du chapitre XII que, sous le rapport de la doctrine et des principaux récits historiques, l'Écriture est arrivée sans altération jusque dans nos mains. Ainsi ce fondement de toute la théologie et de l'Écriture, bien qu'il ne puisse être établi par raisons mathématiques, peut être néanmoins accepté par un esprit bien fait. Car ce qui a été confirmé par le témoignage de tant de prophètes, ce qui est une source de consolations pour les simples d'esprit, ce qui procure de grands avantages à l'État, ce que nous pouvons croire absolument sans risque ni péril, il y aurait folie à le rejeter par ce seul prétexte que cela ne peut être démontré mathématiquement ; comme si, pour régler sagement la vie, nous n'admettions comme vraies que des propositions qu'aucun doute ne peut atteindre, ou comme si la plupart de nos actions n'étaient pas très-incertaines et pleines de hasard. Je reconnais, il est vrai, que ceux qui pensent que la philosophie et la théologie sont opposées l'une à l'autre, et que, pour cette raison, l'une des deux doit être exclue, qu'il faut renoncer à celle-ci ou à celle-là, ont raison de chercher à donner à la théologie des fondements solides, et à la démontrer mathématiquement ; car qui voudrait, à moins de désespoir et de folie, dire adieu témérairement à la raison, mépriser les arts et les sciences, et nier la certitude rationnelle ? Mais cependant nous ne pouvons tout à fait les excuser, puisque, pour repousser la raison, ils l'appellent elle-même à leur secours, et prétendent, par des raisons certaines, convaincre la raison d'incertitude. Il y a plus : c'est que, pendant qu'ils cherchent, par des démonstrations mathématiques, à mettre en un beau jour la vérité et l'autorité de la théologie, tout en ruinant l'autorité de la raison et de la lumière naturelle, ils ne font autre chose que mettre la théologie dans la dépendance de la raison et la soumettre pleinement à son joug, en sorte que toute son autorité est empruntée, et qu'elle n'est éclairée que des rayons que réfléchit sur elle la lumière naturelle de la raison. Que si, au contraire, ils se vantent d'avoir en eux l'Esprit-Saint, d'acquiescer à son témoignage intérieur, et de n'avoir de la raison que pour convaincre les infidèles, il ne faut pas ajouter foi à leurs paroles ; car nous pouvons, dès à présent, prouver facilement que c'est par pure passion ou par vaine gloire qu'ils tiennent ce langage. Ne résulte-t-il pas en effet très-évidemment du précédent chapitre que l'Esprit-Saint ne donne son témoignage qu'aux bonnes œuvres, que Paul appelle par cette raison, dans son *Épître aux Galates* (chap. V, vers. 22), fruits de l'Esprit-Saint ; et l'Esprit-Saint lui-même n'est autre chose que cette paix parfaite qui naît dans l'âme à la suite des bonnes œuvres. Pour ce qui est de la vérité et de la certitude des choses purement spéculatives, aucun autre esprit n'en donne témoignage que la raison, qui seule, comme nous l'avons déjà prouvé, s'est réservé le domaine de la vérité. Si donc ils prétendent avoir un autre esprit pour les instruire de la vérité, c'est de leur part une présomption téméraire ; en tenant ce langage, ils ne consultent que leurs préjugés et leurs passions ; ou, dans la crainte d'être vaincus par les philosophes et exposés à la raillerie publique, ils se réfugient dans les choses saintes. Vain recours ! Car où trouver un autel tutélaire, après avoir outragé la majesté de la raison ? Mais je ne les tourmenterai pas davantage ; je pense avoir satisfait à l'intérêt de ma cause, puisque j'ai fait voir par quelle raison la philosophie et la théologie doivent être séparées l'une de l'autre, en quoi elles consistent principalement toutes deux, qu'elles ne relèvent point l'une de l'autre, mais que chacune est maîtresse paisible dans sa sphère, puisqu'enfin j'ai montré, lorsque l'occasion s'en est présentée, les absurdités, les inconvénients et les malheurs qui ont résulté de ce que les hommes ont confondu étrangement ces deux puissances, n'ont pas su les séparer et les distinguer avec précision l'une de l'autre.

Mais, avant d'aller plus loin, je veux marquer ici expressément (quoique je l'aie déjà fait) l'utilité et la nécessité de la sainte Écriture, ou de la révélation, que j'estime très-grandes. Car, puisque nous ne pouvons, par le seul secours de la lumière naturelle, comprendre que la simple obéissance soit la voie du salut[2], puisque la révélation seule nous apprend que cela se fait par une grâce de Dieu toute particulière que la raison ne peut atteindre, il s'ensuit que l'Écriture a apporté une bien grande consolation aux mortels. Tous les hommes en effet peuvent obéir, mais il y en a bien peu, si vous les comparez à tout le genre humain, qui acquièrent la vertu en ne suivant que la direction de la raison, à ce point que, sans ce témoignage de l'Écriture, nous douterions presque du salut de tout le genre humain.

1. ↑ Je me souviens d'avoir lu autrefois cette opinion dans une lettre contre Maimonide qui se trouve avec les autres lettres attribuées à cet auteur. (*Note de Spinoza.*)
2. ↑ Voyez les *Notes marginales de Spinoza*, note 27.

CHAPITRE XVI.

DU FONDEMENT DE L'ÉTAT ; DU DROIT NATUREL ET CIVIL DE CHACUN, ET DU DROIT DU SOUVERAIN.

Jusqu'ici nous avons pris soin de séparer la philosophie de la théologie, et de montrer la liberté que celle-ci laisse à chacun. Il est donc temps de rechercher jusqu'où s'étend dans un État bien réglé cette liberté de penser et de dire ce qu'on pense. Pour examiner cette question avec méthode, nous rechercherons les fondements de l'État ; mais examinons d'abord le droit naturel de chacun, sans nous occuper encore de l'État et de la religion.

Par droit naturel et institution de la nature, nous n'entendons pas autre chose que les lois de la nature de chaque individu, selon lesquelles nous concevons que chacun d'eux est déterminé naturellement à exister et à agir d'une manière déterminée. Ainsi, par exemple, les poissons sont naturellement faits pour nager ; les plus grands d'entre eux sont faits pour manger les petits ; et conséquemment, en vertu du droit naturel, tous les poissons jouissent de l'eau et les plus grands mangent les petits. Car il est certain que la nature, considérée d'un point de vue général, a un droit souverain sur tout ce qui est en sa puissance, c'est-à-dire que le droit de la nature s'étend jusqu'où s'étend sa puissance. La puissance de la nature, c'est, en effet, la puissance même de Dieu, qui possède un droit souverain sur toutes choses ; mais comme la puissance universelle de toute la nature n'est autre chose que la puissance de tous les individus réunis, il en résulte que chaque individu a un droit sur tout ce qu'il peut embrasser, ou, en d'autres termes, que le droit de chacun s'étend jusqu'où s'étend sa puissance. Et comme c'est une loi générale de la nature que chaque chose s'efforce de se conserver en son état autant qu'il est en elle, et cela en ne tenant compte que d'elle-même et en n'ayant égard qu'à sa propre conservation, il s'ensuit que chaque individu a le droit absolu de se conserver, c'est-à-dire de vivre et d'agir selon qu'il y est déterminé par sa nature. Et ici nous ne reconnaissons aucune différence entre les hommes et les autres individus de la nature, ni entre les hommes doués de raison et ceux qui en sont privés, ni entre les extravagants, les fous et les gens sensés. Car tout ce qu'un être fait d'après les lois de sa nature, il le fait à bon droit, puisqu'il agit comme il est déterminé à agir par sa nature, et qu'il ne peut agir autrement. C'est pourquoi, tant que les hommes ne sont censés vivre que sous l'empire de la nature, celui qui ne connaît pas encore la raison, ou qui n'a pas encore contracté l'habitude de la vertu, qui vit d'après les seules lois de son appétit, a aussi bon droit que celui qui règle sa vie sur les lois de la raison ; en d'autres termes, de même que le sage a le droit absolu de faire tout ce que la raison lui dicte ou le droit de vivre d'après les lois de la raison, de même aussi l'ignorant et l'insensé ont droit de faire tout ce que l'appétit leur conseille, ou le droit de vivre d'après les lois de l'appétit. C'est aussi ce qui résulte de l'enseignement de Paul, qui ne reconnaît aucun péché avant la loi, c'est-à-dire pour tout le temps où les hommes sont censés vivre sous l'empire de la nature. (*Rom.*, chap. VII, vers. 7.)

Ainsi ce n'est pas la saine raison qui détermine pour chacun le droit naturel, mais le degré de sa puissance et la force de ses appétits. Tous les hommes, en effet, ne sont pas déterminés par la nature à agir selon les règles et les lois de la raison ; tous, au contraire, naissent dans l'ignorance de toutes choses, et, quelque bonne éducation qu'ils aient reçue, ils passent une grande partie de leur vie avant de pouvoir connaître la vraie manière de vivre et acquérir l'habitude de la vertu. Ils sont cependant obligés de vivre et de se conserver autant qu'il est en eux, et cela en se conformant aux seuls instincts de l'appétit, puisque la nature ne leur a pas donné d'autre guide, qu'elle leur a refusé le moyen de vivre d'après la saine raison, et que conséquemment ils ne sont pas plus obligés de vivre suivant les lois du bon sens qu'un chat selon les lois de la nature du lion. Ainsi, quiconque est censé vivre sous le seul empire de la nature a le droit absolu de convoiter ce qu'il juge utile, qu'il soit porté à ce désir par la saine raison ou par la violence des passions ; il a le droit de se l'approprier de toutes manières, soit par force, soit par ruse, soit par prières, soit par tous les moyens qu'il jugera les plus faciles, et conséquemment de tenir pour ennemi celui qui veut l'empêcher de satisfaire ses désirs.

Il suit de tout cela que le droit de la nature sous lequel naissent tous les hommes, et sous lequel ils vivent la plupart, ne leur défend que ce qu'aucun d'eux ne convoite et ce qui échappe à leur pouvoir ; il n'interdit ni querelles, ni haines, ni ruses, ni colère, ni rien absolument de ce que l'appétit conseille. Et cela n'est pas surprenant ; car la nature n'est pas renfermée dans les bornes de la raison humaine, qui n'a en vue que le véritable intérêt et la conservation des hommes ; mais elle est subordonnée à une infinité d'autres lois qui embrassent l'ordre éternel de tout le monde, dont l'homme n'est qu'une fort petite partie. C'est par la nécessité seule de la nature que tous les individus sont déterminés d'une certaine manière à l'action et à l'existence. Donc tout ce qui nous semble, dans la nature, ridicule, absurde ou mauvais, vient de ce que nous ne connaissons les choses qu'en partie, et que nous ignorons pour la plupart l'ordre et les liaisons de la nature entière ; nous voudrions faire tout fléchir sous les lois de notre raison, et pourtant ce que la raison dit être un mal n'est pas un mal par rapport à l'ordre et aux lois de la nature universelle, mais seulement par rapport aux lois de notre seule nature.

Cependant personne ne peut douter qu'il ne soit extrêmement utile aux hommes de vivre selon les lois et les prescriptions de la raison, lesquelles, comme nous l'avons dit, n'ont d'autre objet que la véritable utilité des hommes. D'ailleurs il n'est personne qui ne désire vivre en sécurité et à l'abri de la crainte, autant qu'il est possible ; or cette situation est impossible tant que chacun peut tout faire à son gré, et qu'il n'accorde pas plus d'empire à la raison qu'à la haine et à la colère ; car chacun vit avec anxiété au sein des inimitiés, des haines, des ruses et des fureurs de ses semblables, et fait tous ses efforts pour les éviter. Que si nous remarquons ensuite que les hommes privés de secours mutuels et ne cultivant pas la raison mènent nécessairement une vie très-malheureuse, comme nous l'avons prouvé dans le chapitre V, nous verrons clairement que, pour mener une vie heureuse et remplie de sécurité, les hommes ont dû s'entendre mutuellement et faire en sorte de posséder en commun ce droit sur toutes choses que chacun avait reçu de la nature ; ils ont dû renoncer à suivre la violence de leurs appétits individuels, et se conformer de préférence à la volonté et au pouvoir de tous les hommes réunis. Ils auraient vainement essayé ce nouveau genre de vie, s'ils n'étaient obstinés à suivre les seuls instincts de l'appétit (car chacun est entraîné diversement par les lois de l'appétit) ; ils ont donc dû par conséquent convenir ensemble de ne prendre conseil que de la raison (à laquelle personne n'ose ouvertement résister, pour ne pas sembler insensé), de dompter l'appétit, en tant qu'il conseille quelque chose de funeste au prochain, de ne faire à personne ce qu'ils ne voudraient pas qu'on leur fît, et de défendre les droits d'autrui comme leurs propres droits. Mais comment devait être conclu ce pacte pour qu'il fût solide et valable ? Voilà le point qu'il faut maintenant éclaircir. C'est une loi universelle de la nature humaine de ne négliger ce qu'elle juge être un bien que dans l'espoir d'un bien plus grand, ou dans la crainte d'un mal plus grand que la privation du bien dédaigné, et de ne souffrir un mal que pour en éviter un plus grand, ou dans l'espoir d'un bien supérieur à la privation du mal éprouvé : en d'autres termes, de deux biens nous choisissons celui qui nous semble le plus grand, et de deux maux celui qui nous semble le plus petit. Je dis *qui nous semble*, car ce n'est pas une nécessité que la chose soit telle que nous la jugeons. Or cette loi est si profondément gravée dans la nature humaine qu'il faut la placer au nombre des vérités éternelles que personne ne peut ignorer. Mais de cette loi il résulte nécessairement que personne ne promettra sincèrement de renoncer au droit naturel qu'il a sur toutes choses[1], et ne restera inviolablement ferme en ses promesses, à moins qu'il n'y soit déterminé par la crainte d'un plus grand mal ou l'espoir d'un bien plus grand. Pour mieux faire comprendre cette vérité, supposons qu'un voleur me fasse promettre de lui donner mes biens quand il les voudra. Mon droit naturel, comme je l'ai déjà démontré, n'étant déterminé que par le degré de ma force personnelle, il est certain que, si je puis par ruse échapper à ce voleur en lui promettant tout ce qu'il voudra, il m'est permis, en vertu du droit naturel, d'en user ainsi et de consentir frauduleusement à tous les pactes qu'il voudra m'imposer. Ou bien supposez que j'aie promis de bonne foi à quelqu'un de ne point goûter pendant vingt jours ni nourriture ni aucun aliment, et qu'ensuite j'aie vu que j'avais fait une sotte promesse et que je ne puis, sans un grand préjudice, y rester fidèle, puisque selon le droit naturel, de deux maux je dois choisir le moindre, j'ai le droit incontestable de me dégager de la parole que j'ai donnée et de la regarder comme non avenue. Je dis que cela m'est permis en vertu de mon droit naturel, soit que j'agisse d'après une raison vraie et certaine, ou seulement d'après une opinion bien ou mal fondée ; car, que ce soit à tort ou à raison, il est de fait que je redoute un très-grand mal ; et partant je dois, puisque c'est une loi de la nature, chercher de toute manière à y échapper. D'où nous concluons qu'aucun pacte n'a de valeur qu'en raison de son utilité ; si l'utilité disparaît, le pacte s'évanouit avec elle et perd toute son autorité. Il y a donc de la folie à prétendre enchaîner à tout jamais quelqu'un à sa parole, à moins qu'on ne fasse en sorte que la rupture du pacte entraîne pour le violateur de ses serments plus de dommage que de profit ; c'est là ce qui doit arriver particulièrement dans la formation d'un État. Si tous les hommes pouvaient facilement se laisser conduire par la raison et reconnaître combien le choix d'un tel guide importerait à l'utilité et à l'intérêt de l'État, non-seulement chacun aurait la fourbe en horreur, mais tous, animés du désir sincère de réaliser ce grand objet, savoir, la conservation de la république, resteraient fidèles à leurs conventions et garderaient par-dessus toutes choses la bonne foi, ce rempart de l'État. Mais tant s'en faut que tous les hommes se laissent toujours guider facilement par la raison que chacun au contraire est entraîné par son désir, et que l'avarice, la gloire, l'envie, la colère, etc., occupent souvent l'esprit de telle manière qu'il ne reste aucune place à la raison ; aussi on a beau vous promettre avec toutes les marques de sincérité et s'engager à garder sa parole, vous ne pouvez cependant y avoir une confiance entière, à moins qu'il ne se joigne à cette promesse quelque autre gage de sécurité, puisqu'en vertu du droit naturel chacun est tenu d'user de ruse et dispensé de garder ses promesses, si ce n'est dans l'espoir d'un plus grand bien ou dans la crainte d'un plus grand mal. Mais puisque nous avons déjà fait voir que le droit naturel n'est déterminé que par la puissance de chacun, il s'ensuit qu'autant on cède à un autre de cette puissance, soit par force, soit volontairement, autant on lui cède nécessairement de son droit, et par conséquent que celui-là dispose d'un souverain droit sur tous qui a un souverain pouvoir pour les contraindre par la force et pour les retenir par la crainte du dernier supplice si universellement redouté : ce droit il le gardera tant qu'il aura le pouvoir d'exécuter ses volontés ; autrement son autorité sera précaire, et quiconque sera plus fort que lui ne sera pas tenu, à moins qu'il ne le veuille bien, de lui garder obéissance.

Voici donc de quelle manière peut s'établir une société et se maintenir l'inviolabilité du pacte commun, sans blesser aucunement le droit naturel : c'est que chacun transfère tout le pouvoir qu'il a à la société, laquelle par cela même aura seule sur toutes choses le droit absolu de la nature, c'est-à-dire la souveraineté, de sorte que chacun sera obligé de lui obéir, soit librement, soit dans la crainte du dernier supplice. La société où domine ce droit s'appelle démocratie, laquelle est pour cette raison définie : une assemblée générale qui possède en commun un droit souverain sur tout ce qui tombe en sa puissance. Il s'ensuit que le souverain n'est limité par aucune loi, et que tous sont tenus de lui obéir en toutes choses ; car c'est ce dont ils ont tous dû demeurer d'accord, soit tacitement, soit expressément, lorsqu'ils lui ont transféré tout leur pouvoir de se défendre, c'est-à-dire tout leur droit. Car s'ils avaient voulu se réserver quelque droit, ils auraient dû prendre leurs précautions pour pouvoir le défendre et le garantir ; mais comme ils ne l'ont pas fait, et que d'ailleurs ils n'auraient pu le faire sans diviser l'État, et conséquemment sans le ruiner, ils se sont par cela même soumis absolument à la volonté du souverain ; puisqu'ils l'ont fait absolument, et cela, comme nous l'avons déjà prouvé, aussi bien par la force de la nécessité que par les conseils de la raison, il s'ensuit qu'à moins de vouloir être ennemis de l'État et d'agir contre la raison, qui nous engage à le défendre de toutes nos forces, nous sommes obligés absolument d'exécuter tous les ordres du souverain, même les plus absurdes ; car la raison nous prescrit entre deux maux de choisir le moindre. Ajoutez que si l'on agissait autrement, chacun ne serait pas moins facilement exposé au péril de se soumettre absolument au pouvoir arbitraire d'un autre ; car, ainsi que nous l'avons prouvé, ce droit de commander tout ce qui leur plaît n'appartient aux souverains que pendant qu'ils ont un absolu pouvoir : s'ils perdent ce pouvoir, ils perdent en même temps le droit de commander, et ce droit tombe entre les mains de ceux qui l'ont acquis ou qui peuvent le garder. C'est pourquoi on ne voit que fort rarement les souverains donner des ordres absurdes ; car il leur importe surtout, dans leur intérêt à venir et pour garder le pouvoir, de veiller au bien public et de ne se diriger dans leur commandement que par les conseils de la raison. Les pouvoirs violents, comme le dit Sénèque, n'ont jamais duré. Ajoutez à cela que dans la démocratie les ordres absurdes sont moins à craindre que dans les autres gouvernements. Il est, en effet, presque impossible que la majorité d'une grande assemblée donne ses voix à une absurdité. D'ailleurs, le fondement et l'objet de ce gouvernement, c'est, comme nous l'avons aussi démontré, d'arrêter les dérèglements de l'appétit et de tenir les hommes, autant que possible, dans les limites de la raison, afin qu'ils vivent ensemble dans la paix et dans la concorde ; que si ce fondement est enlevé, l'édifice tout entier ne peut manquer de s'écrouler. Ainsi donc le soin de veiller aux intérêts de l'État ne regarde que le souverain ; il appartient aux sujets d'exécuter ses ordres et de ne reconnaître d'autre droit que celui qui est marqué par le souverain. Mais on pensera peut-être que nous voulons par ce moyen rendre les sujets esclaves, parce qu'on s'imagine que c'est être esclave que d'obéir et qu'on n'est libre que lorsqu'on vit à sa fantaisie. Il n'en est rien ; car celui-là est réellement esclave qui est asservi à ses passions et qui est incapable de voir et de faire ce qui lui est utile, et il n'y a de libre que celui dont l'âme est saine et qui ne prend d'autre guide que la raison. Sans doute l'action qui résulte d'un ordre, c'est-à-dire l'obéissance, enlève en quelque sorte la liberté ; mais elle ne produit pas pour cela l'esclavage, qui est tout entier dans la manière d'agir. Si ce n'est pas l'intérêt du sujet, mais celui du maître qui est la fin de l'action, il est vrai que le sujet est esclave et inutile à lui-même ; mais dans une république et en général dans un État où le salut de tout le peuple et non de l'individu qui commande est la suprême loi, celui qui obéit en tout au souverain pouvoir ne doit pas être regardé comme un esclave inutile à soi-même, mais comme un sujet ; aussi la république la plus libre est-elle celle dont les lois sont fondées sur la saine raison ; car chacun y peut, quand il le veut, être libre[2], c'est-à-dire suivre dans sa conduite les lois de la raison et de l'équité. De même les enfants, bien qu'ils soient tenus d'obéir à tous les ordres de leurs parents, ne sont pas tenus pour esclaves, parce que les ordres des parents ont surtout pour but l'intérêt des enfants. Nous établissons donc une grande différence entre l'esclave, le fils et le sujet, et l'on peut la définir ainsi : l'esclave est celui qui est obligé d'obéir aux ordres de son maître dans l'intérêt de celui qui les prescrit ; le fils en obéissant à son père n'agit que dans ses propres intérêts ; enfin le sujet fait, par ordre du souverain, ce qui est utile à la communauté, et conséquemment aussi à lui-même. Je pense, par ces explications, avoir montré assez clairement en quoi consistent les fondements de la démocratie ; j'ai mieux aimé traiter de cette forme de gouvernement, parce qu'elle me semblait la plus naturelle et la plus rapprochée de la liberté que la nature donne à tous les hommes. Car dans cet État personne ne transfère à un autre son droit naturel, de telle sorte qu'il ne puisse plus délibérer à l'avenir ; il ne s'en démet qu'en faveur de la majorité de la société tout entière, dont il est l'une des parties. Par ce moyen, tous demeurent égaux, comme auparavant dans l'état naturel. Ensuite, je n'ai voulu parler spécialement que de cette forme de gouvernement, parce que cela entrait tout à fait dans le projet que j'avais de traiter des avantages de la liberté dans une république. Je ne parlerai donc pas des fondements des autres États. On n'a pas besoin, pour connaître leur droit, de constater leur origine, laquelle d'ailleurs résulte clairement de ce que nous avons tout à l'heure expliqué : car quiconque a le souverain pouvoir, qu'il n'y ait qu'un maître, qu'il y en ait plusieurs, ou enfin que tous commandent, a certainement le droit de commander tout ce qu'il veut ; et d'ailleurs quiconque a transféré à un autre, soit volontairement, soit par contrainte, le droit de se défendre, a renoncé tout à fait à son droit naturel, et s'est engagé conséquemment à une obéissance absolue et illimitée envers son souverain, obéissance qu'il doit tenir tant que le roi ou les nobles, ou le peuple, gardent la puissance qu'ils ont eue, laquelle a servi de fondement à la translation des droits de chacun. Il serait donc superflu d'insister sur cette matière[3].

Après avoir montré les fondements et le droit de l'État, il sera facile de déterminer ce que sont, dans l'ordre civil, le *droit civil privé*, le dommage, la justice et l'injustice ; ensuite, dans l'ordre politique, ce que c'est qu'un allié, un ennemi, et enfin un criminel de lèse-majesté. Par le droit civil privé nous ne pouvons entendre que la liberté qu'a chacun de se conserver en son état, liberté déterminée par les édits du souverain, en même temps qu'elle est garantie par son autorité ; car, lorsque nous avons transféré à un autre le droit que nous possédons de vivre à notre gré, lequel n'est déterminé pour chacun de nous que par le degré de puissance qui lui appartient, en d'autres termes, lorsque nous avons remis à un autre la liberté et le pouvoir de nous défendre, nous ne dépendons plus que de sa volonté et nous n'avons plus que sa force pour nous protéger. — Il y a *dommage* lorsqu'un citoyen ou un sujet est forcé de subir quelque tort de la part d'un autre, au mépris du droit civil ou de l'édit du souverain. Le dommage ne peut se concevoir que dans l'ordre civil ; mais il ne peut provenir du souverain, qui a le droit de tout faire à l'égard de ses sujets : il ne peut donc avoir lieu que de la part des particuliers, qui sont obligés par le droit de se respecter les uns les autres. — La *justice* est la ferme résolution de rendre à chacun ce qui lui est dû d'après le droit civil ; l'*injustice* consiste à ôter à quelqu'un, sous prétexte de droit, ce qui lui est dû d'après une interprétation légitime des lois. On donne aussi à la justice et à l'injustice les noms d'équité et d'iniquité, parce que ceux qui sont chargés de juger les procès ne doivent avoir aucun égard pour les personnes, les tenir pour égales, et défendre également leurs droits, sans envier la fortune du riche et sans mépriser le pauvre. — Les *alliés* sont les hommes de deux cités différentes qui, pour échapper aux dangers des hasards de la guerre ou pour toute autre raison d'intérêt, conviennent ensemble de ne pas se nuire les uns aux autres, et tout au contraire, de se prêter secours en cas de nécessité ; bien entendu que chacun continue de garder respectivement ses droits et son autorité. Ce contrat sera valide tant que subsistera ce qui en a été le fondement, savoir, un motif de danger ou d'intérêt ; car personne ne fait alliance et n'est tenu au respect de ses conventions, si ce n'est dans l'espoir de quelque bien ou dans l'appréhension de quelque mal : ôtez ce fondement, et l'alliance croule d'elle-même. C'est aussi ce que l'expérience démontre surabondamment ; car des États différents ont beau se jurer une assistance mutuelle, ils n'en font pas moins tous leurs efforts pour s'empêcher réciproquement d'étendre leurs limites, et ils n'ont confiance dans leurs paroles qu'autant qu'ils sont bien convaincus de l'intérêt que l'alliance offre à chacune des parties ; autrement ils craignent d'être trompés, et ce n'est pas sans raison. Peut-on, en effet, à moins d'être insensé et d'ignorer le droit de la souveraineté, se fier aux paroles et aux promesses de celui qui a le droit et le pouvoir de tout faire, et pour qui le salut et l'intérêt de son empire sont la loi suprême ? Mais écartons ces considérations, et consultons la religion et la piété ; elles nous diront que celui qui est dépositaire du pouvoir ne peut sans crime garder ses promesses, si leur accomplissement doit entraîner la ruine de l'État ; car, quelque engagement qu'il ait pris, du moment que l'intérêt de l'État peut en souffrir, il n'est plus tenu d'y être fidèle ; autrement il viole son premier devoir et ses sentiments les plus sacrés en trahissant la foi qu'il a donnée à ses sujets. — L'ennemi est celui qui vit en dehors de l'État et n'en reconnaît point l'autorité, ni comme sujet, ni comme allié ; car ce n'est pas la haine qui fait un ennemi de l'État, mais c'est le droit, le droit de l'État, qui est le même contre celui qui ne reconnaît le pouvoir de l'État par aucun contrat et contre celui qui lui a fait quelque dommage ; aussi l'État a-t-il le droit de forcer le premier par tous les moyens, ou de se soumettre, ou de contracter alliance. — Enfin le crime de *lèse-majesté* n'a lieu que chez les sujets, lesquels, par un pacte tacite ou exprès, ont transféré tous leurs droits à l'État ; on dit qu'un sujet a commis ce crime, lorsqu'il a cherché par une raison quelconque à s'approprier le droit absolu du souverain, ou à le faire passer en d'autres mains. Je dis il a cherché ; car si l'on ne devait punir le coupable qu'après l'accomplissement de l'acte, on s'y prendrait souvent trop tard, et lorsque l'autorité souveraine aurait été déjà usurpée ou transférée dans d'autres mains. Je dis ensuite, absolument, *celui qui par une raison quelconque a cherché à s'approprier le droit absolu du souverain* ; car je n'admets aucune distinction dans son action, soit qu'il en résulte pour l'État un accroissement considérable ou un grand dommage. Car, de quelque manière qu'il ait fait cette tentative, il a attenté à la majesté du souverain et il doit être condamné ; c'est ce que tout le monde reconnaît pour juste et pour excellent dans la guerre : par exemple, si quelqu'un déserte son poste et qu'à l'insu de son général il attaque l'ennemi, l'eût-il fait avec une bonne intention, eût-il battu l'ennemi, si cette action ne lui a pas été commandée, il est mis justement à mort pour avoir violé le serment qu'il avait fait à son général. Mais on ne voit pas avec la même clarté que tous les citoyens soient également obligés à cette obéissance ; et cependant c'est la même raison qui leur en fait une loi. Car puisque la république doit être conservée et dirigée par la seule autorité du souverain, et qu'on est convenu absolument qu'à lui seul appartenait ce droit, si quelqu'un venait, de son propre mouvement et à l'insu des chefs de l'État, à entreprendre une affaire qui touchât aux intérêts de la société, dût l'État retirer, comme nous l'avons dit, de cette entreprise un notable avantage, il n'en aurait pas moins violé le droit souverain, et ce serait à bon droit qu'on le punirait comme coupable de lèse-majesté.

Il nous reste, pour écarter tout scrupule, à voir si ce que nous avons affirmé plus haut, à savoir : que quiconque n'a point l'usage de la raison dans l'état naturel peut vivre, en vertu du droit naturel, d'après les lois de l'appétit, si cette proposition, dis-je, ne répugne pas visiblement au droit divin révélé. Car tous les hommes indistinctement (qu'ils aient ou qu'ils n'aient pas l'usage de la raison) étant également tenus, en vertu du précepte divin, d'aimer leur prochain comme eux-mêmes, on en conclut qu'ils ne peuvent sans injustice faire tort à autrui et vivre d'après les seules lois de l'appétit. Mais il nous est facile de répondre à cette objection, si nous ne considérons que l'état naturel, lequel a sur la religion une priorité de nature et de temps. Car la nature n'a appris à personne qu'il doive à Dieu quelque obéissance[4] ; personne même ne peut arriver à cette idée par la raison ; on ne peut y parvenir que par une révélation confirmée par des signes. Ainsi, avant la révélation, personne n'est tenu d'obéir au droit divin, qu'il ne peut pas ne pas ignorer. Il ne faut donc aucunement confondre l'état naturel et l'état de religion ; il faut concevoir le premier sans religion et sans loi, et conséquemment sans péché et sans injustice, comme nous l'avons déjà fait voir en confirmant notre doctrine par l'autorité de Paul. Ce n'est pas seulement à cause de notre primitive ignorance que nous concevons que l'état naturel a précédé le droit divin révélé, mais aussi à cause de l'état de liberté où naissent tous les hommes. En effet, si les hommes étaient tenus naturellement d'obéir au droit divin, ou si le droit divin était un droit naturel, il eût été superflu que Dieu fît alliance avec les hommes et les liât par un pacte et par un serment.

Il faut donc admettre absolument que le droit divin a commencé dès le moment où les hommes ont promis d'obéir à Dieu en toutes choses, et s'y sont engagés par un pacte exprès, par lequel ils ont renoncé à leur liberté naturelle, et transféré leur droit à Dieu, à peu près comme il arrive dans l'état civil ; mais c'est un point que je traiterai plus amplement dans la suite.

On élèvera peut-être ici une objection : on dira que les souverains et les sujets sont également obligés par ce droit divin ; et cependant nous avons dit que les souverains retiennent le droit naturel, et qu'ils ont le droit de faire tout ce qu'il leur plaît. Pour écarter cette difficulté, qui vient moins de l'état de nature que du droit naturel, je réponds que chacun, dans l'état de nature, est obligé d'obéir au droit révélé de la même manière qu'il est tenu de vivre selon les préceptes de la saine raison, c'est-à-dire parce que cela est plus utile et nécessaire au salut ; que si on ne voulait pas agir ainsi, on pourrait le faire à ses risques et périls. On pourrait alors vivre à son gré sans se soumettre à la volonté d'autrui, sans reconnaître aucun mortel pour juge, ni personne à qui on fût soumis par droit de religion. Et c'est là, à mon avis, le droit dont jouit le souverain, qui peut, il est vrai, consulter les hommes, mais qui n'est tenu de reconnaître d'autre arbitre du droit que le prophète expressément envoyé par Dieu et qui aura prouvé sa mission par des signes indubitables. Or, dans cette circonstance, ce n'est pas un homme, mais Dieu lui-même, qu'il est obligé de reconnaître pour arbitre. Que si le souverain refuse d'obéir à Dieu et de reconnaître le droit révélé, il le peut à ses risques et périls, sans qu'aucun droit civil ou naturel s'y oppose. Le droit civil ne dépend en effet que du décret du souverain. Mais le droit naturel dépend des lois de la nature, lesquelles, loin d'être bornées à la religion, qui ne se propose que l'utilité du genre humain, embrassent l'ordre de la nature entière, c'est-à-dire sont fixées par un décret éternel de Dieu qui nous est inconnu. C'est ce que semblent avoir obscurément aperçu ceux qui ont pensé que l'homme peut bien pécher contre la volonté de Dieu qui nous est révélée, mais non contre le décret éternel par lequel il a prédéterminé toutes choses. Si l'on nous demandait maintenant ce qu'il faudrait faire dans le cas où le souverain nous donnerait un commandement contraire à la religion et à l'obéissance que nous avons promise à Dieu, que répondrions-nous ? faudrait-il obéir à la volonté de Dieu ou à celle des hommes ? Voulant plus tard approfondir cette matière, je me bornerai à répondre ici en peu de mots que nous devons avant tout obéir à Dieu, lorsque nous avons une révélation certaine et indubitable de sa volonté. Mais comme en fait de religion, les hommes tombent ordinairement dans de grandes erreurs, et que selon la diversité de leur génie ils imaginent bien des chimères (l'expérience ne le prouve que trop), il est certain que si personne n'était tenu de droit d'obéir au souverain en ce qu'il croit appartenir à la religion, il en résulterait que le droit public dépendrait du jugement et de la fantaisie de chacun : nul en effet ne serait obligé de se soumettre à un droit qu'il jugerait établi contre sa foi et sa superstition, et chacun conséquemment en prendrait prétexte pour tout se permettre. Or une telle licence devant amener la ruine entière du droit public, il s'ensuit que le souverain, à qui seul il appartient, tant au nom du droit divin qu'au nom du droit naturel, de conserver et de protéger les droits de l'État, a aussi le droit absolu de statuer en matière de religion tout ce qu'il juge convenable, et que tout le monde est tenu d'obéir à ses ordres et à ses décrets, d'après la foi qui a été jurée et à laquelle Dieu prescrit de rester inviolablement fidèle. Maintenant, si ceux qui ont en main le souverain pouvoir sont païens, ou bien il ne faut former avec eux aucun contrat, ou bien il faut être décidé à souffrir les dernières extrémités plutôt que de mettre son droit naturel entre leurs mains, ou enfin, si l'on a formé avec eux un contrat, si on leur a transféré son droit, puisqu'on s'est dépouillé du droit de se défendre soi-même et sa religion, on est tenu alors de leur obéir et de leur garder parole ; on peut même y être légitimement contraint, excepté les cas où Dieu, par des révélations certaines, promet un secours particulier contre le tyran et dispense expressément de l'obéissance. Ainsi nous voyons que de tant de Juifs qui étaient à Babylone, trois jeunes gens seulement, qui ne doutaient nullement de l'assistance de Dieu, refusèrent d'obéir à Nabucadnézor ; mais tous les autres, excepté Daniel, que le roi lui-même avait adoré, furent forcés bien légitimement à l'obéissance, et peut-être se disaient-ils qu'ils étaient soumis au roi d'après un ordre divin, et que c'était au nom de Dieu que le roi avait et conservait le souverain pouvoir. Éléazar, au contraire, pendant que sa patrie était encore debout, à quelque triste état qu'elle fût réduite, voulut donner à ses compatriotes un modèle de fermeté, afin qu'à son exemple ils souffrissent tout plutôt que de laisser passer leur droit et leur pouvoir entre les mains des Grecs, et pour qu'ils bravassent tous les tourments plutôt que de prêter serment à des païens.

Les principes que nous venons de poser sont confirmés par l'expérience de chaque jour. Ainsi les princes chrétiens n'hésitent pas, dans l'intérêt de la sécurité générale, à faire alliance avec des Turcs et les païens ; ils commandent à leurs sujets qui vont habiter au milieu de ces peuples de ne pas prendre dans leur vie spirituelle ou temporelle plus de liberté que ne leur en donnent les traités ou que n'en permettent les lois du pays. Je citerai, par exemple, le traité des Hollandais avec les Japonais dont il a été déjà question.

1. ↑ Voyez les *Notes marginales de Spinoza*, note 28.
2. ↑ Voyez les *Notes marginales de Spinoza*, note 29.
3. ↑ Sur toute cette théorie du droit, voyez l'*Éthique*, part. IV, défin. VIII, schol. II de la propos. XXXVII, etc., etc.
4. ↑ Voyez les *Notes marginales de Spinoza*, note 30.

CHAPITRE XVII.

QU'IL N'EST POINT NÉCESSAIRE, NI MÊME POSSIBLE, QUE PERSONNE CÈDE ABSOLUMENT TOUS SES DROITS AU SOUVERAIN. — DE LA RÉPUBLIQUE DES HÉBREUX ; CE QU'ELLE FUT DU VIVANT DE MOÏSE ; CE QU'ELLE FUT APRÈS SA MORT, AVANT L'ÉLECTION DES ROIS ; DE SON EXCELLENCE ; ENFIN, DES CAUSES QUI ONT PU AMENER LA RUINE DE CETTE RÉPUBLIQUE DIVINE, ET LA LIVRER, DURANT SON EXISTENCE, À DE PERPÉTUELLES SÉDITIONS.

La théorie qui vient d'être exposée dans le chapitre précédent sur le droit absolu du souverain et sur le renoncement de chaque citoyen à son droit naturel, bien qu'elle s'accorde sensiblement avec la pratique, et que la pratique, habilement dirigée, puisse s'en rapprocher de plus en plus, cette théorie, dis-je, est cependant condamnée à demeurer éternellement, sur bien des points, à l'état de pure spéculation. Qui pourrait jamais, en effet, se dépouiller en faveur d'autrui de la puissance qui lui a été donnée, et par suite des droits qui lui appartiennent, au point de cesser d'être homme ? Et où est le souverain pouvoir qui dispose de toute chose à son gré ? En vain commanderait-on à un sujet de haïr son bienfaiteur, d'aimer son ennemi, d'être insensible à l'injure, de ne point désirer la sécurité de l'âme, toutes choses qui résultent invariablement des lois de la nature humaine. C'est ce que l'expérience prouve de la manière la plus éclatante. Jamais les hommes n'ont tellement abdiqué leurs droits, tellement renoncé à leur pouvoir personnel, qu'ils aient cessé d'être un objet de crainte pour ceux-là même à qui ils avaient fait don de leurs droits et de leur pouvoir personnel ; et le gouvernement a toujours eu autant de dangers à redouter de la part des citoyens, quoique privés de leurs droits, que de la part des ennemis mêmes. Du reste, si les hommes pouvaient perdre leurs droits naturels au point d'être désormais dans une impuissance absolue de s'opposer à la volonté du souverain[1], ne serait-il pas permis au gouvernement d'opprimer impunément et d'accabler de violences des sujets désarmés ? or, c'est un droit que personne n'a jamais pensé, j'imagine, à lui accorder. Donc il faut convenir que chacun se réserve plein pouvoir sur certaines choses qui, échappant aux décisions du gouvernement, ne dépendent que de la propre volonté du citoyen. Toutefois, pour comprendre exactement l'étendue des droits et de la puissance du gouvernement, il faut remarquer que la puissance du gouvernement ne consiste pas seulement à contraindre les hommes par la frayeur, mais qu'elle consiste dans l'obéissance des sujets, quels qu'en soient les motifs. Car l'essence d'un sujet, ce n'est pas d'obéir par telle ou telle raison, c'est d'obéir, par quelque motif qu'il s'y résolve : soit crainte de quelque châtiment, soit espérance de quelque bien, soit amour de la patrie, soit toute autre passion, toujours il se résout librement, et toujours cependant il obéit aux ordres du souverain pouvoir. De ce qu'un homme prend conseil de lui-même pour agir, il n'en faut donc pas tirer aussitôt cette conclusion qu'il agit à son gré et non pas au gré du gouvernement. En effet, puisque l'homme, soit qu'il agisse par amour ou par crainte d'un mal à venir, prend toujours, en agissant, conseil de soi-même, il faut dire, ou bien qu'il n'existe ni gouvernement ni droit sur les sujets, ou bien que ce droit s'étend nécessairement à tous les motifs qui peuvent déterminer les hommes à obéir ; et par suite, toutes les actions des sujets conformes aux ordres du souverain, qu'elles soient dictées par l'amour ou par la crainte, ou, ce qui est plus fréquent, par l'espoir et la crainte à la fois, ou par le respect, sentiment composé de crainte et d'admiration, ou enfin par quelque autre motif, doivent être considérées comme des marques de soumission au gouvernement et non comme de purs caprices de l'individu. Ce qui met encore ce principe en évidence, c'est que l'obéissance ne concerne pas tant l'action extérieure que l'action intérieure de l'âme : et c'est pourquoi celui-là est le plus complètement soumis à autrui, qui se résout de son plein gré à exécuter les ordres d'autrui, et par suite celui-là exerce le souverain empire qui règne sur l'âme de ses sujets. Si le souverain empire appartenait à ceux qui inspirent le plus de crainte, il appartiendrait certainement aux sujets des tyrans, qui sont pour lui-même un objet d'épouvante. Ensuite, bien qu'on ne commande pas à l'esprit comme on commande à la langue, cependant les esprits dépendent en quelque façon du souverain, qui, de mille manières, peut faire en sorte que la plus grande partie des hommes croient, aiment, haïssent, etc., à son gré. Aussi, quoique le souverain ne puisse proprement commander ces dispositions de l'esprit, souvent cependant elles se produisent, comme l'atteste abondamment l'expérience, par le fait du pouvoir, sous son impulsion, c'est-à-dire à son gré ; et l'intelligence ne répugne pas à concevoir des hommes recevant du gouvernement leurs croyances, leurs amitiés, leurs haines, leurs dédains, et en général toutes les passions dont ils sont agités.

Cependant, bien que de cette manière nous concevions le gouvernement disposant d'une assez grande puissance, il ne saurait jamais être assez fort pour étendre un pouvoir absolu sur toutes choses ; c'est ce que j'ai démontré, je pense, avec une clarté suffisante. Maintenant, quelle devrait être la constitution d'un gouvernement qui voudrait obtenir sécurité et durée, j'ai déjà dit qu'il n'était pas dans mon dessein de l'expliquer. Cependant, pour atteindre le but que je me propose, j'indiquerai les dispositions que Dieu révéla à Moïse relativement à cet objet. J'examinerai ensuite l'histoire du peuple hébreu et ses vicissitudes, par où l'on verra au prix de quelles concessions le souverain pouvoir doit acheter la sécurité et la prospérité de l'État.

Que la conservation de l'État dépende de la fidélité des sujets, de leurs vertus, de leur persévérance dans l'exécution des ordres émanés du pouvoir, c'est ce que la raison et l'expérience enseignent avec une parfaite évidence ; mais par quels moyens, par quelle conduite, le gouvernement maintiendra-t-il dans le peuple la fidélité et les vertus, c'est ce qu'il n'est pas aussi facile de déterminer. Tous en effet, gouvernants et gouvernés, sont des hommes, et partant naturellement enclins aux mauvaises passions. C'est au point que ceux qui ont quelque expérience de la multitude et de cette infinie variété d'esprits désespèrent presque d'atteindre jamais le but ; ce n'est pas en effet la raison, mais les passions seules qui gouvernent la foule, livrée sans résistance à tous les vices et si facile à corrompre par l'avarice et par le luxe. Chaque homme s'imagine tout savoir, veut tout gouverner d'après l'inspiration de son esprit, et décider de la justice ou de l'injustice des choses, du bien et du mal, selon qu'il en résulte pour lui profit ou dommage ; ambitieux, il méprise ses égaux et ne peut supporter d'être dirigé par eux ; jaloux de l'estime ou de la fortune, deux choses qui ne sont jamais également réparties, il désire le malheur d'autrui et s'en réjouit ; à quoi bon achever cette peinture ? Qui ne sait combien le dégoût du présent, l'amour des révolutions, la colère effrénée, la pauvreté prise en mépris, inspirent souvent de crimes aux hommes, s'emparent de leurs esprits, les agitent et les bouleversent ? Prévenir tous ces maux, constituer le gouvernement de façon à ne point laisser de place à la fraude, établir enfin un tel ordre de choses que tous les citoyens, quels que soient leur caractère et leur esprit, sacrifient leurs intérêts au public, voilà l'ouvrage, voilà la difficile mission du pouvoir. On s'est livré à mille recherches, on s'est épuisé en combinaisons qui n'ont pas empêché que les périls de l'État ne vinssent toujours du dedans plutôt que du dehors, et que les gouvernants n'eussent plus à craindre leurs concitoyens que les ennemis. Témoin la république romaine, invincible à ses ennemis, si souvent vaincue et misérablement opprimée par ses propres citoyens, principalement dans la guerre civile de Vespasien contre Vitellius. On peut sur ce point s'en rapporter à Tacite, qui dans ses *Histoires* (liv. IV, init.) dépeint le déplorable aspect de Rome à cette époque. — « Alexandre (dit Quinte-Curce à la fin du livre VIII) croyait plus à l'autorité de son nom sur les ennemis que sur ses concitoyens, puisqu'il les jugeait capables de ruiner toute sa puissance, etc., et que, redoutant le destin qui l'attendait, il parlait ainsi à ses amis : *Vous, défendez-moi contre la fourberie et contre les pièges des miens, la guerre n'aura ni dangers ni hasards que je n'affronte hardiment. Philippe eut moins à craindre sur le champ de bataille qu'au milieu du théâtre : il échappa souvent aux mains des ennemis, et tomba sous les coups des siens. Rappelez-vous la mort de vos rois : combien plus sont morts de la main de leurs sujets que de celle des ennemis !* » (voyez *Quinte-Curce*, liv. IX, chap. 6). Voilà pourquoi les rois qui avaient usurpé le pouvoir, dans l'intérêt de leur sécurité, se sont efforcés de persuader aux hommes qu'ils étaient issus de la race des dieux immortels. Ils pensaient sans doute que leurs sujets et tous les hommes, les considérant non plus comme leurs pareils, mais comme des dieux, se laisseraient volontiers gouverner par eux et leur abandonneraient facilement leur liberté. C'est ainsi qu'Auguste persuada aux Romains qu'il descendait d'Énée, considéré comme fils de Vénus et placé au rang des dieux, et qu'il voulut avoir ses temples, ses statues, ses flammes, ses prêtres, son culte (Tacite, *Annales*, liv. I). Alexandre voulut être salué fils de Jupiter, et cela par sagesse et non par orgueil, comme le prouve assez sa réponse aux reproches d'Hermolaüs : « *N'était-ce pas,* dit-il, *une chose ridicule qu'Hermolaüs exigeât de moi que je reniasse Jupiter, dont l'oracle me proclame son fils ! Disposai-je donc de la réponse des dieux ? Le dieu m'a offert le nom de son fils ; l'état des affaires me faisait une loi de l'accepter ; puissent les Indiens, eux aussi, me considérer comme un dieu ! C'est la renommée qui décide du sort des batailles, et souvent une croyance erronée a joué le rôle de la vérité.* » (Quinte-Curce, liv. VIII, chap. 8). Ici Alexandre laisse voir clairement les motifs qui le portent à tromper le vulgaire. C'est aussi ce que fait Cléon dans le discours où il s'efforce de persuader aux Macédoniens de se soumettre aux volontés du roi. Après avoir célébré avec admiration la gloire d'Alexandre, après avoir récapitulé ses hauts faits, et par là donné à l'illusion qu'il veut répandre les apparences de la vérité, il arrive à montrer les avantages de cette superstition : « *Ce n'est pas seulement par piété, c'est aussi par prudence que les Perses placent leurs rois au rang des dieux : la majesté, voilà la sauvegarde des rois.* » Et il termine en disant que *lui-même, quand le roi entrera dans la salle du festin, il se prosternera à terre ; que tous les soldats doivent en faire autant, ceux surtout qui prennent conseil de la sagesse* (voyez le même auteur, liv. VIII, chap. 5). Mais les Macédoniens étaient trop éclairés pour être dupes ; et il n'est pas d'hommes, à moins qu'ils ne soient entièrement barbares, qui se laissent tromper si grossièrement, et qui de sujets consentent à devenir esclaves et à renoncer à eux-mêmes. D'autres peuples cependant se laissèrent persuader que la majesté des rois est chose sacrée, qu'ils représentent Dieu sur la terre, sont envoyés par Dieu et ne dépendent pas du suffrage et de l'assentiment des hommes, qu'une providence particulière veille sur eux, et que Dieu les protége de son bras. Et de cette manière les monarques ont pourvu à leur sécurité par mille dispositions, que je passe sous silence, pour arriver aux choses dont je me propose de traiter. Je me bornerai, comme je l'ai dit, à indiquer et à examiner les dispositions que Dieu révéla autrefois à Moïse.

J'ai déjà dit ci-dessus, chapitre V, qu'après la sortie d'Égypte, les Hébreux n'étaient plus assujettis aux lois d'aucune nation, et qu'il leur était loisible d'instituer des lois nouvelles et de choisir les terres qui seraient à leur convenance. En effet, délivrés de l'intolérable oppression des Égyptiens, sans engagement avec personne, ils étaient rentrés dans leur droit naturel sur toutes choses ; et chacun pouvait se poser la question de savoir s'il se conserverait ce droit, ou bien s'il s'en dépouillerait et le confierait à autrui. C'est donc lorsqu'ils étaient rétablis dans cet état de nature que, d'après le conseil de Moïse, auquel avait foi le peuple entier, ils prirent la résolution de déposer leurs droits dans les mains, non pas d'un homme, mais de Dieu lui-même ; et que, sans hésitation, unanimement, ils promirent d'obéir absolument à tous les ordres de Dieu, et de ne reconnaître d'autre droit que celui que Dieu révélerait lui-même par ses prophètes. Et cette promesse ou cet abandon du droit de chacun à Dieu s'opéra de la même façon que nous avons conçu que cela arrive dans les sociétés ordinaires, lorsque le peuple se détermine à se dépouiller de ses droits naturels. C'est en effet en vertu d'un pacte (voyez l'*Exode*, chap. XXIV, vers. 7), et en s'obligeant par serment, qu'ils renoncèrent librement, et non par force ou par crainte, à leurs droits naturels, et les transférèrent à Dieu. Ensuite, pour que ce pacte fût solidement établi et à l'abri de tout soupçon de fraude, Dieu ne ratifia rien avec les Hébreux avant qu'ils eussent fait l'épreuve de son admirable puissance, à qui seule ils avaient dû leur salut, et qui seule aussi pouvait les maintenir dans un état prospère (voyez l'*Exode*, chap. XIX, vers. 4, 5) ; et c'est parce qu'ils furent convaincus qu'il n'y avait pour eux de salut que dans la puissance divine, qu'ils abdiquèrent la puissance naturelle qui leur avait été donnée pour se conserver, et que peut-être autrefois ils s'étaient attribuée comme venant d'eux-mêmes, pour la remettre à Dieu avec tous leurs droits. Aussi le gouvernement des Hébreux n'eut d'autre chef que Dieu, et en vertu du pacte primitif leur royaume seul put être appelé à bon droit le royaume de Dieu, et Dieu le roi des Hébreux. Par conséquent les ennemis de ce gouvernement étaient les ennemis de Dieu ; les citoyens qui cherchaient à usurper le pouvoir étaient coupables de lèse-majesté divine, et les droits de l'État étaient les droits et les commandements de Dieu lui-même. C'est pourquoi, dans cet État, le droit civil et la religion, qui consiste, comme nous l'avons montré, dans la simple obéissance à la volonté de Dieu, n'étaient qu'une seule et même chose ; en d'autres termes, les dogmes de la religion, chez les Hébreux, ce n'étaient pas des enseignements, mais des droits et des prescriptions ; la piété, c'était la justice ; l'impiété, c'était l'injustice et le crime. Celui qui renonçait à la religion cessait d'être citoyen, et par cela seul était réputé ennemi ; mourir pour la religion, c'était mourir pour la patrie ; en un mot, entre le droit civil et la religion, il n'y avait point de différence. Et c'est pour cette raison que ce gouvernement a pu être appelé théocratique, les citoyens n'y reconnaissant pas de droit qui n'eût été révélé par Dieu. Du reste, toutes ces dispositions existèrent plutôt dans l'opinion que dans la réalité, car les Hébreux conservèrent effectivement un droit politique indépendant, comme cela ressort évidemment de la manière dont l'État hébraïque était administré, et c'est ce que nous allons expliquer.

Puisque les Hébreux ne transférèrent leurs droits à aucune personne déterminée, mais en cédèrent réciproquement une égale partie, comme dans une démocratie, et s'engagèrent, d'un cri unanime, à exécuter tout ce que Dieu ordonnerait (sans désigner aucun médiateur), n'en résulte-t-il pas qu'après ce pacte ils demeurèrent tous égaux comme auparavant, que chacun eut également le droit de consulter Dieu, d'accepter et d'interpréter les lois ; et en général, que toute l'administration de l'État fut également dans les mains de tous ? Et c'est pour cela que la première fois ils allèrent tous ensemble consulter Dieu, pour apprendre de lui sa volonté ; mais telle fut leur frayeur lorsqu'ils se prosternèrent devant Dieu, tel fut leur étonnement, lorsqu'ils l'entendirent parler, qu'ils se crurent tous à leur dernière heure. Éperdus, saisis de crainte, ils vont de nouveau trouver Moïse : « *Nous avons entendu parler Dieu au milieu des flammes, et nous ne voulons pas mourir ; point de doute que ces flammes ne nous dévorent : si nous entendons une seconde fois la voix de Dieu, nous n'échapperons pas à la mort. Va donc, écoute la parole de Dieu, et c'est toi* (et non plus Dieu) *qui nous parleras. Tout ce que Dieu t'aura dit, nous l'accepterons, nous l'exécuterons.* » Par ces dispositions, évidemment ils abolirent leur premier pacte, et abandonnèrent complètement à Moïse le droit qu'ils avaient de consulter Dieu par eux-mêmes et d'interpréter ses ordres. Car ce n'était plus, comme auparavant, aux ordres dictés par Dieu au peuple, mais aux ordres dictés par Dieu à Moïse, qu'ils s'engageaient à obéir (voyez le *Deutéronome*, chap. V, après le *Décalogue*, et chap. XVIII, vers. 15, 16). C'est ainsi que Moïse demeura seul le dispensateur et l'interprète des lois divines, par conséquent le juge souverain, ne pouvant être jugé lui-même par personne, représentant lui seul Dieu parmi les Hébreux, et possédant à ce titre la majesté suprême. À lui seul, en effet, appartenait le droit de consulter Dieu, de transmettre les ordres au peuple et d'en exiger l'exécution ; à lui seul, dis-je : car si quelqu'un, du vivant de Moïse, voulait annoncer quelque chose au peuple au nom de Dieu, fût-il véritablement prophète, il n'en était pas moins déclaré coupable d'usurper le droit suprême (voyez les *Nombre*, chap. XXII, vers. 28)[2]. Et il faut remarquer ici que les mêmes hommes qui avaient élu Moïse n'avaient pas le droit de lui élire un successeur. Car en abandonnant à Moïse le droit qu'ils avaient de consulter Dieu, et en s'engageant à le considérer comme l'oracle de Dieu, ils perdirent par le fait même tous leurs droits, et durent considérer l'élu de Moïse comme l'élu de Dieu lui-même. Or si Moïse se fût choisi un successeur qui, comme lui, eût tenu dans sa main l'administration entière de l'État, à savoir, le droit de consulter Dieu, seul, dans sa tente, et par suite celui de faire les lois et de les abroger, de décider de la paix et de la guerre, d'envoyer des députés, de nommer des juges, de se choisir un successeur, et enfin d'administrer d'une manière absolue toutes les choses qui sont du ressort du souverain pouvoir, le gouvernement eût été une pure monarchie ; avec cette seule différence que les monarchies ordinaires se gouvernent et doivent être gouvernées selon certaines lois, en vertu d'un décret de Dieu inconnu du monarque lui-même, au lieu que dans la monarchie des Hébreux le monarque était seul initié aux décrets de Dieu ; différence qui, loin de diminuer la puissance du souverain et ses droits sur le peuple, ne fait que les accroître encore. Quant au peuple, dans l'un et l'autre gouvernement, il est également sujet, également ignorant des décrets divins. Dans tous les deux, il est en quelque sorte suspendu à la parole du souverain, et apprend de lui ce qui est bien et ce qui est mal. Et quoique le peuple croie que le souverain ne commande rien qui ne soit un ordre révélé par Dieu, loin d'en être diminuée, sa sujétion n'en est que plus réelle et plus étroite. Mais Moïse ne se choisit pas un pareil successeur. Il laissa aux Hébreux un gouvernement tellement organisé, qu'il ne peut être appelé ni populaire, ni aristocratique, ni monarchique, mais plutôt théocratique. À un pouvoir distinct fut attribué le droit d'interpréter les lois et de communiquer au peuple les réponses de Dieu ; à un autre, le droit et le pouvoir d'administrer l'État selon les lois déjà expliquées, selon les réponses déjà transmises. (Sur ce sujet, voyez les *Nombres*, chap. XXVII, vers. 21[3].)

Pour plus de clarté, je vais exposer ici point par point l'organisation du gouvernement hébreu. D'abord il fut ordonné au peuple de bâtir un édifice qui fût comme le palais de Dieu, c'est-à-dire de la souveraine majesté de l'État ; et cet édifice fut construit non pas aux frais d'un seul homme, mais du peuple tout entier, afin que le lieu où Dieu devait être consulté appartînt également à tous. Ce palais divin eut en quelque sorte pour officiers et pour administrateurs les Lévites, entre lesquels Moïse choisit, pour être chef suprême après Dieu, son frère Aharon, auquel ses fils devaient légitimement succéder. Ce chef, le premier après Dieu, fut chargé d'interpréter les lois, de transmettre au peuple les réponses de l'oracle divin, et d'offrir des sacrifices à Dieu pour le peuple. S'il eût ajouté à toutes ces prérogatives le pouvoir exécutif, il ne lui eût plus rien manqué pour être souverain absolu ; mais cela lui fut refusé ainsi qu'à toute la tribu de Lévi, qui, loin d'avoir en main aucun pouvoir, ne reçut pas même, comme les autres tribus, une portion de terre qui lui appartînt en propre et dont elle pût tirer sa subsistance. Moïse voulut que le peuple tout entier contribuât à sa nourriture, et en même temps environnât de respects et d'honneurs cette tribu, seule consacrée au culte de Dieu. Ensuite, les douze autres tribus formèrent une milice et reçurent ordre d'envahir la terre de Chanaan, de la diviser en douze parties, et de les tirer au sort entre les tribus. Pour cela on choisit douze chefs, un dans chaque tribu, lesquels, avec Josué et le souverain pontife Éléazar, furent chargés de diviser les terres en douze parties et de les distribuer par la voie du sort. Josué fut élu le chef suprême de la milice, et à lui seul fut conféré le droit, d'abord de consulter Dieu dans les nouvelles affaires qui surviendraient (non pas comme Moïse, seul dans sa tente ou dans le tabernacle, mais par l'intermédiaire du souverain pontife, qui recevait seul la réponse de Dieu), ensuite d'exécuter et de faire respecter par le peuple les ordres de Dieu transmis par le pontife, de trouver et d'employer les moyens de les exécuter, de choisir dans l'armée autant de chefs qu'il voudrait et ceux qu'il voudrait, d'envoyer des députés en son propre nom, et enfin de disposer avec une liberté absolue de tout ce qui concerne la guerre. Personne ne devait le remplacer par droit de légitime succession, et son successeur ne pouvait être élu que par Dieu, sur la demande expresse du peuple tout entier. Parfois même, tout ce qui concerne la paix et la guerre fut remis aux mains des chefs de tribu, comme je le montrerai bientôt. Enfin, Moïse ordonna que tous les Hébreux portassent les armes depuis vingt jusqu'à soixante ans, et que l'armée, recrutée tout entière dans les rangs du peuple, jurât fidélité, non au général, non au souverain pontife, mais à la religion ou à Dieu. Voilà pourquoi l'armée ou les bataillons furent appelés l'armée de Dieu ou les bataillons de Dieu ; voilà pourquoi Dieu fut appelé chez les Hébreux le Dieu des armées ; voilà pourquoi, dans la grande bataille qui devait décider du triomphe ou de la défaite du peuple tout entier, l'arche d'alliance était portée au milieu de l'armée, afin que les soldats, voyant leur roi pour ainsi dire présent dans leurs rangs, fissent des efforts extraordinaires. Ces dispositions de Moïse montrent clairement qu'il voulut laisser au peuple après lui des administrateurs, non des tyrans. Aussi ne donna-t-il à personne le droit de consulter Dieu, seul et dans le lieu qui lui plairait, non plus, par conséquent, que le droit qu'il avait lui-même d'établir et d'abolir les lois, de décider de la paix et de la guerre, d'élire les administrateurs du temple et des villes, toutes choses qui n'appartiennent qu'à celui qui possède le pouvoir absolu. Le souverain pontife avait le droit d'interpréter les lois et de transmettre les réponses de Dieu, non comme Moïse, chaque fois qu'il le voulait, mais seulement sur la demande du général, ou de l'assemblée suprême, ou de quelque autre corps constitué. De leur côté, le général en chef de l'armée et les assemblées pouvaient consulter Dieu quand ils le voulaient, mais ils ne pouvaient recevoir les réponses de Dieu que par l'intermédiaire du souverain pontife. De sorte que la parole de Dieu, dans la bouche du souverain pontife, n'était pas un décret comme dans la bouche de Moïse, mais une simple réponse. Transmise à Josué et aux assemblées, elle prenait force de loi ; c'était un ordre, un décret. D'après ces dispositions, le souverain pontife, qui recevait directement les réponses de Dieu, n'avait pas d'armée sous ses ordres et n'exerçait aucun pouvoir légitime dans le gouvernement de l'État ; et réciproquement ceux qui possédaient des terres n'avaient pas le droit d'établir des lois. Les souverains pontifes Aharon et son fils Éléazar furent l'un et l'autre élus par Moïse ; mais après la mort de Moïse, personne n'hérita du droit d'élire le souverain pontife, et le fils succéda légitimement à son père. De même le général de l'armée fut élu par Moïse et non par l'autorité du souverain pontife ; c'est en recevant ses droits de Moïse qu'il prit la fonction de général. Voilà pourquoi, après la mort de Josué, le pontife n'élut personne à sa place ; voilà pourquoi les chefs des tribus ne consultèrent pas Dieu sur le choix d'un nouveau général ; mais chacun exerça sur les soldats de sa tribu et tous ensemble exercèrent sur toute l'armée les droits qui avaient appartenu à Josué. Et il ne me semble pas qu'ils aient eu besoin d'un chef suprême, si ce n'est dans les circonstances où l'armée entière réunie marchait contre un ennemi commun. C'est ce qui arriva, surtout du temps de Josué, lorsque les Hébreux n'avaient pas encore de résidence bien fixe, et que toutes choses appartenaient à tous. Mais après que les terres prises par le droit de la guerre eurent été partagées entre les tribus, et que toutes choses n'appartinrent plus à tous, par cela même la nécessité d'un chef commun cessa de se faire sentir, les hommes des différentes tribus étant, grâce à cette distribution, les uns par rapport aux autres, moins des concitoyens que des alliés. Relativement à Dieu et à la religion, ils devaient être considérés comme des concitoyens ; relativement aux droits d'une tribu sur l'autre, comme de simples alliés. Les tribus étaient toutes semblables en cela (à l'exception du temple qui leur était commun) aux États confédérés des Hollandais. Qu'est-ce en effet que la division en différentes parties d'un bien commun, si ce n'est la possession exclusive par chacun de la portion qui lui échoit, et de la part des autres l'abandon volontaire de leurs droits sur cette même portion ? Voilà pourquoi Moïse élut des chefs de tribu. Il voulut qu'après la division de l'État, chaque chef veillât sur les intérêts des siens, consultât Dieu, par l'intermédiaire du souverain pontife, sur les affaires de sa tribu, commandât l'armée, fondât et fortifiât les villes, établît des juges dans chaque cité, repoussât ses ennemis particuliers, administrât tout ce qui concerne la paix et la guerre, enfin, qu'il n'y eût point d'autre juge que Dieu pour chaque chef[4], Dieu, dis-je, et les prophètes expressément envoyés par lui. Un chef abandonnait-il la loi de Dieu, les autres tribus devaient, non pas le juger comme un sujet, mais en tirer vengeance comme d'un ennemi qui aurait manqué à la foi des traités. Nous en avons des exemples dans l'Écriture. Après la mort de Josué, les fils d'Israël, et non pas un nouveau général des armées, consultèrent Dieu. Il fut répondu que la tribu de Juda devait la première faire invasion chez les ennemis qui lui étaient particuliers. Elle fit donc alliance avec la tribu de Siméon pour envahir avec leurs forces réunies leurs ennemis communs ; les autres tribus restèrent en dehors de cette alliance (voyez les *Juges*, chap. I, II, III). Chacune et séparément (comme nous l'avons raconté dans le précédent chapitre) fit la guerre contre ses ennemis particuliers, et, selon son bon plaisir, reçut les soumissions de tels ou tels peuples, bien que les décrets de Dieu défendissent d'en épargner aucun, à quelque condition que ce fût, et ordonnassent de tout exterminer. Cette infraction est blâmée, à la vérité, mais on ne voit pas que personne ait appelé en jugement les tribus coupables. Ce n'était pas là en effet un motif suffisant pour les Hébreux de lever les armes contre eux-mêmes et de s'immiscer les uns dans les affaires des autres. Quant à la tribu de Benjamin, qui avait outragé le reste de la nation et brisé le lien de la paix, au point que personne ne pût trouver chez elle une hospitalité sûre, les autres tribus la traitèrent en ennemie, envahirent son territoire, et, victorieuses enfin après trois combats, enveloppèrent tout, coupables et innocents, dans un massacre sur lequel elles répandirent ensuite des larmes tardives.

Ces exemples confirment pleinement ce que nous avons dit du droit de chaque tribu. Mais peut-être quelqu'un demandera qui choisissait le successeur du chef de tribu. Sur ce point il est impossible de rien recueillir de certain dans la Bible. Voici toutefois ce que je conjecture. Chaque tribu était divisée en familles, et les chefs de famille étaient choisis parmi les vieillards de chaque famille ; le plus ancien parmi ces derniers succédait au chef de la tribu. N'est-ce pas, en effet, parmi les anciens que Moïse se choisit soixante-dix conseillers qui formaient avec lui l'assemblée suprême ? Ceux qui, après la mort de Josué, eurent l'administration de l'État ne sont-ils pas appelés du nom de vieillards dans l'Écriture ? Les Hébreux n'appellent-ils pas sans cesse les juges les anciens ? Et tout le monde ne sait-il pas cela ? Mais, pour le but que nous nous proposons, il importe peu d'éclaircir ce point ; il suffit que nous ayons montré qu'après la mort de Moïse, personne ne remplit les fonctions de chef suprême absolu. Puisque, en effet, ce n'était ni la volonté d'un seul homme, ni celle d'une seule assemblée, ni celle du peuple, qui décidait de toutes les affaires, mais que les unes étaient administrées par une seule tribu, les autres par toutes les tribus avec un droit égal, n'en résulte-t-il pas avec la dernière évidence que le gouvernement, après la mort de Moïse, ne fut ni monarchique, ni aristocratique, ni populaire, mais qu'il fut, comme nous l'avons dit, théocratique ; et cela par les raisons suivantes : 1° le siège de l'État était un temple ; et c'est par là seulement, comme nous l'avons montré, que les hommes de toutes les tribus étaient concitoyens ; 2° tous les membres de l'État devaient jurer fidélité à Dieu, leur juge suprême, auquel seul ils avaient promis en toutes choses une obéissance absolue ; 3° enfin le commandant suprême des armées, quand il en était besoin, ne pouvait être élu que par Dieu seul ; c'est ce que dit expressément Moïse, au nom de Dieu, dans le *Deutéronome*, chapitre XIX, verset 15 ; c'est ce que confirme l'élection de Gédéon, de Samson et de Shamuël, de sorte qu'on ne saurait douter que les autres chefs, fidèles à Dieu, n'aient été élus de la même manière, bien que cela ne soit pas constaté par leur histoire.

Reste à voir maintenant jusqu'à quel point une telle constitution était propre à maintenir les esprits dans la modération, et à retenir les gouvernants et les gouvernés également loin, ceux-ci de la rébellion, ceux-là de la tyrannie.

Ceux qui administrent l'État ou qui ont le pouvoir en main, quelque action qu'ils fassent, s'efforcent toujours de la revêtir des couleurs de la justice et de persuader au peuple qu'ils ont agi dans des vues honorables ; ce qui est chose facile, quand l'interprétation du droit est en leur pouvoir. Il n'est pas douteux, en effet, qu'un tel privilège ne leur donne la plus grande liberté possible de s'abandonner à tous leurs caprices et à toutes leurs passions ; au contraire, cette liberté serait fortement contenue, si le droit d'interpréter la loi était dans les mains d'un autre, et si la vraie interprétation de la loi était si manifeste pour tout le monde qu'il n'y eût pas d'hésitation possible. D'où il suit clairement que les chefs des Hébreux eurent une grande occasion de moins de commettre des crimes, par cela seul que le droit d'interpréter la loi fut confié aux Lévites (voyez le *Deutéronome*, chap. XXI, vers. 5), qui ne possédaient dans l'État ni terre ni pouvoir administratif, et dont toute la fortune et toute la gloire consistait dans la vraie interprétation de la loi. Ajoutez à cela que le peuple entier était obligé, chaque septième année, de se rassembler dans un lieu déterminé, où le pontife expliquait et enseignait la loi, et, en outre, que chacun en particulier devait lire et relire sans cesse avec la plus grande attention le livre de la loi tout entier (voyez le *Deutéronome*, chap. XXXI, vers. 9. etc. ; et chap. VI, vers. 7). Aussi les chefs des Hébreux, dans leur propre intérêt, devaient-ils veiller à ce que toutes choses fussent administrées selon les lois prescrites et connues de tout le monde ; seul moyen pour eux d'être comblés d'honneurs par le peuple, qui respectait alors en eux les ministres du royaume de Dieu et les représentants de Dieu lui-même. De toute autre manière, ils ne pouvaient échapper à la plus terrible de toutes les haines, les haines de religion. En outre, ce qui ne contribua pas peu à mettre un frein aux passions des chefs, c'est que l'armée se composait de tous les citoyens (sans exception d'un seul, depuis la vingtième jusqu'à la soixantième année), et que les chefs ne pouvaient enrôler à prix d'argent aucun soldat étranger ; cela, dis-je, n'était pas de médiocre importance. N'est-ce pas, en effet, une chose évidente que ce n'est qu'avec une armée à leur solde que les chefs peuvent opprimer le peuple, et qu'ils ne redoutent rien tant que la liberté de soldats concitoyens qui ont payé de leur courage, de leurs fatigues, de leur sang prodigué sur les champs de bataille la liberté et la gloire de l'État ? Voilà pourquoi Alexandre, sur le point d'engager un second combat contre Darius, après avoir entendu l'avis de Parménion, ne s'emporta pas contre lui, mais bien contre Polysperchon, qui partageait cependant le même avis. C'est que, comme dit Quinte-Curce, livre IV, chapitre 13, il n'osa pas faire de nouveaux reproches à Parménion, qu'il avait, peu de temps auparavant, réprimandé avec trop de violence. Et cette liberté des Macédoniens, qu'il redoutait tant, comme nous l'avons déjà dit, il ne put la plier sous le joug qu'après que les captifs entrés dans l'armée surpassèrent en nombre les Macédoniens. Alors il lâcha la bride à son humeur emportée, si longtemps contenue par la liberté des soldats ses concitoyens. Or si dans un État purement humain la liberté de soldats concitoyens retient ainsi des chefs qui ont coutume d'accaparer pour eux seuls l'honneur de la victoire, combien cette même liberté dut-elle être un frein plus puissant pour les chefs des Hébreux, dont les soldats combattaient, non pour la gloire du chef, mais pour la gloire de Dieu, et n'engageaient l'action que sur la réponse formelle de Dieu !

Ajoutez encore que les chefs des Hébreux étaient tous unis entre eux par le lien de la religion. Quelqu'un d'entre eux y était-il infidèle, et violait-il le droit divin d'un autre chef, par là même il pouvait être considéré comme ennemi, et les dernières extrémités contre lui étaient légitimes.

Ajoutez en troisième lieu la crainte de quelque nouveau prophète. Un homme d'une vie irréprochable prouvait-il par quelques signes qu'il était véritablement prophète, à lui appartenait le droit souverain de commander, tel que l'avait possédé Moïse, à qui Dieu se révélait directement, et non pas comme aux autres chefs, par l'intermédiaire du pontife. Or il n'est point douteux qu'un tel homme ne mît facilement dans son parti un peuple opprimé, et, à l'aide de quelques signes, ne disposât de sa confiance à son gré. Mais si l'État était bien administré, le chef pouvait à l'avance disposer les choses de telle sorte que le prophète dût d'abord se soumettre à son jugement, et qu'il lui appartînt d'examiner si sa vie était irréprochable, si les signes qu'il donnait de sa mission étaient certains et incontestables, enfin, si ce qu'il venait annoncer au nom de Dieu était en harmonie avec la doctrine reçue, avec les lois générales de la patrie ; et dans le cas où les signes n'étaient pas assez manifestes, et où la doctrine était nouvelle, le chef avait le droit de condamner le prophète à mort. Mais quand le prophète était dans les intérêts du prince, il suffisait de l'autorité et du témoignage du chef de l'État pour le faire accepter au peuple.

Ajoutez, en quatrième lieu, que le chef ne l'emportait sur le reste du peuple ni par la noblesse, ni par le droit du sang, mais que c'était à son âge et à sa vertu qu'il devait d'administrer l'État.

Ajoutez enfin que, chef et armée, personne ne préférait la guerre à la paix. L'armée, en effet, comme nous l'avons déjà dit, ne recevait dans ses rangs que des citoyens, et c'étaient les mêmes hommes, dans la guerre comme dans la paix, qui avaient les affaires en main. Le même homme était soldat au camp, citoyen sur la place publique ; officier au camp, juge dans la cité ; commandant général au camp, chef suprême dans la ville. Aussi personne ne désirait-il la guerre pour la guerre, mais en vue de la paix, et dans le but de défendre la liberté. Même le chef, pour éviter d'aller consulter le souverain pontife, et de se tenir debout devant lui, par respect pour sa dignité, repoussait autant que possible toute situation nouvelle. Telles sont les raisons qui contenaient l'autorité des chefs dans de justes limites.

Maintenant quelles sont celles qui retenaient le peuple ? elles ressortent avec évidence de la constitution fondamentale de l'État. Il suffit de l'examiner, même légèrement, pour se convaincre qu'elle dut nourrir dans l'esprit du peuple un singulier amour de la patrie, et lui rendre presque impossible la pensée d'une trahison ou d'une défection, mais que tous les Hébreux au contraire durent être disposés à tout souffrir plutôt que de se soumettre à la domination étrangère. Eux qui avaient remis leurs droits dans les mains de Dieu, qui croyaient que leur royaume était le royaume de Dieu, qu'ils étaient seuls les fils de Dieu, que toutes les autres nations étaient ses ennemies, et qui à ce titre les accablaient de la haine la plus violente (c'était, selon eux, un acte de piété, voyez le psaume CXXXIX, vers. 21, 22), comment n'auraient-ils pas eu par-dessus tout horreur de jurer fidélité et de promettre obéissance à l'étranger ? Pouvaient-ils concevoir un plus honteux forfait, un crime plus exécrable, que de trahir la patrie, royaume du Dieu qu'ils adoraient ? C'était même une chose honteuse pour un citoyen de fixer sa demeure ailleurs que dans sa patrie, parce qu'il n'était permis de satisfaire au culte de Dieu que sur le sol de la patrie, la patrie seule étant une terre sainte, et tout autre pays une terre immonde et profane. Voilà pourquoi David, forcé de s'exiler, se répand en plaintes devant Saül : *Si ceux qui excitent ta colère contre moi sont des hommes, ils sont maudits, puisqu'ils me retranchent de la société et de l'héritage de Dieu, et qu'ils me disent : Va et sacrifie aux dieux étrangers* (voyez *Shamuel*, XXVI, vers. 19). Et c'est pour ce motif qu'aucun citoyen, ce qui mérite d'être bien remarqué, ne pouvait être condamné à l'exil. Le coupable en effet mérite le supplice, et non la honte et l'opprobre. L'amour des

Hébreux pour la patrie n'était donc pas simplement de l'amour, c'était de la religion. Et cet amour, cette religion, en même temps que leur haine pour les autres nations, étaient tellement encouragés et nourris par le culte de chaque jour qu'ils leur étaient devenus naturels. En effet, non-seulement leur culte de chaque jour était essentiellement différent de tout autre (ce qui les distinguait et les séparait profondément d'avec les autres peuples), mais ces différences allaient jusqu'à l'opposition. Or de cette réprobation dont ils accablaient chaque jour les autres nations dut naître une haine éternelle, fermement enracinée dans tous les esprits, comme peut l'être une haine qui a son origine dans la dévotion et la piété, et qui, étant considérée comme un acte pieux, n'a pas d'égale pour la violence et l'opiniâtreté. Ajoutez à cela une cause générale qui enflamme de plus en plus la haine, à savoir, la réciprocité ; car les autres nations durent avoir en retour pour les Juifs la haine la plus violente. Qu'on réunisse maintenant toutes ces circonstances, la liberté dans l'État, l'amour de la patrie porté jusqu'à la religion, à l'égard des autres peuples un droit absolu et une haine non-seulement permise mais pieuse, l'habitude de voir des ennemis partout, la singularité des mœurs et des coutumes, combien tout cela ne dut-il pas contribuer à affermir l'âme des Hébreux et les préparer à tout supporter pour la patrie avec une constance et un courage peu communs ! c'est ce qu'enseigne clairement la raison et ce qu'atteste l'expérience. Jamais, en effet, tant que la ville capitale fut debout, les Hébreux ne purent supporter la domination étrangère, et c'est pourquoi on appelait Jérusalem la cité rebelle (voyez *Hezras*, chap. IV, vers. 12, 15). Le second empire (qui fut à peine une ombre du premier, après que les pontifes eurent usurpé le pouvoir souverain) ne put être que difficilement détruit par les Romains ; c'est ce que Tacite, livre II des *Histoires*, atteste par ces paroles : *Vespasien avait terminé la guerre judaïque en abandonnant le siège de Jérusalem, entreprise pénible et ardue, à cause du caractère de la nation et de l'opiniâtreté de ses superstitions, bien qu'il ne restât pas aux assiégés assez de force pour supporter les suites d'un siège.* Mais outre ces circonstances dont l'appréciation dépend un peu du caprice de l'opinion, il y avait encore dans cet état quelque chose de particulier et de très-puissant qui dut retenir les citoyens dans le devoir et éloigner de leur esprit toute pensée de défection, tout désir d'abandonner la patrie, je veux parler de l'intérêt, qui dirige et anime toutes les actions humaines. Et cela, dis-je, était particulier à cet État. C'est que nulle part et dans aucun État les citoyens ne jouissaient de leurs biens avec des droits égaux à ceux des Hébreux qui possédaient une part de terres et de champs égale à celle du chef, et demeuraient éternellement maîtres de la part qui leur était échue. Quelqu'un pressé par le besoin vendait-il son fonds ou sa terre, le jubilé arrivé il rentrait complètement en possession ; et toutes choses étaient tellement disposées que personne ne pût aliéner le bien-fonds qui était sa propriété. Ensuite la pauvreté ne pouvait être nulle part aussi facile à supporter que dans un pays où la charité envers le prochain, c'est-à-dire de citoyen à citoyen, devait être pratiquée comme un acte souverainement pieux et comme l'unique moyen de se rendre Dieu propice. Il n'y avait donc de bonheur pour les Hébreux qu'au sein de leur patrie ; hors de là ils ne pouvaient trouver que dommage et opprobre. Quoi de plus merveilleusement propre, non-seulement à retenir les citoyens sur le sol de la patrie, mais aussi à les préserver des guerres civiles, en bannissant tout sujet de querelles et de discordes, que de reconnaître pour souverain, non pas un égal, mais Dieu seul, et de considérer comme un acte de souveraine piété cette charité, cet amour de citoyen à citoyen, qui s'alimentait sans cesse de la haine que les Juifs portaient aux autres nations, et que celles-ci leur renvoyaient ? Ce qui n'était pas non plus d'une médiocre importance, c'est cette discipline qui les pliait de bonne heure à une obéissance absolue, obligés qu'ils étaient de se soumettre en toutes choses aux prescriptions invariables de la loi. Ainsi il n'était permis à personne de labourer à son gré, mais seulement à de certaines époques et dans de certaines années déterminées, avec une seule et même espèce de bêtes de trait. De même, il n'était permis de semer, de moissonner, que d'une certaine manière et à une certaine époque. Leur vie enfin était comme un perpétuel sacrifice à l'obéissance. (Sur ce sujet, voyez notre chap. V : *De l'usage des cérémonies.*) Ainsi habitués à des pratiques invariablement les mêmes, cette servitude dut leur paraître la vraie liberté. Personne ne désirait ce qui était défendu, mais bien ce qui était ordonné par la loi. Mais ce qui ne contribua pas non plus médiocrement à entretenir ces bonnes dispositions chez les Hébreux, c'est que la loi leur faisait un devoir à certaines époques de l'année de se livrer au repos et à la joie, et cela pour obéir non pas aux vœux de leur cœur, mais à Dieu de tout leur cœur. Trois fois l'an ils étaient les convives de Dieu (voyez le *Deutéronome*, chap. XVI). Le septième jour de la semaine, ils devaient s'abstenir de tout travail et se livrer au repos. En outre, certaines autres époques étaient désignées pendant lesquelles les plaisirs honnêtes et les festins leur étaient non-seulement permis, mais ordonnés. Et je ne pense pas qu'on puisse rien imaginer de plus efficace pour gouverner les esprits des hommes. Rien ne les charme davantage que cette joie qui a son origine dans la dévotion, laquelle est un mélange d'admiration et d'amour[5]. D'ailleurs ils étaient prémunis contre le dégoût qu'amène la longue habitude des mêmes choses par la rareté et la variété des cérémonies usitées dans les jours de fête. Ajoutez à cela ce souverain respect pour le temple qui fut tel pour les Hébreux qu'ils se montrèrent toujours religieux observateurs des cérémonies particulières qu'ils devaient accomplir selon la loi avant d'y entrer. C'est au point qu'aujourd'hui même les Hébreux ne sauraient lire sans un profond sentiment d'horreur le récit du crime de Manassé, qui osa élever une idole au milieu du temple. À l'égard des lois religieusement conservées au fond du sanctuaire, même profond respect de la part du peuple. Aussi n'avait-on à craindre de sa part ni rumeurs, ni jugements anticipés. Qui oserait porter un jugement sur les choses divines ? À tous les ordres prescrits, ou par les réponses de Dieu parlant dans le temple, ou par les lois établies de Dieu lui-même, les Hébreux devaient obéir sur-le-champ et sans examen.

Je crois avoir montré brièvement, il est vrai, mais assez clairement les avantages de la constitution des Hébreux. Reste à rechercher maintenant pourquoi les Hébreux ont été si souvent infidèles à la loi, si souvent réduits en servitude, et quelles causes enfin ont amené leur ruine complète. Quelqu'un dira peut-être qu'il faut attribuer cette décadence à l'esprit séditieux de la nation ? Mais cette explication est puérile ; pourquoi en effet la nation juive a-t-elle été plus séditieuse que les autres ? est-ce la nature qui l'a faite ainsi ? Mais la nature ne crée pas des nations, elle crée des individus qui ne se distinguent en différentes nations que par la diversité de la langue, des lois et des mœurs. C'est de ces deux choses seules, les lois et les mœurs, que dérivent pour chaque nation un caractère particulier, une manière d'être particulière, tels ou tels préjugés particuliers. Si donc on devait accorder que les Hébreux ont eu plus que tous les autres hommes l'esprit de sédition, c'est à un vice des lois et des mœurs qu'ils reçurent de leurs législateurs qu'il faudrait l'imputer. Et certes, il est incontestable que si Dieu eût voulu que leur empire eût plus de persistance, il eût donné au peuple d'autres droits, d'autres lois, et institué un autre mode d'administration. Qu'avons-nous donc autre chose à dire, si ce n'est qu'ils eurent contre eux la colère de leur Dieu : non-seulement, comme le dit Jérémie (chap. XXXII, vers. 31) depuis la fondation de la ville, mais dès l'institution des lois ? C'est ce qu'Ézéchiel (chap. XX, vers. 25) témoigne par ces paroles : *Je leur ai donné de mauvaises institutions, et des lois qui ne laissent à la nation aucune chance de durée ; je les ai souillés de leurs propres présents, lorsqu'ils offraient pour leurs péchés ce qui sort le premier du sein de la mère* (c'est-à-dire les premiers-nés), *parce que je voulais consommer leur ruine et leur apprendre que je suis Jéhovah*. Pour comprendre ces paroles et la cause de la ruine de l'État, il faut qu'on sache qu'il avait d'abord été résolu que l'on confierait le ministère sacré à tous les premiers-nés et non aux seuls Lévites (voyez les *Nombres*, chap. III, vers. 17). Mais le peuple tout entier, à l'exception des Lévites, ayant adoré le veau d'or, les premiers-nés furent répudiés par Dieu et déclarés souillés ; les Lévites furent choisis à leur place. Or, plus je considère cette modification dans la constitution, plus je songe aux paroles de Tacite, que dans ce temps-là Dieu songea moins à la prospérité du peuple qu'à la vengeance (*Hist.*, I, 3), et je ne puis assez m'étonner que la colère céleste ait été assez grande pour que Dieu se soit servi des lois, qui n'ont d'ordinaire d'autre but que la gloire, le salut et la sécurité du peuple tout entier, comme d'un instrument de vengeance et de châtiment général, à tel point qu'elles aient paru moins des lois accommodées au bien-être du peuple que des peines et des supplices infligés à la nation. Tous les dons en effet que les citoyens étaient obligés de faire aux Lévites et aux prêtres, la nécessité de racheter les premiers-nés, de payer un certain impôt par tête, le privilège exclusif pour les Lévites d'approcher des choses sacrées, tout cela accusait sans cesse le peuple et lui rappelait son impureté primitive et la réprobation dont il était l'objet. Les Lévites d'ailleurs l'accablaient sans cesse de mille reproches. Car il n'est pas douteux qu'au milieu de cette multitude de Lévites il ne se rencontrât un grand nombre de misérables théologiens, véritablement intolérables. Et de là chez le peuple l'habitude d'observer d'un œil ennemi les actions des Lévites, qui après tout étaient des hommes, et, comme il arrive, de les accuser tous du crime d'un seul. Par suite, de perpétuelles rumeurs. Ajoutez l'obligation de nourrir des hommes oisifs, odieux, et qui ne se rattachaient point au peuple par les liens du sang, charge qui paraissait particulièrement pesante quand les vivres étaient chers. Les Lévites étant donc plongés dans l'oisiveté, les miracles éclatants ayant cessé, enfin les pontifes n'étant plus des hommes d'un choix sévère, faut-il s'étonner que l'esprit religieux d'un peuple irrité à la fois et avare ait commencé à se refroidir et à s'éloigner peu à peu d'un culte qui, bien que divin, lui était ignominieux et même suspect, pour en désirer un nouveau, que les chefs (qui aspirent toujours à s'emparer exclusivement du souverain pouvoir), pour s'attacher le peuple et le détourner des pontifes, lui aient fait toutes sortes de concessions, et aient introduit dans la patrie de nouveaux cultes ? Mais si la république eût été instituée d'après le plan primitif, droits et honneurs, toutes choses eussent été égales pour toutes les tribus, et l'État eût joui d'une sécurité complète. Quel homme consentirait à violer les droits sacrés de ceux qui lui sont unis par les liens du sang ? qui n'aimerait à remplir un devoir de religion en nourrissant des frères ou des parents ? qui ne se plairait à être instruit par eux dans l'interprétation des lois, à recevoir de leur bouche les réponses divines ? Et puis, toutes les tribus eussent été unies entre elles par un lien beaucoup plus étroit, si elles eussent toutes exercé également le droit d'administrer les choses sacrées. Il y a plus, tout danger eût disparu, si l'élection des Lévites n'avait pas eu pour cause la colère et la vengeance. Mais, comme nous l'avons déjà dit, les Hébreux furent l'objet de la colère de leur Dieu, qui, pour répéter les paroles d'Ézéchiel, les souilla de leurs propres présents, en leur renvoyant les fruits du sein maternel, afin de consommer leur ruine. Toutes ces explications d'ailleurs, l'histoire les confirme. À peine le peuple dans le désert eut-il quelque repos, que plusieurs, élevés au-dessus du peuple par leur rang et leur naissance, supportèrent difficilement cette élection des Lévites, et en prirent occasion de supposer que Moïse établissait et instituait toutes choses, non d'après les ordres de Dieu, mais selon son caprice. N'avait-il pas choisi sa tribu de préférence à toutes les autres, et donné éternellement à son frère le droit du pontificat ? Aussi vont-ils trouver Moïse en grand tumulte, s'écriant que tous les Hébreux sont également saints et que sa propre autorité sur tout le peuple est une infraction au droit. Moïse ne peut les apaiser ; mais un miracle s'accomplit en témoignage de sa mission, et les rebelles sont tous exterminés. De là une nouvelle sédition à laquelle prend part le peuple entier, persuadé que la cause de la mort des siens, c'est moins le jugement de Dieu que l'artifice de Moïse. Celui-ci ne parvint à calmer le peuple qu'après qu'une horrible peste l'eut abattu, à ce point que la mort lui paraissait préférable à la vie. La sédition cessa plutôt que la concorde ne s'établit. C'est ce qu'atteste l'Écriture dans le *Deutéronome* (chap. XXXIII, vers. 21), où Dieu, après avoir prédit à Moïse que le peuple, après sa mort, sera infidèle au vrai culte, ajoute : *Je connais les passions du peuple, je sais ce qu'il médite en son esprit, maintenant que je ne l'ai pas encore conduit dans la terre que je lui ai promise par serment.* Et peu après, Moïse dit lui-même au peuple : *Je connais votre cœur rebelle et votre esprit séditieux. Si pendant ma vie vous vous êtes révoltés contre Dieu, combien plus le ferez-vous après ma mort !* Et c'est en effet ce qui arriva, comme cela est assez connu. De là de grands changements, une licence effrénée, le luxe et la paresse, et par suite toutes choses inclinant à leur ruine, jusqu'à ce que le peuple, plusieurs fois réduit en servitude, rompit brusquement avec le droit divin et réclama un roi mortel, voulant substituer au temple une cour véritable, et fonder la confédération des tribus, non plus sur le droit divin et le pontificat, mais sur le pouvoir royal. Mais ce nouveau gouvernement ouvrit la porte à de nouvelles séditions, qui amenèrent finalement la ruine de l'État.

Qu'y a-t-il en effet de moins supportable aux rois qu'une autorité précaire, et une puissance rivale au sein même de leur puissance ? Les premiers qui furent élevés de la condition privée à la royauté furent satisfaits de leur nouvelle dignité ; mais leurs fils, qui montèrent sur le trône par droit de légitime succession, peu à peu modifièrent toutes les institutions, afin de s'approprier le pouvoir entier, qui leur échappait en partie, tant que les lois ne dépendaient pas de leur volonté, mais étaient remises sous la sauvegarde du pontife, qui les conservait dans le sanctuaire et les interprétait au peuple. Ils étaient donc soumis comme leurs sujets à l'empire des lois ; ils ne pouvaient les abroger, ni en instituer de nouvelles et leur conférer la même autorité qu'aux anciennes. Et puis, le droit des Lévites défendait aux rois comme aux sujets, profanes qu'ils étaient, d'administrer les choses sacrées ; de plus, ils se trouvaient avec toute leur puissance à la merci du caprice du premier homme qui se faisait reconnaître pour prophète, comme il est arrivé en plusieurs rencontres. On sait avec quelle liberté Shamuel donnait ses ordres à Saül, et avec quelle facilité, pour une seule faute, il transporta le pouvoir dans les mains de David. Les rois voyaient donc un autre pouvoir contre-balancer sans cesse leur autorité, et n'avaient qu'une autorité précaire. Pour surmonter ces obstacles, ils imaginèrent d'élever d'autres temples aux dieux ; car de cette façon ils n'étaient pas obligés de consulter les Lévites, et de chercher des hommes qui voulussent bien prophétiser en leur faveur au nom de Dieu, afin de les opposer aux vrais prophètes. Mais, malgré tous leurs efforts, ils n'obtinrent jamais l'objet de leurs vœux. En effet les prophètes, prêts à tout, attendaient le moment favorable, un nouveau règne, par exemple, toujours précaire, tant que subsiste le souvenir du précédent : alors ils suscitaient facilement quelque roi revêtu de l'autorité divine, renommé par ses vertus, et qui venait revendiquer le droit divin, et s'emparer légitimement ou du pouvoir tout entier, ou d'une partie du pouvoir. Mais les prophètes n'obtenaient encore par ce moyen aucun résultat satisfaisant ; car s'ils chassaient de l'état un tyran, les causes de la tyrannie n'en subsistaient pas moins. Ils ne faisaient qu'acheter un nouveau tyran au prix de beaucoup de sang. Ainsi il n'y avait point de fin aux désordres et aux guerres civiles, les mêmes raisons subsistant toujours de violer le droit divin ; elles ne disparurent qu'avec l'État lui-même.

Nous voyons par les considérations précédentes comment la religion s'introduisit dans la constitution des Hébreux, et de quelle manière leur gouvernement eût pu être éternel, si la juste colère de leur divin législateur n'y eût apporté aucune modification. Mais parce que les choses ne purent se passer ainsi, il dut périr. Nous n'avons parlé ici que du premier empire ; c'est que le second fut à peine une ombre du premier. Les Hébreux étaient alors soumis à la domination persane, et quand ils eurent recouvré la liberté, les pontifes s'emparèrent du pouvoir exécutif et disposèrent d'une puissance absolue. De là chez les prêtres d'ambitieux efforts pour envahir à la fois le trône et le pontificat : voilà pourquoi nous n'avons pas dû insister sur le second empire. Quant au premier, avec les chances de durée que nous croyons qu'il avait selon sa primitive constitution, peut-il être imité, doit-il être imité autant que cela est possible ? c'est ce qui ressortira des considérations qui vont suivre. Nous voulons seulement, pour accomplir toute cette recherche, faire une remarque que nous avons déjà indiquée, savoir, qu'il est démontré par ce chapitre que le droit divin ou religieux est fondé sur un pacte, à défaut duquel il n'existe d'autre droit que le droit naturel, et que c'est pour ce motif que les Hébreux n'étaient tenus par la religion à aucun amour pour les autres nations, qui n'avaient point pris part à ce pacte, en sorte que la charité n'était chez eux un devoir qu'entre concitoyens.

1. ↑ Voyez les *Notes marginales de Spinoza*, note 31.
2. ↑ Voyez les *Notes marginales de Spinoza*, note 32.
3. ↑ Voyez les *Notes marginales de Spinoza*, note 33.
4. ↑ Voyez les *Notes marginales de Spinoza*, note 34.
5. ↑ Voyez l'*Éthique*, part. 3, Défin. des passions, déf. 10.

CHAPITRE XVIII.

QUELQUES PRINCIPES POLITIQUES DÉDUITS DE L'EXAMEN DE LA RÉPUBLIQUE DES HÉBREUX ET DE LEUR HISTOIRE.

Quoique la constitution hébraïque, telle que nous l'avons conçue dans le précédent chapitre, pût subsister éternellement, il n'est plus possible aujourd'hui de l'imiter, et ce serait une entreprise très-déraisonnable. Car celui qui voudrait transférer ses droits à Dieu devrait former, à la manière de la nation hébraïque, une alliance expresse avec Dieu ; ce qui exigerait non-seulement la volonté de celui qui abandonnerait ses droits, mais encore celle de Dieu. Or Dieu n'a-t-il pas déclaré par les apôtres que désormais l'alliance de la Divinité avec l'homme ne serait écrite ni avec de l'encre, ni sur des tables de pierre, mais dans le cœur de chacun par l'Esprit divin ? Ensuite cette forme de gouvernement ne saurait être de quelque utilité qu'à un peuple qui voudrait se concentrer en lui-même, sans relations au dehors, s'enfermer dans ses frontières et se séparer du reste du monde, et non point à un peuple qui a besoin d'avoir des relations continuelles avec ses voisins. Voilà pourquoi une pareille forme de gouvernement ne pourrait convenir qu'à un très-petit nombre de peuples. Toutefois, bien que la constitution hébraïque ne soit pas à imiter en bien des points, il en est beaucoup cependant qui méritent d'être remarqués et qu'on pourrait même lui emprunter très-utilement. Mais comme mon dessein, ainsi que j'en ai déjà averti, n'est pas de composer un traité complet de politique, je ne parlerai que de celles des institutions des Hébreux qui se rattachent à mon objet.

Je remarquerai premièrement que la royauté de Dieu dans l'État ne s'opposait point à ce qu'on revêtît un homme de la souveraine majesté, et qu'on remît entre ses mains le souverain pouvoir. En effet, les Hébreux, après avoir transféré leurs droits à Dieu, ne donnèrent-ils pas le souverain pouvoir à Moïse, qui seul possédait le droit d'établir et d'abolir les lois au nom de Dieu, de choisir les ministres du culte, de juger, d'instruire, de châtier le peuple, enfin de commander à tous d'une manière absolue ? Ensuite, bien que les ministres du culte fussent les interprètes de la loi, il ne leur appartenait point de juger les citoyens et d'en exclure aucun de la communauté politique ; c'était le droit exclusif des juges et des chefs choisis au sein du peuple (voyez *Josué*, chap. VI, vers. 26 ; *Juges*, chap. XXI, vers. 18 et 1 ; et *Shamuel*, chap. XIV, vers. 24). Si nous venons maintenant à considérer attentivement l'histoire des Hébreux et leurs vicissitudes, nous rencontrerons beaucoup d'autres institutions politiques dignes d'être remarquées : en voici quelques-unes.

I. On ne vit aucune secte particulière au sein de la religion que dans le second empire, lorsque les pontifes prirent possession du droit de porter des décrets et de diriger les affaires de l'État, et que, pour conserver éternellement ce droit, ils usurpèrent le pouvoir exécutif et voulurent être appelés du nom de rois. Ce fait s'explique de lui-même. Dans le premier empire, aucun décret ne pouvait recevoir son nom des pontifes, ceux-ci n'ayant pas le droit de porter des décrets, mais simplement de transmettre les réponses de Dieu aux questions soit des chefs, soit des assemblées. Ils ne devaient par conséquent avoir aucun désir de susciter de nouveaux décrets ; ils durent plutôt défendre et maintenir les usages reçus et consacrés par la tradition. Quel autre moyen avaient-ils de conserver intacte leur indépendance contre le mauvais vouloir des chefs que de veiller à ce que les lois ne fussent point corrompues ? Mais quand ils eurent joint au pontificat le pouvoir d'administrer l'État, chacun d'eux, dans les choses qui concernent la religion comme dans tout le reste, se mit en devoir de rendre son nom glorieux en réglant toutes choses par l'autorité pontificale et en faisant chaque jour sur les cérémonies, sur la foi, sur toutes choses, de nouveaux décrets dont ils voulurent égaler la sainteté et l'autorité à celles des lois de Moïse. De là la religion inclinant de plus en plus à de misérables superstitions, de là le vrai sens et la vraie interprétation des lois de plus en plus corrompus. Ajoutez à cela que dans le principe, lorsque les pontifes se frayaient la voie au souverain pouvoir, ils consentaient à tout dans le but de gagner le peuple, donnant leur approbation à toutes les actions de la multitude, même les plus impies, et accommodant les saintes Écritures à la corruption des mœurs les plus dissolues. J'invoquerai sur ce point le témoignage de Malachie ; il réprimande avec énergie les prêtres de son temps, les appelle les contempteurs du nom de Dieu, et les poursuit de ces reproches sévères : « *Les livres du pontife sont le sanctuaire de la science, et c'est de sa bouche qu'on vient apprendre la loi, parce qu'il est l'envoyé de Dieu ; mais vous, vous vous êtes écartés de la droite voie, et vous avez fait de la loi un sujet de scandale pour plusieurs : Vous avez corrompu le pacte fait avec Lévi, dit le Dieu des armées.* » Et, continuant de la sorte, il les accuse d'interpréter la loi selon leur bon plaisir, et dans l'oubli de Dieu, de ne songer qu'à leur intérêt. Or il est certain que les pontifes ne purent commettre ces infidélités si adroitement qu'elles échappassent aux regards des sages, surtout lorsque, dans l'excès de leur audace, ils en vinrent à prétendre qu'il n'y avait de rigoureusement observables que les lois écrites, et que, quant aux décrets que les pharisiens (les pharisiens, comme l'atteste Josèphe dans ses *Antiquités*, se recrutaient dans les derniers rangs du peuple) appelaient la tradition de leurs pères, rien ne commandait de la respecter. Quoi qu'il en soit, on ne saurait douter que l'esprit de flatterie des pontifes envers le peuple, la corruption de la religion et des lois, et l'incroyable accroissement de ces dernières, n'aient été fréquemment l'occasion de querelles et de dissensions que rien ne put apaiser. Quand des hommes égarés par la superstition se divisent et luttent entre eux, soutenus les uns et les autres par l'autorité publique, vous essayeriez en vain de les réunir et de rétablir entre eux la concorde ; c'est une nécessité qu'ils se détachent les uns des autres et forment des sectes diverses.

II. Il est digne de remarque que les prophètes, qui n'étaient rien dans l'État, par le pouvoir qu'ils avaient de distribuer les avertissements et les reproches irritaient plutôt le peuple qu'ils ne le corrigeaient, et qu'au contraire les rois, qui avaient le pouvoir de châtier, se faisaient obéir docilement. Mais les rois pieux ne purent souvent supporter les prophètes, à cause du droit dont ceux-ci étaient revêtus de prononcer sur la justice et l'injustice de toutes choses, et de châtier même les rois pour les actions publiques ou particulières exécutées contre leur sentiment. Le roi Asa, qui, d'après le témoignage de l'Écriture, fut un roi pieux, fit jeter le prophète Hananias sous la roue d'un moulin (voyez *Paralipomènes*, liv. II, chap. XII), pour avoir osé lui reprocher ouvertement d'avoir conclu un traité avec le roi d'Arménie. Beaucoup d'autres exemples qu'il serait facile de citer montreraient que la religion reçut plus de dommage que de profit de cette liberté de parole des prophètes, et je pourrais ajouter que l'excès de leurs droits fut l'origine d'un grand nombre de guerres civiles.

III. Il est encore remarquable que pendant tout le temps que le peuple eut le pouvoir entre les mains, il n'y eut qu'une seule guerre civile, et encore cessa-t-elle sans laisser aucune trace, les vainqueurs ayant pris compassion des vaincus, à tel point qu'ils s'efforcèrent de toutes les manières de leur rendre à la fois l'honneur et le pouvoir. Mais lorsque le peuple, qui n'était point habitué aux rois, eut changé la première forme de gouvernement en la forme monarchique, il n'y eut plus de terme aux guerres civiles, et telle fut l'atrocité des combats qu'il n'y a rien de pareil dans les annales de l'histoire. En un seul combat (peut-on le croire ?) cinquante mille Israélites furent massacrés par ceux de Juda. Dans un autre combat, les Israélites, à leur tour, font un grand massacre de ceux de Juda (l'Écriture ne donne point le nombre des morts), s'emparent de la personne du roi, jettent presque par terre les murs de Jérusalem, et sans respect pour le temple lui-même (ce qui montre que leur colère n'eut ni frein ni limites), ils le pillent et le dépouillent ; puis, chargés du butin pris sur leurs frères, rassasiés de sang, traînant à leur suite des otages, et laissant le roi dans un royaume dévasté, ils mettent enfin bas les armes, fondant leur sécurité moins sur la bonne foi de ceux de Juda que sur leur faiblesse. Ceux-ci, en effet, quelques années après, ayant refait leurs forces, engagent un nouveau combat, dans lequel la victoire reste encore aux Israélites, qui égorgent cent vingt mille enfants de Juda, emmènent en captivité femmes et enfants au nombre de deux cent mille, emportent encore un riche butin ; puis enfin, épuisés par ces combats et par beaucoup d'autres racontés au long dans leur histoire, ils deviennent la proie de leurs ennemis. Mais si nous voulons reporter notre pensée à ces temps où les Hébreux ont joui d'une paix pleine et entière, quel contraste ! Souvent, avant les rois, quarante années se sont écoulées, et même une fois (ce qui semble incroyable) quatre-vingts années, sans guerre ni à l'extérieur ni à l'intérieur, dans une tranquillité parfaite. Au contraire, les rois, maîtres du gouvernement, ne combattant plus pour obtenir la paix et la liberté, mais pour acquérir de la gloire, entreprirent tous, à l'exception de Salomon (dont le génie et la sagesse devaient mieux éclater pendant la paix), des guerres sans cesse renaissantes, comme on peut le lire dans l'histoire des Juifs. Ajoutez à cela cette funeste passion de régner, qui ensanglanta plus d'une fois les marches du trône. Enfin les lois, tant que dura le gouvernement du peuple, furent défendues contre la corruption et constamment observées. C'est qu'avant les rois, il y eut peu de prophètes qui vinssent apporter des avertissements au peuple, et qu'après leur élection, il y en eut un grand nombre. Hobadias ne sauva-t-il pas cent prophètes de mort violente, et ne les cacha-t-il pas, de peur qu'ils ne fussent enveloppés avec les autres dans le même massacre ? Nous ne voyons pas non plus que le peuple ait été trompé par de faux prophètes, si ce n'est après qu'il eut remis le pouvoir dans les mains des rois, auxquels les prophètes s'efforçaient de complaire. Il faut remarquer encore que le peuple, dont l'esprit souple s'élève ou s'abaisse selon les circonstances, se corrigeait facilement dans l'adversité, revenait à Dieu, rétablissait les lois, et de cette manière échappait au danger, au lieu que les rois, dont l'esprit est sans cesse enflé d'orgueil et qui ne sauraient fléchir sans honte, restèrent obstinément attachés à leurs vices jusqu'à la ruine entière de Jérusalem.

Ces considérations montrent clairement :

I. Qu'il n'y a rien de plus funeste à la fois à la religion et à l'État que de confier aux ministres du culte le droit de porter des décrets ou d'administrer les affaires publiques ; qu'au contraire, toutes choses demeurent bien établies, lorsqu'ils se renferment dans les limites de leurs attributions et qu'ils se bornent à répondre aux questions qui leur sont adressées, et, en tout cas, restreignent leurs enseignements et leurs actes administratifs aux choses reçues et consacrées par un long usage.

II. Que rien n'est si périlleux que de rapporter et de soumettre au droit divin des choses de pure spéculation, et d'imposer des lois aux opinions qui sont ou peuvent être un sujet de discussion parmi les hommes. Le gouvernement en effet ne peut être que violent là où les opinions, qui sont la propriété de chacun et dont personne ne saurait se départir sont imputées à crime ; il y a plus, dans un tel pays, le gouvernement est ordinairement le jouet des fureurs du peuple. Ainsi Pilate, cédant à la colère des pharisiens, fit crucifier le Christ qu'il croyait innocent. Ensuite les pharisiens, pour dépouiller les riches de leurs dignités, se mirent à agiter les questions religieuses et à accuser d'impiété les saducéens ; et, à l'exemple des pharisiens, les plus détestables hypocrites, agités de la même rage, qu'ils décoraient du nom de zèle pour les droits de Dieu, s'acharnèrent à persécuter des hommes recommandables par leurs vertus et odieux par cela même au peuple, décriant publiquement leurs opinions et allumant contre eux la colère d'une multitude effrénée. Or comme cette licence religieuse se déguise sous le masque de la religion, elle échappe à tout moyen de répression là surtout où le souverain a introduit quelque secte dont il n'est pas lui-même le chef. Car alors les hommes qui dirigent l'État ne sont plus considérés comme les interprètes du droit divin, mais comme de simples sectaires qui reconnaissent dans les docteurs de la secte les légitimes interprètes de ce droit. Et voilà pourquoi, aux yeux du peuple, l'autorité des magistrats touchant les croyances religieuses est de nulle valeur ; celle des docteurs, au contraire, est toute-puissante, au point que les rois mêmes doivent, selon lui, se soumettre docilement à leurs interprétations. Pour mettre les États à l'abri de tous ces maux, on ne saurait imaginer rien de mieux que de faire consister la piété et le culte tout entier dans les œuvres, à savoir, dans l'exercice de la charité et de la justice, et de laisser libre le jugement de chacun sur tout le reste. Mais nous reviendrons abondamment sur ce sujet.

III. On voit encore combien il importe pour l'État et pour la religion de confier au souverain le droit de décider de la justice et de l'injustice. Car si ce droit de juger la valeur morale des actions n'a pu être confié aux divins prophètes qu'au grand dommage de l'État et de la religion, combien moins devra-t-il l'être à des hommes qui n'ont ni la science qui prévoit l'avenir, ni la puissance qui opère les miracles ! Mais c'est encore un sujet que je me réserve de traiter spécialement.

IV. On voit enfin combien il est funeste à un peuple qui n'a point l'habitude de l'autorité royale et qui est déjà en possession d'une constitution, de se donner un gouvernement monarchique. Car ni le peuple ne pourra supporter un gouvernement si absolu, ni le roi respecter ces lois et ces droits du peuple institués par un pouvoir moins puissant. Encore bien moins se résoudra-t-il à défendre une législation dans l'institution de laquelle on n'a pu avoir égard au roi, mais seulement au peuple, ou au conseil qui administrait les affaires publiques, à tel point qu'en prenant la défense des anciens droits du peuple, il s'en ferait l'esclave au lieu d'en être le maître. Le nouveau monarque fera donc tous ses efforts pour instituer de nouvelles lois, réformer la constitution à son profit, et rendre moins facile au peuple d'enlever aux rois l'autorité souveraine que de la leur abandonner. Je ne puis m'empêcher d'ajouter qu'il ne serait pas moins dangereux de mettre à mort le roi, fût-il mille fois constaté qu'il est un tyran. Car le peuple, habitué à l'autorité royale, dompté par elle, prendra en mépris et en dérision une autorité inférieure, et un roi tué, il se verra bientôt contraint, comme autrefois les prophètes, de lui élire un successeur, qui sera tyran, non plus volontairement, mais par nécessité. De quel œil pourra-t-il voir autour de lui des citoyens, les mains souillées d'un sang royal, faire gloire de leur parricide comme d'une belle action ? Ajoutez que le crime n'a été commis que pour lui être un exemple et un avertissement à lui-même. Sans aucun doute, s'il veut être véritablement roi, ne point reconnaître le peuple pour le juge des rois et pour son maître, et ne point se contenter d'un règne précaire, il doit d'abord venger la mort de son prédécesseur, et avoir ainsi par devers lui un exemple qui ôte au peuple l'audace de commettre une seconde fois le même forfait. Or il ne pourra guère venger la mort du tyran par le supplice des citoyens sans défendre la cause du tyran, approuver ses actions, et par conséquent marcher sur ses traces. De là vient que le peuple peut bien changer souvent de tyran, mais non pas s'affranchir de la tyrannie, non plus que substituer à la monarchie une autre forme de gouvernement. Il y a de cela un funeste exemple chez le peuple anglais, qui s'est efforcé de donner au meurtre d'un roi les apparences de la justice. Le roi mort, il fallut bien tout au moins changer la forme du gouvernement ; mais après que des flots de sang eurent été répandus, on n'eut rien de mieux à faire que de saluer sous un autre nom un nouveau monarque (comme s'il n'eût été question que d'un nom !), qui ne pouvait se maintenir sur le trône qu'en détruisant, jusque dans ses derniers rejetons, la race royale, qu'en massacrant les citoyens amis ou suspects d'être amis du roi, qu'en faisant la guerre pour éviter l'esprit d'opposition que fait naître la paix, afin que le peuple, occupé d'événements nouveaux, oubliât les sanglantes exécutions qui avaient détruit la famille royale. Aussi la nation s'aperçut-elle, mais trop tard, qu'elle n'avait rien fait autre chose pour le salut de la patrie que de violer les droits d'un roi légitime et changer l'état des choses en un état pire. Elle résolut donc de revenir en arrière, et n'eut de repos que lorsque toutes choses eurent été rétablies dans leur état primitif. Mais quelqu'un prétendra peut-être, en objectant l'exemple du peuple romain, que le peuple peut aisément s'affranchir de la tyrannie : je ne vois là, au contraire, qu'une nouvelle confirmation de mon opinion. En effet, bien que le peuple romain ait pu, plus facilement qu'un autre, se débarrasser d'un tyran et changer la forme du gouvernement, parce qu'à lui seul appartenait le droit d'élire le roi et son successeur, et aussi parce qu'étant formé d'hommes enclins à la sédition et adonnés au crime, il n'avait jamais pris l'habitude d'obéir aux rois (sur six n'en avait-il pas égorgé trois ?) ; néanmoins tous ces efforts n'aboutirent jamais qu'à remplacer un tyran unique par plusieurs autres, qui l'occupèrent misérablement à des guerres extérieures et intérieures sans cesse renaissantes, jusqu'à ce qu'enfin l'État tomba de nouveau aux mains d'un monarque, avec un changement de nom pour toute modification, comme en Angleterre. En ce qui concerne les États confédérés de la Hollande, ils n'eurent jamais de rois, que nous sachions, mais des comtes, auxquels ne fut jamais confié le droit souverain. En effet, à voir la toute-puissance des États confédérés de la Hollande du temps du comte de Leicester, il est permis d'induire qu'ils se réservèrent toujours, avec le droit de rappeler aux comtes leur devoir, le pouvoir de défendre ce droit ainsi que la liberté des citoyens, et si les comtes dégénéraient en tyrans, d'en tirer vengeance, enfin de modérer si bien leur puissance qu'ils ne pussent rien faire qu'avec la permission et l'approbation des États confédérés. D'où il résulte que ce fut toujours aux États qu'appartint le pouvoir et la majesté suprême, que le dernier comte s'efforça d'usurper ; et tant s'en faut qu'ils aient abandonné l'autorité souveraine qu'ils ont relevé l'empire sur le penchant de sa ruine. Ces exemples confirment donc ce que nous avons avancé, qu'il faut toujours conserver la forme de gouvernement existante, et qu'on ne saurait la changer sans courir le danger d'une ruine complète. Telles sont les remarques que j'ai cru à propos de faire à l'occasion des institutions hébraïques.

CHAPITRE XIX.

ON ÉTABLIT QUE LE DROIT DE RÉGLER LES CHOSES SACRÉES APPARTIENT AU SOUVERAIN, ET QUE LE CULTE EXTÉRIEUR DE LA RELIGION, POUR ÊTRE VRAIMENT CONFORME À LA VOLONTÉ DE DIEU, DOIT S'ACCORDER AVEC LA PAIX DE L'ÉTAT.

Lorsque j'ai établi ci-dessus que ceux qui ont le pouvoir en main ont seuls un droit absolu sur toutes choses, et que de leur volonté seule dépend le droit tout entier, je n'ai pas entendu parler simplement du droit civil, mais aussi du droit sacré, dont ils sont à la fois les interprètes et les soutiens. C'est un point sur lequel je veux insister et dont je veux traiter d'une manière complète dans ce chapitre, parce qu'il est beaucoup de personnes qui nient absolument que le droit de régler les choses sacrées appartienne à ceux qui sont à la tête des affaires publiques, et qui refusent de les reconnaître pour interprètes du droit divin, prenant de là pleine permission de les accuser, de les traduire en jugement, et même (comme autrefois saint Ambroise à l'égard de l'empereur Théodose) de les bannir du sein de l'Église. Que ces personnes introduisent de la sorte dans l'État un principe de division et même s'ouvrent un chemin vers l'autorité suprême, c'est ce que nous montrerons plus tard dans ce chapitre ; je veux prouver auparavant que la religion n'acquiert force de droit que par le décret seul de ceux qui possèdent le droit de commander, que Dieu ne peut fonder son royaume parmi les hommes que par le moyen des souverains, et, en outre, que le culte et l'exercice de la piété doivent être d'accord avec la tranquillité et l'utilité publique, et par conséquent déterminés par le souverain qui doit de plus être l'interprète des choses sacrées. Je parle ici expressément de l'exercice de la piété et du culte extérieur de la religion, et non pas de la piété en elle-même, et du culte intérieur adressé à la Divinité, ou des moyens par lesquels l'esprit se dispose intérieurement à honorer Dieu dans toute l'intégrité de la conscience. Le culte intérieur adressé à la Divinité et la piété en elle-même appartiennent en propre à chacun (comme nous l'avons montré à la fin du chapitre VII) et ne peuvent être soumis à la volonté d'un autre. Or que faut-il entendre ici par royaume de Dieu ? c'est ce que le chapitre XIV, je pense, a suffisamment mis en lumière. Là, en effet, nous avons montré que celui-là remplit la loi de Dieu qui pratique la justice et la charité selon l'ordre de Dieu : d'où il suit que le royaume de Dieu existe là où la justice et la charité ont force de droit et s'imposent à titre de loi.

Peu importe du reste que Dieu enseigne et commande le vrai culte de la justice et de la charité par la simple lumière naturelle ou par révélation. Qu'importe la manière dont ce culte est révélé aux hommes, pourvu qu'il obtienne un empire absolu et qu'il soit pour eux une loi souveraine ? Si donc je montre que la justice et la charité ne peuvent recevoir force de droit et de loi que de ceux qui représentent le droit de l'État, j'en tirerai naturellement cette conclusion (attendu que le droit de l'État n'appartient qu'au souverain) : que la religion ne peut acquérir force de droit que par le décret seul de ceux qui possèdent le droit de commander, et que Dieu ne peut fonder son royaume parmi les hommes que par le moyen des souverains. Or que le culte de la charité et de la justice ne reçoive force de droit que de ceux qui disposent du droit de l'État, c'est ce qui résulte évidemment de ce qui précède. N'avons-nous pas montré, chap. XVI, que dans l'état de nature, le droit n'appartient pas plus à la raison qu'à la passion, et que ceux qui vivent sous les lois de la passion, aussi bien que ceux qui vivent sous les lois de la raison, ont un droit égal sur toutes les choses qui sont en leur pouvoir ? C'est pour cela que, dans l'état de nature, nous n'avons pu ni concevoir de péché possible, ni nous représenter Dieu comme un juge qui châtie les péchés des hommes ; mais il nous a paru que toutes choses se produisaient selon les lois générales de la nature universelle, et qu'il n'y avait point de différence entre le juste et l'impie, entre l'homme pur et l'homme impur (pour parler le langage de Salomon), parce qu'il n'y avait de place ni pour la justice ni pour la charité. Mais pour que les enseignements de la vraie raison, c'est-à-dire (comme nous l'avons expliqué au chapitre IV, en parlant de la loi divine) les enseignements de la Divinité elle-même eussent force de droit absolu, il a fallu que chacun fît abandon de son droit naturel dans les mains de tous, ou d'un petit nombre, ou d'un seul. Et c'est alors qu'enfin nous avons commencé à comprendre ce que c'est que justice, injustice, équité, iniquité. La justice, et en général tous les enseignements de la vraie raison, et par conséquent la charité envers le prochain, ne peuvent donc recevoir force de droit et de loi que du droit même du gouvernement, c'est-à-dire (d'après les explications que nous avons données dans le même chapitre) en vertu seulement du décret de ceux qui ont le pouvoir en main. Or comme (ainsi que je l'ai montré) le royaume de Dieu consiste simplement dans le droit appliqué à la justice et à la charité, ou à la vraie religion, il s'ensuit, comme nous le prétendions, que le royaume de Dieu ne peut exister parmi les hommes que par le moyen de ceux qui disposent du souverain pouvoir ; peu importe, je le répète, que la religion soit révélée par la simple lumière naturelle, ou par l'intermédiaire des prophètes : la démonstration que nous avons donnée est universelle, attendu que la religion est toujours la même, et toujours également révélée par Dieu, de quelque manière qu'elle vienne à la connaissance des hommes. Voilà pourquoi, pour que la religion révélée par l'intermédiaire des prophètes eût force de droit chez les Hébreux, il fallut d'abord que chacun d'eux se dépouillât de ses droits naturels, et qu'ils s'engageassent tous ensuite d'un commun accord à n'obéir qu'aux lois qui leur seraient révélées au nom de Dieu par l'intermédiaire des prophètes, de la même manière que dans une démocratie, où tous les citoyens, d'un commun accord, prennent la résolution de se gouverner d'après les inspirations de la raison. Il est vrai que les Hébreux transmirent en outre leurs droits à Dieu, mais cet acte fut plutôt mental qu'effectif. En réalité (comme nous l'avons vu) ils conservèrent tous les droits du commandement, jusqu'au moment où ils les remirent à Moïse, qui demeura ainsi roi absolu de la nation, et qui fut exclusivement l'intermédiaire par lequel Dieu régna sur les Hébreux ; et c'est pour cette cause (à savoir que la religion ne peut obtenir force de droit que du droit même de l'État) que Moïse ne put infliger de supplice à ceux qui, avant le pacte divin, par conséquent lorsqu'ils étaient encore en possession de leurs droits naturels, violèrent le sabbat (voyez l'*Exode*, chap. XV, vers. 30), au lieu qu'il le fit après le pacte divin (voyez les *Nombres*, chap. XV, vers. 36), lorsque chacun avait renoncé à ses droits naturels et que le sabbat avait reçu du droit de l'État force de loi. C'est encore pour cette cause qu'après la ruine du gouvernement hébraïque, la religion révélée cessa d'avoir force de droit. Il est indubitable en effet qu'au moment où les Hébreux abandonnèrent leurs droits au roi de Babylone, le royaume de Dieu et le droit divin cessèrent d'exister. Par le fait même, le pacte par lequel ils s'étaient engagés à obéir à toutes les volontés de Dieu, et qui était le fondement du royaume de Dieu, se trouvait détruit, et les Hébreux n'y pouvaient plus rester fidèles, ne relevant plus d'eux-mêmes (comme dans les déserts et au sein de leur patrie), mais relevant du roi de Babylone, auquel en toutes choses (comme nous l'avons montré chap. XVI) ils étaient obligés d'obéir. C'est ce dont Jérémie (chap. XXIX, vers. 7) les avertit expressément : Veillez, dit-il, *à la tranquillité de la ville, vers laquelle je vous ai conduits en captivité. Il n'y a de salut pour vous que dans son salut.* Mais s'ils devaient veiller au salut de la cité, ce ne pouvait être comme des ministres du gouvernement (n'étaient-ils pas captifs ?) mais comme des esclaves, c'est-à-dire en se pliant à une obéissance absolue, en s'abstenant de toute sédition, enfin en observant les lois et respectant les droits de l'État, bien qu'ils fussent très-différents de ceux de leur patrie, etc. Ne suit-il pas évidemment de tout cela que la religion chez les Hébreux n'acquit force de droit qu'en s'appuyant sur le droit de l'État, et que, l'État ruiné, elle cessa d'être la propriété d'un État particulier, et ne fut plus qu'un dogme universel de la raison ; de la raison, dis-je, la religion catholique ne s'étant pas encore manifestée aux hommes par la révélation ? Concluons donc que la religion, qu'elle soit révélée par la lumière naturelle, ou par la voix des prophètes, ne peut acquérir force de loi qu'en vertu d'un décret émané de ceux qui ont le droit de commander, et que Dieu ne peut avoir un royaume particulier au milieu des hommes que par l'intermédiaire du souverain. C'est ce qui suit encore, et d'une manière encore plus claire, de ce que nous avons dit, chap. IV. N'avons-nous pas montré que tous les décrets de Dieu sont de leur nature éternellement vrais et éternellement nécessaires, et qu'on ne peut concevoir Dieu comme un roi ou un législateur dictant des lois aux hommes ? Par conséquent, ni les divins enseignements de la lumière naturelle, ni les révélations des prophètes ne peuvent recevoir immédiatement de la Divinité force de loi, et ils ne l'acquièrent que par la volonté directe, ou par l'intermédiaire de ceux auxquels appartient le droit de donner des ordres et de porter des décrets. De sorte que, sans leur intermédiaire, nous ne pouvons concevoir que Dieu règne sur les hommes et gouverne les choses humaines d'après les lois de la justice et de l'équité ; ce qui est d'ailleurs confirmé par l'expérience. Nous ne voyons en effet de traces de la justice divine que là où les justes commandent ; partout ailleurs (pour répéter les paroles de Salomon), nous voyons l'homme juste et l'homme injuste, l'homme pur et l'homme impur traités de la même manière par la fortune ; et c'est ce qui a fait que plusieurs, pensant que Dieu règne immédiatement sur les hommes et fait servir la nature tout entière à leur usage, se sont pris à douter de la divine providence. — Maintenant qu'il est prouvé par l'expérience et la raison que le droit divin dépend du décret de ceux qui commandent, ne s'ensuit-il pas que ceux qui commandent en sont encore les interprètes ? De quelle manière ? c'est ce que nous allons voir. Montrons que le culte extérieur de la religion et tout l'exercice de la piété doivent être d'accord avec la tranquillité et la conservation de l'État pour être vraiment conformes à la volonté de Dieu. Cela établi, on comprendra facilement de quelle manière le souverain doit être l'interprète de la religion et de la piété.

Il est hors de doute que la piété envers la patrie est le plus haut degré de piété auquel l'homme puisse atteindre. En effet, le gouvernement renversé, c'en est fait de toute justice et de tout bien ; tout est compromis ; la fureur et l'impiété règnent au milieu du deuil universel. D'où il résulte qu'il n'est pas d'acte pieux envers le prochain qui ne devienne impie, s'il mène à sa suite la perte de l'État, et qu'au contraire il n'est pas d'acte impie envers le prochain qui ne soit réputé pieux, s'il a pour but le salut de l'État. Par exemple, si à celui qui lutte contre moi et s'efforce de m'arracher ma tunique, j'abandonne encore mon manteau, voilà un acte de piété ; mais est-il reconnu que cela est funeste au salut de l'État, il est pieux au contraire de l'appeler en jugement, bien qu'il doive encourir la peine de mort. C'est ce qui explique la gloire de Manlius Torquatus, qui sut faire prévaloir dans son cœur le salut du peuple sur l'amour paternel. Que suit-il de là ? que de salut du peuple est la loi suprême à laquelle doivent se rapporter toutes les lois divines et humaines. Or, comme c'est au souverain seul qu'il appartient de déterminer ce qui est nécessaire au salut du peuple et à la tranquillité de l'État, et d'ordonner ce qui lui a paru convenable, n'en résulte-t-il pas qu'il n'appartient qu'au souverain de déterminer la manière dont chacun doit pratiquer la piété envers le prochain, c'est-à-dire la manière dont chacun doit obéir à Dieu ? Par là nous comprenons clairement de quelle manière le souverain est l'interprète de la religion ; nous comprenons encore que personne ne peut réellement obéir à Dieu qu'en accommodant le culte de la piété, obligatoire pour tous, à l'utilité publique, conséquemment, qu'en obéissant à tous les décrets du souverain. Ne sommes-nous pas obligés, tous sans exception, par la volonté de Dieu, à pratiquer la piété, à éviter de causer du dommage à qui que ce soit ? Et ne s'ensuit-il pas qu'il n'est permis à qui que ce soit de secourir celui-ci au détriment de celui-là, encore moins au détriment de l'État tout entier ? Ne s'ensuit-il pas que personne ne pratique la piété envers le prochain, selon les desseins de Dieu, qu'en accommodant la piété et la religion à l'utilité publique ? Or aucun particulier ne peut savoir ce qui est utile à l'État autrement que par les décrets du souverain, qui doit seul diriger les affaires publiques ; par conséquent, personne ne saurait mettre véritablement en pratique la piété, ni obéir à Dieu, qu'en se soumettant à tous les décrets du souverain. Ces considérations sont d'ailleurs confirmées par la pratique. Le souverain a-t-il jugé digne de mort, ou déclaré ennemi, soit un citoyen, soit un étranger, un simple citoyen, ou un homme revêtu de quelque autorité publique ? il est par là même défendu aux sujets du gouvernement de lui prêter secours. C'est ainsi que les Hébreux, auxquels il était ordonné d'aimer le prochain comme eux-mêmes, étaient obligés de livrer au juge celui qui s'était rendu coupable de quelque action contraire à la loi (voyez le *Lévitique*, chap. V, vers. 1, et le *Deutéronome*, chap. XIII, vers. 8, 9) ; et s'il était condamné à mourir, de le tuer (voyez le *Deutéronome*, chap. XVII, vers.

7). Ensuite, pour conserver la liberté qu'ils avaient conquise, pour continuer de jouir d'un droit absolu sur les terres qu'ils occupaient, les Hébreux durent, comme nous l'avons montré, chap. XVII, accommoder la religion à leur gouvernement particulier seul, et se séparer de toutes les autres nations. Et voilà pourquoi on leur dit : *Aime ton prochain, hais ton ennemi* (voyez *Matthieu*, chap. V, vers. 43). Lorsqu'ils eurent perdu le droit de se gouverner, et qu'ils furent conduits en captivité en Babylonie, Jérémie leur recommanda de veiller au salut de la ville dans laquelle ils étaient captifs ; et lorsque le Christ prévit leur dispersion dans tout l'univers, il leur recommanda à tous de pratiquer la piété d'une manière absolue. Tout cela ne montre-t-il pas jusqu'à la dernière évidence que la religion fut toujours accommodée au salut de l'État ? Quelqu'un fera cette question : De quel droit donc les disciples du Christ, hommes privés, se mirent-ils à prêcher la religion ? Je réponds qu'ils le firent en vertu du pouvoir qu'ils avaient reçu du Christ contre les esprits impurs (voyez *Matthieu*, chap. X, vers. 1). J'ai expressément averti ci-dessus, à la fin du chapitre XVI, que c'est un devoir pour tous de demeurer fidèles, même à un tyran, à moins qu'il n'y ait un citoyen auquel Dieu a promis contre lui par une révélation non équivoque un secours particulier. Personne ne doit donc s'autoriser de l'exemple des disciples du Christ, à moins d'avoir reçu la puissance d'opérer des miracles ; ce qui est rendu plus manifeste encore par ces paroles du Christ à ses disciples : *Ne craignez point ceux qui tuent les corps* (voyez *Matthieu*, chap. XVI, vers. 28) ; car si ces paroles s'adressaient à tout le monde, c'en serait fait de tout gouvernement, et ce mot de Salomon (*Proverbes*, chap. XXIV, vers. 21) : *Mon fils, craignez Dieu et le roi*, serait un mot impie, ce qui est complètement absurde. D'où il faut nécessairement conclure que l'autorité dont le Christ a investi ses disciples fut donnée à eux seuls en particulier, et que c'est là un exemple dont personne ne peut être reçu à s'autoriser. Quant aux raisons sur lesquelles nos adversaires s'appuient pour séparer le droit sacré du droit civil, et prouver que l'un appartient au souverain, et l'autre à l'Église universelle, je n'en tiens aucun compte ; elles sont trop frivoles pour mériter une réfutation. Ce que je ne passerai point sous silence, c'est la misérable erreur de ceux qui, pour confirmer leur séditieuse opinion (qu'on me pardonne la dureté de ce mot), citent à l'appui l'exemple du souverain pontife des Hébreux, qui eut autrefois entre les mains le droit d'administrer les choses sacrées. Comme si les pontifes n'avaient pas reçu ce droit de Moïse (qui, nous l'avons montré ci-dessus, se réserva à lui seul la souveraine autorité), et n'avaient pas pu en être dépouillés par un simple décret de Moïse ! Lui-même n'élut-il pas non-seulement Aharon, mais le fils d'Aharon, Éléazar, et jusqu'à son petit-fils Pineha, et ne leur confia-t-il pas lui-même l'administration du pontificat, qu'ensuite les pontifes conservèrent, mais de telle manière qu'ils parurent toujours n'être que des substituts de Moïse, c'est-à-dire du souverain ? En effet, ainsi que nous l'avons déjà montré, Moïse ne se choisit aucun successeur dans le commandement suprême, mais il en distribua les diverses fonctions de telle sorte que ceux qui vinrent après lui semblaient des officiers administrant un État dont le roi serait absent, et non pas mort. Dans le second empire, les pontifes possédèrent sans limites le droit en question, lorsqu'ils eurent ajouté à la puissance pontificale la puissance administrative. Le droit pontifical fut donc toujours dans la dépendance de la souveraine autorité, et les pontifes ne le possédèrent absolument qu'avec l'administration de l'État. Il y a mieux : le droit relatif aux choses sacrées appartint d'une manière absolue aux rois (comme cela résultera clairement de la fin de ce chapitre), avec cette unique exception qu'il ne leur était pas permis de mettre les mains dans les cérémonies du temple, parce que tous ceux des Hébreux qui ne se rattachaient pas par leur généalogie à Aharon étaient considérés comme profanes. Mais rien de cela ne s'est conservé dans le christianisme. Aussi ne pouvons-nous pas douter qu'aujourd'hui les choses sacrées (pour l'administration desquelles on considère les mœurs de chacun, non la famille dont il descend, et qui par conséquent n'excluent pas à titre de profanes ceux qui ont l'autorité en main) ne relèvent exclusivement du souverain. Personne ne peut recevoir que de la volonté ou du consentement du gouvernement le droit et le pouvoir d'administrer les choses du culte, d'en choisir les ministres, d'établir et de consolider les fondements de l'Église et la doctrine qu'elle enseigne, de juger des mœurs et des actions pieuses, de retrancher quelqu'un de la communauté des fidèles ou de recevoir quelqu'un dans le sein de l'Église, enfin de pourvoir aux besoins du pauvre ; et toutes ces choses ne sont pas seulement vraies (comme nous l'avons prouvé), mais de plus elles sont strictement nécessaires tant à la religion qu'au salut de l'État. Qui ne sait combien le droit et l'autorité touchant les choses sacrées imposent au peuple, avec quelle docilité, quel respect chacun recueille les paroles de celui qui en est revêtu ? Et ne peut-on pas dire avec vérité que celui-là règne surtout sur les esprits qui dispose de cette autorité ? Vouloir donc l'enlever au souverain, c'est vouloir mettre la division dans l'État. Là est la source, comme autrefois entre les rois et les pontifes des Hébreux, de querelles et de discordes interminables. Il y a plus : celui qui s'efforce d'enlever cette autorité au souverain s'ouvre par là un chemin à la puissance absolue. Quels décrets pourra porter le souverain, si le droit dont il s'agit lui est refusé ? aucun, sans doute, ni touchant la guerre, ni touchant la paix, ni touchant toute autre chose, du moment qu'il lui faut prendre l'avis d'une autre autorité et apprendre d'elle si la mesure jugée utile est conforme ou non à la piété. Toutes choses, au contraire, ne dépendent-elles pas bien plutôt de la volonté de celui qui possède le droit de juger et de prononcer sur la piété et l'impiété, la justice et l'injustice ? L'histoire de tous les siècles est là pour nous fournir des exemples : j'en rapporterai un seul, qui tiendra lieu de tous les autres. Le pontife de Rome, qui disposait autrefois d'un droit absolu touchant les choses du culte, peu à peu parvint à ranger tous les rois sous son autorité, jusqu'à ce qu'un jour il atteignit jusqu'au faîte de l'empire. Dans la suite, malgré tous leurs efforts, les souverains, et surtout les empereurs d'Allemagne, ne purent réussir à diminuer son autorité, et loin de là, ils ne firent que l'accroître encore par leur impuissance. Ainsi donc, pour venir à bout de ce que les Romains n'avaient pu accomplir avec le fer et la flamme, des hommes d'Église n'eurent besoin que de leur plume ! Qu'on juge par là de la merveilleuse puissance du droit divin et de la nécessité de le remettre dans les mains du souverain ! Et même, pour peu que l'on veuille réfléchir aux remarques qui remplissent le précédent chapitre, on se convaincra que cette mesure n'est pas d'un médiocre avantage pour la religion et la piété. N'avons-nous pas vu ci-dessus que les prophètes eux-mêmes, les prophètes revêtus de la puissance divine, irritèrent plutôt qu'ils ne corrigèrent les Hébreux ? C'est qu'ils étaient de simples particuliers ; et dès lors le pouvoir qu'ils avaient de répandre les avertissements, le blâme et le reproche, ne leur servit de rien devant des hommes qui, avertis ou châtiés par les rois, se soumettaient pourtant très-docilement. N'avons-nous pas vu les rois eux-mêmes, par cela seul qu'ils ne possédaient pas d'une manière absolue le droit divin, se séparer souvent de la religion et entraîner avec eux le peuple presque tout entier ? Cela ne s'est-il pas reproduit souvent, et pour la même cause, parmi les chrétiens ? On me dira peut-être : qui donc, si ceux qui ont le pouvoir en main deviennent impies, vengera les droits outragés de la piété ? ces rois impies demeureront-ils donc les interprètes de la religion ? Je réponds en disant à mon tour : Hé quoi, si les gens d'Église (qui sont des hommes, eux aussi, des hommes privés, et qui ne se préoccupent guère que de leurs intérêts), ou les autres personnes auxquelles vous voulez confier l'administration des choses sacrées se jettent dans l'impiété, demeureront-ils même alors les interprètes de la religion ? Point de doute que si ceux qui ont le commandement en main veulent lâcher la bride à leurs passions, qu'ils possèdent ou ne possèdent pas l'administration des choses sacrées, toutes choses sacrées et profanes ne se précipiteront pas moins à leur ruine ; mais avec combien plus de rapidité encore, si quelques hommes privés, à la faveur d'une sédition, veulent revendiquer le droit divin ! Voilà pourquoi on ne gagne absolument rien en refusant au souverain le droit divin : loin de là, on ne fait qu'accroître le mal. Qu'arrive-t-il, en effet ? c'est que les rois (par exemple, ceux des

Hébreux auxquels ce droit ne fut point accordé d'une manière absolue) tombent dans l'impiété, et conséquemment, que la perte de l'État tout entier, d'incertaine et de possible qu'elle était, devient certaine et nécessaire. Soit donc que nous considérions la vérité du précepte en lui-même, ou la sécurité de l'État, ou l'intérêt de la religion, nous sommes également obligés d'établir que le droit divin, en d'autres termes le droit relatif aux choses sacrées, dépend absolument des décrets du souverain, et qu'à lui seul il appartient de l'interpréter et de le faire respecter. D'où il suit que ceux-là seuls sont les ministres de la parole de Dieu, qui, soumis à l'autorité souveraine, enseignent au peuple la religion de l'État, appropriée par le souverain à l'utilité publique.

Reste encore à indiquer pourquoi, dans les États chrétiens, ce droit du souverain a toujours été un objet de discussion, tandis que les Hébreux n'ont jamais, que je sache, élevé de question sur ce point. On pourrait considérer comme une sorte de prodige qu'une chose si claire, si nécessaire, ait toujours été controversée, et que nulle part le souverain n'ait possédé ce droit sans opposition, je dis plus, sans courir le risque d'une révolte et sans causer un grand dommage à la religion. Assurément, s'il m'était impossible d'assigner une cause à ce phénomène, je ne ferais pas difficulté de croire que toutes les vues exposées dans ce chapitre ne sont que théoriques, et appartiennent à ce genre de spéculations qui n'ont aucune application possible. Mais il suffit de considérer l'origine de la religion chrétienne pour voir apparaître manifestement la cause que nous cherchons. Ce ne furent pas, en effet, des rois qui enseignèrent les premiers la religion chrétienne, mais bien de simples particuliers, qui, contre la volonté de ceux qui avaient le pouvoir en main et dont ils étaient les sujets, prirent l'habitude de haranguer le peuple dans des églises particulières, d'instituer les cérémonies sacrées, d'administrer, d'ordonner, de régler ce qui concernait le culte, et tout cela à eux seuls et sans tenir compte du gouvernement. Et lorsque après une longue suite d'années la religion s'introduisit au sein du gouvernement, les gens d'Église durent enseigner aux empereurs eux-mêmes une religion constituée par eux, et se firent facilement reconnaître pour docteurs et interprètes de la religion, pasteurs de l'Église, vicaires de Dieu sur la terre. De plus, pour empêcher les rois chrétiens de s'emparer de cette autorité, les prêtres, dans leur prévoyance, défendirent le mariage aux ministres suprêmes de l'Église et au souverain interprète de la religion. Ajoutez à cela qu'ils augmentèrent si fort le nombre des dogmes de la religion et les confondirent si bien avec la philosophie que le souverain interprète de la religion dut être grand philosophe, grand théologien, occupé de mille spéculations stériles, toutes choses qui ne sont possibles qu'à de simples particuliers disposant de nombreux loisirs. Or les choses se passèrent bien différemment chez les Hébreux : l'Église et le gouvernement n'eurent qu'une seule et même origine, et ce fut Moïse, chef suprême de l'État, qui enseigna au peuple la religion, institua le culte, en choisit les ministres. D'où il résulta, à la différence des États chrétiens, que l'autorité royale fut presque absolue sur le peuple, et que le droit relatif aux choses sacrées appartint presque absolument aux rois. Car, bien qu'après la mort de Moïse personne n'ait possédé dans l'État un pouvoir absolu, toutefois le droit de porter des décrets relativement aux choses sacrées, comme à tout le reste, appartenait (ainsi que nous l'avons montré) au chef de l'État. Ensuite le peuple n'était pas obligé d'aller s'instruire de la religion et des pratiques de la piété plutôt auprès du pontife qu'auprès du juge suprême (voyez *Deutéronome*, chap. XVII, vers. 9, 11). Enfin, quoique les rois n'eussent pas hérité des droits de Moïse dans toute leur étendue, c'était cependant de leurs décrets que dépendaient toute l'ordonnance du ministère sacré et l'élection des ministres. David ne traça-t-il pas lui-même le plan du temple (voyez Paralipomènes, liv. I, chap. XXVIII, vers. 11, 12, etc.) ? Parmi les Lévites, n'en choisit-il pas vingt-quatre mille pour les chants sacrés, six mille entre lesquels devaient être pris les juges et les préteurs, quatre mille pour veiller aux portes, quatre mille enfin pour jouer des instruments (voyez même livre, chap. XXIII, vers 4, 5) ? ne les divisa-t-il pas ensuite en cohortes (dont il choisit encore les chefs), afin qu'elles se succédassent chacune à leur tour dans l'administration des choses sacrées (voyez vers. 5 du même chapitre) ? ne partagea-t-il pas les prêtres en un égal nombre de cohortes ? Et pour ne pas consigner ici toutes ces dispositions une à une, je renvoie le lecteur au livre II des *Paralipomènes*, où il est dit, verset 13, que *par l'ordre de Salomon, le culte de Dieu fut célébré dans le temple selon les rites institués par Moïse* ; et verset 14, que *le même roi (Salomon) répartit aux cohortes des prêtres et des Lévites leurs attributions spéciales d'après les ordres du divin David*. Enfin, au verset 15, l'historien affirme qu'*on ne s'est pas écarté des règlements dictés par le roi aux prêtres et aux Lévites en aucune chose, et en particulier dans l'administration du trésor*. Ne suit-il pas évidemment de tout cela, et en général de l'histoire des rois, que l'exercice de la religion et le ministère sacré dépendaient absolument des ordres du roi ? Quand j'ai dit ci-dessus que les rois n'eurent pas, comme Moïse, le droit d'élire le souverain pontife, de consulter Dieu sans intermédiaire et de condamner les prophètes qui leur prédisaient leur destinée de leur vivant même, j'ai simplement voulu dire que les prophètes, par l'autorité dont ils étaient revêtus, pouvaient élire un nouveau roi et absoudre le parricide, mais non pas appeler un roi prévaricateur en jugement et agir à bon droit contre lui[1]. C'est pourquoi, s'il n'y avait pas eu de prophètes qui pussent, grâce à une révélation particulière, absoudre en toute sûreté le parricide, les rois eussent possédé un pouvoir absolu sur toutes choses, tant sacrées que civiles. Aussi ceux qui sont aujourd'hui à la tête du gouvernement, n'ayant pas et n'étant pas obligés de reconnaître de prophètes parmi le peuple (parce qu'ils ne sont pas soumis aux lois des Hébreux), bien qu'ils ne soient pas assujettis d'ailleurs au célibat, n'en possèdent pas moins d'une manière absolue le droit divin ; j'ajoute qu'ils le posséderont toujours, pourvu qu'ils ne laissent pas les dogmes de la religion s'accroître démesurément et se confondre avec les sciences.

1. ↑ Voyez les *Notes marginales de Spinoza*, note 35.

CHAPITRE XX.

ON ÉTABLIT QUE DANS UN ÉTAT LIBRE CHACUN A LE DROIT DE PENSER CE QU'IL VEUT ET DE DIRE CE QU'IL PENSE.

S'il était aussi facile de commander à l'esprit qu'à la langue, tout pouvoir régnerait en sécurité et nul gouvernement n'appellerait la violence à son secours. Chaque citoyen, en effet, puiserait ses inspirations dans l'esprit du souverain, et ne jugerait que par les décrets du gouvernement du vrai et du faux, du bien et du mal, du juste et de l'injuste. Mais il n'est pas possible, comme nous l'avons montré au commencement du chapitre XVII, qu'un homme abdique sa pensée et la soumette absolument à celle d'autrui. Personne ne peut faire ainsi l'abandon de ses droits naturels et de la faculté qui est en lui de raisonner librement et de juger librement des choses ; personne n'y peut être contraint. Voilà donc pourquoi on considère comme violent un gouvernement qui étend son autorité jusque sur les esprits ; voilà pourquoi le souverain semble commettre une injustice envers les sujets et usurper leurs droits, lorsqu'il prétend prescrire à chacun ce qu'il doit accepter comme vrai et rejeter comme faux, et les croyances qu'il doit avoir pour satisfaire au culte de Dieu. C'est que toutes ces choses sont le droit propre de chacun, droit qu'aucun citoyen, le voulût-il, ne saurait aliéner. J'en conviens, il y a mille manières de prévenir les jugements des hommes et de faire en sorte que, tout en ne relevant pas directement de la volonté d'autrui, ils s'abandonnent cependant avec tant de confiance aux directions du pouvoir qu'ils semblent jusqu'à un certain point en être devenus la propriété. Mais, quelle que soit l'habileté du gouvernement, il n'en reste pas moins certain que chacun abonde dans son sens, et que les opinions ne diffèrent pas moins que les goûts. Moïse, qui avait si fort prévenu le jugement de son peuple, non par esprit de ruse, mais par la vertu divine qui était en lui, inspiré qu'il était de l'esprit divin dans toutes ses paroles et toutes ses actions, ne put cependant éviter les rumeurs du peuple et de sinistres interprétations de ses actes. Bien moins encore les rois sont-ils à l'abri de ce péril. Et cependant si une puissance sans restriction pouvait se concevoir en quelque façon, ce serait à coup sûr dans un gouvernement monarchique, et non pas dans un gouvernement démocratique, où tous les citoyens, ou du moins la plus grande partie, administrent collectivement les affaires ; c'est un fait dont chacun, je pense, comprend parfaitement la cause.

Quel que soit donc le droit du souverain sur toute chose, quels que soient ses titres à interpréter le droit civil et la religion, jamais cependant il ne pourra faire que les hommes ne jugent pas les choses avec leur esprit et n'en soient pas affectés de telle ou telle manière. Il est bien vrai que le gouvernement peut à bon droit considérer comme ennemis ceux qui ne partagent pas sans restriction ses sentiments ; mais nous n'en sommes plus à discuter des droits du gouvernement, nous cherchons maintenant à déterminer ce qui est le plus utile. J'accorde bien que l'État a le droit de gouverner avec la plus excessive violence, et d'envoyer, pour les causes les plus légères, les citoyens à la mort ; mais tout le monde niera qu'un gouvernement qui prend conseil de la saine raison puisse accomplir de pareils actes. Il y a plus : comme le souverain ne saurait prendre ces mesures violentes sans mettre l'État tout entier dans le plus grand péril, nous pouvons lui refuser la puissance absolue, et conséquemment le droit absolu de faire ces choses et autres semblables, car nous avons montré que les droits du souverain se mesurent sur sa puissance.

Si donc personne ne peut abdiquer le libre droit qu'il a de juger et de sentir par lui-même, si chacun par un droit imprescriptible de la nature est le maître de ses pensées, n'en résulte-t-il pas qu'on ne pourra jamais dans un État essayer, sans les suites les plus déplorables, d'obliger les hommes, dont les pensées et les sentiments sont si divers et même si opposés, à ne parler que conformément aux prescriptions du pouvoir suprême ? Les hommes les plus habiles, pour ne rien dire du peuple, savent-ils donc se taire ? N'est-ce pas un défaut commun à tous les hommes de confier à autrui les desseins qu'ils devraient tenir secrets ? Ce sera donc un gouvernement violent que celui qui refusera aux citoyens la liberté d'exprimer et d'enseigner leurs opinions ; ce sera au contraire un gouvernement modéré que celui qui leur accordera cette liberté. Nous ne pouvons nier toutefois que le pouvoir ne puisse être blessé aussi bien par des paroles que par des actions, de sorte que s'il est impossible d'enlever aux citoyens toute liberté de parole, il y aurait un danger extrême à leur laisser cette liberté entière et sans réserve. Nous devons donc déterminer maintenant dans quelles limites cette liberté, sans compromettre ni la tranquillité de l'État ni le droit du souverain, peut et doit être accordée à chaque citoyen ; ce qui était, comme je l'ai annoncé au commencement du chapitre XVI, le principal objet de nos recherches.

De la description que nous avons donnée ci-dessus des fondements de l'État, il suit avec une parfaite évidence que la fin dernière de l'État n'est pas de dominer les hommes, de les retenir par la crainte, de les soumettre à la volonté d'autrui, mais tout au contraire de permettre à chacun, autant que possible, de vivre en sécurité, c'est-à-dire de conserver intact le droit naturel qu'il a de vivre, sans dommage ni pour lui ni pour autrui. Non, dis-je, l'État n'a pas pour fin de transformer les hommes d'êtres raisonnables en animaux ou en automates, mais bien de faire en sorte que les citoyens développent en sécurité leur corps et leur esprit, fassent librement usage de leur raison, ne rivalisent point entre eux de haine, de fureur et de ruse, et ne se considèrent point d'un œil jaloux et injuste. La fin de l'État, c'est donc véritablement la liberté. Or nous avons vu que la formation d'un État n'est possible qu'à cette condition, savoir : que le pouvoir de porter des décrets soit remis aux mains du peuple entier, ou de quelques hommes, ou d'un seul homme. Le libre jugement des hommes n'est-il pas infiniment varié ? Chacun ne croit-il pas savoir tout à lui seul ? N'est-il pas impossible que tous les hommes aient les mêmes sentiments sur les mêmes choses, et parlent d'une seule bouche ? Comment donc pourraient-ils vivre en paix si chacun ne faisait librement et volontairement l'abandon du droit qu'il a d'agir à son gré ? Chacun résigne donc librement et volontairement le droit d'agir, mais non le droit qu'il a de raisonner et de juger. Ainsi, quiconque veut respecter les droits du souverain ne doit jamais agir en opposition à ses décrets ; mais chacun peut penser, juger et par conséquent parler avec une liberté entière, pourvu qu'il se borne à parler et à enseigner en ne faisant appel qu'à la raison, et qu'il n'aille pas mettre en usage la ruse, la colère, la haine, ni s'efforcer d'introduire de son autorité privée quelque innovation dans l'État. Par exemple, si quelque citoyen montre qu'une certaine loi répugne à la saine raison et pense qu'elle doit être pour ce motif abrogée, s'il soumet son sentiment au jugement du souverain (auquel seul il appartient d'établir et d'abolir les lois), et si pendant ce temps il n'agit en rien contre la loi, certes il mérite bien de l'État, comme le meilleur citoyen ; mais si, au contraire, il se met à accuser le magistrat d'iniquité, s'il entreprend de le rendre odieux à la multitude, ou bien si, d'un esprit séditieux, il s'efforce d'abroger la loi malgré le magistrat, il n'est plus qu'un perturbateur de l'ordre public et un citoyen rebelle. Nous voyons donc de quelle manière chaque citoyen, sans blesser ni les droits ni l'autorité du pouvoir, c'est-à-dire sans troubler le repos de l'État, peut dire et enseigner les choses qu'il pense : c'est en abandonnant au souverain le droit d'ordonner par décret les choses qui doivent être exécutée, et en ne faisant rien contre ses décrets, quoiqu'il se trouve ainsi contraint plus d'une fois d'agir en opposition avec sa conscience, ce qu'il peut faire d'ailleurs sans outrager ni la justice ni la piété, j'ajoute, ce qu'il doit faire s'il veut se montrer citoyen juste et pieux. En effet, comme nous l'avons déjà établi, la justice tout entière dépend des décrets du souverain, et personne, à moins de conformer sa vie aux décrets qui en émanent, ne saurait être juste. Mais la piété suprême (d'après ce que nous avons exposé dans le chapitre précédent) est celle qui a pour objet la paix et la tranquillité de l'État. Or point de paix, point de sécurité possible pour l'État, si chacun devait vivre à son gré et selon son caprice. Il fait donc une chose impie celui qui, s'abandonnant à sa fantaisie, agit contre les décrets du souverain, puisque, si une telle conduite était tolérée, la ruine de l'État s'ensuivrait nécessairement. Il y a mieux, un citoyen ne saurait agir contre les ordres et les inspirations de sa propre raison, en agissant conformément aux ordres du souverain ; car c'est d'après les conseils de la raison qu'il a pris la résolution de transférer au souverain le droit qu'il avait de vivre selon son propre jugement. C'est ce qui est encore confirmé par l'expérience. Dans les conseils du souverain ou de quelque pouvoir inférieur, n'est-il pas bien rare qu'une mesure quelconque réunisse les suffrages unanimes de tous les membres, et n'est-elle pas cependant décrétée par tous les membres à l'unanimité, aussi bien par ceux qui ont voté contre que par ceux qui ont voté *pour* ? Mais je reviens à ma proposition. Que chacun puisse user raisonnablement de son libre jugement sur toutes choses sans blesser les droits du souverain, c'est ce qui ressort de l'examen des fondements de l'État. Or ce même examen nous permet de déterminer facilement quelles sortes d'opinions sont séditieuses dans l'État : ce sont celles qui, en s'énonçant, détruisent le pacte par lequel chaque citoyen a abandonné le droit d'agir selon sa seule volonté. Par exemple, quelqu'un pense-t-il que le pouvoir du souverain n'est pas fondé en droit, ou que personne n'est obligé de tenir ses promesses, ou que chacun doit vivre selon sa seule volonté, et autres choses du même genre qui sont en contradiction flagrante avec le pacte dont nous parlions tout à l'heure, celui-là est un citoyen séditieux, non pas tant à cause de son opinion, qu'à cause de l'acte enveloppé dans de tels jugements. Par là en effet, par cette manière de voir, ne rompt-il pas la foi donnée, tacitement ou expressément, au souverain pouvoir ? Mais quant aux autres opinions qui n'enveloppent pas quelque acte en elles-mêmes, qui ne poussent pas à la rupture du pacte social, à la vengeance, à la colère, etc., elles ne sont pas séditieuses, si ce n'est pourtant dans un État corrompu, où des hommes séditieux et ambitieux, ennemis de la liberté, se sont fait une renommée telle que leur autorité prévaut dans l'esprit du peuple sur celle du souverain. Nous ne nions cependant pas qu'il n'y ait encore quelques opinions qui, tout en ne concernant que le vrai et le faux, sont émises et divulguées avec des intentions malveillantes et injustes. Quelles sont-elles ? c'est ce que nous avons déterminé au chapitre XV, sans porter aucune atteinte à la liberté de la raison. Que si nous remarquons enfin que la fidélité de chaque citoyen à l'égard de l'État, comme à l'égard de Dieu, ne se juge que par les œuvres, à savoir, par la charité pour le prochain, nous ne douterons plus qu'un État excellent n'accorde à chacun autant de liberté pour philosopher que la foi, nous l'avons vu, peut lui en accorder. J'en conviens volontiers, cette liberté pourra être l'origine de quelques inconvénients ; mais où est l'institution si sagement conçue qui ne soit l'origine de quelque inconvénient ? Vouloir tout soumettre à l'action des lois, c'est irriter le vice plutôt que le corriger. Ce qu'on ne saurait empêcher, il faut le permettre, malgré les abus qui en sont souvent la suite. Que de maux ont leur origine dans le luxe, la jalousie, l'avarice, l'ivrognerie et autres mauvaises passions ! On les supporte, cependant, parce que les lois n'ont pas de moyen de les réprimer, bien que ce soient des vices réels ; à plus forte raison faut-il permettre la liberté de la pensée qui est une vertu et qu'on ne saurait étouffer. Ajoutez qu'elle ne donne lieu à aucun inconvénient que les magistrats, avec l'autorité dont ils sont revêtus, ne puissent facilement éviter, comme je le montrerai tout à l'heure. Je ne ferai pas même remarquer que cette liberté de la pensée est absolument nécessaire au développement des sciences et des arts, lesquels ne sont cultivés avec succès et bonheur que par les hommes qui jouissent de toute la liberté et de toute la plénitude de leur esprit.

Mais admettons qu'il soit possible d'étouffer la liberté des hommes et de leur imposer le joug, à ce point qu'ils n'osent pas même murmurer quelques paroles sans l'approbation du souverain : jamais, à coup sûr, on n'empêchera qu'ils ne pensent selon leur libre volonté. Que suivra-t-il donc de là ? c'est que les hommes penseront d'une façon, parleront d'une autre, que par conséquent la bonne foi, vertu si nécessaire à l'État, se corrompra, que l'adulation, si détestable, et la perfidie seront en honneur, entraînant la fraude avec elles et par suite la décadence de toutes les bonnes et saines habitudes. Mais tant s'en faut qu'il soit possible d'amener les hommes à conformer leurs paroles à une injonction déterminée ; au contraire, plus on fait d'efforts pour leur ravir la liberté de parler, plus ils s'obstinent et résistent. Bien entendu que je ne parle pas des avares, des flatteurs et autres gens sans vertu et sans énergie, qui font consister tout leur bonheur à contempler leur coffre-fort et à remplir leur estomac, mais de ces citoyens qui doivent à une bonne éducation, à l'intégrité et à la pureté de leurs mœurs, un esprit plus libéral et plus élevé. Les hommes sont ainsi faits, la plupart du temps, qu'il n'est rien qu'ils supportent avec plus d'impatience que de se voir reprocher des opinions qu'ils considèrent comme vraies, et imputer à crime ce qui au contraire anime et soutient leur piété envers Dieu et envers leurs semblables. Voilà ce qui fait que les hommes finissent par prendre les lois en horreur et par se révolter contre les magistrats ; voilà ce qui fait qu'ils ne considèrent pas comme une honte, mais comme une chose honorable, d'exciter des séditions et de tenter mille entreprises violentes pour un motif de conscience. Or, puisqu'il est constant que la nature humaine est ainsi faite, ne s'ensuit-il pas que les lois qui concernent les opinions s'adressent, non pas à des coupables, mais à des hommes libres, qu'au lieu de réprimer et de punir des méchants, elles ne font qu'irriter d'honnêtes gens, qu'enfin on ne saurait, sans mettre l'État en danger de ruine, prendre leur défense ? Ajoutez à cela que des lois de cette nature sont parfaitement inutiles. En effet, considère-t-on comme saines et vraies les opinions condamnées par les lois, on n'obéira pas aux lois ; repousse-t-on au contraire comme fausses ces mêmes opinions, on acceptera alors les lois qui les condamnent comme une sorte de privilège, et on en triomphera à ce point que les magistrats, voulussent-ils ensuite les abroger, ne le pourraient pas. Ajoutez encore les considérations que nous avons déduites de l'histoire des Hébreux, chapitre XVIII, remarque II, et enfin tous les sophismes qui se sont élevés dans le sein de l'Église par cette seule raison que les magistrats ont voulu étouffer sous l'action des lois les controverses des docteurs. C'est qu'en effet, si les hommes n'espéraient mettre les lois et les magistrats de leur parti, triompher aux acclamations de la foule et conquérir les honneurs, on ne verrait pas tant d'animosité se mêler à leurs luttes, tant de colère agiter leurs esprits. Et ce n'est pas seulement la raison, c'est aussi l'expérience qui prouve, par des exemples journaliers, que ces lois, qui prescrivent à chacun ce qu'il doit croire et défendent de parler ou d'écrire contre telle ou telle opinion, ont été instituées au profit de quelques citoyens, ou plutôt pour conjurer la colère de ceux qui ne peuvent supporter la liberté de l'intelligence, et qui, grâce à leur funeste autorité, peuvent facilement changer en fureur la dévotion d'une populace séditieuse et diriger sa colère à leur gré. Combien ne serait-il pas plus sage de contenir la colère et la fureur de la foule, au lieu d'instituer ces lois inutiles qui ne sauraient être violées que par ceux qui ont l'amour de la vertu et du bien, et de mettre l'État dans la dure nécessité de ne pouvoir tolérer d'hommes libres dans son sein ! Quoi de plus funeste pour un État que d'envoyer en exil, comme des méchants, d'honnêtes citoyens, parce qu'ils n'ont pas les opinions de la foule et qu'ils ignorent l'art de feindre ? Quoi de plus fatal que de traiter en ennemis et d'envoyer à la mort des hommes qui n'ont commis d'autre crime que celui de penser avec indépendance ? Voilà donc l'échafaud, épouvante des méchants, qui devient le glorieux théâtre où la tolérance et la vertu brillent dans tout leur éclat et couvrent publiquement d'opprobre la majesté souveraine ! Le citoyen qui se sait honnête homme ne redoute point la mort comme le scélérat et ne cherche point à échapper au supplice. C'est que son cœur n'est pas torturé par le remords d'avoir commis une action honteuse : le supplice lui paraît honorable, et il se fait gloire de mourir pour la bonne cause et pour la liberté. Quel exemple et quel bien peut donc produire une telle mort, dont les motifs, ignorés par les gens oisifs et sans énergie, sont détestés par les séditieux et chéris des gens de bien ? À coup sûr on ne saurait apprendre à ce spectacle qu'une chose, à imiter ces nobles martyrs, ou, si l'on craint la mort, à se faire le lâche flatteur du pouvoir.

Veut-on obtenir des citoyens, non une obéissance forcée, mais une fidélité sincère, veut-on que le souverain conserve l'autorité d'une main ferme et ne soit pas obligé de fléchir sous les efforts des séditieux, il faut de toute nécessité permettre la liberté de la pensée, et gouverner les hommes de telle façon que, tout en étant ouvertement divisés de sentiments, ils vivent cependant dans une concorde parfaite. On ne saurait douter que ce mode de gouvernement ne soit excellent et n'ait que de légers inconvénients, attendu qu'il est parfaitement approprié à la nature humaine. N'avons-nous pas montré que dans le gouvernement démocratique (le plus voisin de l'état naturel) tous les citoyens s'obligent par un pacte à conformer à la volonté commune leurs actions, mais non pas leurs jugements et leurs pensées, c'est-à-dire que tous les hommes, ne pouvant pas avoir sur les mêmes choses les mêmes sentiments, ont établi que force de loi serait acquise à toute mesure qui aurait pour elle la majorité des suffrages, en se conservant cependant le pouvoir de remplacer cette mesure par une meilleure, s'il s'en trouvait ? Moins donc on accorde aux hommes la liberté de la pensée, plus on s'écarte de l'état qui leur est le plus naturel, et plus par conséquent le gouvernement devient violent. Faut-il prouver que cette liberté de penser ne donne lieu à aucun inconvénient que l'autorité du souverain pouvoir ne puisse facilement éviter, et qu'elle suffit à retenir des hommes ouvertement divisés de sentiments dans un respect réciproque de leurs droits, les exemples abondent, et il ne faut pas aller les chercher bien loin : citons la ville d'Amsterdam, dont l'accroissement considérable, objet d'admiration pour les autres nations, n'est que le fruit de cette liberté. Au sein de cette florissante république, de cette ville éminente, tous les hommes, de toute nation et de toute secte, vivent entre eux dans la concorde la plus parfaite ; et pour confier ou non leur bien à quelque citoyen, ils ne s'informent que d'une chose : est-il riche ou pauvre, fourbe ou de bonne foi ? Quant aux différentes religions et aux différentes sectes, que leur importe ? Et de même devant les tribunaux, le juge ne tient aucun compte des croyances religieuses pour l'acquittement ou la condamnation d'un accusé, et il n'est point de secte si odieuse dont les adeptes (pourvu qu'ils ne blessent le droit de personne, rendent à chacun ce qui lui est dû, et vivent selon les lois de l'honnêteté) ne trouvent publiquement aide et protection devant les magistrats. Au contraire, lorsque autrefois la querelle religieuse des Remontrants et des Contreremontrants commença à pénétrer dans l'ordre politique et à agiter les États, on vit la religion déchirée par les schismes, et mille exemples prouvèrent sans réplique que les lois qui concernent la religion et qui ont pour but de couper court aux controverses, ne font qu'irriter la colère des hommes au lieu de les corriger, qu'elles sont pour beaucoup l'occasion d'une licence sans limite, qu'en outre les schismes n'ont pas pour origine l'amour de la vérité (lequel est au contraire une source de douceur et de mansuétude), mais un violent désir de domination : ce qui prouve plus clair que le jour que les vrais schismatiques sont bien plutôt ceux qui condamnent les écrits des autres et animent séditieusement contre les écrivains la foule effrénée, que les écrivains eux-mêmes, qui, la plupart du temps, ne s'adressent qu'aux doctes et n'appellent à leur secours que la seule raison ; de plus, que ceux-là sont de vrais perturbateurs de l'ordre public qui, dans un État libre, veulent détruire cette liberté de la pensée que rien ne saurait étouffer.

Ainsi nous avons montré : 1° qu'il est impossible de ravir aux hommes la liberté de dire ce qu'ils pensent ; 2° que, sans porter atteinte au droit et à l'autorité des souverains, cette liberté peut être accordée à chaque citoyen, pourvu qu'il n'en profite pas pour introduire quelque innovation dans l'État ou pour commettre quelque action contraire aux lois établies ; 3° que chacun peut jouir de cette même liberté sans troubler la tranquillité de l'État et sans qu'il en résulte d'inconvénients dont la répression ne soit facile ; 4° que chacun en peut jouir sans porter atteinte à la piété ; 5° que les lois qui concernent les choses de pure spéculation sont parfaitement inutiles ; 6° enfin que non-seulement cette liberté peut se concilier avec la tranquillité de l'État, avec la piété, avec les droits du souverain, mais encore qu'elle est nécessaire à la conservation de tous ces grands objets. Là en effet où l'on s'efforce de la ravir aux hommes, là où l'on fait le procès aux opinions dissidentes, et non aux individus, qui seuls peuvent faillir, là ce sont les honnêtes gens dont le supplice est donné en exemple, et ces supplices sont considérés comme de vrais martyrs qui enflamment la colère des gens de bien et excitent en eux des sentiments de pitié, sinon de vengeance, au lieu de porter la frayeur dans leur âme. Alors les saines pratiques et la bonne foi se corrompent, la flatterie et la perfidie sont encouragées, les ennemis des victimes triomphent en voyant le pouvoir faire de telles concessions à leur fureur et par là se constituer sectateur de la doctrine dont ils se donnent pour interprètes. Qu'arrive-t-il enfin ? que ces hommes usurpent toute autorité, et ne rougissent point de se déclarer immédiatement élus par Dieu, de proclamer divins leurs décrets, et simplement humains ceux qui émanent du gouvernement, afin de les soumettre aux décrets divins, c'est-à-dire à leurs propres décrets. Or qui ne sait combien cet excès est contraire au bien de l'État ? C'est pourquoi je conclus, comme je l'ai déjà fait au chapitre XVIII, qu'il n'y a rien de plus sûr pour l'État que de renfermer la religion et la piété tout entière dans l'exercice de la charité et de l'équité, de restreindre l'autorité du souverain, aussi bien en ce qui concerne les choses sacrées que les choses profanes, aux actes seuls, et de permettre, du reste, à chacun de penser librement et d'exprimer librement sa pensée.

Ici se termine l'exposition de la doctrine que j'avais résolu d'établir dans ce Traité. Il ne me reste plus qu'à déclarer que je n'ai rien écrit dans ce livre que je ne soumette de grand cœur à l'examen des souverains de ma patrie. S'ils jugent que quelqu'une de mes paroles soit contraire aux lois de mon pays et au bien public, je la désavoue. Je sais que je suis homme, et que j'ai pu me tromper ; mais j'ose dire que j'ai fait tous mes efforts pour ne me tromper point et pour conformer avant tout mes écrits aux lois de ma patrie, à la piété et aux bonnes mœurs.

NOTES MARGINALES

AJOUTÉES PAR SPINOZA

AU TRAITÉ THÉOLOGICO-POLITIQUE[1].

CHAPITRE I.

Note I (page 1 de la traduction). Les mots hébreux qui signifient *prophète, prophétie*, ont été bien entendus par R. Salomon Jaschi, mais mal traduits par Aben-Hezra, qui était loin d'être aussi versé dans l'intelligence de la langue hébraïque. Il faut remarquer également ici que le mot hébreu qui répond à *prophétie* a une signification générale, et comprend toute façon quelconque de prophétiser. Les autres mots qui ont à peu près le même sens sont plus particuliers et marquent tel ou tel genre de prophétie. C'est ce que les doctes savent parfaitement[2].

Note II (page 16 de la traduction). Quoique la science naturelle soit divine, il ne s'ensuit pas cependant que ceux qui l'enseignent soient autant de prophètes, c'est-à-dire autant d'interprètes de Dieu. Celui-là seul, en effet, est interprète de Dieu qui découvre les décrets divins que Dieu même lui a révélés à ceux qui n'ont pas reçu cette révélation et dont la croyance n'a, par conséquent, d'autre appui que l'autorité du prophète et la confiance qu'elle inspire. S'il en était autrement, si les hommes qui entendent les prophètes devenaient prophètes eux-mêmes, comme deviennent philosophes ceux qui entendent les philosophes, le prophète cesserait alors d'être l'interprète des décrets divins, puisque ceux qui entendraient sa parole en connaîtraient la vérité, non sur la foi du prophète, mais par une révélation toute divine, comme la sienne, et par un témoignage intérieur. C'est ainsi que le souverain, dans un État, est l'interprète du droit, parce que son autorité seule le défend, et que son seul témoignage l'établit.

Note III (page 18 de la traduction). *Partout où il voulait l'entendre* ; lisez : *Toutes les fois qu'il voulait l'entendre.*

Note IV (page 31 de la traduction). Les prophètes se distinguaient par une vertu singulière et au-dessus du commun. Bien qu'il y ait des hommes doués de certains avantages que la nature a refusé à tous les autres, on ne dit pas que ces hommes soient au-dessus de la nature humaine car il faudrait pour cela que les qualités qu'ils ont en propre ne fussent pas comprises dans l'essence ou la définition de l'humanité. Une taille de géant, par exemple, voilà une chose rare, mais tout humaine. De même, c'est un talent peu commun que celui d'improviser des vers ; mais il n'y a rien là qui surpasse l'homme. J'en dirai autant, par conséquent, de cette propriété qu'ont quelques individus de se représenter certains objets par l'imagination, je ne dis pas en donnant, mais les yeux ouverts, d'une manière aussi vive que si ces objets étaient devant eux. Que s'il se rencontrait une personne qui possédât d'autres moyens de percevoir que les nôtres et un autre mode de connaissance, il faudrait dire alors qu'elle est au-dessus des limites imposées à la nature humaine.

CHAPITRE III.

Note V (page 59 de la traduction). *Nous ne voyons pas que Dieu ait promis autre chose aux patriarches.*

Au chapitre xv de la *Genèse*, Dieu promet à Abraham d'être son défenseur et de lui donner d'amples récompenses. Abraham répond qu'il ne peut plus rien attendre qui ait quelque prix à ses yeux, puisqu'il il est sans enfants à un âge très-avancé.

Note VI (page 59 de la traduction). *Tout ce qui a pu être promis aux Hébreux... c'est donc la sécurité de la vie.*

Sur ce point qu'il ne suffit point, pour arriver à la vie éternelle, d'avoir gardé les préceptes de l'Ancien Testament, voyez Marc, chap. x, vers. 21.

CHAPITRE VI.

Note VII (page 108 de la traduction). *L'existence de Dieu n'étant pas évidente d'elle-même.*

Nous doutons de l'existence de Dieu, et par conséquent de toutes choses, tant que nous n'avons qu'une idée confuse de Dieu, au lieu d'une idée claire et distincte. De même, en effet, que celui qui ne connaît pas bien la nature du triangle ne sait pas que la somme de ses angles égale deux droits, de même quiconque ne conçoit la nature divine que d'une manière confuse ne voit pas qu'*exister* appartient à la nature de Dieu. Or, pour concevoir la nature de Dieu d'une manière claire et distincte, il est nécessaire de se rendre attentif à un certain nombre de notions très-simples qu'on appelle notions communes, et d'enchaîner par leur secours les conceptions que nous nous formons des attributs de la nature divine. C'est alors que, pour la première fois, il nous devient évident que Dieu existe nécessairement, qu'il est partout, que tout ce que nous concevons enveloppe la nature de Dieu et est conçu par elle ; enfin que toutes nos idées adéquates sont vraies. On peut consulter sur ce point les Prolégomènes du livre qui a pour titre : *Principes de la Philosophie de Descartes exposés selon l'ordre des géomètres.*

CHAPITRE VII.

Note VIII (page 139 de la traduction). — *Une méthode capable de donner le vrai sens de tous les passages de l'Écriture est quelque chose d'absolument impossible.*

Je veux dire impossible pour nous, qui n'avons pas l'habitude de la langue hébraïque et qui avons perdu le secret de sa syntaxe.

Note IX (page 144 de la traduction). — *Pour les choses que l'entendement peut atteindre d'une vue claire et distincte, et qui sont concevables par elles-mêmes.*

Par choses concevables, je n'entends pas seulement celles qui se démontrent d'une façon rigoureuse, mais aussi celles que notre esprit peut embrasser avec une certitude morale, et que nous concevons sans étonnement, bien qu'il soit impossible de les démontrer. Tout le monde conçoit les propositions d'Euclide avant d'en avoir la démonstration. De même, les récits historiques, soit qu'ils se rapportent au passé ou à l'avenir, pourvu qu'ils soient croyables, les institutions des peuples, leur législation, leurs mœurs, voilà des choses que j'appelle concevables et claires, quoiqu'on ne puisse en donner une démonstration mathématique. J'appelle inconcevables les hiéroglyphes et les récits historiques auxquels on ne peut absolument pas ajouter foi ; on remarquera cependant qu'il y a un grand nombre de ces récits où notre méthode permet de pousser l'investigation de la critique, afin d'y découvrir l'intention de l'auteur.

Note X. Cette note est tout simplement une correction du texte hébreu.

CHAPITRE VIII.

Note XI (page 156 de la traduction). — *La montagne de Morya est appelée, dans la Genèse, montagne de Dieu.*

Ce n'est pas Abraham, mais l'historien, qui donne ce nom à la montagne de Morya. Car il est dit dans le passage que le lieu qui s'appelle aujourd'hui *Révélation sera faite sur la montagne de Dieu* fut nommé par Abraham *Dieu avisera*.

Note XII (page 159 de la traduction). — *Avant que David eût subjugué les Iduméens.*

Depuis cette époque les Iduméens cessèrent d'avoir des rois jusqu'au règne de Jéroboam, pendant lequel ils se séparèrent de l'empire juif (*Rois*, liv. II, chap. VIII, vers. 20). Ils furent administrés, durant cette période, par des gouverneurs juifs qui tenaient la place de leurs anciens rois ; c'est pourquoi le gouverneur de l'Idumée est appelé roi dans l'Écriture (*Rois*, liv. III, chap. III, vers. 9).

Maintenant le dernier roi de l'Idumée a-t-il commencé de régner avant l'avénement de Saül, ou bien n'est-il question, dans ce chapitre de la *Genèse*, que des rois Iduméens antérieurs à la défaite de ce peuple ? c'est une question sur laquelle on peut hésiter. Mais quant à ceux qui veulent comprendre Moïse dans le catalogue des rois hébreux, Moïse qui établit un empire tout divin, entièrement éloigné du gouvernement monarchique, je dirai que cette prétention n'est pas sérieuse.

CHAPITRE IX.

Note XIII (page 170 de la traduction). — *À très-peu d'exceptions près.*

Voici quelques-unes de ces exceptions : on lit dans les *Rois* (liv. II, chap. XVIII, vers. 20) : *Vous avez dit*, etc. Or le texte d'*Isaïe* (chap. XXXVI, vers. 3) porte *J'ai dit*. Au verset 22 des *Rois*, on trouve ces paroles : *Mais vous direz peut-être ;* au lieu de ce pluriel, *Isaïe* donne le singulier. Le texte d'*Isaïe* ne contient pas les paroles qui se trouvent dans les *Rois* (liv. II, chap. XXXII, vers. 32). On trouve ainsi beaucoup d'autres leçons différentes, entre lesquelles personne n'est capable de choisir la meilleure.

Note XIV (page 170 de la traduction). — *Les expressions sont en plusieurs endroits si diverses.* Par exemple, on lit dans *Shamuel* (liv. II, chap. VII, vers. 6) : *Et J'erre sans cesse avec ma tente et mon pavillon.* Or, le texte des *Paralipomènes* (liv. I, chap. XVIII, vers. 5) porte : *Et j'allais d'une tente à une autre tente, et de pavillon...* On lit dans *Shamuel* (liv. II, chap. VII, vers. 10) *Pour l'abaisser*, et dans les *Paralipomènes* (liv. I, chap. VII, vers. 9) *Pour le briser*. Je pourrais signaler d'autres différences plus considérables encore mais quiconque lira une seule fois ces chapitres ne manquera pas de les remarquer, à moins qu'il ne soit aveugle, ou qu'il n'ait entièrement perdu le sens.

Note XV (page 170 de la traduction). *De quel temps s'agit-il ? Évidemment de celui qui vient d'être immédiatement déterminé.*

Que ce passage ne puisse marquer d'autre temps que celui où Joseph fut vendu par ses frères, c'est ce qui résulte d'abord du contexte même du discours mais ce n'est pas tout on peut le conclure encore de l'âge de Juda, qui avait alors vingt-deux ans au plus, à prendre pour base sa propre histoire, qui vient de nous être racontée. Il résulte, en effet, du chapitre XXIX de la *Genèse*, dernier verset, que Juda naquit dans la dixième des années où Jacob servit Laban, et Joseph dans la quatorzième. Or, nous savons que Joseph avait dix-sept ans quand il fut vendu par ses frères ; Juda avait donc alors vingt et un ans, pas davantage. Par conséquent, les auteurs qui prétendent que cette longue absence de Juda hors de la maison paternelle eut lieu avant la vente de Joseph ne cherchent qu'à se faire illusion à eux-mêmes, et leur sollicitude pour la divinité de l'Écriture n'aboutit qu'à la mettre en question.

Note XVI (page 170 de la traduction). *Dina avait à peine sept ans quand elle fut violée par Sichem.*

Quelques-uns pensent que Jacob voyagea pendant huit ou dix années entre la Mésopotamie et le pays de Béthel. Mais c'est là une opinion assez impertinente, bien qu'Aben-Hezra l'ait soutenue[3]. Car il est clair que Jacob avait deux raisons de se hâter : la première était le désir de revoir ses vieux parents ; la seconde, et la principale, c'est qu'il devait acquitter le vœu qu'il avait fait quand il fuyait son frère (*Genèse*, chap. XXIII, vers. 20 ; chap. XXXI, vers. 13 ; chap. XXXV, vers. 1). Nous voyons même (*Genèse*, chap. XXXI, vers. 3 et 13) que Dieu l'avertit d'acquitter son vœu, et lui promet son secours pour retourner dans sa patrie. Que si, à de pareilles raisons on préfère je ne sais quelles conjectures, je le veux bien, et j'accorde que Jacob, plus malheureux qu'Ulysse[4], employa huit ou dix années, et, si l'on veut, un plus grand nombre encore, à terminer son voyage.

Ce qu'on n'a pu nier, du moins, c'est que Benjamin ne soit venu au monde pendant la dernière année du voyage de Jacob, c'est-à-dire, selon le calcul de nos adversaires, la quinzième ou seizième année de l'âge de Joseph, puisqu'en effet Jacob quitta Laban sept ans après la naissance de son fils Joseph. Or, depuis la dix-septième année de 1 âge de celui-ci jusqu'au temps où le patriarche alla en Égypte, on ne compte que vingt-deux ans, ainsi que nous l'avons fait voir au chapitre Ix ; et par conséquent Benjamin n'a'ait, en ce même temps du voyage d'Égvpte, que vingt trois ou vingt quatre ans au plus. Ce serait' donc à la fleur de l'.ige qu'il aurait eu des petits-enfants (voyez Genèse, chap. xlvi, vers. 21 ; comparez Nombres, chap xwi, vers, 38, 39, 40, et Paralipom., liv. 1, diap. vin, vers. 1 et 199), puisqu'il est certain que Balaii, fils ainé de Benjamin, avait alors deux fils, Ard et Nahganum, ce qui est tout aussi déraisonnable que de prétendre que Dina fut violée à l'âge de sept ans, sans parler de toutes les conséquences absurdes qui découlent de ce récit. —D'où l'on voit que nos adversaires tombent de Charybde en Scylla.

Note XVII (page 173 de la traduction). *Hotnud, fils de Kenez, fut juge pendant quarante années.*

R. Lévi, Ben-Gersem et quelques autres ont cru qu'il fallait commencer à compter depuis la mort de Josué ces quarante années que l'Écriture déclare s'être écoulées sous un régime de liberté, et par conséquent que les huit années précédentes du gouvernement de Kusan-hgataim y*ont comprises, et que les dix-huit situantes se doivent rapporter aux qualre-vingts années d'Ehud et de Samgar ; enfin, qu'il il faut mettre les autres années de servitude au nombre de celles qui se sont écoulées, suivant l'Écriture, sous un régime de libellé. Mais puieque l'Écriture marque expressément le nombre d'années de servitude et de liberté, et qu'elle déclare (chap. ii, vers. 18] que l'empire hébreu a toujours été florissant sous l'administration des juges, il ci>t évident que ce rabbin (savant homme d'ailleurs) et tous ceux qui suivent ses traces corrigent l'Écriture bien plutôt qu'ils ne l'interprètent. C'est un défaut où tombent encore, mais plus grossièrement, ceux qui veulent que l'Écriture n'ait entendu marquer par ce calcul général des années que les temps de l'administration régulière de l'empire hébreu. Quant aux temps d'anarchie ou de servitude, ils ont été r. jetés de la supputation générale comme des époques de malheur, et pour ainsi dire d'interrègne. Mais ce sont de pures rêveries. Il est si clair, en effet, qu'Hezras, au chapitre vi du livre I des Rois, a eu dessein de marquer sans exception toutes les années écoulées depuis la sortie d'Égypte jusqu'à la quatrième » année du règne de Salomon, cela, dis-je, est si clair que jamais homme versé dans l'Écriture ne l'a révoqué en doute. Car, sans recourir aux propres paroles du texte, la généalogie de David, écrite à la fin du livre de Ruth et au chapitre II du livre I des Chroniques, se monte à peine à un si grand nombre d'années, savoir à 480. Noghdin, en effet, qui était prince de la tribu de Juda (Nombres, diap. vu, vers. 11 1 et 1 2), deux ans après que les Hébreux eurent quitté l'Égypte, mourut au désert avec tous ceux qui, ayant atteint l'âge de vingt ans, étaient capables de porter les armes, et Salma, son fils, passa le Jourdain avec Josué. Or, ce Salma fut l'aïeul do David, d'après la généalogie citée plus haut ; si donc on retranche de cette somme de 480 années les 4 années du règne de Salomon, les 70 de la vie de David et les 40 années passées au désert, on trouvera que David naquit l'an 366 à partir du passage du Jourdain. Par conséquent, il est nécessaire de supposer que son père, son aïeul, son bisaïeul et son trisaïeul eurent des enfants à l'âge de quatre-vingt-dix ans.

Note XVIII (page 174 de la traduction). – *Samson fat juge pendant vingt années.*

Samson naquit après que les Hébreux furent tombés sous la domination des Philistins.

Note XIX (page 177 de la traduction). *Cette manière d'expliquer les phrases de l'Écriture.*

Autrement ce serait corriger l'Écriture bien plutôt que l'interpréter.

Note XX (page 179 de la traduction). *Kirjas Jéharim.*

Kirjas-Jékarim se nomme aussi Bahgal de Juda, ce qui a fait croire à himeli et à quelques autres que ces. mots Bahgal-] thuda, que j'ai traduits par le peuple de. Jjda, indiquaient une ville. Mais c'est une erreur, puisque Bahpal est au pluriel. D'ailleurs, que l'on compare et texte de Shtemuel avec celui des Patalipomènes, et l'on verra bien, que David ne partit point de Bahgal, mais qu'il s'y rendit. Si l'auteur du livre de Shamuel avait voulu marquer le lieu d'où David emporta l'arche, il aurait fallu, pour parler hébreu, qu'il s'exprimât de la sorte

Et David se leva, et il partit de Bakgal de Juda, et Il en emporta l'arche de Dieu.

CHAPITRE X.

Note XXI (page 186 de la traduction). – *Depuis la restauration du temple par Judas Machabée.*

Cette conjecture, si c'en est une, est fondée sur la généalogie du roi Jéchomas, laquelle se trouve au chapitre iii du livre I des Chroniques, et qui finit aux enfants d'Elghogenai, qui sont les treizièmes descendus de lui en ligne directe sur quoi il faut remarquer que ce Jéehonias, avant sa captivité, n'avait point d'enfants mais il est probable qu'il en eut deux pendant sa prison, autant du moins qu'on le peut conjecturer des noms qu'il leur donna. Quant à ses petits-enfants, il ne faut point douter non plus qu'il ne les ait eus depuis sa délivrance, si l'on en croit aussi leurs noms, car son petit-fils Pédeja (nom qui signifie Dieu m'a délivré), lequel est, selon ce chapitre, le père de Zorobabel, naquit l'an 07 ou 38 de la vie de Jéchonias, c'est-à-dire 33 ans avant que Cyrus rendît aux Juifs leur liberté et par conséquent Zorobabel, à qui Cyrus donna la principauté de la Judée, était âgé de treize ou quatorze ans. Mais il n'est pas nécessaire de pousser la chose plus loin ; car il ne faut que lire avec un peu d'attention le chapitre déjà cité du premier livre des Chroniques, où il est fait mention, à partir du verset 17, de toute la postérité du roi Jéchonias, et comparer le texte avec la version des Septante, pour voir clairement que ces livres ne furent publiés que depuis que Judas Machabée eut relevé le temple, le sceptre n'étant plus dans la maison de Jéchonias.

Note XXII (page 190 de la traduction), — *Tsédéchias sera conduit en captivité à Babylone.*

Personne n'aurait donc pu soupçonner que la prophétie d'Ézéchiel fût en contradiction avec celle de Jérémie, tandis que ce soupçon est venu dans l'esprit de tout le monde à la lecture du récit de Josèphe l'événement a prouvé que l'un et l'autre prophète avaient dit vrai.

Note XXIII (page 192 de la traduction). — *Et sans doute aussi le livre de Kihimias.*

Que la plus grande partie du livre de Néhémias ait été empruntée à l'ouvrage que le prophète Néhémias lui-même avait composé, c'est ce qui résulte du propre témoignage de l'auteur de ce livre (voyez chap. v, vers. 1). Mais il n'y a pas aussi le moindre doute que tout ce qui est compris entre le chapitre m et le verset 2C du chapitre x », et, en outre, les deux derniers versets de ce chapitre xn, qui sont une sorte de parenthèse ajoutée aux paroles de Néhémias, il n'est pas douteux, dis-je, que tout cela n'ait été ajouté par l'auteur du livre qui porte le nom de ce prophète.

Note XXIV (page 194 de la traduction). — *Je ne pense pas que personne soutienne qu'Hezras...*

Hezras était oncle du premier souverain pontife, nommé Josué (voyez liv. I d'Hezras, chap. vil, vers. I Chroniques, chap. vi, vers. 14, 15), et ce fut avec ce pontife, conjointement avec Zorobabel, qu'il alla à Jérusalem (Néhémias, chap. xn, vers. 1). Mais il y a apparence que, se voyant inquiétés dans leur entreprise, ils retournèrent à Babylone et y demeurèrent jusqu'à ce qu'ils eussent obtenu ce qu'ils souhaitaient d'Artixercès. On lit aussi dans Néhëmias (chap. i, vers. 2) que Néhémias fil, sous le règne de Cyrus, un voyage à Jérusalem avec Zorobabel, et sur ce point il faut consulter Hezras (chap. ii, vers. 3), et comparer le verset 03 du chapitre n avec le verset 1 du chapitre vin et ai ce le verset 3 du chapitre x de Néhémias. Car les interprètes ne s'appuient sur aucun exemple pour traduire ici le texte par le mot ambassadeur, au lieu qu'il est certain que l'on donnait de nouveaux noms aux Juifs qui fréquentaient la cour. Ainsi Daniel fut nommé Baltesasar, Zorobabel Sesbazar (voyez Daniel, chap. t, vers. 1 ; Hezras, chap. v, vers. 14) ; et Néhémias Hatirzata et en vertu de leur charge ils se faisaient appeler du titre de gouverneur ou président (voyez Nékémias, chap. v, vers. 24, et chap. XII, vers. 26).

Note XXV (page 199 de la traduction). — *Avant le temps des Machabées, il n'y a point eu de canon des livres saints.*

Ce qu'on appelle la grande synagogue ne commença qu'après la soumission de l'Asie à la domination macédonienne. Quant à l'opinion de Maimonide, de R. Abraham, de Ben-David et de quelques autres qui soutiennent que les présidents de cette synagogue étaient Hezras, Daniel, Néhémias, Aggée, Zacharie etc., ce n'est li qu'une pure fiction, qui n'est fondée que sur la tradition des rabbins. Ceux-ci prétendent en effet que la domination des Perses ne dura que trente-quatre ans, et ils n'ont pas de meilleure raison à donner que celle-là pour soutenir que les décrets de cette grande synagogue ou de ce synode (lesquels étaient rejetés par les saducéens et admis par les pharisiens) ont été faits par des prophètes qui les avaient recueillis de la bouche des prophètes antérieurs, et ainsi jusqu'à Moïse, qui les tenait de Dieu même. Telle est la doctrine que soutiennent les pharisiens avec cette obstination qui leur est ordinaire ; mais les personnes éclairées, qui savent pourquoi s'assemblent les conciles ou les synodes et n'ignorent pas les différends des pharisiens et des saducéens, pement aisément pénétrer les causes qui amenèrent la convocation de cette grande synagogue. Ce qui est bien certain, c'est qu'aucun prophète n'y fut présent et que ces décrets des pharisiens, qu'ils appellent leurs traditions, tirent de cette synagogue toute leur autorité.

CHAPITRE XI.

Note XXVI (page 201 de la traduction). — *Ces expressions de Paul « Nous pensons donc. »*

Les interprètes de l'Écriture sainte traduisent logizomai par je conclus et soutiennent que Paul prend ce mot dans le même sens que sullogizomai. Mais logizomai, en grec, a la mémo signification que les mots hébreux qu'on peut traduire par estimer, penser, juger ; signification qui est en parfait accord aeele texte syriaque. La version syriaque en effet (si c'est une version, ce qui est fort douteux, puisque nous ne connaissons ni le temps où elle parut, ni le traducteur, et puisqu'en outre la langue syriaque était la langue ordinaire de tous les apôtres), la version syriaque, dis-je, traduit ce texte de Paul par un mot que Trémellius explique fort bien dans ce sens Nous pensons donc. En effet, le mot rahgwn, qui est formé de ce verbe, signifie l'opinion, la pensée ; et comme tahgava se prend pour la volonté, il s'ensuit que mitrahyinam ne peut signifier autre chose que nous voulons, nous estimons, nous pensons.

CHAPITRE XV.

Note XXVII (page 250 de la traduction). — *Que la simple obéissance soit la voie du salut.*

Par où j'entends que ce n'est point la raison, mais la révélation seule, qui peut démontrer qu'il suffit pour le salut ou la béatitude d'embrasser les décrets divins à titre de lois et de commandements, sans qu'il soit nécessaire de les concevoir à titre de vérités éternelles. C'est ce qui résulte des démonstrations données au chapitre iv.

CHAPITRE XVI.

Note XXVIII (page 255 de la traduction). — *Personne ne promettra sincèrement de renoncer ait droit naturel qu'il a sur toutes choses.*

Dans l'état social où le droit commun établit ce qui est bien et ce qui est mal, on a raison de distinguer les ruses légitimes de celles ? qui ne le sont pas. Mais dans l'état naturel, où chacun est à soi-même sen juge, et dispose d'un droit absolu pour se donner des lois, pour les Interpréter a son gré, eu les abroger s'il le juge convenable, on ne conçoit pas que la ruse puisse être considérée comme coupable.

Note XXIX (page 259 de la traduction). — *Chacun y peut, quand il le veut, être libre.*

Dans quelque état social que l'homme puisse se trouver, il peut être libre. l'homme est libre, en effet, en tant qu'il agit selon la raison —Or la raison (remarquez que ce n'est point ici la Ihéorie de Ilobbes), la raison, dis-je, conseille à l'homme la paix, et la paix n'est possible que dans l'obéissance au droit commun. En conséquence, plus un homme se gouverne selon la raison, c'est-à-dire plus il est libre et plus il est fidèle au droit commun, plus il ce conforme aux ordres du souverain dont il est le sujet.

Note XXX (page 263 de la traduction). – *La nature n'a appris à personne qu'il doive à Dieu quelque obéissance.*

Quand Paul nous dit que les hommes n'ont eu eut-mômes aucun refuge, il parle la façon des hommes ; car, au chapitre ix de cette même Epitre où il tient ce langage, il enseigne expressément que Dieu fait miséricorde à qui il lui plaît, et endurcit à son gré les impies, et que la raison qui rend les hommes inexcusables, ce n'est pas qu'ils aient été avertis d'avance, mais c'est qu'ils sont dans la puissance de Dieu comme l'argile entre les mains du potier, qui tire de la même matière des vases destinés à un noble usage, et d'autres à un usage vulgaire.

Pour ce qui est de la loi divine naturelle, dont la substance est, selon moi, qu'il faut aimer Dieu, je lui ai donné le nom de loi, dans le même sens où les philosophes appellent de ce nom les règles universelles selon lesquelles toutes choses se produisent dans la nature. L'amour de Dieu, en effet, ce n'est pas l'obéissance c'est une vertu que possède nécessairement tout homme qui connaît Dieu. Or l'obéissance, a rapport à la volonté de celui qui commande, et non pas à la nécessité et à la vérité des choses. Or, comme, d'une part, nous ne connaissons pas la nature de la volonté de Dieu, et que, de l'autre, nous sommes certains que tout ce qui arrive arrive par la seule puissance de Dieu, il s'ensuit que la révélation seule peut nous dire si Dieu entend recevoir certains honneurs de la part des hommes à titre de souverain.

Ajoutez à cela que nous avons démontré que les ordres divins nous apparaissent sous le caractère d'un droit et d'une institution positive tant que nous en ignorons la cause ; mais aussitôt que nous la connaissons, ces ordres, ce droit deviennent pour nous des vérités éternelles, et l'obéissance devient l'amour de Dieu amour qui découla de la vraie, connaissance de Dieu aussi nécessairement que la lumière émane du soleil. La raison nous apprend donc aimer Dieu, elle ne peut nous apprendre à lui obéir ; puisque, d'un côté, nous ne pouvons comprendre les commandements de Dieu comme divins tant que nous eu ignorons la cause, et que, de l'autre, la raison est incapable de nous faire concevoir Dieu comme un prince qui établit des lois.

CHAPITRE XVII.

Note XXXI (page 288 de la traduction). — *Si les hommes pouvaient perdre leurs droits naturels au point d'être désormais dans une impuissance absolue de s'opposer a la volonté du souverain.*

Deux simples soldats entreprirent de changer la face de l'empire romain, et ils la changèrent en effet (voyez Tacite, Histoires, II).

Note XXXII (page 276 de la. traduction). – *Voyez les Nombres, chap. xi, vers. 28.*

Il est dit dans ce passage que deux hommes, s'étant mis à prophétiser dans le camp, Josué proposa de les arrêter. Or, il n'eût point agi de la sorte, si tout Hébreu avait eu le droit de transmettre au peuple les paroles de Dieu sans la permission de Moïse. Mais Moïse trouva bon de faire grâce à ces deux hommes, et il adressa même des reproches à Josué de ce qu'il lui conseillait de faire usage de son droit de souverain au moment où ce droit lui était devenu tellement à charge qu'il eût mieux aimé mourir que d'être seul à l'exercer (voyez le vers. 12 de ce même chapitre). Voir i, en effet, les paroles qu'il adressa à Josué Pourquoi vous enflammez ainsi pour ma cause ? Plût au ciel que tout le peuple de Dieu devînt prophète ! c'est-à-dire plût au ciel que le droit de consulter Dieu, et partant, l'autorité du gouvernement, fût remise entre les mains du peuple Ainsi donc, Josué ne se méprit point sur les droits de Moïse, mais sur l'opportunité de l'exercice de ces droits, et c'est pour cela seul que Moïse lui adressa des reproches ; comme plus tard David en fit à Abisée quand celui-ci lui conseilla de condamner à mort Simghi, qui pourtant était coupable du crime de lèse-majesté (voyez Shamuel, liv. II, chap. xix, vers. 22, 23).

Note XXXIII (page 277 de la traduction). — *Voyez les Nombres, chap. xxvii, vers. 21.*

Les interprètes de l'Écriture traduisant mal les versets 1 et 23 de ce chapitre. Ces versets, en effet, ne signifient pas que Moise donna des préceptes ou des conseils à Josué, mais bien qu'il le créa ou l'établit chef des Hébreux ; c'est une forme de langage très-fréquente dans l'Écriture (voyez Exode, chap. x, vers. 23 ; Shamuel, liv. I, chap, xiii, vers. 15 ; Josué, chap.— i, vers. 9, et Shamuel, liv. 1, chap. xxv, vers. 30).

Note XXXIV (page 280 de la traduction). — *Il n'y eut point pour chaque chef d'autre juge que Dieu.*

Les rabbins s'imaginent, avec quelques chrétiens tout aussi ineptes qu'eux, que c'est Morse qui a institué le grand sanhédrin. Il est vrai que Moïse choisit soixante et dix coadjuteurs sur lesquels il se déchargea d'une partie des soins du gouvernement, parce qu'il ne se croyait pas capable de porter tout seul un si lourd fardeau ; mais il ne fit jamais aucune loi pour l'établissement d'un collège de soixante-dix membres. Au contraire, il ordonna que chaque tribu instituat, dans les villes que Dieu lui avait données, des juges chargés de régler les différends d'après les lois que lui-même avait établies ; et dans le cas où les juges auraient quelque incertitude touchant l'interprétation de ces lois, Moïse voulut qu'ils prissent conseil du souverain pontife (interprète suprême des lois), ou bien du juge (à qui appartenait le droit de consulter le souverain pontife), et qu'ils jugeassent selon les décisions ainsi obtenues. Un juge inférieur venait-il à prétendre qu'il n'était pas tenu de se conformer à la décision que lui donnait directement le souverain pontife, ou qui lui était transmise en son nom par le chef du gouvernement, ce juge rebelle était condamné à la peine de mort (voyez Deutèron., chap. xviii, vers. 9), soit par le juge suprême de l'empire hébreu (Josué, par exemple), soit par un de ces juges qui gouvernèrent chaque tribu, quand s'accomplit la division du peuple hébreu, et qui avaient le droit de consulter le souverain pontife, de décider de la paix et de la guerre, de fortifier les villes, d'établir des juges inférieurs, soit enfin par le roi, comme au temps où toutes les tribus, ou du moins quelques-unes, remirent leurs droits aux mains d'un seul. Je pourrais citer un grand nombre de faits à l'appui des principes que je viens d'exposer ; qu'il me suffise d'en indiquer un seul, qui me parait le plus considérable de tous. Lorsque le prophète Silonite élut Jéroboam roi, il lui donna, par cela seul, le droit de consulter le souverain pontife, d'établir des juges en un mot, tous les droits que Roboam avait sur deux tribus, le prophète les contera à Jéroboam sur les dix autres. En conséquence, Jéroboam avait, pour établir dans son palais le conseil suprême de son empire, le même droit que Josaphat à Jérusalem (voyez Paralipomtnes, chap. xix, vers. 8

sqq.). Car il est certain que ni Jéroboam, ni ses sujets n'étaient obligés, selon la loi de Moïse, de reconnaître Roboam pour juge, et moins encore d'accepter l'autorité du juge que Roboam avait établi : " à Jérusalem, et qui lui était subordonné. Ainsi, dès que l'empire hébreu fut partagé, les conseils suprêmes le furent du même coup. On conçoit donc parfaitement que ceux qui ne font pas attention aux divers états que l'empire hébreu a traversés, et les confondent tous en un seul, s'embarrassent dans des difficultés inextricables.

CHAPITRE XIX.

Note XXXV (page 319 de la traduction). — *Le droit de s'élever contre l'autorité du roi.*

Je prie ici qu'on se rende très-attentif aux principes qui ont été établis sur le droit au chapitre xvi.

1. ↑ Sur les *Notes marginales*, voyez notre notice biographique.
2. ↑ Je dois prévenir ici le lecteur qu'il m'a été impossible, ne sachant pas l'hébreu, de traduire complètement et littéralement deux ou trois notes de Spinoza, qui s'adressent surtout aux hébraïsants. En pareil cas j'ai tâché seulement de ne pas m'écarter de sens général de la note, aimant mieux omettre une ligne que de l'entendre mal.
3. ↑ Ici, je suis le texte donné par M. Dorow (*Benedik Spinoza's Randglossen*, p. 15). On a pu remarquer, en lisant le *Traité Théologico-politique* que Spinoza, tout en réfutant souvent Aben-Hezra, le traite toujours avec une certaine déférence.
4. ↑ Ici encore je suis le texte de M. Dorow (*l. c.*, p. 16).